本书系国家社科基金重大项目"社会服务管理体制改革与社会管理创新研究"(项目批准号:12&ZD063)成果

走向社会服务国家
全球视野与中国改革

林闽钢 著

Towards the Social Service State
Global Perspective and China's Reform

中国社会科学出版社

图书在版编目（CIP）数据

走向社会服务国家：全球视野与中国改革／林闽钢著．
—北京：中国社会科学出版社，2020.11
　ISBN 978 – 7 – 5203 – 7446 – 0

　Ⅰ.①走…　Ⅱ.①林…　Ⅲ.①社会服务—研究—中国
Ⅳ.①D669.3

　中国版本图书馆 CIP 数据核字（2020）第 210083 号

出 版 人	赵剑英
责任编辑	马　明　孙砚文
责任校对	胡新芳
责任印制	王　超
出　　版	中国社会科学出版社
社　　址	北京鼓楼西大街甲 158 号
邮　　编	100720
网　　址	http：//www.csspw.cn
发 行 部	010 – 84083685
门 市 部	010 – 84029450
经　　销	新华书店及其他书店
印　　刷	北京明恒达印务有限公司
装　　订	廊坊市广阳区广增装订厂
版　　次	2020 年 11 月第 1 版
印　　次	2020 年 11 月第 1 次印刷
开　　本	710×1000　1/16
印　　张	23.25
字　　数	370 千字
定　　价	108.00 元

凡购买中国社会科学出版社图书，如有质量问题请与本社营销中心联系调换
电话：010 – 84083683
版权所有　侵权必究

目 录

第一篇 研究缘起

第一章 社会服务国家的提出 …………………………………… (3)
  一 发达国家社会服务的发展趋势 ………………………… (3)
  二 发达国家社会服务的改革路径 ………………………… (10)
  三 发达国家社会服务的主要模式 ………………………… (14)

第二章 理解社会服务国家 …………………………………… (39)
  一 社会服务在全球的兴起 ………………………………… (39)
  二 社会服务管理的多样化 ………………………………… (51)
  三 社会服务国家发展的理论解释 ………………………… (62)

第三章 中国社会服务的转型 ………………………………… (71)
  一 中国社会服务的转型历程 ……………………………… (71)
  二 中国社会服务的转型动力 ……………………………… (81)
  三 社会服务国家的发展愿景 ……………………………… (85)

第二篇 实证研究

第四章 社会养老服务及其管理 ……………………………… (91)
  一 老年人口养老服务状况的区域比较 …………………… (91)
  二 社会养老服务的公益性及其实现路径 ………………… (99)
  三 社会养老服务多元化筹资研究 ………………………… (109)

四　老年照护服务供给的整合模式 …………………………（126）
第五章　社会医疗服务及其管理 ……………………………（138）
  一　失能老人长期照护服务 …………………………………（138）
  二　社会医疗服务体系的纵向整合 …………………………（153）
  三　构建"因病致贫返贫"治理体系 ………………………（165）
第六章　社会救助服务及其管理 ……………………………（170）
  一　贫困家庭类型、需求和服务支持 ………………………（170）
  二　低保政策执行的影响因素及效果分析 …………………（183）
  三　建立健全社会救助服务体系 ……………………………（198）
第七章　流动人口服务及其管理 ……………………………（210）
  一　流动人口居住地服务管理四大模式 ……………………（210）
  二　从流动人口服务转向居住地服务 ………………………（216）
  三　流动人口居住地服务管理改革 …………………………（218）
第八章　社区治理和服务 ……………………………………（225）
  一　不同类型社区的治理和服务 ……………………………（225）
  二　不同区域社区的治理和服务 ……………………………（244）
  三　社区治理和服务的发展思路 ……………………………（259）

第三篇　改革创新

第九章　社会服务的供给侧改革 ……………………………（271）
  一　基本社会服务供给分析 …………………………………（271）
  二　基本社会服务供给制度改革 ……………………………（289）
  三　政府购买服务机制的转变 ………………………………（294）
第十章　以需求为导向的社区服务管理 ……………………（304）
  一　"服务吸纳行政"的多元化服务模式 …………………（304）
  二　社区服务管理的"天宁之路" …………………………（313）
  三　社区服务管理创新的主要途径 …………………………（320）
第十一章　社会服务关键领域的创新 ………………………（322）
  一　公办养老机构"一院两制"改革创新 …………………（322）
  二　构建养老、孝老、敬老政策体系 ………………………（331）

三　事业单位改革与社会服务体系重构 …………………（339）

参考文献 ……………………………………………………（349）

后　记 ………………………………………………………（366）

第一篇

研究缘起

第 一 章

社会服务国家的提出

一 发达国家社会服务的发展趋势①

诺曼·贝瑞（Norman Barry）认为，当代思潮中最具决定性的见解之一就是将福利理念类化为国家。② 1942 年 11 月，伦敦政治经济学院（LSE）院长贝弗里奇（William Henny Beveridge）向英国战时内阁提交了著名的《社会保险和相关服务》（《贝弗里奇报告》），全面阐述了英国战后社会保障的重建方案。之后，在 1948 年 7 月 4 日，工党首相艾德礼（Clement Attlee）宣布国民保险法、国民救助法、国家健康服务法（National Health Service Act）开始实施，由此被视为福利国家的开端。

20 世纪 50 年代，英国学者蒂特马斯（Richard M. Titmuss）提出政府不仅要提供国家福利，而且应该提供普遍性而非残补性的社会福利。"在今天和未来的关于福利国家的任意讨论中，诸多论点都会聚焦在普遍主义的服务和选择性的服务这些原则和目的上。"③ 为此，他进一步明确了"社会服务"概念，并以英国国民健康保险（National Health Insurance）为例解释说，国民健康保险以现金支付的形式提供给患病期间的病人，这不是社会服务，他引用了 1913 年在英国出现的作为普遍实践的医疗照

---

① 参见林闽钢、梁誉《社会服务国家：何以可能何以可为》，《公共行政评论》2016 年第 5 期。

② [英] 诺曼·贝瑞：《福利》，叶肃科译，台北：巨流图书有限公司 2002 年版，初版原绪。

③ Titmuss, R., *Commitment to Welfare*, London: George Allen & Unwin, 1968, p.128.

顾的例子，作为最早的对社会服务的介绍。① 在他看来，社会服务和以现金支付的保险是截然不同的。英国要建立的福利国家，其目标不是一个俾斯麦类型（Bismarckian Model）的国家。米什拉进一步认为："旨在满足现代工业社会中人口基本需要的普遍性社会服务，可能构成了战后福利国家的核心内容。"② 在这个意义上，福利国家将是一个"社会服务国家"（Social Service State）。③

"社会服务国家"的核心标志及其重要内容是社会服务。社会服务作为正式的给付手段则要追溯到1948年英国所颁布的《国民救助法》，由此确立了收入维持与个人社会服务的分离，开始把所有的收入维持方面的职责都纳入到一个国家机构，地方政府则负责社会服务提供，这一变化摆脱了《济贫法》之前个人社会服务从本质上专门为穷人提供，从而开始不加区别地为所有的人提供服务。④ 社会服务的范围从少部分社会弱势群体扩展到全社会成员，社会服务的内容在不断增加，并以普遍性原则加以实施，社会服务成为全面提升社会福祉的主要途径和手段。随着人口老龄化速度的加快，特别是家庭结构的变化和经济产业结构的调整，社会服务进入到快速发展的时期，发达国家出现了"社会服务化"的新趋向。

在发达国家研究方面，自从20世纪90年代初埃斯平-安德森（Gøsta Esping-Andersen）开启福利国家类型学的黄金年代以来，⑤ 之前和之后的研究者，如威伦斯基（Harold Wilensky）、雷布弗雷德（Stephan Leibfried）、库恩勒（Stein Kuhnle）和阿莱斯塔罗（Matti Alestalo），也包括埃斯平-安德森本人等，对于发达国家的分析在很大程度上依据的是

---

① Titmuss, R., *Essays on the Welfare State*, London: George Allen & Unwin, 1951, pp. 20 - 21.
② ［加］R. 米什拉：《资本主义社会的福利国家》，郑秉文译，法律出版社2003年版，第26页。
③ 贝弗里奇偏爱用"社会服务国家"概念来取代"福利国家"概念，参见 Harris, J., *William Beveridge: A Biography*, Oxford: Oxford University Press, 1997, p. 452。
④ ［英］迈克尔·希尔：《理解社会政策》，刘华升译，商务印书馆2003年版，第229页。
⑤ ［丹麦］考斯塔·埃斯平-安德森：《福利资本主义的三个世界》，郑秉文译，法律出版社2003年版。

以社会保险为主的现金给付项目,① 从而被认为没有能对社会政策总体效益做出全面的分析。②

从 20 世纪 90 年代中期开始,发达国家"社会服务化"获得学者们的关注,社会服务作为发达国家研究的新视角开始被提出。安特宁(Anneli Anttonen)和西皮莱(Jorma Sipilä)通过分析欧洲各国社会照顾服务和女性就业特点,提出欧洲在社会服务上存在着斯堪的纳维亚和南欧国家两个典型区域模式,还存在盎格鲁-撒克逊模式和中欧模式。③ 班巴拉(Clare Bambra)针对以往福利国家的模式研究中重现金、轻服务的不足,通过比较现金给付项目和卫生保健服务的非商品化的水平,将福利国家分为五个不同的国家集群,强调了社会服务的重要性。④ 延森(Carsten Jensen)运用层析聚类分析(HCA)的方法,将社会服务作为指标,把经合组织(OECD)中的 18 个西方民主国家在整体和部分上划分为 4 个和 3 个国家集群,并由此探究了家庭主义和国家主义对社会服务所产生的作用。⑤ 戈尼克(Janet C. Gornick)等通过分析各项家庭和儿童政策对妇女就业的影响发现,不同的服务政策可以促成不同国家组合。⑥

虽然上述这些研究已开始关注社会服务对发达国家的作用,但也仅仅是从社会服务个别项目入手。现代社会服务的视角是基于社会服务既是现金给付的补充,又能够单独在某些领域代替现金给付,从而有效提高社会福利来展开研究。正如戴利(Mary Daly)和路易斯(Jane Lewis)展望福利国家模式化研究时说道,结合现金给付和社会服务的研究将会

---

① Alber, J., "A Framework for the Comparative Study of Social Services", *Journal of European Social Policy*, Vol. 5, No. 2, 1995.

② Orloff, A. S., "Gender and the Social Rights of Citizenship: The Comparative Analysis of Gender Relations and Welfare States", *American Sociological Review*, Vol. 58, No. 3, 1993.

③ Anttonen, A. and Sipilä, J., "European Social Care Services: Is it Possible to Identity Models?", *Journal of European Social Policy*, Vol. 6, No. 2, 1996.

④ Bambra, C., "Cash Versus Services: 'Worlds of Welfare' and the Decommodification of Cash Benefits and Health Care", *Journal of Social Policy*, Vol. 34, No. 2, 2005.

⑤ Jensen, C., "Worlds of Welfare Services and Transfers", *Journal of European Social Policy*, Vol. 185, No. 2, 2008.

⑥ Gornick, J. C., Meyers, M. K., and Ross, K. E., "Supporting the Employment of Mothers: Policy Variation Across Fourteen Welfare States", *Journal of European Social Policy*, Vol. 7, No. 1, 1997.

产生更丰硕的成果。①

进入20世纪90年代以来，福利国家的发展遭遇到前所未有的挑战，经济增长乏力给其发展带来了巨大的压力，福利国家的改革也一直没有停止，许多福利国家正处在转型之中。本章试图通过现代社会服务这一新的研究视角来分析和回答：经历了60多年的发展，发达国家是否已从社会保险式的国家，转变成为"社会服务国家"？如有变化，这一变化趋势的主要原因是什么？

为此本章选取欧洲14个发达国家为研究对象，② 以社会服务和现金给付分别占GDP的比例作为指标。其中，1999年和2011年的分析数据来源于欧盟统计局（Eurostat）数据库。③ 该数据库所包含的"欧洲综合社会保护统计系统"（ESSPROS）子项，以及"教育与培训"（Education and Training）子项。其中，"欧洲综合社会保护统计系统"将欧盟国家社会保护从功能上划分为疾病和医疗护理、残疾人保障、养老保障、遗属保障、家庭和儿童保障、失业者保障、住房保障、反社会排斥八大功能，每项功能包括若干具体支出项目。该系统将每项支出项目的给付类型分为现金给付（Benefits in Cash）和实物给付（Benefits in Kind）两种形式。因此，现金给付包含"欧洲综合社会保护统计系统"中全部的现金给付项目的支出（见表1—1），而社会服务除了涉及"欧洲综合社会保护统计系统"实物给付项目中所有有关社会服务的支出以外，还包括"教育与培训"子项中有关受教育程度1—4级的支出（见表1—2）。④

---

① Daly, M. and Lewis, J., "The Concept of Social Care and the Analysis of Contemporary Welfare States", *British Journal of Sociology*, Vol. 51, No. 2, 2000.
② 在欧洲综合社会保护统计系统（ESSPROS）中，根据是否为福利国家和统计数据是否完整两个标准，本章选取了比利时、丹麦、德国、西班牙、法国、意大利、卢森堡、荷兰、奥地利、芬兰、瑞典、英国、挪威、瑞士14个欧洲福利国家作为研究对象。
③ 由于从1999年开始，欧盟统计局数据库"教育与培训"子项才有14个福利国家受教育程度1—4级的完整统计数据，所以本研究选取1999年为起始时间。这14个国家的统计数据最新年份为2011年，所以选取2011年为截止时间。
④ 在"教育与培训"子项中1级代表初等教育（Primary Education），2级代表初级中等教育（Lower Secondary Education），3级代表高级中等教育（Upper Secondary Education），4级代表中等后非高等教育（Post-Secondary Non-Tertiary Education）。

表1—1　　　　　　　　　现金给付支出项目

分类项目	具体给付项目
疾病和医疗护理	带薪病假；其他现金给付
残疾人保障	伤残养老金；因工作能力衰退提前退休金；护理津贴；其他现金给付
养老保障	养老金；预期养老金；部分养老金；护理津贴；其他现金给付
遗属保障	抚恤金；丧葬补助金；其他现金给付
家庭和儿童保障	分娩收入维持；生育补助金；产假津贴；家庭和儿童津贴；其他现金给付
失业者保障	全额失业救济金；部分失业救济金；因劳动力市场原因提前退休的补助；职业培训补贴；裁员补偿金；其他现金给付
反社会排斥	收入补助金；其他现金给付

资料来源：欧盟统计局（2011）。

表1—2　　　　　　　　　社会服务支出项目

分类项目	具体给付项目
疾病和医疗护理	住院病人医疗护理；门诊病人医疗护理
残疾人保障	居住保障；日常生活协助；康复服务
养老保障	居住保障；日常生活协助
家庭和儿童保障	儿童日托；居住保障；家庭服务
失业者保障	职业培训；安排就业服务与求职帮助
反社会排斥	居住保障；酗酒者与药物滥用者康复
教育与培训	教育等级1级；教育等级2—4级

资料来源：欧盟统计局（2011）。

在发达国家早期阶段，社会支出的重点是各类以现金给付为基础的社会保险和各种收入维持项目。通过表1—3和表1—4所示，对比1999年和2011年的数据可以发现，欧洲14国社会服务和现金给付的发展呈现出三个主要特点。

第一，社会服务增长速度加快，社会服务已成为主要的给付手段之一。从1999年到2011年，欧洲14国社会服务占GDP比例的增长率，平均增长了24.8%；社会服务在社会给付（Social Benefits）结构中，社会服务占社会给付比例的增长率平均增长了11.88%。尤其对于瑞士、荷兰、卢森堡、英国来说，其社会服务占 GDP 比例的增长率分别高达 59.86%、53.32%、52.66%、49.07%。

第二，现金给付仍为主要社会给付手段，但其在社会给付结构中所占份额呈现明显的下降趋势。总体上看，欧洲 14 国的现金给付占 GDP 比例的增长率，在 12 年中平均只增长了 4.34%，呈缓慢增长之势。现金给付占社会给付比例的增长率平均下降了 5.96%。具体而言，对比 1999 年和 2011 年数据，瑞典、德国、挪威、英国等 4 个国家现金给付占 GDP 的比例出现了负增长。而在现金给付占社会给付比例方面，欧洲 14 国中除西班牙和挪威以外，其余 12 国现金给付占总给付的比重均出现不同程度的下降，尤其是英国、荷兰、瑞士、卢森堡负增长率超过了 10%。到 2011 年，已有包括英国、挪威、荷兰、德国等在内的 9 个国家现金给付占社会给付的比例下降到 60% 以下，而瑞典更是降到 50% 以下。

第三，"准社会服务国家"开始出现。从表 1—4 看，虽然 2011 年欧洲 14 国还没有社会服务占社会给付的比例超过现金给付占社会给付的比例的国家，即真正意义上的"社会服务国家"还没有出现。但以社会服务占社会给付的比例超过 40% 作为"准社会服务国家"的标准，瑞典、挪威、英国、荷兰、丹麦已迈入"准社会服务国家"的行列。

总之，从欧洲 14 个发达国家 12 年发展来看，"社会服务化"已成为一种发展趋势，主要表现在：社会服务在 GDP 和社会给付中所占的比例逐渐增加，现金给付则相应减少，社会服务的影响和作用加大，"准社会服务国家"开始出现。

表 1—3　　　　　　　1999 年和 2011 年欧洲 14 国
社会服务和现金给付占 GDP 的比例

国　家	社会服务占 GDP 比例			现金给付占 GDP 比例		
	1999 年（%）	2011 年（%）	增长率（%）	1999 年（%）	2011 年（%）	增长率（%）
瑞　典	14.87	15.45	3.90	17.86	15.57	-12.82
丹　麦	13.55	14.93	10.18	17.80	19.38	8.88
荷　兰	9.19	14.09	53.32	17.99	18.58	3.28
法　国	11.52	13.67	18.66	18.87	19.99	5.94

续表

国家	社会服务占GDP比例			现金给付占GDP比例		
	1999年(%)	2011年(%)	增长率(%)	1999年(%)	2011年(%)	增长率(%)
英国	9.13	13.61	49.07	16.14	15.88	-1.61
芬兰	10.67	12.96	21.46	17.12	17.92	4.67
比利时	8.98	12.05	34.19	18.26	20.04	9.75
挪威	13.02	12.03	-7.60	15.22	14.36	-5.65
德国	10.54	11.76	11.57	19.50	17.84	-8.51
奥地利	10.87	11.26	3.59	19.89	20.09	1.01
西班牙	9.18	11.04	20.26	13.31	17.04	28.02
意大利	8.66	10.06	16.17	18.34	20.92	14.07
瑞士	5.68	9.08	59.86	16.36	16.76	2.44
卢森堡	5.83	8.90	52.66	13.92	15.49	11.28
平均值	10.12	12.21	20.65	17.18	17.85	3.90

资料来源：欧盟统计局"欧洲综合社会保护统计系统"子项数据库和"教育与培训"子项数据库。

表1—4　　　　1999年和2011年欧洲14国
社会服务和现金给付占社会给付的比例

国家	社会服务占社会给付比例			现金给付占社会给付比例		
	1999年(%)	2011年(%)	增长率(%)	1999年(%)	2011年(%)	增长率(%)
瑞典	43.58	47.83	9.75	52.34	48.21	-7.89
挪威	43.96	44.12	0.36	51.38	52.67	2.51
英国	33.73	43.13	27.87	59.61	50.33	-15.57
荷兰	32.29	41.56	28.71	63.20	54.78	-13.32
丹麦	41.56	41.21	-0.84	54.60	53.47	-2.07
芬兰	36.99	39.62	7.11	59.39	54.77	-7.78
法国	35.91	39.16	9.05	58.83	57.28	-2.63
西班牙	39.92	38.48	-3.61	57.87	59.38	2.61
德国	33.83	37.72	11.50	62.55	57.23	-8.51
比利时	31.85	36.65	15.07	64.78	60.94	-5.93

续表

国家	社会服务占社会给付比例			现金给付占社会给付比例		
	1999年(%)	2011年(%)	增长率(%)	1999年(%)	2011年(%)	增长率(%)
卢森堡	29.43	35.79	21.61	70.22	62.32	-11.25
奥地利	34.21	34.87	1.93	62.56	62.21	-0.56
瑞士	24.87	33.95	36.51	71.68	62.70	-12.53
意大利	31.69	32.07	1.20	67.08	66.69	-0.58
平均值	35.27	39.01	10.60	61.15	57.36	-6.20

资料来源：欧盟统计局"欧洲综合社会保护统计系统"子项数据库和"教育与培训"子项数据库。社会给付包括现金给付、社会服务和物品给付三部分。由于物品给付所占比例较小，本表格主要显示了现金给付和社会服务的数据。

二 发达国家社会服务的改革路径

根据社会服务与现金给付分别占GDP比例的数值所确定的1999年和2011年欧洲14个发达国家的图位（见图1—1和图1—2），可以看到1999年德国、法国、奥地利、丹麦、瑞典、芬兰和挪威7个国家处于高社会服务的区间内。其中，仅挪威和芬兰两国在"高社会服务—低现金给付"区间内。到2011年，比利时、荷兰、英国和西班牙也发展进入高社会服务的区间内。其中，英国、瑞典和西班牙发展进入到"高社会服务—低现金给付"区间内。为此，本部分选取英国和瑞典作为社会服务发展的典型代表，分析社会服务不同的改革路径。

20世纪90年代末，在"第三条道路"思潮的影响下，英国新工党政府全面进行了社会政策改革，特别是增加了对社会服务的投入。为了减轻和消除儿童贫困和社会排斥，英国政府于1997年推出了"确保开端"计划（Sure Start Program），为4岁以下儿童家庭，特别是贫困儿童家庭，提供家访咨询、医疗卫生、儿童发展、家庭支持、教育环境改善等服务。[1] 随后，1998年英国政府又制定了"国家儿童照顾战略"，提高3岁

---

[1] Roberts, H., "What is Sure Start?", *Archives of Disease in Childhood*, Vol. 82, No. 6, 2000.

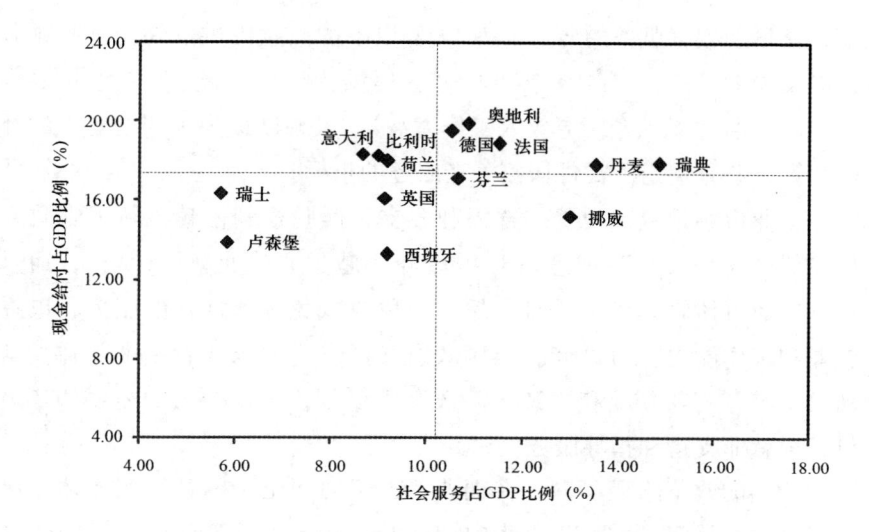

图1—1　1999年欧洲14国社会服务和现金给付占GDP的比例

资料来源：欧盟统计局"欧洲综合社会保护统计系统"子项数据库和"教育与培训"子项数据库。

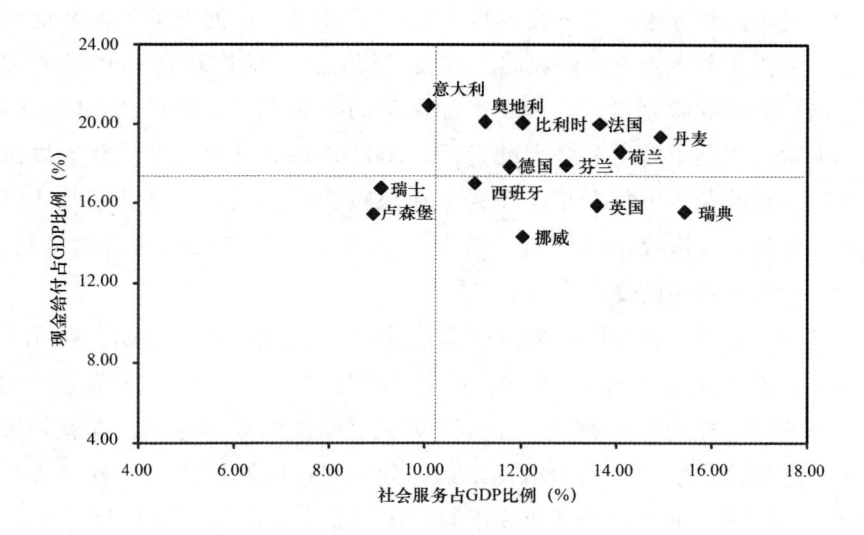

图1—2　2011年欧洲14国社会服务和现金给付占GDP的比例

资料来源：欧盟统计局"欧洲综合社会保护统计系统"子项数据库和"教育与培训"子项数据库。

以下儿童早期教育服务的质量，为14岁以下的儿童提供校外托管照顾服务，以及为16岁以下有特殊需要的儿童提供特殊教育服务。在老年照顾上，英国还通过了《全国老年人工作大纲》，大幅度提高了照顾老人的补助金预算，并且规定了提供居家养老服务的指标。

在就业市场领域，为了节省福利开支，摆脱福利依赖，新工党政府开始提倡"工作福利"理念，于1998年实施了"就业新政计划"，通过为特殊就业群体订制就业培训、援助、税收抵免等个性化的服务，以提高就业和工作能力。2009年，英国政府又推出了"求职者制度和弹性就业新政"替代青年新政和"25＋新政"等计划，根据个人的需要和环境提供各项就业支持和指导服务。

与英国的改革路径不同，在瑞典，由于面向全民的社会服务体系已经日臻完善，从20世纪90年代中期开始，社会保险等现金给付的"瘦身"成为社会政策改革的主要目标。1994年，瑞典政府开始对原有的"国家基本养老金＋与收入相关联的补充养老金"的养老金体制进行改革，并通过引入个人名义账户的形式，用工资指数替代了以平均收入为基础养老金基数标准，在一定程度上缓解了政府严重的财务失衡和财政赤字，分担了养老金支付的风险。在失业保险上，瑞典政府于1997年实行了新的失业保险制度，减少了失业保险的待遇水平，延长了保险金的缴纳期限，强调了雇主和个人的责任。2007年瑞典又对失业保险制度进行了进一步改革，更加严格了享受失业保险的资格认定，降低了收入替代率。此外，在医疗保险领域，瑞典也不断下调医疗保险的待遇给付，减少医疗保险费用的支出。

同时，瑞典在社会服务领域也采取了一些优化措施。例如，在儿童服务上，瑞典在20世纪90年代，扩大公共儿童服务，使获得这项服务的资格普遍化。在老年服务上，加大了对家庭照顾的政策倾斜。在就业服务上，陆续推出了"劳动力市场培训计划""在职培训计划"和"青年保障计划"等，通过积极就业政策的实施，激活失业者的劳动潜能。

因此，英国和瑞典在社会给付结构方面的改革路径是不同的：英国重点在于通过扩大社会服务项目的提供内容和供给范围；瑞典则是重点通过消减现金给付的方式，并采取优化和增质的方式对其健全的社会服务体系予以完善。英国和瑞典虽然改革着力点不一样，但是都明显提高了对社会服务的投入和重视程度，都以不同群体的需求建立起了多样化并具有针对性的社会服务体系。

英国和瑞典作为社会服务改革的典型代表，殊途同归，还有其相同的背景和社会政策理念。自20世纪90年代中后期以来，欧盟逐渐认识到社会政策作为生产力要素的重要性，开始将社会投资理念引入到社会政策的制定之中。

2000年3月，欧盟理事会制定了"里斯本战略"（The Lisbon Strategy），明确了社会投资的作用和目标，并提出人作为主要资产应成为欧盟政策的焦点，因此提出加大教育和培训、建立积极的就业政策、构建现代化的社会保障系统、促进社会包容等目标。为替代里斯本战略，欧盟委员会于2010年3月又颁布了"欧洲2020战略"（Europe 2020），提出了"包容性增长"的战略目标，制定了青年就业流动、新技能和就业议程、欧洲反贫困平台计划等主要政策与指标。强调通过投资于就业者能力建设、劳动力市场现代化和特殊人群的社会保护方案的新发展方向。

从2012年开始，为提高就业水平，营造活性化的劳动力市场创造条件。欧盟相继制定了包括发展个人和家庭服务、提供公共就业服务、投资劳动技能、创造工作机会等在内的"就业促进包计划"；降低青年失业率和增加青年就业率的"青年就业促进包计划"；投资于教育和培训，提供劳动力市场所需技能的"教育反思战略"。

2013年2月，欧盟委员会通过了"社会投资包计划"（Social Investment Package，SIP），该计划主要通过指导欧盟各成员国更有效地利用其社会预算，以实现充足、可持续的社会保障。侧重投资于教育培训、医疗护理、就业援助等社会服务领域，提高人们的工作能力，从而更有利于进入劳动力市场。实现福利和服务的整体功能，确保社会保障体系在关键时刻能满足人们的需求。强调预防而不是事后补偿，实现社会福利的积极作用。社会投资包计划的主要目标是使整个社会都为之受益，并以此刺激经济发展，使其更具生产性和竞争力。

总之，欧盟在社会政策的改革中以社会投资为理念，一方面，更多地以社会服务为政策工具，推行"普遍利益的社会服务"（Social Services of General Interest，SSGIs），① 促进将更多的资源投入到劳动力激活、家庭支持、特殊群体照顾与保护等社会服务领域，使各类社会群体减少对现金给付的"硬依赖"，转向依靠自身来提高保障水平；另一方面，为成功应对市场和社会方面新风险的冲击，将其能力建设的重点转移到机会的给予上来，使政策聚焦在劳动力市场、儿童与家庭领域，通过最大限度人力资本的"激活"与"积累"，给予人们"再次融入的机会"和"良好开端的机会"，使其具备积极参与市场和社会的能力，从而提高社会凝聚力和国家竞争力。

三 发达国家社会服务的主要模式

（一）欧洲社会服务的四种模式

至今，西方发达国家的社会服务发展较为成熟，可将社会服务划分为四种模式。②

1. 斯堪的纳维亚公共服务模式（The Scandinavian Model of Public Services）

斯堪的纳维亚公共服务模式，以丹麦、瑞典、芬兰等国为代表。该模式坚持普遍主义原则，一方面，针对儿童和弱势老人提供了广泛的社会服务，女性参与家庭之外的劳动就业程度是全世界之首。另一方面，斯堪的纳维亚广泛和可利用的服务，具有统一的服务标准，服务对象可以通过统一服务标准获得所需的服务，因而能积极回应女性的利益诉求。为了减轻服务资金的压力，这些国家一般将中产阶级纳入服务对象之中。

支撑斯堪的纳维亚公共服务模式的普遍性和去家庭化（defamializa-

---

① 2006年欧盟提出"普遍利益的社会服务"（Social Services of General Interest，SSGIs）。普遍利益的社会服务涵盖社会保障服务、社会救助服务、就业和培训服务、社会住房、儿童照护以及长期护理服务。强调社会服务应基于团结的原则；体现全面性与个性化，整合应对不同的需求；不以营利为目的；提倡社会的广泛参与与公私合作伙伴关系的建立等。

② Anttonnen, A. and Sipilä, J., "European Social Care Services: Is it Possible to Identify Models?", *Journal of European Social Policy*, Vol. 6, No. 2, 1996, pp. 96-98. 该论文基于20世纪80年代后期的数据，比较研究了包括11个欧盟国家和3个斯堪的纳维亚国家，共计14个国家。

tion）的一个重要基础是地方在征税方面的独立性，地方政府在社会服务的筹资和规划中发挥着关键性作用，志愿组织和家庭幼儿托管人也参与其中，商业服务几乎不存在。社会服务是一个广泛的行政体系。

总之，在斯堪的纳维亚公共服务模式中，各代表国家之间还存在细微的差别，但该模式都凸显为儿童和老年人提供丰富和可选择的服务，具有较明显的去家庭化特征。尊重服务对象的权利，给予妇女在家庭和劳动力市场参与之间更多选择自由，这些国家妇女的劳动参与率比较高。

2. 家庭照顾模式（The Family Care Model）

家庭照顾模式以葡萄牙、西班牙、希腊和意大利等国为代表。在该模式中各国政府提供的社会服务非常有限。大多数服务是在非正规或灰色市场上生产的，较富裕的阶层则使用私人商业服务，公司为员工提供服务。

在该模式中这些国家中第三部门的能力较弱，只是作为公共服务的必要补充，为特定的人群提供服务。同时妇女要承担照顾家庭的责任，劳动参与率较低，但是大部分已就业的妇女都是全职工作。总的来看，这种模式并未着眼于公民权，带有明显的残补型福利模式的特征。

3. 英国家计调查模式（The British Means-tested Model）

家计调查模式以英国为代表。该模式是通过家计调查方式，面向能力有限的群体提供社会服务，主要是向老年人、儿童、残疾人等人群，提供居家照顾和日间机构照顾等多种服务。为了降低公共开支及解决服务的低效问题，近20多年来主要开展新公共管理的改革，通过政府购买服务的方式来实现。

在英国，社会服务是针对受过家计调查，并证明其资产是有限的人。儿童照护服务非常有限，而且主要针对问题儿童。经济上自给自足的公民被认为应该通过自身来解决所需的服务，这也使商业服务得以发挥出明显的作用。

4. 中欧辅助模式（The Central European Subsidiarity Model）

中欧辅助模式以荷兰、德国等为代表。该模式至少在形式上是由家庭来照顾老年人。宗教和政治组织是照护服务的主要生产者，而公共部门则主要负责筹资。志愿组织由于资金来源的多元化，使其行为自主性无论是对国家还是使用者来说都得到了增强,而且医疗保险是为服务提供的一个主要来源。

辅助性特征在德国和荷兰表现得最为明显,这两个国家的社会服务主要由一些大型的或宗教性的志愿服务组织、社区和私人部门提供,家庭也在社会照顾中承担主要责任,政府则扮演辅助角色,负责资金的供给。与对私人部门的限制不同,政府对志愿服务组织,尤其是宗教性慈善组织进入社会服务领域持肯定态度,志愿福利组织与公共部门在社会政策领域形成了一种合作互补关系。

(二) OECD 国家劳动力市场服务模式及改革①

社会服务领域内容广泛,其中就业服务是发达国家社会服务改革的重点和难点,也是社会服务领域发展最快、最具挑战性的领域。因此聚焦劳动市场政策的发展,可以进一步说明发达国家社会服务的改革方向和多样化。

劳动力市场政策是发达国家重要的政策领域和关键政策工具。随着福利国家的"积极转向"以及社会投资理念的刷新,加之消极劳动力市场政策对解决失业问题的乏力,消极劳动力市场政策(passive labor market policies, PLMPs)呈现不断式微的态势,福利国家更加倾向于通过积极劳动力市场政策(active labor market policies, ALMPs)使人们做好充分的职业准备、增强竞争力以应对变化的知识经济环境。经济合作与发展组织(OECD)在 20 世纪 60 年代就提出要大力推进就业指导、职业进修和就业训练,此后也一直致力于推广积极劳动力市场政策。在 OECD 22 国中,积极劳动力市场政策支出占国内生产总值(GDP)百分比的均值从 1985 年的 0.69% 增加到 2011 年的 0.75%,而消极劳动力市场政策支出占 GDP 百分比的均值则从 1985 年的 1.38% 降至 2011 年的 1.08%(见表 1—5)。

一方面,消极劳动力市场政策支出减少;另一方面,积极劳动力市场政策支出增长,表明 OECD 22 国劳动力市场政策重心在发生转移:积极劳

---

① 参见林闽钢、李缘《福利国家积极劳动力市场政策的类型化及其改革取向》,《劳动经济研究》2016 年第 4 期。

动力市场政策备受青睐。但是，这种积极化转向并不意味着福利国家的积极劳动力市场政策是一致的。相反，不同的福利国家，其侧重点是不同的，由此产生了不同的积极劳动力市场政策组合形式。即使在欧盟，成员国政策工具的混合方式依然不尽相同，表现出大量的国家间差异。[1]

表1—5　　　1985—2011年OECD 22国ALMPs与PLMPs
支出占GDP百分比

年份	积极劳动力市场政策（ALMPs）							消极劳动力市场政策（PLMPs）						
	1985	1990	1995	2000	2005	2010	2011	1985	1990	1995	2000	2005	2010	2011
OECD 22国平均值（%）	0.69	0.63	0.83	0.74	0.67	0.75	0.75	1.38	1.39	1.67	1.07	1.08	1.25	1.08
标准差	0.49	0.41	0.58	0.49	0.41	0.50	0.54	1.07	1.06	1.11	0.67	0.72	0.82	0.68
变异系数	0.70	0.65	0.70	0.65	0.60	0.66	0.71	0.77	0.76	0.66	0.62	0.66	0.65	0.63

资料来源：OECD网站（http://stats.oecd.org/Index.aspx?DatasetCode=LMPEXP）；欧盟14国：法国、德国、意大利、荷兰、比利时、丹麦、爱尔兰、英国、希腊、西班牙、葡萄牙、奥地利、芬兰、瑞典，非欧盟8国：美国、瑞士、新西兰、挪威、韩国、日本、澳大利亚、加拿大。

福利体制与劳动力市场政策之间的研究始于埃斯平-安德森，埃斯平-安德森认为"福利国家的独特性将在劳动力市场的组织方式上得以体现。我们将指出，每一种福利国家体制都与某种特定的'劳动力市场制度'密切相关"。[2] 瑞典、德国和美国是各自福利国家及其劳动力市场体制的代表。但埃斯平-安德森的研究几乎没有涉及对积极劳动力市场政策支出的多变量分析。雅诺斯基（T. Janoski）认为前人的研究鲜有涉及积极劳动力市场政策与福利体制的联系，他将重点放在瑞典、德国和美国，并通过时间序列分析发现瑞典的积极劳动力市场政策支出最高，美国最低而德国居中。他还对1987年的18个国家进行截面分析，发现社

---

[1] Larsen, C. A., "The Political Logic of Labor Market Reforms and Popular Images of Target Groups", *Journal of European Social Policy*, Vol. 18, No. 1, 2008.

[2] [丹麦]考斯塔·埃斯平-安德森：《福利资本主义的三个世界》，郑秉文译，法律出版社2003年版。

会民主福利体制国家和自由主义福利体制国家与 ALMPS/GDP 支出显著相关，相关系数分别为 0.50 和 -0.68；而保守主义福利体制国家则缺乏显著相关性，相关系数仅为 0.17。于是，他认为福利国家的积极劳动力市场政策支出符合埃斯平 - 安德森经典福利体制的划分。[①] 邓肯（G. Duncan）和帕格姆（S. Paugam）则基于覆盖标准、补偿水平和积极劳动力市场政策支出提出了"失业福利体制"：基本不存在积极劳动力市场政策支出的子保护福利体制，如南欧国家；积极劳动力市场政策支出微小的自由主义福利体制；积极劳动力市场政策支出广泛且以就业为中心的福利体制，如法国、德国、比利时和荷兰；积极劳动力市场政策支出极为广泛的普遍主义福利体制，如丹麦和瑞典。[②] 这种分类方法实际上是在福利体制的基础上将南欧国家纳入考察范围，类似于"福利资本主义四个世界"。[③] 洛德穆尔（I. Lodemel）和特里齐（H. Trickey）进一步提出了更复杂的分类，他们考察了 1999 年七个国家的数据，发现自由主义福利体制国家在积极劳动力市场政策支出中有低度（英国）和中度（美国）之分，而两个保守主义国家也有低度（德国）和中度（法国）之分；两个社会民主国家则有低度（丹麦）和高度（挪威）之分。荷兰则被纳入"民主/保守"，其积极劳动力市场政策支出属于低度。[④] 鲍威尔（M. Powell）和巴里恩托斯（A. Barrientos）利用聚类分析（cluster analysis）对福利体制进行考察，他们巧妙地将积极劳动力市场政策从所有变量中进行"剥离—再嵌入"分析，借此考察积极劳动力市场政策支出对划分福利体制的作用。他们发现，当积极劳动力市场政策被纳入考察后，

[①] Janoski, T., "Direct State Intervention in the Labor Market: the Explanation of Active Labor Market Policy from 1950 to 1988 in Social Democratic, Conservative and Liberal Regimes", *The Comparative Political Economy of the Welfare State*, 1994, pp. 54 -92.

[②] Duncan, G. and Paugam, S., *The Experience of Unemployment in Europe: The Debate. Welfare Regimes and the Experience of Unemployment in Europe*, Oxford: Oxford University Press, 2000.

[③] Arts, W. and Gelissen, J., "Three Worlds of Welfare Capitalism or More? A State-of-the-art Report", *Journal of European Social Policy*, Vol. 12, No. 2, 2002.

[④] Lodemel, I. and Trickey, H., *An Offer You Can't Refuse: Workfare in International Perspective*, Bristol: Policy Press, 2001.

原本模糊的福利体制变得更清晰，且十分接近福利体制划分。①

1. 积极劳动力市场政策的类型学及支出分析

劳动力市场政策（Labor Market Policies，LMPs）可以被划分为两类：积极劳动力市场政策和消极劳动力市场政策。② 消极劳动力市场政策可被视为使失业者获得福利的政策，如为失业者提供救济金或失业保险，是一种消极的收入维持；而积极劳动力市场政策旨在提升劳动力的流动性并使其适应变化的劳动力市场环境，促进劳动力市场参与，增加失业者重返工作的机会。

积极劳动力市场政策在福利国家源头不同。在瑞典，积极劳动力市场政策起源于20世纪50年代，旨在提升快速变化经济中劳动供给和需求的匹配，尤其注重职业培训计划；而在另一些国家，"积极"则是工作福利路径：就业服务加上强工作激励、条件福利（时限、减少福利）和惩罚、制裁措施。③ 于是，传统理论对积极劳动力市场政策的分类主要依循两分法，即根据投资（提升人力资本）和激励（激励人们就业而脱离失业救济）两个维度。比较有代表性的就是托菲格（J. Torfing）的"进攻型"和"防御型"工作福利制度。④ 与此相似，巴比尔（J. Barbier）将积极劳动力市场政策划分为"普遍主义式"激活和"自由主义式"激活（见表1—6）。⑤

博诺利（G. Bonoli）根据"保护""投资"和"商品化"的劳动力市场三原则提出了三分法。⑥ 图1—3给出了劳动力市场领域不同的政策

---

① Powell, M. and Barrientos, A., "Welfare Regimes and the Welfare Mix", *European Journal of Political Research*, Vol. 43, No. 1, 2004.

② Altavilla, C. and Caroleo, F. E., "Asymmetric Effects of National-based Active Labor Market Policies", *Regional Studies*, Vol. 47, No. 9, 2010.

③ Bonoli, G., "The Political Economy of Active Labor-Market Policy", *Politics and Society*, Vol. 38, No. 4, 2010.

④ Torfing, J., "Workfare with Welfare: Recent Reforms of the Danish Welfare State", *Journal of European Social Policy*, Vol. 9, No. 1, 1999.

⑤ Barbier, J. C., *Systems of Social Protection in Europe: Two Contrasted Paths to Activation, and Maybe a Third*, Labour and Employment Regulation in Europe, PIE-Peter Lang: Brussels, 2004, pp. 233–254.

⑥ Bonoli, G., *Varieties of Social Investment in Labor Market policy*, What Future for Social Investment, Stockholm, Institution for Future Studies, Research Paper, 2009.

选择。两个极端分别代表经典的社会民主和自由主义的劳动力市场政策，二者之间则是社会投资视野中的劳动力市场政策：正中间的积极劳动力市场政策对应标准的社会投资，而分别往"保护"和"再商品化"两个极端过渡的中间地带的积极劳动力市场政策与不同社会投资方式相对应。

表1—6　　积极劳动力市场政策的传统二分法

维度	传统二分法	代表国家/地区	核心政策
投资	"进攻型"工作福利制度	丹麦	提升技能和授权
	"普遍主义式"激活	北欧国家	培训
激励	"防御型"工作福利制度	美国	制裁和减少福利
	"自由主义式"激活	N/A	工作激励、条件式福利和制裁

资料来源：Barbier, J. C., *Systems of Social Protection in Europe: Two Contrasted Paths to Activation, and Maybe a Third*, Labour and Employment Regulation in Europe, PIE-Peter Lang: Brussels, 2004, pp. 233–254. Torfing, J., "Workfare with Welfare: Recent Reforms of the Danish Welfare State", *Journal of European Social Policy*, Vol. 9, No. 1, 1999.

就业保护 提前退休	短期课程 工作经验项目	职业培训 教育	儿童照顾 就业搜寻 计划 就业咨询 就业补贴	工作福利 去管制 紧缩
保护	防止人力 资本耗散	投资	减少/消除 劳动力市场 进入阻碍	再商品化

图1—3　劳动力市场政策的类型

资料来源：Bonoli, G., *Varieties of Social Investment in Labor Market Policy*, What Future for Social Investment, Stockholm, Institution for Future Studies, Research Paper, 2009.

在图1—3中,博诺利实际上是将积极劳动力市场政策在社会投资的视角下细化为三类:"人力资本投资""防止人力资本耗散"和"重返劳动力市场(Labor Market,LM)便利"。① 标准的投资指向的积极劳动力市场政策位于坐标轴的正中间,提供给失业者完整的职业培训,增加他们重返劳动力市场的机会,即属于"人力资本投资"。在向"保护"过渡的部分,公共或非营利部门的工作经验项目以及短期课程,即属于"防止人力资本耗散"。它之所以被定义为积极劳动力市场政策,不是因为它直接增加了失业者重返劳动力市场的可能性,这类政策的目标是保护劳动力既有的人力资本的损耗,因而可以看作是社会投资的一种形式。向"再商品化"过渡的部分,儿童照顾、就业搜寻计划、就业咨询和就业补贴被视作积极劳动力市场政策,是因为这些政策工具致力于减小或者消除劳动力市场的进入阻碍,即属于"重返劳动力市场便利"。以就业补贴为例,理性的雇主倾向于不雇用失业人员,若以就业补贴作为政策工具,就为雇用失业人员提供了经济激励,以抵消雇用失业人员有可能带来的高风险,这增加了失业者重返劳动力市场的机会,属于积极的劳动力市场政策。

在以上"三分法"的框架下,图1—4至图1—7分别反映了1985年到2010年不同时期,OECD 22国三种类型的积极劳动力市场政策的支出情况。

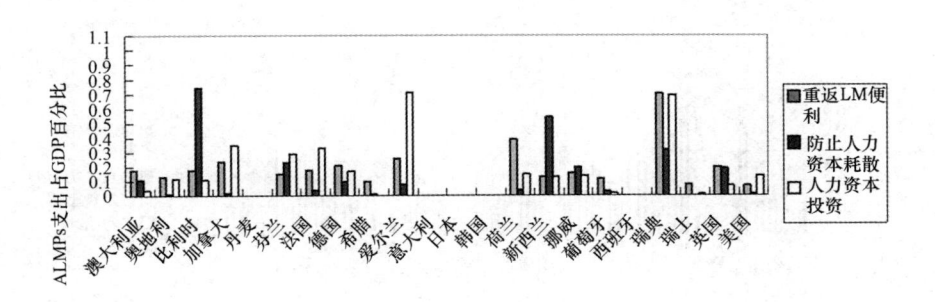

图1—4 1985年OECD 22国ALMPs分类支出

资料来源:OECD网站(http://stats.oecd.org/Index.aspx?DatasetCode=LMPEXP)。

---

① Bonoli, G., *Varieties of Social Investment in Labor Market policy*, *What Future for Social Investment*, Stockholm, Institution for Future Studies, Research Paper, 2009.

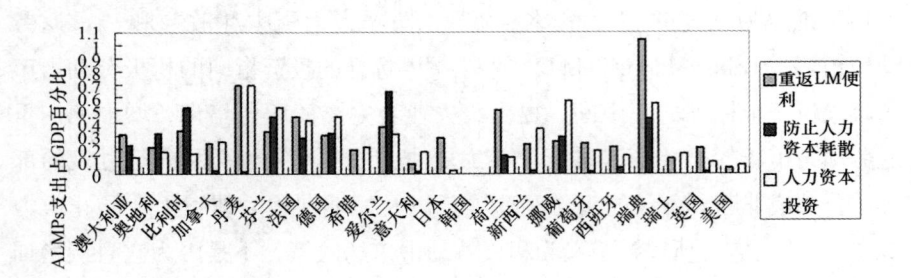

图 1—5 1995 年 OECD 22 国 ALMPs 分类支出

资料来源：OECD 网站（http：//stats.oecd.org/Index.aspx?DatasetCode=LMPEXP）。

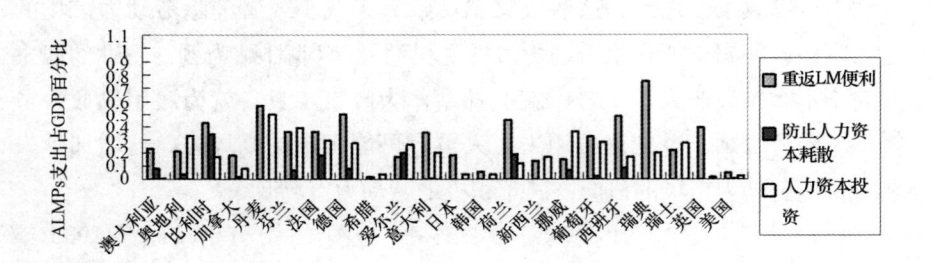

图 1—6 2005 年 OECD 22 国 ALMPs 分类支出

资料来源：OECD 网站（http：//stats.oecd.org/Index.aspx?DatasetCode=LMPEXP）。

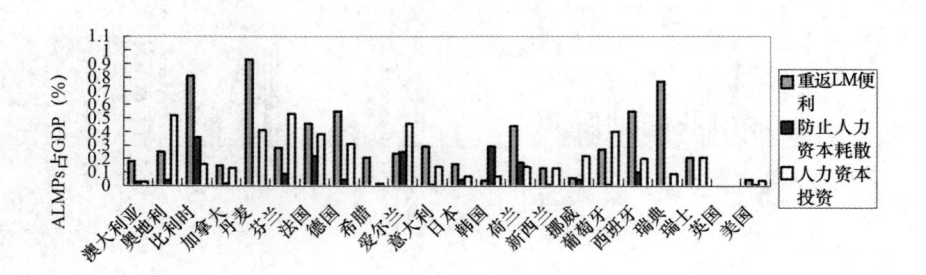

图 1—7 2010 年 OECD 22 国 ALMPs 分类支出

资料来源：OECD 网站（http：//stats.oecd.org/Index.aspx?DatasetCode=LMPEXP）。

总体而言，积极劳动力市场政策支出呈现增长趋势，这与第一部分的分析结果吻合。分析图1—4至图1—7，笔者发现不同类型的积极劳动力市场政策支出的变化规律。第一，"防止人力资本耗散"类的积极劳动力市场政策支出在1985年到1995年有增长，此后则下降。

这类积极劳动力市场政策的典型工具是"直接创造就业"，其在20世纪90年代的积极劳动力市场政策中扮演重要角色。在图1—5中，1995年，法国、德国的支出比重达到GDP的0.3%，芬兰和瑞典则达到0.4%，爱尔兰甚至超过0.6%。然而此后，OECD国家对此政策的热衷度逐渐降低。第二，"人力资本投资"类的积极劳动力市场政策支出在1985年到1995年有所增长，此后保持相对稳定。但国家之间的差异显著。北欧的丹麦、芬兰始终在人力资本投资领域注入大量资金。斯堪的纳维亚国家将失业者培训作为帮助他们"再嵌入"劳动力市场的手段；盎格鲁－撒克逊国家和东亚的日本、韩国及南欧的希腊和意大利在人力资本投资方面水平较低；而欧洲大陆保守主义国家则居中。第三，1985年以后，"重返劳动力市场便利"类的积极劳动力市场政策支出呈现显著的增长，其重要性显著增加。更多OECD国家倾向于选择"重返劳动力市场便利"类型的积极劳动力市场政策，此类积极劳动力市场政策在三分法模型中更具有"再商品化"的属性，尽管它依然属于社会投资的范畴。例如，公共就业服务和管理在大多数OECD国家的劳动力市场政策中扮演重要角色，并不断提升其效率。准市场机制以及竞争性合同外包成了重要手段。

考察积极劳动力市场政策的支出数据能直观地反映积极劳动力市场政策与理想模型间关系。本部分所采用的数据库是OECD建立的劳动力市场项目。OECD的劳动力市场项目包括八个方面："公共就业服务和行政""培训""就业激励""庇护性和支持性就业及康复""直接创造就业""创业激励""失业收入维持和支持""提前退休"。就业激励促使失业者重获工作机会，直接创造就业可以通过非商业工作机会的创造来增加劳动力市场需求，而培训计划则有利于提升失业者的人力资本。

根据 OECD 对"公共支出和劳动力市场参与"的分类,"失业收入维持和支持"以及"提前退休"属于消极劳动力市场政策,"庇护性和支持性就业及康复"更接近三分法中的"保护性"劳动力市场政策,故不纳入测量指标(见表1—7)。

表1—7　　　积极劳动力市场政策类型及支出项目构成

政策的类型	项目构成
防止人力资本耗散	直接创造就业
人力资本投资	培训
重返劳动力市场便利	公共就业服务和管理、就业激励、创业激励

资料来源:OECD 网站(http://stats.oecd.org/Index.aspx)。

在福利国家的比较研究中[①],分类框架(Classificatory Framework)是有效的方法。[②] 考托(J. Kautto)利用聚类分析的方法从社会服务的角度切入,将福利国家分为"服务路径"组、"转移支付路径"组和"第三组"。[③] 高夫(I. Gough)则利用层次聚类和 k 均值聚类将"社会救助体制"分成七类。[④] 詹森(C. Jensen)根据福利体制的逻辑,结合总体性转

---

① 综合尼古拉、威列、马丁和格鲁布(Nikolai、Vliet、Martin & Grubb)等人在福利国家积极劳动力市场政策研究中所选取的"福利国家",本部分把 OECD 22 国(法国、德国、意大利、荷兰、比利时、丹麦、爱尔兰、英国、希腊、西班牙、葡萄牙、奥地利、芬兰、瑞典、美国、瑞士、新西兰、挪威、韩国、日本、澳大利亚、加拿大)作为"福利国家"。沿袭众多学者的研究思路,选取 OECD 22 国作为研究对象有如下原因:第一,以上 22 国是发达工业化国家且都有提供福利政策的传统。第二,以上 22 国有相对完善的生产及分配等社会福利机制,且其积极劳动力市场政策的演化轨迹也不尽相同。第三,借助 OECD 数据库,本部分的定量研究在数据上具有可比较性。

② Quadagno, J., Fisher-Shalem, O., and Pederson, J., "The Welfare State in Comparative Perspective", *Emerging Trends in the Social and Behavioral Sciences: An Interdisciplinary, Searchable, and Linkable Resource*, 2015.

③ Kautto, M., "Investing in Services in West European Welfare States", *Journal of European Social Policy*, Vol. 12, No. 1, 2002.

④ Gough, I., "Social Assistance Regimes: A Cluster Analysis", *Journal of European Social Policy*, Vol. 11, No. 2, 2001.

移支付和福利服务，利用层次聚类分析（Hierarchical Cluster Analysis，HCA）中常用且稳定的组间链接（Average Linkages Clustering）和欧式平方距离（Euclidian Dissimilarity Measure）对福利国家进行分类。① 鲍威尔和巴里恩托斯从福利混合出发，同样利用聚类分析的方法对 OECD 国家的福利体制进行分析，并认为积极劳动力市场支出是有效区分福利体制群（Welfare Regime Cluster）的重要变量。②

高夫认为层次聚类和 k 均值聚类是两种经常一起使用的聚类分析方法③，高夫、考托、鲍威尔和巴里恩托斯都在福利国家研究中同时使用这两种方法。④ 因此，本部分在分析 OECD 国家在 ALMPs 的集群情况时将同时使用层次聚类和 k 均值聚类。

2. 积极劳动力市场政策的类型化

积极劳动力市场政策总体呈现增长趋势，但这种大趋势往往会掩盖跨国家之间的差异性。因此，从积极劳动力市场政策总体性支出的宏观分析转向其分类支出的微观考察，要么打破"福利体制容器"（Regime Container）的束缚，要么使福利体制清晰化。而笔者更关心 OECD 21 国不同类别的积极劳动力市场政策的组合情况。⑤

在图 1—8 中，从右到左展示了 2010 年 OECD 21 国的集聚过程。如何确定群的数量以最好地呈现数据结构是至关重要的。这意味着需要在图中找到一个点使集聚过程停止。鲍威尔和巴里恩托斯的方法是观察树状图最顶端的水平线，它连接群的宽度，反映所生成的不同群的差异性大小，因此水平线越宽，群之间的差异越大。据此，图 1—8 中 3 个群能

---

① Jensen, C., "Worlds of Welfare Services and Transfers", *Journal of European Social Policy*, Vol. 18, No. 2, 2008.

② Powell, M. and Barrientos, A., "Welfare Regimes and the Welfare Mix", *European Journal of Political Research*, Vol. 43, No. 1, 2004.

③ Gough, I., "Social Assistance Regimes: A Cluster Analysis", *Journal of European Social Policy*, Vol. 11, No. 2, 2001.

④ 聚类分析为福利体制的分类提供便利。聚类分析在此的逻辑是：总会有群生成，因为一些国家总是比另一些国家更相似。本部分采用层次聚类分析（Ward 连接和欧式平方距离）使最开始的群数等于要分析的案例数目，然后逐步合并最短距离的案例，直到他们成为一个群。

⑤ 2010 年英国数据全部缺失，因此，最终纳入聚类分析的是除英国外的 21 个 OECD 国家。本部分选取 OECD "劳动力市场项目" 2010 年的数据，这是因为数据最新且全面。

够较好地反映 OECD 21 国的数据结构。

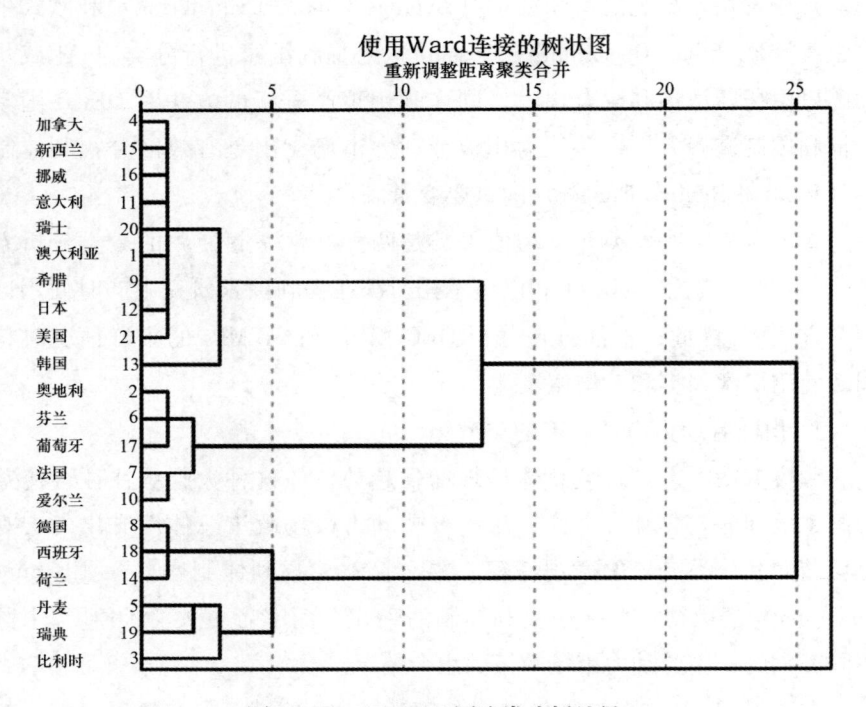

使用Ward连接的树状图
重新调整距离聚类合并

国家	编号
加拿大	4
新西兰	15
挪威	16
意大利	11
瑞士	20
澳大利亚	1
希腊	9
日本	12
美国	21
韩国	13
奥地利	2
芬兰	6
葡萄牙	17
法国	7
爱尔兰	10
德国	8
西班牙	18
荷兰	14
丹麦	5
瑞典	19
比利时	3

图1—8　OECD 21 国聚类分析结果

资料来源：根据 OECD "劳动力市场项目" 2010 年数据计算得到。

在图1—8中，根据三类积极劳动力市场政策支出将 OECD 21 个国家分成 3 组。第一组：加拿大、新西兰、澳大利亚、美国、日本、韩国、意大利、希腊、挪威和瑞士；第二组：芬兰、法国、奥地利、爱尔兰和葡萄牙；第三组：荷兰、德国、西班牙、比利时、丹麦和瑞典。

引入积极劳动力市场政策支出对福利国家进行分类的确有效，这一点与鲍威尔和巴里恩托斯的研究结论一致。尽管分类结果与埃斯平-安德森的"福利资本主义三个世界"的划分并非完全吻合，三类福利体制的国家分散在三个类别当中，但还是能发现"三个世界"的影子，如第一类群以"自由主义福利体制"为主。其次，尽管本部分做出了三类划分，但并没有发现"福利资本主义四个世界"中独立的南欧模式，意大利和希腊属于第一组，与"自由主义福利体制"接近，而葡萄牙和西班牙则分属第二组和第三组。此外，本部分的研究也不支持——至少在积极劳动力市场政策方面——存在单独的东亚福利体制，东亚的日本和韩国更接近"自由主义福利体制"。①

层次聚类分析表明 OECD 21 个国家被分成三个群最能反映数据结构，接下来笔者采用 k 均值聚类分析。首先，笔者发现 k 均值聚类与层次聚类结果几乎完全一致（除比利时从第二组进入了第三组外）且每个群中的国家同质性很强。在表 1—8 中，"距离"是用于测量每个国家与经验群中心的相对位置，每个国家距其群中心的距离都小于 0.3。

其次，群与群之间的边界清晰。在表 1—9 中，最终聚类中心的距离反映了群之间的区别程度，其群中心距离也大于 0.3，这表明群之间的区别还是显著的。

表 1—8　　　　　　　k 均值聚类分析结果：聚类和距离

组 1	距离	组 2	距离	组 3	距离
加拿大	0.036	芬兰	0.081	荷兰	0.160
新西兰	0.048	法国	0.203	德国	0.165
澳大利亚	0.084	奥地利	0.114	西班牙	0.079
美国	0.124	爱尔兰	0.141	比利时	0.296
日本	0.038	葡萄牙	0.130	丹麦	0.179
韩国	0.268			瑞典	0.179
意大利	0.151				
希腊	0.116				
挪威	0.144				
瑞士	0.130				

资料来源：根据 OECD"劳动力市场项目"2010 年数据计算得到。

---

① 林闽钢、吴小芳：《代际分化视角下的东亚福利体制》，《中国社会科学》2010 年第 5 期。

表 1—9　　　　　　　　　　最终聚类中心间的距离

聚类	1	2	3
1		0.391	0.466
2	0.391		0.388
3	0.466	0.388	

资料来源：根据 OECD"劳动力市场项目"2010 年数据计算得到。

最后，三个维度对区分四个群的"贡献"并不一致。在表 1—10 中，F 检验发现，"防止人力资本耗散"的区分作用最小，而"重返劳动力市场便利"起到了最大的区分作用，"人力资本投资"则居中。在表 1—9 中，"最终聚类中心"更细致地反映了三个维度对每个群的"贡献"。就第一组国家而言，"重返劳动力市场便利"是最关键的变量，但水平低。第二组国家则更多倾向采用"人力资本投资"相关的劳动力市场政策，第三组国家都更注重"重返劳动力市场便利"的劳动力市场政策，而且此类支出的水平远远高于第一组的国家，尤其是北欧的丹麦和瑞典。

表 1—10　　　　k 均值聚类分析结果：最终聚类中心与 F 检验

划分类型	聚类			F 检验
	组 1	组 2	组 3	
重返劳动力市场便利	0.15	0.3	0.59	36.285
防止人力资本耗散	0.05	0.12	0.17	2.150
人力资本投资	0.11	0.46	0.20	17.704

资料来源：根据 OECD"劳动力市场项目"2010 年数据计算得到。

表 1—10 说明"防止人力资本耗散"对四个群的划分"贡献"最小。于是，本部分单独将"重返劳动力市场便利"和"人力资本投资"呈现在二分图中，以便更直观地反映各国在"重返劳动力市场便利"和"人力资本投资"这两类最重要的积极劳动力市场政策的支出水平（见图 1—9）。

在图 1—9 中，可清晰地发现，3 个群的分类结果与层次聚类和 k 均值聚类基本一致。造成比利时和法国异动的原因是二者"防止人力资本耗散"类政策支出相对各自群高，占 GPD 分别达到 0.22% 和 0.36%。

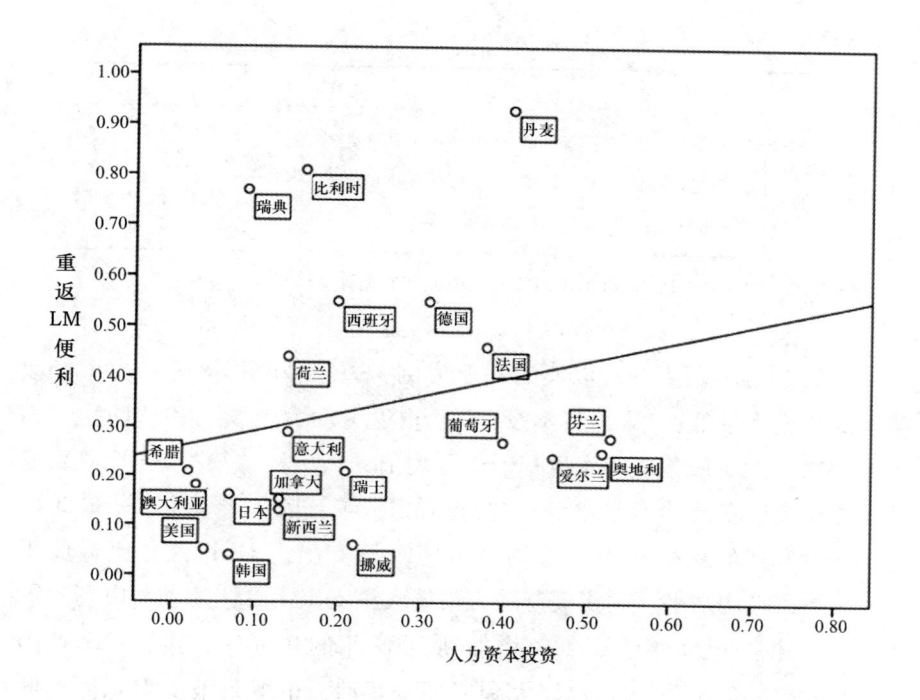

图1—9　"重返劳动力市场（LM）便利—人力资本投资"二分图

资料来源：根据OECD"劳动力市场项目"2010年数据计算得到。

从聚类分析和k均值分析中都表明，OECD 21国可以根据三类积极劳动力市场政策支出被分成三个群（见表1—11）。

表1—11　积极劳动力市场政策：政策组合与福利体制

ALMPs群		政策组合	国家
I	边际型	三类ALMPs支出水平都低于平均值 "重返劳动力市场"类政策相对突出 "防止人力资本耗散"类政策水平极低	加拿大、新西兰、澳大利亚、美国、日本、韩国、意大利、希腊、挪威、瑞士
II	人力资本投资型	"人力资本投资"类政策支出水平四个群中最高，也是本组国家最重要的ALMPs类型 "重返劳动力市场"类政策支出水平低于平均值（除法国）	芬兰、法国、奥地利、爱尔兰、葡萄牙

续表

ALMPs 群	政策组合	国家
III 重返劳动力市场型	"重返劳动力市场"类政策支出水平四个群中最高，也是本组国家中最重要的 ALMPs 类型"人力资本投资"类政策支出水平居中	丹麦、瑞典、荷兰、德国、西班牙、比利时

资料来源：根据 OECD "劳动力市场项目" 2010 年数据计算得到。

（1）边际型国家——以澳大利亚为例。边际型的积极劳动力市场政策国家支出水平低："人力资本投资""重返劳动力市场"和"防止人力资本耗散"三类政策支出水平都低于平均值；而三种政策类型中，"重返劳动力市场"类支出水平最高；"防止人力资本耗散"类政策水平最低。

澳大利亚的积极和消极劳动力市场政策支出占 GDP 百分比远低于 OECD 国家平均水平，而积极劳动力市场政策支出占总体劳动力市场政策支出百分比从 1999 年的 0.28% 增加到 2009 年的 0.36%，接近 OECD 国家平均水平（0.37%）。[①] 在澳大利亚积极劳动力市场政策支出总体偏低的大背景下，"重返劳动力市场"类（如公共就业服务和管理）始终占有很大的比重。

澳大利亚作为一个自由主义市场经济体，其基本判断是竞争将实现高效、低成本和高质量的就业服务。因此，澳大利亚是 OECD 国家中最早将市场机制引入劳动力市场服务的国家之一。从 20 世纪 90 年代中期开始，澳大利亚便将就业服务外包给营利和非营利社区供给者——从最开始定位于残障人士的"案例管理"到"就业网络"再到最新的"澳大利亚就业服务"（Job Services Australia，JSA）。尽管一些公共就业服务功能仍由公共机构管理，但政府角色已经从供给者变成了公共就业服务的购买者。

1998 年，澳大利亚引入"就业网络"政策。它由 300 个就业服务供给者组成，是一个"完全竞争的就业服务市场"。[②] 它是澳大利亚政府通

[①] OECD, *Activation Jobseekers: How Australia Does It*, OECD Publishing, 2012.

[②] Riggs, L., *IntroDuction of Contestability in the Delivery of Employment Services in Australia*. Politiques du Marché du Travail et Service Public de l'emploi. Conférences de l'OCDE, 2000.

过就业部（现为"教育、就业和员工关系部"），以合同购买的形式为失业者提供就业服务的全国性就业网络，私人、社区和政府都在该网络中发挥重要作用。就业服务供给者通过竞争性公共招标的形式入选"就业网络"，并由澳大利亚政府确定不同的合同期限。"就业网络"自1998年建立以来，分别在1998年、2000年和2003年实施三次招标，签订"就业服务合同"。前两次招标依据服务价格和质量，而2006年1月的"就业服务合同"则仅基于服务质量。为了进一步回应"就业网络"政策的不足，工党政府在2009年7月1日引入"澳大利亚就业服务"政策。它是澳大利亚政府支持雇主和失业者的就业服务项目，既为失业者提供个性化服务以找到合适的工作，也帮助雇主寻找到符合条件的雇员。"澳大利亚就业服务"的目标是帮助失业者获得所需技能和确保持续就业。与此前的"就业网络"政策不同，"澳大利亚就业服务"还致力于增强对残障失业者的关注，促进就业参与、技能储存和社会融合。

在签订"澳大利亚就业服务"的供给者中，大多是私人或者社区部门。它们相互竞争，并为失业者提供就业服务。这些就业服务供给者拥有不同的背景，包括原来专门致力于为流浪者或残障人士提供服务的慈善机构，也有培训组织、招聘咨询机构和私人就业机构。与最初的"就业网络"政策阶段相比，就业服务供给者从306家减少到116家。其中，政府供给者的比例则从1/3下降到3%，而非营利供给机构则上升至61%。[1]

因此，澳大利亚作为边际型国家代表的主要特点，可以进一步归纳为：

第一，重返劳动力市场政策主导，培训和防止人力资本耗散政策融入其中。在澳大利亚，重返劳动力市场政策起到了主导性作用，尤其是"澳大利亚就业服务"政策实施以来，为了解决政策碎片化问题，提升政策之间的协同带动作用，人力资本投资（培训）和防止人力资本耗散类型的积极劳动力市场政策被融入重返劳动力市场政策。

在"澳大利亚就业服务"政策当中，"生产力定位项目"——作为人力资本投资类型的积极劳动力市场政策——便是融入重返劳动力市场政

---

[1] OECD, *Activation Jobseekers: How Australia Does It*, OECD Publishing, 2012.

策的一个例子：为了更好地连接就业服务和致力于技能储存的培训，符合"澳大利亚就业服务"条件的失业者还可以享受政府的"生产力定位项目"。该项目始于2009年4月，主要通过竞标的方式提供不同类型和周期的培训课程，通常是6个月到1年。培训课程则基于"全国培训包"，主要涉及美容、社区休闲娱乐、健身、葬礼服务、美发、医疗、户外运动、零售服务、旅游和体育。"生产力定位项目"支出占到了整个劳动力市场培训支出的53%。①

类似地，澳大利亚也将"防止人力资本耗散"类型的积极劳动力市场政策融入主导的重返劳动力市场政策中。以"工作换福利"（Work for the Dole）为例。工作换福利政策始于1997年，要求接受收入支出的失业者需为社区做出一定奉献，同时也可以增加失业者的工作经验和技能，保存其人力资本不流失以便帮助他们重返劳动力市场。参加"就业网络""澳大利亚服务"（现为"积极工作"项目）的失业者要求每年参加6个月的工作换福利项目。工作换福利项目是由非营利机构或者政府部门举办，主要是基于社区的项目。

第二，成熟的准市场机制。澳大利亚在1997年引入"就业网络"政策，是将准市场机制运用到劳动力市场服务的典型例子，是失业者的劳动力市场服务的根本性变革。它被OECD评价为劳动力市场服务领域中引入准市场机制的领头羊。② 一体化的就业服务准市场机制将服务购买者（澳大利亚教育、就业和员工关系部）与服务提供者（"就业网络"）紧密联系起来，再加上服务使用者（失业者），形成了稳定的三角结构。

服务购买通过竞标的形式进行，众多已有和潜在的服务供给者参与到竞标过程中，确定其在特定区域中提供服务的市场份额。再由教育、就业和员工关系部确定合格的劳动力市场服务供给者并分配市场份额。1997年的第一次竞标规模最大，1000多家服务供给者参与，而最终只有300家签订了服务合同。这次的竞标要求服务供给者分别竞标三种类型服

---

① OECD, *Activation Jobseekers: How Australia Does It*, OECD Publishing, 2012.

② Struyven, L., *Design Choices in Market Competition for Employment Services for the Long-term Unemployed*, OECD Social, Employment and Migration Working Papers No. 21, Paris: Employment, Labour and Social Affairs Committee, 2004.

务：就业匹配、就业搜寻培训、密集救助计划。但结果表明，服务供给者往往避开密集救助计划，因为这个计划的对象是具有很高弱势程度的群体或者长期失业者。于是，2003年的竞标中，澳大利亚将这三类服务打包为一个项目，每个中标的供给者必须全程对失业者负责。

此外，澳大利亚"就业网络"为营利和非营利组织进入劳动力市场服务供给创造了条件。在这个过程中，供给者可以根据具体情况，相对灵活地为失业者量身打造合适的服务内容，创造新的服务供给模式。

（2）人力资本投资型——以芬兰为例。人力资本投资型国家的积极劳动力市场政策支出普遍处于高水平。就政策组合类型来看，"人力资本投资"类政策支出水平在三个群中最高，同时也是本组国家最重要的积极劳动力市场政策类型；"重返劳动力市场"类政策支出水平低于被测国家的平均值（除法国）。

芬兰的劳动力市场培训政策致力于发展失业者的专业技能和竞争力，帮助失业者重返劳动力市场，其对象是20岁以上的失业者或者有失业风险的人。芬兰的劳动力市场培训包括预备性劳动力市场培训和职业性劳动力市场培训。预备性劳动力市场培训主要是为失业者提供基本的工作搜寻技能和指导，以方便他们选择合适的职业培训项目。具体包括如下四类：一是针对移民的培训，此类培训主要是帮助移民更好地融入芬兰社会；二是计算机技能培训；三是语言培训；四是职业方向培训。此类培训是针对那些对职业方向不确定的失业者，主要是残障失业者。职业性劳动力市场培训是以资质或证书为导向型的职业培训，为失业者提供专业性的职业资格培训。失业者的职业培训方向主要集中在工业、建筑业、办公行政、医疗保健和社会工作。从2000年后，职业性培训发生了较大的结构性转型，重心从办公行政转向保健和社会工作。

芬兰作为埃斯平-安德森"社会民主福利体制"的代表国家，拥有很长的"青少年保证"（Youth Guarantees）传统，其劳动力市场的重要特征便是通过积极劳动力市场政策减少青少年失业。芬兰从1972年便开始以立法的形式对青少年失业者进行管理和帮助。2006年颁布的《青年法》将18岁至29岁的青年定义为就业教育与培训的对象。其宗旨是帮助青年人独立和成长，履行公民职责和义务；创造有利于青少年成长的工作条件，减少因失业带来的社会排斥。

芬兰的青少年培训政策包括两大类：劳动力市场培训和实务培训。劳动力市场培训由1—5个月的职业性培训或者时间更短的预备性培训构成。实务培训最长可以持续18个月（2002年以后延长到2年）。青年就业教育与培训主要涉及家政、管理、儿童保健与教育、家庭保健、社会服务、环境教育，等等。

因此，芬兰作为人力资本投资型代表国家的主要特点，可以进一步归纳为如下几点。

第一，职业培训与职业教育接轨。人力资本投资型国家的积极劳动力市场政策非常注重青少年领域的投资，并且注重上游干预，从教育入手，从源头上减少失业发生的可能性。在这样的理念下，青年教育就成了人力资本投资型国家的关键政策。芬兰失业者中，部分只接受过初级教育，其技术和技能不再适应目前经济和技术发展的需要。为提升青年人的就业能力，原本独立实施的职业资格教育被引入青年就业教育。芬兰的职业教育包括初级职业教育和多科技术学院教育。初级职业教育学制2—3年，毕业后获得初级职业资格证书，既可通过初级职业教育也可通过能力测试获得资格证书。获初级职业教育证书的青年，既可进入劳动力市场，也可申请报考高等院校。多科技术学院提供多个领域的高等职业技术教育，包括人文与教育、文化、自然资源、商业管理、餐饮、技术、交通、酒店、家政学、卫生保健与社会服务。

第二，跨部门合作网络。从政策制定和执行来看，芬兰的积极劳动力政策通过多层次合作以提高就业服务质量。在芬兰，积极劳动力市场政策的制度设计主要涉及就业和经济部、社会事务和健康部、教育部、地方政府和社会保险局、地方就业办公室；而政策执行则包含了各类培训组织、特殊社会服务供给者（如康复工作组织）、私立就业安置机构和社会企业等。

"青少年保证2013"计划便是芬兰积极劳动力市场政策跨部门合作的典型。"青少年保证2013"计划包含了各种不同类型的综合劳动力市场政策，从教育到培训，因而需要一个广泛的跨部门合作网络，主要包括三大关键政策工具：教育保证政策、劳动保证政策和青年政策工具。首先，教育保证政策由"教育和文化部"主要负责。教育保证政策主要针对那些在2013年已经完成基础教育的青年，为他们提供直接进入更高级教育阶段的机会。符合条件的青年必须申请教育或者培训，以决定发展方向。对那些没有获得高中毕业证书的青年，教育保证政策将会为他们提供机会，完成职业资格教育并获得证书。其次，劳动保证政策主要由"就业和经济部"负责，主要目标是帮助青年脱离失业。劳动保证政策主要覆盖17—25岁的失业者和已经毕业的19—29岁的青年人失业者。后者是那些已经完成了职业教育或者高等教育，但在过去12个月中处于失业状态的人。最后，青年政策主要由"教育和文化部"负责。青年政策是帮助青年成长，增强青年独立性，为他们提供教育和劳动力市场机会；为青年提供获得社会技能、工作指导的机会，如为青年提供职场内培训、量身定做的教育发展路径、青年工作坊服务。此外，青年政策还与地方政府积极互动。地方政府要保证每一个适龄青年的基础教育，为完成基础教育的青年提供教育、就业或者培训的信息和指导。

（3）重返劳动力市场型——以德国为例。重返劳动力市场型国家，积极劳动力市场支出处于较高水平。就政策类型而言，"重返劳动力市场"类政策支出水平最高，且高于"人力资本投资"类政策。此外，该类型国家还有一个重要特征："防止人力资本耗散"类政策支出水平较高。例如，比利时和法国，2010年该类政策的支出占GDP份额分别达到0.22%和0.36%。

德国自2003年开始了大刀阔斧的劳动力市场改革——"2010议程"，旨在提升德国劳动力市场的灵活性。其核心是积极劳动力市场政策，鼓励失业者重返劳动力市场。2003年至2005年，国会共通过了该委员会的4项法案，即《现代劳动力市场服务法案》（Acts for Modern Labor Market Services），并将其按照通过生效的时间排序，称为"哈茨Ⅰ—Ⅳ"。哈茨改革的目标是：其一，提升劳动力市场服务和政策工具的效力和效率；其二，通过执行所谓的"权利和义务"原则，激活失业者；其三，通过劳动力市场"去管制"来促进就业。[①] 具体内容包括：

第一，个人服务代理机构。《哈茨Ⅰ》从2003年1月开始实施，主要是为了提高政策效率，帮助失业者更快地重返劳动力市场。员工服务代

---

① Jacobi, L. and Kluve J., *Before and After the Hartz Reforms: The Performance of Active Labour Market Policy in Germany*, Institute for the Study of Labor, Discussion Paper, No. 2100, 2006.

理机构是一个公共就业机构,通过雇佣和出借失业者给企业进行临时性工作,并据此获得报酬。同时,个人代理服务机构为失业者(超过6个月)提供就业优惠券。凭借优惠券,失业者可以委托私人就业中介帮助其寻找工作,且仅在为失业者找到工作之后,中介服务机构才获得佣金。由于私人劳动力中介更加注重效率,大大增加了失业者重返劳动力市场的可能性。

第二,重新定义"合适工作",增加劳务派遣。《哈茨Ⅰ》对"合适的工作"进行了重新定义,增加就业的强制性,采取更为严格的惩罚措施,促使失业者积极寻找工作。对于失业期超过一年的失业者,应接受任何合法的工作,不论薪酬高低和工作内容。这明确了失业者无法以新工作不满意为理由而拒绝,加强了失业政策的强制执行力。此外,德国在劳动力市场领域扩大了劳务派遣适用范围,使其不适用于由工会主导谈判得出的标准职工待遇,尤其是工资和工时,这就使得非常坚固的劳动力市场就业形态得以松动。

第三,增加灵活就业和鼓励创业。《哈茨Ⅱ》于2003年1月开始实施,主要侧重于利用个人企业和微型工作(Minijobs)、小型工作(Midi-jobs)等灵活就业方式进一步活化劳动力市场,帮助失业者重返劳动力市场。具体方式包括:一是为小型企业和低收入者提供税收上的减免。微型工作和小型工作政策是帮助低技能失业者增加收入的政策。微型企业指月收入低于400欧元的企业,这类企业的员工不用缴纳社会保险费用且免除纳税,雇主只需要缴纳25%的税费;小型企业指月收入在400—800欧元的企业,其员工在税收方面同样有优惠,且税收降低是边际递减的。① 二是鼓励失业者创业,建立"个人企业",从而变成自我雇佣。创业首年,政府为其提供每月600欧元补助,第三年降至每月240欧元,总额控制在14400欧元之内。

第四,改造公共就业服务机构,提高劳动力市场服务的效能。2004年1月,《哈茨Ⅲ》正式实施,旨在公共就业服务机构的改革。德国公共就业服务机构,即联邦就业机构(Federal Employment Agency)是一个繁

---

① 丁大建、张瀚予、廖雪骄:《德国失业保障制度评述》,《北京航空航天大学学报》(社会科学版)2015年第5期。

杂的国家机构，在地方设有10个地区部门和180个地方办事处，每个办事处有200—400名工作人员。① 其三方管理机制使得公共就业服务机构人员冗杂，地方自由裁量权很低。哈茨改革所建立的新机构包括一个首席执行官以及任期五年的管理部门，原有三方委员会转型成为监督部门。新机构将原本科层化严重的公共就业服务机构体系转变成更为商业化运作的劳动力市场服务提供者。联邦就业机构中，更多工作人员的职责是为失业者提供就业咨询和就业安置。

因此，德国作为重返劳动力市场型代表国家，其主要特点可以进一步归纳为如下几点。

第一，个人权利与义务并重原则。权利与义务并重是"哈茨改革"的核心原则。改革之前，慷慨的福利水平和福利领取期限以及很高的福利替代率降低了失业者的就业意愿，无时间限制的失业福利和失业救助是德国劳动力市场政策的重要特征，而长期失业替代率高于所有OECD国家，短期失业替代率也与很多国家持平。② 在积极劳动力市场政策领域，政策工具以高支出水平和长周期项目为特征，尤其是职业培训和政府直接的工作创造。哈茨改革以后，劳动力市场政策的根本性原则恰好是权利与义务并重。失业者（福利接受者）的角色被重新定义，被要求积极地寻找工作，提升就业能力。一系列的积极劳动力市场政策，不论是就业咨询服务、就业搜寻服务，还是短期培训，都存在这样一种清晰的引导指向：激励失业者通过"自身负责"的方式来主动改变当前的不利境况。此外，改革之后的积极劳动力市场政策更强调失业者重返劳动力市场，提升失业者与劳动力市场直接接触和融合的机会，而不是采用职业培训或者政府能够给你创造这类将失业者"排除"在劳动市场之外的政策。③

---

① Tergeist, P. and Grubb, D., *Activation Strategies and the Performance of Employment Services in Germany, the Netherlands and the United Kingdom*, OECD Social, Employment and Migration Working Papers, OECD Publishing, No. 42, 2006.

② Rinne, U. and Zimmermann, K. F., "Is Germany the North Star of Labor Market Policy?", *IMF Economic Review*, Vol. 61, No. 4, 2013.

③ Jacobi, L. and Kluve J., *Before and After the Hartz Reforms: The Performance of Active Labour Market Policy in Germany*, Institute for the Study of Labor, Discussion Paper, No. 2100, 2006.

第二，劳动力市场服务中的竞争机制。德国的积极劳动力市场政策在哈茨改革后，致力于在就业安置服务和政策项目中引入市场竞争机制。首先，对就业服务的管理机构进行商业化转型。哈茨改革之后，原来官僚冗杂的联邦就业机构在新公共管理的理念指导下进行了商业化转型。地方就业机构转型成为结果导向且具有回应性的劳动力市场服务一站式中心，根据地区情况制定量化指标，并拥有了一定的政策选择自由裁量权。就业中心提供的劳动力市场服务种类也得以拓展，包括广告宣传、咨询服务和福利管理等。其次，引入准市场机制。在劳动力市场领域引入市场机制是希望提升服务质量和打破公共就业管理和私人服务提供者之间非正式和低效的内部关联。德国引入服务券制度，失业者在接受公共就业服务6个月之后无法重返劳动力场的，可以凭券选择私立的服务供给者。而私立劳动力市场服务供给者在帮助失业者重返劳动力市场后将获得相应的支付补贴。最后，外包劳动力市场服务。德国通过竞争程序将劳动力市场服务外包给营利性和非营利机构。竞争程序包括两阶段：阶段I，联邦就业服务机构全国招标，营利性和非营利机构劳动力市场服务机构凭资质证明和标书参与定点许可竞争。阶段II，失业者从联邦就业服务机构领取至少3个月的培训券，"用脚投票"选择任何一家定点机构的服务。定点机构则凭借培训人数和职业介绍成功率和联邦就业服务机构结算经费。"消费者选择机制"增加了劳动力市场服务供给者之间的服务质量竞争。

第三，持续有效的工作搜寻制度。德国的积极劳动力市场政策自哈茨改革以来，失业者已经从被动的福利接受者被"激活"，获得了更多重返劳动力市场的机会。尽管有不同类型的积极劳动力市场政策，但德国的经验表明，一套持续有效的工作搜寻制度具有重要意义，也成为德国积极劳动力市场政策的重要特点。在德国，所谓持续有效的工作搜寻制度包括：一是与新注册失业者的联系。二是对失业者状态的常规报告和确认。三是监督和回顾失业者的工作搜寻成果。四是直接推荐工作岗位。五是制订重返工作安排和个人实施计划。

第 二 章

理解社会服务国家

一 社会服务在全球的兴起

(一) 现代社会服务的演变

社会服务是现代社会发展的产物。英国作为世界上工业化发展最早、最快的国家，19世纪40年代完成了工业革命，成为举世瞩目的世界工厂。但英国工业化所造成的社会问题，特别是贫困、失业等问题日益突出。面对这些问题，1834年英国《济贫法》修正案的出台，被认为是现代社会服务的开端。之后，1884年英国塞缪尔·巴纳特（Samuel A. Barnett）在伦敦东区创立汤因比馆（Toynbee Hall），鼓励当时的牛津、剑桥大学的毕业生入住伦敦东区与东区民众为邻。[①] 汤因比馆围绕着贫困者所开展的活动成为现代社会服务的标志性事件，掀起了社会服务运动的帷幕。

美国是现代社会服务的另一个发源地。19世纪末20世纪初美国现代社会服务的发展与英国几乎是同步的。这一时期，美国的工业化、城市化发展迅速，社会问题大量出现，社会服务也得到较快发展。受汤因比馆的启发，两位美国人迅速将社会服务运动传到美国。1886年，美国人斯坦顿·科伊特（Stanton Coit）在纽约建立邻里协会（Neighborhood Guild）。1889年，美国人简·亚当斯（Jane Addams）与同伴在芝加哥成立了赫尔馆（Hull House）协会，开展社会服务工作，并产生了广泛影

---

① Abel, Emily K., "Middle – Class Culture for the Urban Poor: The Educational Thought of Samuel Barnett", *Social Service Review*, Vol. 52, No. 4, 1978.

响,此后社会服务传播传到世界各地。①

一个国家和地区在人均 GNP 达到 3000—5000 美元的时候,社会服务开始起步;当人均 GNP 超过 5000 美元以后,社会服务项目迅速扩展。②第二次世界大战结束后,随着世界经济全面复兴,特别是西方国家财政实力的增强,为西方国家开展大规模社会服务提供了雄厚的经济基础。社会服务从而进入快速发展轨道,其主要标志为:一是西方国家为了解决社会问题,逐渐扩大社会服务的内容和范围,颁布有关社会服务法律;二是西方国家相继成立社会服务相关主管部门,社会服务也日益专业化,社会服务的作用得到突显。如瑞典 1980 年颁布《社会服务法》,并由健康与社会事务部来执行;挪威 1991 年颁布《社会服务法》,并由劳动与福利局来执行;丹麦 1998 年颁布《社会服务法》,于 2010 年 2 月成立社会事务部来执行。③

经过四十多年的发展,西方国家社会服务社会化,取得了显著的成果,一是将社会服务的对象由仅限于弱势群体扩大到全体国民,二是实现了由早期简单的生活救济型社会服务向全面的、以服务促发展的普惠型社会服务的转变。现代社会服务的功能得到充分实现,推动了社会现代化。④

进入到 20 世纪 90 年代,西方国家社会服务体系形成,社会服务的作用加强,同时社会服务组织的快速发展和政府责任的彰显,进一步拓展了社会服务的功能,丰富了社会服务的内容,因此,人们对于社会服务的认识逐步深化。但由于各国社会服务发展阶段不同,社会服务的发展重点也存在较大的差异。目前社会服务一词迄今尚未能找到一个获得普遍接受的定义,社会服务在不同国家,无论在组织和实施上,均呈现不同的形态。

国际劳工组织(ILO)基于社会正义和促进体面劳动出发,从狭义的

---

① [美]玛格丽特·拉夫特:《赫尔馆的发展与变迁》,《社会工作》2007 年第 10S 期。
② 李兵:《国外社会服务发展历程及其启示》,《中国民政》2011 年第 3 期。
③ 冯惠玲、翟振武:《社会建设的理论、政策与实践》,社会科学文献出版社 2011 年版,第 132—136 页。
④ 林闽钢:《我国社会服务管理体制和机制研究》,《华中师范大学学报》(人文社会科学版)2013 年第 3 期。

服务对象上来界定社会服务，认为社会服务是针对大多数脆弱群体的需求和问题所进行的干预。这些有针对性的服务项目包括康复、家庭帮助服务、收养服务、照料服务，以及由社会工作者或相关职业提供的其他支持服务。①

从英国社会服务起源来看，社会服务的对象开始主要是面对弱势群体，并强调社会服务是用特殊的方式来满足个人、家庭以及群体的特定社会需求。由于社会服务者和服务对象必须有个人接触才能完成，服务递送的"个性化"（personalization）就成为这类社会服务概念的重要特征，在英国，社会服务由此又被称为个人社会服务（personal social services）。贝弗里奇在他的著名报告《社会保险和相关服务》中并没有识别出一个需要由这类服务来对付的"恶"。② 因而在英国的社会服务体系中，个人社会服务被称为"第五类"社会服务，即排在医疗、教育、社会保障和住房之后。由于个人社会服务具有残补性质，因而成为社会服务中最复杂、也是最令人着迷的一种。③

个人社会服务被认为与阻碍个人社会功能最大化的需要和困难有关，主要是针对个人或群体的差异进行量身定制的，主要包含老年人服务、残疾人服务、儿童及家庭服务等。个人社会服务这些需求传统上是由个人和家庭来解决，国家的主要职责是辅助家庭来完成它的本来就有的功能。个人社会服务常常与社会工作的实践有关。个人社会服务涉及服务的个性化，以及与使用某些特定的资源有关，这些资源是根据对他们不同需求的评估，由个体、家庭或社团提供的。这些服务也仅是全部社会服务大范围中的小部分。④

1970年，英国通过地方政府社会服务法案（The Local Authority Social Services Act）后，其突出的成果是在地方政府建立统一的社会服务部，

---

① Fultz, E. and Martin, T., *Good Practices in Social Services Delivery in South Eastern Europe*, Budapest: International Labour Office, 2004, p. 180.
② ［美］哈特利·迪安：《社会政策学十讲》，岳经纶、庄文嘉、温卓毅译，格致出版社2009年版，第64—65页。
③ John Baldock："个人社会服务与社区照顾"，载 Pete Alcock、Angus Erskine and and Margaret May《解读社会政策》，李易俊等译，群学出版有限公司2006年版，第605页。
④ Sainsbury, E., *The Personal Social Services*, London: Pit-man Publishing Limited, 1977, p. 3.

通过综合性的社会服务部门——作为政府的"单一窗口"给所有需要协助的公民提供服务。至此开始以扶弱济贫为主要内容的个人社会服务，被认为从英国社会政策的"边缘地带跨入中心地位"，一个更为普遍性、职业化、为所有需要帮助的人提供服务的组织建立了起来。[1] 1990 年英国的《国民健康服务与社区照顾法》（National Health Service and Community Care Act 1990）及其 1989 年的《儿童法》，实现从健康照顾到社区照顾的转变，把住院服务的部分内容转为社区照顾服务的内容。地方政府则把直接提供服务，转到协助民营、志愿与非正式部门提供社会照顾。英国在社会服务改革中，不断扩大服务范围，提高服务质量，通过纳入"现代化议程"中，在社会服务领域进行了一场管理革命。[2]

从世界范围来看，社会服务范围在扩大、服务项目在增加。从狭义的社会服务走向"普遍利益的社会服务"（Social Service General Interest, SSGI），社会服务的作用不局限于对弱势群体的服务，开始面向全体国民提供服务。社会服务已成为国家治理能力的基础和治理体系的有机构成。

从广义的视角来定义"社会服务"，可以追溯到社会服务概念最早提出者——蒂特马斯（Richard M. Titmuss），他将社会服务定义为：通过将创造国民收入的一部分人的收入分配给值得同情和救济的另一部分人，而进行的对普遍的福利有贡献的一系列集体的干预行动。从家庭津贴到战争补贴，从技术培训到教育深造，甚至到法律援助申请调查，都可以是社会服务。[3]

联合国政府职能分类（COFOG）体系中将政府公共服务分为四个部分：一是普通公共服务与公共安全；二是社会服务，包括教育事务和服务、健康事务和服务、社会保障和福利、住房、供水、文化等方面；三是经济服务，包括燃油和电力、农林渔业、交通运输与通信等方面。四

---

[1] Lowe, R., *The Welfare State in Britain since 1945*, London: Macmillan Press Ltd., 1999, p. 279.

[2] John Baldock："个人社会服务与社区照顾"，载 Pete Alcock、Angus Erskine and Margaret May《解读社会政策》，李易俊等译，群学出版有限公司 2006 年版，第 611—615 页。

[3] Richard, Titmuss M., *Essays on "The Welfare State"*, London: George Allen & Unwin, 1958, pp. 40–45.

是未按大类划分的支出，如政府间的转移支付等。① 政府的公共服务有三种类型：一类是公共服务Ⅰ：国防服务、公共安全、经济安全；二类是公共服务Ⅱ：邮政、电信、民航、铁路、水电等；三类是公共服务Ⅲ：教育、环境保护、文体事业、公共医疗、社会保障，即社会福利及服务。其中，公共服务Ⅲ就是通常所谓的"基本公共服务"，包括：教育服务、医疗服务、住房服务、就业服务和社会保障服务。联合国政府职能分类（COFOG）体系把社会服务看作是公共服务的一部分。

因此，社会服务不仅应当面向弱势群体和有特殊需要的人们，还应当面向一切社会成员，从而提升全社会的福祉。社会服务强调服务的持续性和过程性，具有公共属性，表现为公益性和福利性。社会服务范围具有广泛性，其内容主要包括：养老服务、救助服务、灾害救援服务、教育服务、医疗健康服务、住房服务、文体服务和就业服务等。②

（二）发达国家社会服务的演变

20世纪70年代末80年代初，席卷全球的行政改革浪潮不断掀起。在西方国家，这场行政改革运动被看作一场"重塑政府"、"再造公共部门"的新公共管理，改革的主要内容是以商业管理的理论、方法及技术，引入市场竞争机制，提高公共管理水平及公共服务质量。③ 新公共管理主张政府和市场分权，将市场机制引入到服务领域中来，通过市场机制来调节服务的供给和需求，实现服务供给的多元化。

聚焦社会服务领域，新公共管理倡导社会服务不仅可以由政府提供，而且更要由社会提供，打破公私之间的界限，破除政府垄断，在公与私、公与公、私与私之间形成多元竞争的局面，以竞争来代替垄断，从而达到降低成本，提高服务供给能力、效率和质量的目的。新公共管理导致了社会服务领域的根本性变革，政府减少了直接生产或提供社会服务，

---

① 萨尔瓦托雷·斯基亚沃－坎波、丹尼尔·托马西：《公共管理支出》，张通译，中国财经大学出版社2001年版，第77—78页。

② 林闽钢：《我国社会服务管理体制和机制研究》，《华中师范大学学报》（人文社会科学版）2013年第3期。

③ 陈振明：《走向一种"新公共管理"的实践模式——当代西方政府改革趋势透视》，《厦门大学学报》（哲学社会科学版）2000年第2期。

更多地向非政府组织和私人部门购买，形成更大规模的福利混合经济。政府专注于以源自商业部门的管理技术评估服务提供者的表现，确保社会服务质量。①

20世纪80年代以来，福利多元主义（welfare pluralism）思潮开始影响社会服务领域的改革。在社会服务领域中，福利多元主义一方面强调福利服务可由公共部门、营利组织、非营利组织、家庭与社区四个部门共同来负担，政府角色逐渐转变为社会服务的规范者、社会服务的购买者、品质的管理与仲裁者，以及促使其他部门从事服务供给的角色。另一方面强调非营利组织的参与，以填补政府从服务领域后撤所遗留下的真空，抵挡市场势力的过度膨胀，同时通过非营利组织来达到整合社会服务，促进社会服务的供给效率，迅速满足社会服务需求的变化等功能。②

进入20世纪90年代以来，西方发达国家在公共事务管理领域倡导在政府"掌舵"下的多元主体参与，形成一个包括政府、市场、民间组织和社会公众的治理结构。这些主体之间是相互独立但又相互依存的关系；主体之间需要进行持续的互动，进行资源交换和沟通协商；主体之间的活动受到各种正式和非正式制度的约束，由此形成了一个多层次的网络式治理结构，通过合作与协调来实现"善治"（good governance）目标。在社会服务领域中，强调公共机构与私人机构的合作，鼓励政府与非政府的合作，提倡强制与自愿的合作，实现多元化的福利供给模式，变"消极福利"为"积极福利"。③ 在社会服务的治理中，它们之间的关系不是统治与被统治的关系，政府与其他社会主体之间应该是建立在合理分工基础上的伙伴式的合作关系。如为了增加社会服务的数量，提高社会服务的质量，对那些由政府提供缺乏效率的项目，政府可以对非营利组织予以充分的赋权和支持，对非营利组织的服务供给采取政府购买服务的多种形式，与其他社会主体合作提供服务。因此，通过法律的形式

---

① 岳经纶、温卓毅：《新公共管理与社会服务：香港的案例》，《公共行政评论》2012年第3期。
② 林闽钢：《福利多元主义的兴起及其政策实践》，《社会》2002年第7期。
③ 林闽钢：《现代西方社会福利思想：流派与名家》，中国劳动社会保障出版社2012年版，第126—127页。

确定公共和私营部门如何共同分担社会服务职责成为改善社会服务供给的重要措施。

至今，世界上大多数国家已经建立起了现代社会服务体系，不仅有完善的法律制度保障，在国家层面上设立了相应的社会服务管理部门，还在解决社会问题上进行了富有成效的实践探索。在西方发达国家社会服务实践中，英国和美国社会服务发展最具有典型性。

1. 英国社会服务

19世纪后期，随着英国工业革命的完成，特别是政治、经济、社会结构发生了根本性变化，英国人的贫困观念也发生了转变，人们不再将个人道德堕落视为贫困的根源。英国政府不得不适当加强对贫困问题的干预，从济贫、教育、卫生、住房等几个方面改善穷人生存状况，化解日益严重的贫富差距问题。同时以新自由主义、社会伦理学和有机体理论以及费边社思想为代表的社会思潮，也充分论述了国家和社会干预贫困问题的必要性，促进政府的反贫困政策由惩戒到政府救助的变化。①

到20世纪初，以贫困失业为主的社会问题的加剧，引起了社会广泛的关注，对英国政府形成了越来越大的社会压力。1920年，英国建立了专业的社会服务所。在第二次世界大战后，英国政府明确了社会服务的职责，给特殊群体提供相关的社会服务。1946年，《国民健康服务法》赋予地方政府责任，为孕妇和儿童提供服务，为智残者提供出院后的照顾护理，为老年人和其他特殊人群提供居家服务。1948年《国民救助服务法》要求地方政府给老年人、残疾人和无家可归的人提供住房和一些其他的服务。1948年英国建立地方儿童部门，给失去正常家庭生活的儿童提供服务，英国社会服务作为一个独特的新社会福利领域已经形成。它从最初帮助穷人，到支持那些不能独立以及需要帮助的家庭和个人，特别是盲人、肢体残疾人和不能自理的老年人；从最初由自愿组织提供服务，到后来寄希望于国家政府，由地方福利部门负责服务。②

英国在福利国家建设中，把弱势群体的社会照顾加以制度化。但是

---

① 郭家宏：《19世纪末期英国贫困观念的变化》，《学海》2013年第1期。
② 潘屹：《国际社会服务理论与实践》，《国际社会科学杂志》2014年第3期。

个人社会服务体系开始仅包括健康、教育、住房和收入维持。英国哲学观念中存在这样一种根深蒂固的认识，人们对于普遍获得免费的健康照顾和教育照顾的支持是强有力的，但实行其他免费的服务就会遭到一些人的反对。因为长期以来个人社会服务问题被看作是由个体和他们的家庭来承担的责任，如儿童照顾曾经被看作是他们父母的责任，有问题成年人的照顾也被视为家庭事务的扩展等。正因为如此，政府单独介入这一问题的行动相对也比较迟缓。①

英国在建成福利国家之后，经历了社会服务快速发展时期，但也出现了不少问题。1965 年 12 月建立西鲍姆委员会（The Seebohm Committee），1968 年希波姆报告（The Seebohm Report）出台，列出了20 世纪60 年代中期个人社会服务中存在的主要问题：一是社会服务供给数量的不足；二是社会服务供给范围的不足；三是社会服务供给质量的不足；四是现有的服务之间缺乏协调；五是公众和其他服务的工作人员面对许多困难，他们对各个部门服务的方式缺乏了解。第六，委员会认为个人社会服务对变化中的社会需求的反应速度明显不足，并缺乏弹性。② 西鲍姆委员会报告倡导政府部门介入和提供更多的社会服务，并形成一个统一的管理体系。1970 年，英国通过地方政府社会服务法案（The Local Authority Social Services Act），建立了地方社会服务部，旨在为国民提供全民共享的、以社区和家庭为基础的服务。1971 年，威尔士成立了社会服务部，在苏格兰则叫社会工作部。

1979 年撒切尔政府执政以来，进行了以新自由主义和市场化为主题的改革，大刀阔斧推行私有化、放松政府管制和加强市场竞争。为了降低政府的公共开支，解决社会服务的低效率等问题，引入政府购买公共服务的机制，形成了市场供给公共服务的模式，其结果导致政府在社会服务提供方面的日益后退。1982 年，巴克莱委员会（Barclay Committee）提出了三个层次的社会服务：一是个人安全网模式。强调非正式网络的

---

① 丰华琴：《普遍主义福利原则的实践：英国弱势群体个人社会服务体系的形成》，《南京晓庄学院学报》2011 年第 4 期。

② Hallett, C., *The Personal Social Service in Local Government*, London: George Allen & Unwin, 1982, pp. 19–20.

重要性，保持最小的政府供应以便不会降低国民自我照顾的能力和道德感，政府所进行的服务提供是最后的办法。二是政府提供模式。政府被认为有义务提供全面的服务，而且人人都有权利享受这些服务。三是社区模式。社区被认为是最重要的平台，在社区中人们有潜力、能力和义务相互照顾，而不是由政府提供全面服务，相应的权力和决策也应该下放到地方社区。[①]

1997年布莱尔政府上台后，发布了工党有关社会服务的政策议程，寻求一种第三条道路的政策理念，提出了社会投资和"混合福利"的改革思路，大量利用商业组织和非政府组织提供社会服务。在医疗卫生领域，政府鼓励国民从住院护理转向社区照顾，尤其是需要长期医疗服务的老年人、慢性病患者及残疾人等，同时也鼓励非营利组织和私营部门进入社会照顾领域，政府则作为服务购买者，利用合同外包和内部市场来实现优质服务。到2001年，私营部门和自愿组织所拥有的专业照顾机构占了90%以上。[②] 英国社会服务虽然通过改革解决了资金困难，增强了服务的个性化和可选择性，但是也出现了相应的问题。私人服务机构不用等待，但是收费很高且服务水平参差不齐，同时人们也开始抱怨社会服务的配套衔接问题。在一些领域，由于政府过早退出，而商业部门和社会组织又未能及时进入，直接导致了服务项目可及性和服务质量的下降。

2011年卡梅伦政府颁布了《开放公共服务改革》白皮书（Open Public Service Reform White Paper），以"开放"为核心词，提出了五大原则，即政府在公共服务中的核心职能就是遵循选择、放权、多样性、公平、问责五项基本原则，保证公众有权利选择最为适合自己的服务，保证自由公平的竞争，保证可以获得正确选择所必需的信息，保证服务供应商能够向人民负责。将公共服务分为个人服务、社区服务和委托服务三大类，个人服务主要指公民直接需求的公共服务，例如，教育、技能培训、

[①] Harris, J., "State Social Work: Constructing the Present from Moments in the Past", *British Journal of Social Work*, Vol. 38, No. 4, 2008.

[②] 徐延辉、黄云凌：《社会服务体系：欧洲模式与中国方向》，《人民论坛·学术前沿》2012年第17期。

成人社会护理、儿童照料、住房保障和个人卫生医疗服务；社区服务主要指基于共同群体基础上的，由地方主导提供的公共服务，例如，地方公共空间的维护、娱乐设施设备维护和社区安全；委托服务主要指不能放权给个人和邻里提供的公共服务，必须由中央和地方负责和提供的公共服务，例如税收、监狱管理、应急卫生管理和福利制度建设等。① 英国围绕《开放公共服务改革》白皮书陆续出台了配套的制度和实施方案，构建了一个较为完善的开放公共服务改革框架。

英国政府自 2011 年提出"开放公共服务改革"的目标后，其一直在构建一系列"分权和选择"为主导的话语体系，重新划分中央政府和地方政府的角色和定位，承诺将更多权力下放给地方政府、地方民选机构、社区自治机构和教区等；运用"选择权、透明度和话语权"的机制，构建公共服务的回应性和责任性。②

2. 美国社会服务

1883 年，美国社会服务的先驱简·亚当斯（Jane Addams）开始了第一次欧洲旅行，她目睹了英国伦敦东区的贫穷。1887 年，在她第二次欧洲之旅时看到了英国的汤因比馆（Toynbee Hall），她对这种以志愿者定居贫民窟来援助穷人的救助方式印象深刻，更加坚定了她投身慈善公益的信心。1889 年 9 月正式搬进了芝加哥西区第 19 区的贫民窟。这是一个典型的移民聚居地，是芝加哥穷人的居住地，在这里她建立了类似汤因比馆、为欧洲移民安居服务的机构——赫尔馆，同时吸引了大学师生和社会改革家参与。到 1897 年，美国共有 74 个赫尔馆似的场所。1900 年，美国慈善协会几乎在所有的州都有分支机构。这一时期的慈善协会和睦邻组织的活动，都是早期成功的社会服务实践。③

到 20 世纪 30 年代，世界经济大萧条直接推动了美国社会服务的发展。罗斯福总统面对经济大萧条所带来的冲击，组织了"民间资源保护

---

① HM Government, *Open Public Services White Paper*, 2011, https://assets.publishing.service.gov.uk/government/uploads/system/uploads/attachment_data/file/255288/OpenPublicServices-WhitePaper.pdf. p. 12.

② 宋雄伟：《话语构建与路径依赖：英国大社会公共服务及对中国的启示》，《中国行政管理》2016 年第 3 期。

③ 潘屹：《国际社会服务理论与实践》，《国际社会科学杂志》2014 年第 3 期。

队"（Civilian Conservation Corps），意在解决因经济大萧条引起的城市青年失业问题和与此相关的城市社会问题，对困难家庭和特殊群体进行直接救济服务的同时，开展以工代赈等社会服务活动。1935年，美国制定了《社会保障法》，建立起全面的社会保障制度。在《社会保障法》通过后，美国联邦政府和州政府开始为穷人提供大量资金和物品，随后更多的社会服务修正案被增加到《社会保障法》中，社会服务也开始形成专业体制。

到了20世纪50年代，美国联邦政府首次向社会服务提供资金，社会服务体系开始形成，构成为个人、家庭和社区的服务。[①] 其主要包括国民保险、补助金、儿童救济金、家庭收入补助、裁员费支付、国民健康服务、地方福利服务（个人社会服务）、儿童服务、教育服务、青年服务、就业服务、住房、缓刑期服务和病后护理服务等。[②]

在美国工业化进程加剧和经济社会快速发展的大背景下，一些新的社会问题也应运而生。例如环境问题、贫富问题、失业问题以及各种犯罪问题等等。为了解决这些新问题，以助人和自助为理念的社会服务出现并迅速发展起来。20世纪80年代以来，美国政府在社会服务领域进行了较大的战略调整，开始鼓励企业与非营利组织展开竞争，共同参与提供社会服务，从而使公私部门关系出现了一个重要的趋势，逐渐在政府和非营利组织之间形成一种竞争性的伙伴关系。到了20世纪90年代，美国政府、企业与非营利组织发展呈现出"三足鼎立"之势。

长期以来，美国政府通过各种社会项目向公民提供各种社会服务，用以解决不同的社会问题。随着经济的衰退和社会人口结构的变化，美国各级政府对社会服务提供机制的优化进行了很多新的探索。在联邦层面，联邦政府通过立法建立相应的社会项目。州政府和地方政府在管理社会服务供给时，一般并不直接向公民提供服务，而是主要通过合同外包方式向企业和非营利组织购买服务。在这一过程中，政府转而成为管理者，约束承包方的行为。这种服务提供机制被称为"第三方政府"。通

---

① Alfred, K. J., *Social Policy and Social Service*, New York: Random House, 1973, pp. 12–13.
② Kamerman, S. B. and Alfred, K. J., *Social Services in the United States: Policies and Programs*, Philadelphia: Temple University Press, 1976, p. 361.

过市场机制，政府与非政府组织建立合同关系，由后者代替政府来具体负责公共服务的提供。在美国政府购买服务"合同外包"的模式能够为不同政治倾向者所接受，如保守主义者认可合同外包，因为它符合其民营化、小政府的诉求，而自由主义者接受合同外包，则由于服务外包暗示着政府规模的隐性增长以及福利国家边界的扩张。①

自21世纪以来，美国政府相继颁布了《2002年公民服务法案》、《公民服务法案的原则与改革》等法律法规，同时，各州制定了一系列的立法条例，保证了公民社会服务的权益，促进了社会服务健康发展。在提供政策支持的同时政府也通过拨款的方式为其提供充足的资金作为保障。社会力量通过创办社会服务组织或是以个人或集体的形式向社会服务机构进行捐赠等。如美国社会服务项目的资金筹集途径，主要是通过动员社会力量广泛参与到社会服务活动当中，形成政府、企业、公益团体等社会组织的良性互动，调动多方力量参与。政府和民间的多方经费支持，保证经费来源的广泛性和充足性。

美国社会服务化的重要特征表现为专业化和职业化。美国的社会服务是一种与专业紧密结合，具有严格的职业标准，同时资金充足且具有完善权益保障体系的社会服务。一是专业化的理论和方法，形成了本科—硕士—博士—整套人才培养体系；二是注重社会实践的人才培养方法，社会服务工作具有针对性和有效性；三是严格的行业准入制度，取得职业资格方可工作。社会工作服务人员必须具备从事社会工作所要求的本科学历，保证其工作的专业性。在美国的大部分高校中，社会服务是在校学生的一门必修课，学生们必须参加并表现良好才能获得相应的学分。此外，各高校鼓励学生们参加社会服务项目，参与到社会重大问题的分析和研究中。通过长期和系统化人才培养和储备，为美国社会服务系统输送了大量既有专业知识又有丰富实践经验的高素质人才。②

美国社会服务的发展程度与其经济社会发展水平密切相关，大量社会问题的出现为社会服务的迅速发展提供了契机。社会服务工作的出现

---

① 陆家欢：《美国社会服务供给的基本模式与若干新趋势》，《经济体制改革》2016年第6期。

② 初青松、杨光：《略论美国社会服务经验与启示》，《人民论坛》2014年第29期。

和发展，可以更好地协助政府解决社会问题，推动社会良性发展。目前美国社会服务体系包括儿童保护服务、家庭维护服务、社区精神健康服务、对儿童的日间照顾和学龄前教育、家庭主妇服务、就业服务、职业培训、精神健康照顾和职业恢复、对老年人或残疾人员提供的独立生活或长期照顾服务、职业恢复。通过为儿童、老年人、残疾人和其他有特殊需要的人提供照顾、咨询服务、教育或其他形式的援助，来满足民众的多种需要。在美国，社会服务与"收入维持"、"膳食营养"、"卫生"一起被认为共同构成了美国社会福利政策体系。①

二 社会服务管理的多样化

社会服务管理直接影响到一个国家和地区社会服务供给的水平、质量和效率。社会服务管理通常包括社会服务体制和社会服务机制两个方面。社会服务管理体制是指国家设置和制定的从中央到地方的各级各类社会服务管理机构、管理内容以及管理方式的总和，其中社会服务经办体系是其核心部分。社会服务管理机制是指社会服务管理机构的运行机理。通常社会服务管理机制是由社会服务经办结构所决定的。从全世界来看，社会服务管理体制与一个国家的历史发展过程，特别是与政治、经济和社会等因素密切相关。从总体上来划分，社会服务管理体制主要有以下三种模式：

第一种模式是政府直接经办管理模式。以英国、美国和日本、韩国等国为代表，其特点是社会服务经办机构由国家设立，统一集中管理和执行社会服务经办事务。政府直接经办管理模式，还可以进一步细分。如部分国家的经办机构为政府部门，例如英国、瑞典和挪威等；有的国家设立独立的社会服务经办管理部门，还有的国家设置独立的公共法人，如日本、韩国等国家。在经办机构的人员身份上，有些国家为政府公务员，有些国家为政府部门雇员，还有的属于公共法人机构的私人雇员。

---

① ［美］戴安娜·迪尼托：《社会福利：政治与公共政策》，何敬、葛其伟译，杨伟民校，中国人民大学出版社 2007 年版，第 3—4 页。

第二种模式是官民合办管理模式。以德国、法国、西班牙等国为代表。在这种模式下，国家立法、政府监督、非营利组织负责运营。社会服务经办机构为民间的非营利组织，向社会提供非营利性经办服务。国家行政部门进行监督。这类机构的人员大多采用聘用制，机构的经费核定通过与政府部门的协商或由预算审批完成。

第三模式是私营公司管理模式，或称商业模式。以智利等国为代表，这类模式由特许的公司经办社会服务业务，国家（地区）成立监管部门进行行业监督。采用这种模式的国家（地区）比较少。在这些国家（地区）的经办机构人员为私人部门雇员。

目前，全世界主要以政府直接经办管理及官民合办两种模式为主，私营公司管理模式很少，因而，在社会服务管理体制比较中，主要聚焦在政府直接经办管理与官民合办模式之间。

（一）政府直接经办管理模式——以英国、美国为例

至今为止，公共部门直接经办社会服务是世界上大多数国家社会服务管理的主要形式。这一管理形式可以追溯到英国1834年《济贫法》（修正案）。新济贫法被认为是近代国家开展社会救助经办服务的开端，之后英国公共部门经办社会服务管理的体制成为社会服务管理的主要代表，此外美国公共部门经办社会服务管理也具特色。

1. 央地分设、统一管理

在英国工业化初期，大量的流民是社会的主要问题，16世纪中期，都铎王朝对流民采取严厉的处罚措施，符合条件的居民都需交纳济贫税。①1601年《济贫法》的出台，确立了以教区为基础的济贫活动，由于相对独立运行和自我管理，济贫事务管理具有很强的地方性。

面对开征济贫税后济贫费用快速上升及管理中存在的各种问题，《济贫法》的修正被提到重要日程。《济贫法》修正案一度被设计为高度集中的管理方式，将济贫税评估、征收及救济贫民的责任完全收归中央，但

---

① Elton, G. R., *Reform and Reformation: England 1509 - 1558*, London: Hodder Armold, 1977, p. 56.

考虑到地方的长期自治，这样的方案难以接受，该提议被否决了。① 1834年《济贫法》修正案出台，其核心是成立济贫委员会，它被赋予相关权限，即有权取消、变更、制定相关济贫条例；任命或撤销协助它工作并向它负责的助理济贫委员。济贫委员会还负责制定济贫院的规格和标准，并为地方联合济贫院的建设提供指导性意见。此外，管理济贫院、监督济贫官、发展儿童教育、贫困儿童的雇佣及其管理等都在其职责范围之内。《济贫法》修正案重点是取消了院外救济，各个教区建造济贫院来安置年老且丧失劳动能力的人，使济贫院救助成为长期的制度安排，对地方教区提出成立联合济贫教区，教区的联合组织是按着"特殊目的"的原则，即考虑适合不同服务供给的需求进行组合的，而不是以地理区域为原则的行政划分，同时建立监督委员会来管理济贫事务。1847年济贫部成立，济贫委员有权列席并参与议会讨论。1871年地方政府事务部主要官员由卸任的内务大臣、各部部长担任，中央政府对地方济贫事务管理的干预逐步加强。

　　1929年，英国颁布《地方政府法》，废除监督委员会，并将实施济贫法、公民登记和医疗服务等职权下放给地方政府。该变化使英国地方政府的权力发展到顶峰。在英国地方政府结构改革的过程中，19世纪90年代到20世纪60年代被称为英国地方政府的"黄金岁月"。② 在英国福利国家建成以后，通过颁布一系列的重要法案，建立了相应的社会服务机构，地方政府不断被赋予新的职责，承担了大量个人社会服务和其他方面的工作。

　　到20世纪70年代以前，英国社会服务管理还是分散的、归属于不同部门。中央政府的服务职责主要在内务部和健康部之间分割。内务部负责儿童服务，健康部负责地方的健康和福利服务。此外，教育和科学部负责教育福利，而住房部和地方政府负责地方住房福利供给等。这些部门之间都涉及社会服务，但都缺乏彼此之间的协调。针对社会服务管理

---

① Brundage A., *The Making of the New Poor Law: The Politics of Inquiry, Enactment and Implementation, 1832–1839*, New Brunswick, N. J.: Rutgers University Press, 1978, p. 25.
② Wilson, D. and Game, C., *Local Government in the United Kingdom*, London: Macmillan Press Ltd., 1998, p. 47.

存在的问题，英国政府成立希波姆委员会来检视社会服务管理，希波姆报告（The Seebohm Report）于1968年发布，其核心是倡导建立一个以家庭为导向的统一的服务管理体系。希波姆委员会的建议在1970年被结合进《地方政府社会服务法》（Local Authority Social Services Act）。随着1971年《地方政府社会服务法》的实施，按要求地方政府开始建立社会服务委员会，并任命一名主管负责管理当地的社会服务，由此英国开始拥有了统一的地方社会服务管理机构。①

1971年后，英国建立了统一的社会服务制度，在地方政府中构建各种社会服务机构，旨在为国民提供全民共享的、以社区和家庭为基础的服务。根据1972年《地方政府法》（Local Government Act 1972）规定，地方政府的各个环节都在该法的规范之中。权力划分明晰，地方依法自治即可。地方当局依法任命和安排社会服务部的下属单位和人员。由于各地方依法自治原因，每一个地方当局所做出的安排各有所不同，在部门内部，不同的职位和机构使用的术语也不统一。但总的来看，英国社会服务部（Social Service Departments，SSDs）组织内部基本由四个部分组成：一是福利服务机构，包括各种寓院以及日间照顾机构；二是社会工作专业服务组；三是培训、研究和发展机构；四是行政机构。②

从美国社会服务管理发展历史来看，其分水岭是第二次世界大战结束后，美国各州先后建立起各种不同形式的服务体系。20世纪50年代，美国联邦政府首次向社会服务提供资金。1974年《社会保障法》增加第20章"社会服务固定拨款"（The Social Services Block Grant，SSBG），固定拨款的资金用来给予并帮助各州实现广泛的社会服务目标，资金按各州的人口分配。③ 美国各州有权决定提供的服务和有资格得到服务的群体，通常是低收入家庭和个人能有资格获得服务。第20章规定允许各州使用拨款进行职员培训、行政管理、制定计划、评估和购买技术援助，

---

① 丰华琴：《从混合治理到公共治理：英国个人社会服务的起源与演变》，中国社会科学出版社2010年版，第168页。
② 孙炳耀：《当代英国瑞典社会保障制度》，法律出版社2000年版，第136页。
③ 社会服务固定拨款（SSBG）的设置意义重大，直接影响许多国家相应的制度建设。有学者认为这是现代社会服务的标志之一，参见李兵《社会服务政策属性及构建的探索分析》，《社会服务发展研究》2016年第2期。

以此来发展和管理州社会服务项目。州可以决定联邦所拨款用于服务培训和管理的份额,其中州政府出资不得低于25%,形成了中央和地方的筹资格局。①

到20世纪70年代中后期,美国多数州都已经建立了相当完善的社会服务体系。各州可以自行决定社会服务的标准与开支,地方政府可以组建自己的社会服务机构,也可以购买志愿组织或非营利组织机构的服务项目。美国社会服务制度基本结构开始定型。②

到1978年,美国联邦政府财政补贴达到巅峰。1981年,里根政府通过了奥穆尼巴斯综合预算调整法案(Omnibus Budget Reconciliation Act 1981),把联邦对各州社会服务的分类补助项目合并成为一揽子拨款计划,77个分类拨款被合并成9个一揽子拨款。1980—1990年间社会服务计划被减少了三分之一。③ 里根政府试图通过对教育、社会服务等领域项目的削减和重组,达到预算平衡,消除赤字和减少国债。特别是通过对预算财政支出的削减,可以减少联邦政府对经济的干预,把一些权力下放各州,从而达到新联邦主义改革的目的。里根政府的改革实质上是在一定程度上放松了联邦政府对于社会服务事务的责任与控制。此后,美国的州政府与地方政府在社会服务方面承担了较大的责任。

在美国联邦政府这个层面,社会服务的业务主管部门是联邦政府的健康与人类服务部(Department of Health and Human Services, HHS)。它是维护美国公民健康,提供各种服务的联邦政府行政部门,拥有11个分支执行机构、8个代理处和三个公众服务部门。其中主要负责人类服务的3个机构分别是儿童和家庭局(The Administration for Children and Families, ACF)④、

---

① Neil Gilbert、Paul Terrell:《社会福利政策导论》,黄晨熹、周烨、刘红译,华东理工大学出版社2003年版,第329页。
② 周弘:《国外社会福利制度》,中国社会出版社2002年版,第78页。
③ Neil Gilbert、Paul Terrell:《社会福利政策导论》,黄晨熹、周烨、刘红译,华东理工大学出版社2003年版,第330页。
④ 儿童和家庭局(ACF)于1991年4月15日成立。依据第1953号重组计划第6条第1953款。该计划允许美国健康与人类服务部将人类发展服务办公室与家庭支持管理机构合并,同时也纳入妇幼保健区块赠款计划。新成立的组织被称为儿童和家庭管理局。ACF目前是美国最大的人类服务管理机构。

老龄局（The Administration on Aging，AOA）①、医疗保险与医疗补助服务中心（The Center for Medicare and Medicaid Services，CMS）。

在美国的50个州中，有的州像联邦政府一样，成立健康与人类服务局，如内华达州的健康与人类服务局；有的州则称为健康与社会服务局，如特拉华州的健康与社会服务局；而有的州健康局和社会（人类）服务局各自独立，如弗吉尼亚州分为健康局和社会服务局。在美国各州之中，虽然有关部门的名称有差异，但社会服务的内容大体相同。

2. 财政分责、多元推动

英国中央政府是社会服务资金的主要来源。从地方政府社会服务资金的三个来源，其依次顺序是：中央政府的拨款、地方的税收和源于收费服务的收入。尽管中央政府给地方政府的拨款，其支出比例每年都有变化，但中央政府提供的资金通常超过地方当局的所支付资金的一半以上。②

从20世纪90年代以来，英国在社会服务领域建立"准市场机制"，政府尽量减少直接提供社会服务，引入市场竞争机制，促进了社会服务社会化、市场化运作下的经济性和效率性，此举曾一度掀起了世界各国的社会服务体制改革。

2011年卡梅伦政府在《开放公共服务改革》白皮书中，对社会服务资金来源和供给做了新的改革。在个人服务领域中，通过将服务预算直接拨付到个人后，由需要服务者自由选择服务，再通过现金、代金券、税收、贷款等形式流向所选择的服务供应商。在社区服务领域中，利用"社区预算"（community budgets）扩大社区使用和管理公共经费的权力，由社区负责选择更能满足居民需求的服务。在委托服务领域中，引入开放委托政策，运用市场规律主导和制定委托服务；同时建立严格的认证制度，保障委托双方的权益；并成立独立的专家机构或第三方组织，负

---

① 2012年创建了社区生活局（The Administration for Community Living，ACL），老龄局（AOA）并入社区生活管理局成为其下的一个分支机构。

② Hallett C.，*The Personal Social Services in Local Government*，London：George Allen & Unwin，1982，p. 97.

责评定服务绩效。[①]

美国联邦政府基本控制了社会服务的财政权,在社会服务项目的设计和改革方面拥有决定性的权力。从里根时代开始,美国历届政府都以不同的方式推动社会服务管理的分散化改革,但实际上对原有体制的触动都不是根本性的。美国联邦政府和州政府在社会服务事务上的关系:州政府在使用社会服务经费上拥有一定程度的自主权,但社会服务拨款总经费仍由联邦政府来决定。美国的主要社会服务项目经费都是由联邦政府和州政府共同出资。

美国政府承担着设计、管理、实施社会服务项目的责任,联邦政府、州政府和地方政府与有关的各种非政府组织、慈善机构、志愿组织等保持密切的合作关系,形成完整的社会服务体系来向需要者提供服务。美国联邦制的特点在社会服务制度中表现尤为突出,即联邦政府主要通过设计项目和管理预算来发挥社会服务制度中的行政领导作用,州政府和地方政府在项目管理和预算分配方面拥有很大程度的自主权、可以根据实际情况灵活地进行处置。不仅如此,州政府和地方政府可以运用地方税收来补充社会服务开支,更有针对性地解决当地面临的特殊问题。

在英国,中央政府具有立法权和解释权。地方当局所有的权力和义务都是源出于议会的立法,这些立法是为地方当局、志愿组织和私人部门所遵循的。如规定特殊的地方政府部门的职能范围,在个人社会服务领域中,它是由相应的中央政府部门——卫生与社会保障部(或者在苏格兰和北爱尔兰的同等机构)推动和通过的,如对地方政府进行控制的立法。这样的立法是授权大臣以法定文书的形式,即不由议会正式讨论而颁布详细的规章。[②]

中央政府除了立法的控制之外,还包括行政的手段,如发布通知和指导性计划;要求呈报发展计划;履行最终检查权。在其他方面,如司

[①] HM Government, *Open Public Services White Paper*, 2011, https://assets.publishing.service.gov.uk/government/uploads/system/uploads/attachment_data/file/255288/OpenPublicServices-WhitePaper.pdf. pp. 14 – 33.

[②] 丰华琴:《从混合治理到公共治理:英国个人社会服务的起源与演变》,中国社会科学出版社2010年版,第173—176页。

法的控制，这是对抗拒者（拒不服从者）所采取的制裁行动，尽管很少执行。中央政府对个人社会服务的控制主要表现为：制订立法和颁布"服务"政策；对资源进行控制以及对服务情况进行监督。

同样，地方当局和志愿组织等也采取类似的方式对中央政府施加影响。一个重要的方式就是地方当局联盟的建立。地方当局联盟是与中央政府进行协商的重要力量，著名的联盟主要有：郡议会联盟（The Association of County Councils, ACC）、大都市当局联盟（The Association of Metropolitan, AMA）和自治会联盟（The Association of District Councils, ADC）。除了每年地方政府提供大量资金支持问题，即这些联盟与中央政府的谈判中起着重要作用之外，它们也希望就重要的政策动议进行协商，以及在起草指导性文件方面提供共同协商的机会。①

在美国，联邦政府层面上的社会服务项目主要由"健康与人类服务部"（HHS）负责管理，该部下属的"儿童与家庭总局"（ACF）、"社区生活局"（ACL）、"医疗保险与医疗补助服务中心"（CMS）承担了大部分社会服务项目的设计、管理工作，分别主管特定人群的社会福利与社会服务事宜。而"社会保障总署"（U.S. Social Security Administration, SSA）在全面负责社会保障事务（Old age, survivors, and disability insurance, OASDI）的同时，也负责管理社会福利制度中的"补充性保障收入"等重要项目；劳工部和住房部的一些部门也与具体的社会福利项目有直接关系。

联邦政府的这些部门在州政府中都有相应的部门，也有庞大的地方分支机构。在社会服务制度方面，美国的联邦政府、州政府和地方政府各司其职，除补充性保障收入等少数项目由联邦政府统一执行之外，其他多数项目由联邦政府和州政府、地方政府共同执行。②

（二）官民合办模式——以德国为代表

（1）社会服务管理的双重架构。德国是社会服务管理官民合办模

---

① Hallett C., *The Personal Social Services in Local Government*, London: George Allen & Unwin, 1982, p. 84.

② 周弘：《国外社会福利制度》，中国社会出版社 2002 年版，第 79 页。

式的典型代表。形成于中世纪城市经济体中的基尔特、垄断组织、传统行会和社团视为现代合作主义的来源[①]，直接影响到19世纪德国政府与非政府组织的合作形式。在德国法团主义强调的结构安排具体是指国家和垄断性职能团体建立的合约、合作关系，它表现为国家和利益团体之间的协调作用。中介团体具有如下三个典型特征：一是允许某一行业或者职业内的利益团体设立一个国家承认的最高代表机构，在本职能领域内具有垄断性地位，其他团体不能具有与其竞争的资格；二是该团体应同时具备代表作用和执行作用，既能负责集中并传达成员利益，又负责协调自身组织使其内部呈现统一性，符合公共机构或者国家的要求、接受对方的管制；三是国家和利益团体之间是相互合作、相互支持的。[②]

第二次世界大战结束之后，德国政府开始着手社会服务相关的立法工作。随着《民法典》、《社会救助法案》，以及《青年福利法案》的通过，辅助性原则成为政府在社会服务领域的基本行动准则。[③] 德国联邦政府并不直接参与社会服务的管理，只负责制定政策、财政拨款和合法性控制。联邦政府的单一目的管理体现在纵向的、依功能划分的组织形式上。国家的基本职能放权到地方政府，地方政府自我管理，地方自主性较强，很少受到国家的直接控制。德国社会服务管理交由半自主的职能自治机构负责，这些机构隶属于部级机关，由雇主和雇员委员会管理，同时各项具体社会服务通常由独立的非营利性机构来提供，每个非营利性机构只针对单一的目的。

与联邦政府的单一目的管理不同，地方政府的多目的管理采取的是在辖区内横向的组织形式。地方政府提供社会服务被认为是地方政府职能的一部分，税收是资金的主要来源。德国社会服务管理的双重架构如图2—1所示。

[①] 考斯塔·艾斯平-安德森：《福利资本主义的三个世界》，郑秉文译，法律出版社2003年版，第68页。

[②] 唐晋伟：《德国竞争法中的团体收缴利润诉讼制度研究》，法律出版社2012年版，第23—24页。

[③] 崔开云：《德国社会服务领域中的法团主义治理模式》，《社会科学家》2017年第3期。

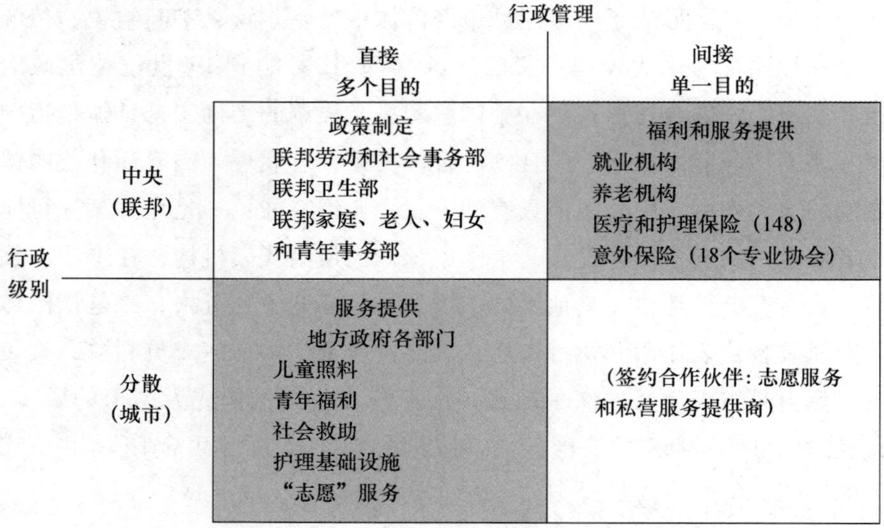

	行政管理	
	直接 多个目的	间接 单一目的
中央 (联邦)	政策制定 联邦劳动和社会事务部 联邦卫生部 联邦家庭、老人、妇女 和青年事务部	福利和服务提供 就业机构 养老机构 医疗和护理保险（148） 意外保险（18个专业协会）
分散 (城市)	服务提供 地方政府各部门 儿童照料 青年福利 社会救助 护理基础设施 "志愿"服务	（签约合作伙伴：志愿服务 和私营服务提供商）

(行政级别)

图2—1 德国社会服务"官民合作"模式的基本架构

资料来源：史蒂芬·格罗斯：《德国的社会公共服务体制及改革》，《中国机构改革与管理》2014年Z1期。

在德国，提供社会服务的任务主要由非营利组织承担，至2011年德国非营利组织的数量估计为60—70万家，但近60%的非营利组织规模在10人以下。几乎所有非营利组织都是德国联邦志愿福利组织联合会"下属"的六大全国性志愿福利服务联合会的会员，其中德国平等福利联合会在全国共有1万个活跃在社会服务领域的成员组织、机构及工作小组。德国非营利组织的运行费用有近三分之二来自于政府。[①] 非营利组织在社会服务提供方面享有优先权，它们所提供的服务享受一定的成本补贴。20世纪90年代后，在社会服务提供过程中引入了更多的竞争。从表2—2中可以看到私人部门在德国主要社会服务领域提供服务有所增加，但并没有改变非营利组织在四个社会服务领域中扮演主要提供者的角色。公共部门在四个社会服务领域直接提供服务所占的份额不仅少，而且还出

---

① 张网成、黄浩明：《德国非营利组织：现状、特点与发展趋势》，《德国研究》2012年第2期。

现不断减少的趋势。

私人部门在养老院护理和家庭护理也是主要服务的提供者,但在青年服务和托儿所服务方面所占份额很少,究其主要原因是在青年服务和托儿所服务方面,政府购买服务的资金是来自地方政府。① 因而在官民合办模式中,政府购买社会服务作为一种机制,成为影响社会服务管理和运行的重要因素。

表2—1 1998—2010年公共、非营利和私人三部门社会服务提供的情况

	私营部门			非营利部门			公共部门		
护理	1999年	2005年	2009年	1999年	2005年	2009年	1999年	2005年	2009年
养老院	34.9%	38.1%	39.9%	56.6%	55.1%	54.8%	8.5%	6.7%	5.4%
家庭护理	35.6%	43.1%	47.0%	62.5%	55.1%	51.2%	1.9%	1.8%	1.8%
青年福利	1998年	2006/2007年	2010年	1998年	2006/2007年	2010年	1998年	2006/2007年	2010年
青年服务	3.0%	2.1%	2.7%	71.6%	72.8%	73.5%	25.3%	25.2%	23.8%
托儿所	0.5%	1.0%	1.8%	54.7%	63.2%	64.4%	44.8%	35.8%	33.8%

资料来源:史蒂芬·格罗斯:《德国的社会公共服务体制及改革》,《中国机构改革与管理》2014年Z1期。

(2) 政府购买社会服务成为主要手段。德国政府按照1992年欧盟颁布的公共服务采购指令,将适用范围分为"优先"和"非优先"两类。优先服务包括保养和维修服务、陆路运输服务、计算机与相关服务、研究与开发服务等领域。非优先服务涉及法律服务、教育及职业教育、健康与社会服务、文化与体育以及其他服务等等十大类。优先服务必须严格按指令执行,而非优先服务要遵守非歧视和透明度原则。社会服务一般都属于非优先服务,德国在遵循非歧视原则和透明度原则的前提下,制定了相关的规定。

在德国,购买社会服务时不能以国家身份出现,而要以私法主体与提供服务的机构签订采购合同。这意味着政府采购公共服务合同是一种

---

① 史蒂芬·格罗斯:《德国的社会公共服务体制及改革》,《中国机构改革与管理》2014年Z1期。

民事合同。采购项目和金额应严格按照批准的预算法进行。所有社会服务提供机构应享有在信息获得、产品技术标准以及招投标程序等各方面的完全平等和一致的待遇，如为确保潜在服务提供机构对采购信息的平等获得，原则上要求采购信息在内容上至少应包含该法提出的各项具体要求，并按照国家政府采购委员会拟制的标准格式刊登在指定刊物上。购买过程应当在公开的和有监督的状态中进行，对于社会服务提供机构和产品的各项要求应当在招标文件中清晰、完整地体现，并创造竞争环境和条件。①

三　社会服务国家发展的理论解释②

（一）"相分离"供给说：社会服务国家改革的理论解释

20世纪70年代，来自石油危机的沉重打击，使西方国家在服务领域中所形成的政府垄断供给体系受到质疑和挑战。西方各国政府迫于财政赤字、降低政府成本、降低税收等压力，在不断缩减公共服务支出的同时，掀起了一场被称为新公共管理运动或政府再造运动的改革，以市场化、民营化和企业化的管理模式替代传统的官僚制模式。在服务领域，实现了从服务"政府直接供给"式向"相分离供给"式的转变。

1961年，文森特·奥斯特罗姆（Vincent Ostrom）等首先提出将服务的"提供"和服务的"生产"区分开来。服务的提供包括"税收和资金的决策，决定适当类型的服务及其供给水平，并安排生产和监督生产"，生产的过程是"投入转化为产出"的过程。政府作为服务的提供方，虽然组织安排生产，但不必一定自己生产该服务，可以从生产者中购买服务。③

在把服务"供应"与"生产"分开基础上，奥斯特罗姆等从分解活动过程的方式论证了主体结构的多元化。他们的主要思路是，服务的

---

① 民政部民间组织管理局德国、瑞典考察团：《德国、瑞典政府向社会组织购买服务情况考察报告》，《中国社会组织》2013年第11期。
② 参见林闽钢《"社会服务国家"发展论纲》，《南国学术》（澳门）2020年第2期。
③ ［美］迈克尔·麦金尼斯：《多中心体制与地方公共经济》，毛寿龙、李梅译，上海三联书店2000年版，第423页。

"供应"和具体的"生产"是一个过程的不同环节,可以分开并由不同的主体来进行。服务的一体化供给受到质疑和挑战,"市场机制不能解决社会需要的提供问题。为了配置资源以提供社会需要,同时也为了将这种成本分摊给要求满足这种需要的人,要有个税收——支出程序。正是在这一意义上,社会需要的满足必须由预算来提供。"但是,"这并不意味着这种物品的生产必须由政府来进行"。①"我们首先应指出的是,虽然市场存在失灵问题,且要求政府以某种形式进行干预,但是它并没有必然地要求政府进行生产"。公共物品的私人生产是有条件的,"即根据政府生产的基本要求所制定的供应条件通过私人部门完全可以实现,……政府如果让渡出产品生产权,那么它就能(对于一种经过恰当设计的让渡而言)达到三点目的:一是经济效率;二是公平,即实现了社会分配的目的;三是收取租金"。② 这就从理论上推动服务供给从"一体化"——政府直接供给,向"相分离"的服务供给方式转变。

奥斯本(David Osborne)和盖布勒(Ted Gaebler)提出,起催化作用的政府定位是"掌舵"而不是"划桨"。③ 由于社会组织具有对需求的反应更加灵敏、效率更高等方面的比较优势,政府与社会组织合作一起来提供服务就形成了一种第三方参与治理的状态,使得政府在规模和相关投入不变的情况下,可以提高服务的供给能力。因此,在这个意义上,从垄断性地"一体化"提供服务到与社会组织合作提供服务,是政府职能转变的一次全新尝试。

基于服务的提供和生产的两分法,社会服务"相分离"供给是指在服务供给过程中,政府在保留服务提供(付费、安排)职能的基础上,将服务生产职能转移给其他社会主体,并通过特定的手段和方式与生产职能承接者形成合作伙伴关系,从而形成生产职能和提供职能相互分离的服务供给形式。其本质是将非政府的"第三方"引入政府治理结构中,

---

① [美]理查德·马斯格雷夫:《比较财政分析》,董勤发译,上海人民出版社、上海三联书店1996年版,第8页。
② [美]约瑟夫·斯蒂格利茨:《政府为什么干预经济》,郑秉文译,中国物资出版社1998年版,第72—74页。
③ [美]戴维·奥斯本、特德·盖布勒:《改革政府:企业家精神如何改革着公共部门》,周敦仁、汤国维、寿进文、徐荻洲译,上海译文出版社2006年版,第1页。

通过契约引入市场竞争与社会资本,将政府通过民主政治过程确定公共偏好和获取资源的优势与市场和非营利组织有效配置资源和生产的优势在服务提供中实现了结合。①

服务"相分离"供给在社会服务国家改革实践中,主要体现在:一是"生产"与"提供"的分离。在这一过程中,政府承担服务的提供职能,主要包括制定整体的服务政策、规划服务的发展方向、形成合理的财政支持方式,以及服务的监督和质量评估等方面,即政府是服务过程中的规则制定者、利益协调者、服务监管者以及购买者。而服务的生产职能则由其他具有资质的社会组织和机构承担,主要负责将服务资源转化为具体的服务和产品。二是基于契约基础上的双方合作。契约是服务"相分离"供给的整个过程中政府(提供者)与社会组织(生产者)连接的核心纽带,也是"相分离"供给是否能成功实现的保障。政府通过竞争性的购买等方式,与符合资质的社会组织和机构签订相应的契约,从而以这种契约为基础,形成"合作伙伴"关系,体现了治理主体的多元化及其相互之间的协同作用。三是根据服务绩效来付费。服务"相分离"供给方式的最大特征是政府按照与社会组织签订的契约,以其生产的服务绩效作为付费的依据,促进服务提供质量和效率的提高。

从三十多年社会服务领域改革来看,"供应"与"生产"相分离供给的转变,有力推动了政府购买服务,大大增加了政府对社会服务领域的投入,带动了社会服务领域中各类服务组织的发展,刺激了社会服务供给的快速增长。同时政府以间接的方式实现了社会服务的供给,政府对社会服务管理全面增强,社会服务国家管理体制和运行机制得以确立。

(二)社会投资手段说:社会服务国家转型的理论解释

1. 社会服务成为社会投资的重要实现手段

从 20 世纪 90 年代中期开始,欧洲福利国家在改革之中,有关"社

---

① Salamon L. M., "The Changing Tools of Government Action: An Overview", in L. Salamon (ed.), *Beyond Privatization: The Tools of Government Action*, Washington, D. C.: Urban Institute Press, 1989.

会投资转向"（social investment turn）的呼声越来越高。①

1998年，欧洲确定了"社会投资"作为发展战略。2000年，欧盟在推出的《里斯本战略》中强调了社会投资政策，主要目标是对个人进行投资，使社会模式现代化。2005年，经济合作与发展组织（OECD）发表了《扩展机遇：积极社会政策如何造福每个人》报告，明确提出"致力于改善个人的发展条件，而非仅限于改善因发展条件的不足而导致的贫穷和不幸。这是从以往所倚重的应对型、补偿型的政策路径，向对个体进行社会投资——促使其潜力最大化从而成为自给自足和独立自主的社会成员——的政策路径的转变"。②

2013年，欧盟进一步发表了《为了增长和凝聚力的社会投资的计划》，倡导在"社会投资政策"框架下的社会投资，把满足社会成员的发展需要作为优先战略，将人作为社会最重要的资产进行培植和投资；主要聚焦于就业参与、人力资源培育和家庭服务以及儿童保育的社会投资领域，延伸到了就业、教育、医疗健康、住房、养老照顾、儿童抚育服务和其他社会福利制度等多个方面。

反思欧盟所贯彻的社会投资战略，在理念上被认为超越了保障人们的基本收入水平、让人们远离贫困线等就业社会保障的范畴，也超越了仅从风险和危机的角度而谈的社会保护。赫姆瑞吉克（Anton Hemerijck）认为，社会投资的核心思想是在收入支持、能力调控、社会服务三个交叉领域中，其目的是使这三个领域更紧密地联系起来。③ 社会投资政策体现着社会服务生产（social service production）的崭新政治经济学思想：社会服务生产不仅仅是为了回应和弥补劳动就业市场的问题，也不仅仅针对个人，通过增强社会投资、激活公民主动性，借助市场理念增强国家提供社会服务的能力和效果。因此，社会服务更应被理解为一种增强整体国家能力的手段和途径。

在后工业社会，基于社会投资的理念，社会服务针对每个人的全过

---

① Hemerijck A., *Changing Welfare States*, Oxford: Oxford University Press, 2013, p. 133.
② OECD, *Extending Opportunities: How Active Social Policy Can Benefit Us All*, Paris: OECD Publishing, 2005, p. 11.
③ Hemerijck A., *Changing Welfare States*, Oxford: Oxford University Press, 2013, p. 381.

程服务，不再仅仅关注人生的低谷和尾声，而是扩展至人生的所有阶段，即在不同的生命阶段依赖不同的社会服务支持：在幼年需要儿童照顾，上学后需要良好的教育服务，失业后需要寻找工作的服务，有子女后需要儿童照顾服务，生病期间需要医疗照顾服务，老年后需要养老服务。社会服务的作用就是在生命转折时期提供支持，为人们在转换工作、参与就业、照顾家庭等转型过程中提供非现金支持。同时从人的童年早期进行早期赋能，而不是仅在遭遇经济不幸后补偿损失，帮助儿童拥有一个"良好的开端"，包括良好的卫生和健康服务，优质的教育服务等。此外注重采取更个性化的就业服务和技能培训，以能力建设替代失业者对现金的依赖。对于老年人口，采取积极老龄化战略，加大老年人的人力资源再开发，扩大对老年群体的社会服务与关怀，最大程度上激活劳动力资源。

总之，社会服务作为社会投资的主要手段开始成为共识，社会服务范围和作用明显扩大和增强，不断把社会资源投入到劳动力激活、儿童和家庭支持、特殊群体保护等社会服务领域，从收入维持计划向提供服务的总体转变，[1] 特别是赋能型的社会服务使不同的人群减少对福利的"硬依赖"，推动人们依靠自身力量来提升保障能力和水平，迈向更好的生活。在这个意义上，社会服务国家是积极国家形态的"代名词"。

2. 社会服务新挑战与社会服务国家面向

对于任何一个国家而言，社会服务成为社会投资的重要手段并不是件容易实现的事情。近二十多年来，世界各国面对全球化的加速发展，工业社会转向后工业社会，来自人口和家庭结构的变化等等方面的冲击，现有的社会保险政策已无法应对后工业化时代越来越多的新社会风险，出现了技术更新迅速、老龄化、婚姻不稳定和单亲家庭增多等诸多问题，这些社会风险的受害者通常是低技术工人、年轻人、工作妇女、移民和有幼儿的家庭。[2] 在由工业社会向后工业社会转型的过程中，去工业化使

---

[1] Sabel C. F., "Individualized Service Provision in the New Welfare State: Are There Lessons from Northern Europe for Developing Countries?", in Luiz de Mello and Mark A. Dutz (eds.), *Promoting Inclusive Growth, Challenges and Policies*, Paris: OECD Publishing, 2012, p. 81.

[2] Esping-Andersen G. and Gallie D., Hemerijck A. and Myles J., *Why We Need a New Welfare State*, New York: Oxford University Press, 2002, p. 2, p. 5.

传统男性为主的产业受到限制,而需要女性参与的服务业则逐渐兴起。长期以来男性养家(male-breadwinner)的公共政策把工作和家庭划分为公共和私人两个清晰的领域,在进入双职工养家的时代,丈夫和妻子一起进入劳动力市场,他们必须同时肩负起养育下一代的责任,工作—家庭的平衡(work-life balance)已成为全球性的社会问题。

目前,很多国家面临着人口老龄化和生育率下降的突出问题,增加了家庭照顾的工作和生育的责任,而大多数家庭照顾工作由女性承担,导致女性在教育、劳动力市场和公共生活领域的机会受到限制。随着越来越多的女性进入劳动力市场,传统的男性养家模式受到冲击,两性在家庭和社会分工中所承担的角色发生了变化,女性的工作与家庭冲突问题凸显。

从社会投资视角来看,社会服务国家的转型能否成功取决于其公共政策能否成功解决妇女进入劳动力市场与养育孩子、照料家庭这二者之间的矛盾。劳动力市场的变化、不断增加的工作压力、工作的不稳定性和不可预期的工作时间全面加剧了工作—家庭的紧张关系。因此,以性别平等为基础,构筑以工作为中心的新社会服务体制,发展更多的儿童照顾服务,在实现社会投资的同时,帮助女性平衡工作与家庭,成为社会服务国家发展的面向。

平衡工作和家庭涉及个人、家庭、企业、组织和国家等各个方面,但目前采取的主要解决办法是由个人和家庭承担,家庭成员将其内化为个人事务。而导致工作—生活冲突的因素源自社会经济环境的变迁,还有来自社会服务体系发展滞后等多种原因,凭借个人和家庭的力量显然是不能很好地应对这种挑战和风险。为此,需要由社会服务国家推出整体性的政策——家庭友好型政策体系,立足于长远解决目前所面临的瓶颈问题。家庭友好型政策体系不仅是在理念层面上进行倡导,更需要具体的政策实施和应对:一是制定有关儿童照顾政策,如为家庭提供能够负担得起并且服务水平比较好的托儿服务等,从而保障妇女进入劳动力市场;二是通过有弹性的工作安排、休假制度,使员工能够协调企业和个人的需要,在冲突的工作和家庭生活之间寻找一种可能的平衡方式；① 三是由于技能和就业之间的联系更为密切，需要加强妇女的培训和就业支持，来帮助妇女获得工作机会，并提高就业质量，由此来解决社会服务的新挑战，在这一意义上，社会服务国家的转型也必然是儿童友好型、妇女友好型社会的来临。

（三）数字化时代社会服务国家的发展愿景

随着新一轮科技革命和社会的进步，人类开始向数字化时代全面迈进，这将从整体上改变人类社会生活的状态。1996年尼葛洛庞帝（Nicholes Negroponte）在《数字化生存》（Being Digital）中对人类社会有全新的描述：人类生存于一个虚拟的、数字化的生存活动空间，在这个空间里人们应用数字、信息等技术从事信息传播、交流、学习、工作等活动，从"数字化生存理论"来看，人类社会已经进入"后信息化社会"。② 邓利维（P. Dunleavy）则将其称之为"数字时代"（Digital Era），③ 至今数字化时代的概念已被普遍认可与采用。

数字化时代福利国家的社会保险正当性受到了挑战。在工业社会中，人们为了避开风险，每一个人必须同意共存的一个基本原则，即共同承担、分摊灾难风险，并确立相互帮助的义务。④ 在罗桑瓦龙（P. Rosanvallon）看来，"以风险的途径来解决社会问题，保险制度聚焦于社会概率与统计层面（即风险是可以预测的）"。⑤ 规避风险的理念是解释福利国家（非明示性的）的正义与合作团结的基础性原则。罗桑瓦龙进一步以罗尔斯正义论的第二原则——差异性原则来说明，我们接受这个原则的理由在于，每个人在无知个人差异性的情况下，依照他对风险的评估，

---

① 岳经纶、颜学勇：《工作—生活平衡：欧洲探索与中国观照》，《公共行政评论》2013年第3期。

② ［美］尼葛洛庞帝：《数字化生存》，胡泳、范海燕译，海南出版社1996年版，第192页。

③ Dunleavy P., Margetts H., Bastow S., Tinkler J., *Digital Era Governance: It Corporations, the State, and E-Government*, Oxford: Oxford University Press, 2006.

④ Rosanvallon P., *The New Social Question: Rethinking the Welfare State*, Princeton: Princeton University Press, 2000, p. 11.

⑤ Rosanvallon P., *The New Social Question: Rethinking the Welfare State*, Princeton: Princeton University Press, 2000, p. 15.

都会预料自己可能因各种意外与事故,而变成社会中处境最差的人。因而,以社会保险理念为基础的福利国家,其积极作用在于超越传统的两项分配正义的对立,一是依据基本需要分配的分配正义,二是依据收入所得分配的交换式正义,程序性正义。但"无知之幕"一旦被揭开,个别差异的知识就动摇了这种分配式的正义。①

而数字化时代创新方向与社会服务国家能力建设具有契合性,能促进社会服务国家进入一个崭新的发展阶段。一是数字化促进提供服务部门的整合,可以提高协调治理的能力;二是实现以需求为基础的整体主义,促进互动地搜寻和提供信息,以对象和功能为基础的组织重建,一站式服务、数据库、重塑结果取向的服务,灵活的政务流程等功能的实现;三是数字化时代的电子服务交付、以网络为基础的效用处理、国家指导的集中信息技术采购、新形式的自动化流程、减少中间层、加强自主管理和走向开放式管理等等。②

在数字化时代下,社会服务国家不仅是简单地提供信息或者是公众参与平台,而是在供给能力、效果和手段上的整体变革:

一是数字化时代能全面提升社会服务国家的供给能力和效果。随着数字化技术的发展,使得数据从采集、交易、流通,以及计算分析的每一步记录都可以留存在系统中,数据在传输过程中的来源和真实性可以被验证,这使得数据的质量获得前所未有的强信任背书。意味着每个人拥有一个"数字身份",成为"数字公民"。如利用区块链技术建立养老"时间银行"(time bank),③ 每一项交互活动都被记录,所有信息在整个链上共享,每个节点可以相互检查,经得起集体核查。每个互助养老志愿者的服务时间长短及兑换的"时间货币"数量均会更新到"数字身份"系统中,因此,基于区块链技术的"时间银行"能够实现"时间货币"

---

① Rosanvallon P., *The New Social Question: Rethinking the Welfare State*, Princeton: Princeton University Press, 2000, p. 30.

② Dunleavy P., Margetts H., Bastow S., Tinkler J., *Digital Era Governance: It Corporations, the State, and E-Government*, Oxford: Oxford University Press, 2006, pp. 228–230.

③ 时间银行的倡导者是美国人埃德加·卡恩(Edgar Cahn),所谓时间银行是指志愿者将参与公益服务的时间存进时间银行,当自己遭遇困难时就可以从中支取"被服务时间",因此时间银行是互助公益性质的交换平台。

跨机构、跨区域的通存通兑，确保在全国范围内"时间银行"管理和运行。再如"数字身份"系统的建立，使开展大数据分析和预测社会服务需求成为可能。因而社会服务国家运用以公众为中心的双向互动的方式，以大数据推断服务需求为基础，实现数字化服务的协同供给，全面提高服务效率和服务效果。

二是在数字化时代促进社会服务成为增能的有效手段。20世纪90年代以来，随着智慧化对社会服务的渗透，为世界性个人和群体增能难题提供了一个新思路和新方案。如智慧化养老服务是养老服务中智能数字技术的运用，在本质上使老年人"增能"（empowerment），从而能够在现代科技社会中提高生活质量。特别是各种智慧化社会服务通过打破固有的时间和空间格局，运用先进的管理技术、电脑技术、无线传感网络，将服务对象、社区、服务组织、政府整合成为一个有机整体，为社会服务对象提供便捷、高效、物联、互联、智能的高质量服务，展示了社会服务未来发展的无限前景。

第三章

中国社会服务的转型

一 中国社会服务的转型历程[①]

长期以来,中国社会服务被"吸纳"在单位服务之中,随着市场经济的快速发展,社会服务的社会化开始全面形成,中国社会服务体系走向体系重构发展的关键期。

(一)计划经济时期的"单位服务+民政服务"

1. 单位服务:为集体成员提供的社会服务

1949年新中国成立以后,中央政府对生活福利性和社会性服务大力扶持,各种社会服务业发展迅速,有效地促进了国民经济的发展,满足了人民生活多方面的需求。

为了巩固新政权以及在经济资源极端匮乏的情况下实现国家工业化目标,国家对经济资源进行强力提取和再分配,为此,国家沿用了根据地时期的单位管理模式,并将社会功能和公共职能交托给企业单位,赋予其全能性。单位体制的等级体制实现了资源的有效配置,改变了社会分散零乱的格局。同时,作为国家政权的一部分,单位直接承担着聚集资源和提供公共产品的功能,因此,以单位控制为核心的"行政吸纳服务"模式应运而生。

在城市,单位是我国城市社会中的一种特殊的社会调控单位和资源分配单位。[②] 在这种组织结构下,一方面,单位由国家设置和控制,其功

---

① 参见林闽钢、梁誉《论中国社会服务的转型发展》,《行政论坛》2018年第1期。
② 王沪宁:《从单位到社会:社会调控体系的再造》,《公共行政与人力资源》1995年第1期。

能、活动范围、管理权限均由国家直接决定和规范，所需的组织资源也由国家统一调配。① 另一方面，大部分城市居民会被吸纳进单位进行就业与生活，形成单位依附关系。就业者的权利要在单位中实现，单位则代表国家对其负起生老病死的无限义务，这种组织方式使单位逐渐演化成家长制的社会福利共同体，② 需要为其单位成员提供各种各样的社会性服务来满足其基本的物质、精神、生活等方面的需求。"单位办社会"成为这一结构最直接的体现，提供各类社会服务也成为单位一项最主要的社会职能。一般而言，单位所提供的社会服务，主要包括单位服务设施和单位生活补贴两大类。为了保障单位成员的基本生活需求，许多单位会在内部兴办住房、医院、学校、食堂、幼儿园、浴室等生活设施，以及俱乐部和运动场馆等文化娱乐设施，并以免费或低偿的方式向单位成员提供服务。此外，为减轻和补偿单位成员的生活开支，不同单位还会为本单位成员发放诸如冬季取暖补贴、探亲补贴、托儿补贴、计划生育补贴、交通补贴、住房补贴、洗理补贴等各类福利补贴。

通过对传统农业进行的一系列社会主义改造，20世纪50年代我国在农村地区普遍建立起了人民公社。人民公社是一个融政治、经济、社会和文化功能为一体的农村组织体系。③ 农民加入人民公社参加农业生产与劳动便可以得到集体单位的保护。在公社制度下，生产队可以从可分配的总收入中，扣留一定数额的公益金，作为集体福利事业的费用。公益金一方面主要用于医疗（医疗站、赤脚医生等）、教育、文娱康乐、儿童护理等服务项目。另一方面，对于那些生活没有依靠的老弱孤寡残疾的社员，④ 或遭到不幸事故、生活发生困难的社

---

① 揭爱花：《单位：一种特殊的社会生活空间》，《浙江大学学报》（人文社会科学版）2000年第10期。
② 路风：《单位：一种特殊的社会组织形式》，《中国社会科学》1989年第1期。
③ 吴毅：《人民公社时期农村政治稳定形态及其效应——对影响中国现代化进程一项因素的分析》，《天津社会科学》1997年第5期。
④ 《一九五六年到一九六七年全国农业发展纲要》中明确规定："农业生产合作社对于社内缺少劳动力，生活无依靠的鳏寡孤独的农户和残废军人，应当在生产上和生活上给以适当的安排，做到保吃、保穿、保烧、保教、保葬，使这些人的生养死葬都有指靠。"1958年人民公社化以后，生产大队或生产队成为安排和照顾"五保"对象生活的基本单位。

员,以及对于因公死亡社员家庭的抚恤所实行的供给或者补助也从公益金内开支。

2. 民政服务:为边缘群体提供的社会服务

计划经济时期,除了对一般劳动者所提供的集体服务以外,对于那些游离于"集体"保护之外的特殊群体,政府则主要通过民政服务(也称社会福利服务)对其进行生活上的基本保障。①

新中国成立初期,面对旧社会所遗留下来的大量流离失所、无依无靠、饥寒交迫的鳏寡孤独残疾者,民政部门一方面调整和改造国民党创办的"救济院""慈善堂",封建地域性的"教养院""寡妇堂"等救济机构;另一方面在全国各大中城市创办了一大批救济福利事业单位,以解决其收容安置问题。随着社会主义改造的完成,城市社会福利事业得到了快速的发展。1958年第四次全国民政会议,推广了兴办残疾人习艺所、精神病人疗养院、退休人员公寓、贫民疗养院等福利事业的经验,这次会议后,从城市到县都兴办了许多孤老残幼的社会福利事业单位。② 并且1959年和1960年第五次和第六次全国民政会议,进一步促进了城市社会福利事业的发展。20世纪60年代初,民政服务体系已初步建成。

民政服务群体主要针对"三无"对象,包括无依无靠、无家可归、无经济来源的老人、儿童、精神病人等。如通过建立社会福利院与养老院收养孤老,为其提供基本生活照料、医疗康复、老人食堂、文娱活动等服务;通过建立儿童福利院收养社会弃婴、孤儿与流浪儿童,并根据不同的儿童类型,采取包括文化教育、劳动教育、思想教育、保育、抚养、治疗等不同的服务;通过举办精神病人福利机构收养"三无"精神病患者以及优抚对象中的精神病人,为其提供供养服务和生活管理。据统计,截止到1964年底全国有城市社会救济福利事业单位1504个,收养人员约14万人。其中,社会福利院和养老院733个,收养老人7.9万人;儿童福利院572个,收养婴幼儿童4.5万人;精神病院199个,收养精神

---

① 由于农村地区对特殊群体社会服务的提供主要针对的是"五保户",而计划经济时期,我国对于五保户的供养主要依靠集体,即五保户的保障费用主要从公益金中开支。

② 崔乃夫:《当代中国的民政》(下),当代中国出版社1994年版,第206—210页。

病患者 1.65 万人。①

3. 形成了"单位服务为主，民政服务为辅"的社会服务体系结构特征

计划经济时期，单位服务处于中心地位，用于保障那些拥有集体身份的劳动群体。而民政服务处于边缘地位，用于保护那些无法得到集体保障的、生存困难的边缘群体。就服务的对象而言，由于绝大部分城乡劳动者的生产与生活完全依附于其各自所在的单位集体，能够得到"集体帐篷"下的福利庇护。② 而对于那些无依无靠、无家可归、无经济来源的老人、儿童、精神病人，则需要接受政府部门所提供的民政服务。就服务的内容而言，单位服务作为国家控制和促进生产的一种手段，服务的内容相当广泛，涵盖集体成员生、老、病、死等生活的方方面面。而民政服务的内容相对较少，主要为向特殊群体开展的维持其基本生存的收养性服务。

从总体上看，计划经济体制下的"单位服务为主，民政服务为辅"的社会服务体系结构，在很大程度解决了一些特殊和困难群体的生存问题，改善了人们的生活境况。但同时，这种社会服务供给结构也存在一些缺陷。其主要问题在于：服务供给具有"封闭性"与"残补性"。首先，不同的供给主体与服务对象致使单位服务与民政服务分别属于单位集体与民政两个相互封闭的保障系统。两个系统各自运行、边界分明，并且在单位服务的内部，由于单位的类别、层级、经济与资源状况的各不相同，服务的内容与水平也存在较大差异，造成了集体成员之间存在福利区隔。例如，人们在谈论工作时通常所说的"哪个单位吃香""哪个单位福利好"，便很贴切地反映了这一问题。其次，由于民政工作所获得的财政支持较少（见图 3—1），民政部门可用于社会福利事业的资金十分有限，导致民政部门主要以兴办一些社会福利机构的方式，为边缘群体提供一些数量少、水平较低的基础性服务。

---

① 崔乃夫：《当代中国的民政》（下），当代中国出版社 1994 年版，第 211 页。
② 黄黎若莲：《中国社会主义的社会福利——民政福利工作研究》，中国社会科学出版社 1995 年版，第 258—259 页。

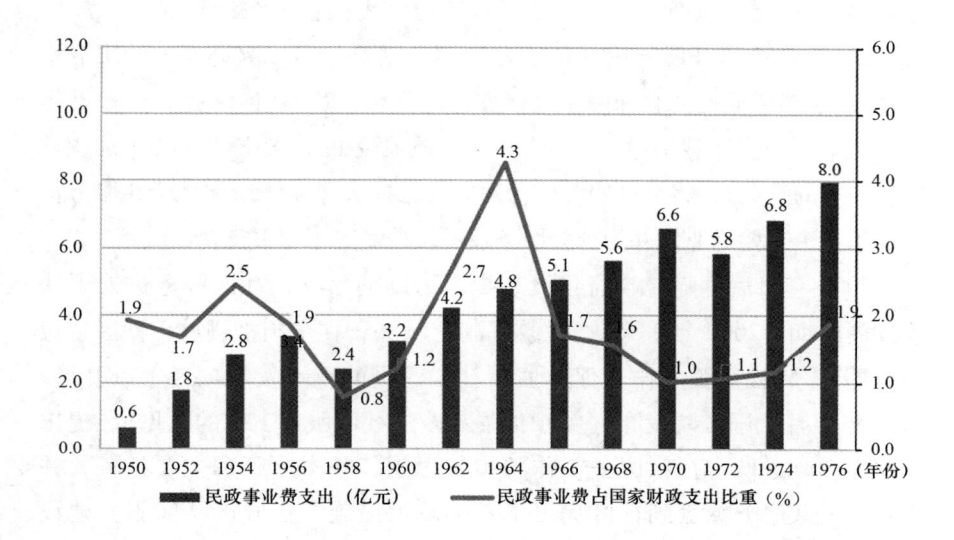

图 3—1　1950—1976 年全国民政事业的支出情况

资料来源：民政部：《民政部大事记（1949—1986）》，内部资料，1988 年，第 734 页。

（二）单位服务的社会化推动社会服务转型

1. 单位服务的社会化与社区服务的兴起

1978 年以后，我国开始从计划经济体制转向社会主义市场经济体制。在体制转变的过程中，一方面，在城市，单位的生产与生活功能开始分离，单位逐渐解体。企业成为独立自主、自负盈亏的经济实体，开始专注于生产与经营。另一方面，在农村，集体农业开始被家庭联产承包责任制所取代，人民公社被废除，农民需要自我承担风险。因此，一部分人受企业改制的影响，被推向社会，逐渐失去原单位的庇护。另一部分人开始改变就业方式主动走出单位和农村，变成了社会人，转向社会寻求保障。单位服务对于集体成员的保护作用发生了结构性变化。在此背景之下，我国的社区服务全面兴起。

1986 年，在民政部沙洲会议上，时任民政部部长崔乃夫首次提出社区服务的构想，由此拉开了我国城市社区服务建设的序幕。1987 年 9 月，民政部在武汉召开全国城市社区服务工作座谈会，提出了社区服务的内容、性质和目标。之后，社区服务开始在一些城市进行试点和探索，并逐步在全国推开。1989年12月，《城市居民委员会组织法》颁布，规定"居民委员会应当开展便民利民的社区服务活动，可以兴办有关的服务事业"，从法律层面推动和保障了社区服务的发展。1993年11月，民政部等14部委联合下发了我国第一个专门针对社区服务的政策文件《关于加快社区服务业的意见》，将社区服务作为建立健全社会保障体系和社会化服务体系中的一个重要行业，并为社会服务业的发展制定了相关支持性政策。

2000年以后，随着政府建设和投入力度的增加，社区服务进入了快速发展时期。2000年11月，民政部制定《关于在全国推进城市社区建设的意见》，将社区服务作为促进城市社区建设的重点发展项目予以开展。2006年4月，国务院发布《关于加强和改进社区服务工作的意见》，提出了加强和改进城市社区服务工作的指导思想、基本原则和主要任务，并为政府公共服务覆盖到社区提出了相关政策措施。在城市社区服务建设全面进行的同时，农村社区服务建设也开始得到重视。尤其在2006年以后，农村社区服务在推进社会主义新农村建设的过程中开始起步，并得到了较快发展。2007年5月，国家发改委和民政部发布《"十一五"社区服务体系发展规划》，从建设社会服务体系的角度，提出和规划了"十一五"期间社区服务的发展目标和重点任务。2011年12月，国务院办公厅发布《社区服务体系建设规划（2011—2015年）》，从统筹城乡经济社会发展，加强和创新社会管理需要，强化社区自治和服务功能的角度对社区服务体系的建设提出了新的目标与任务。

经过20多年的发展，我国社区服务已经基本涵盖了城乡社区居民的日常生活，并形成了以老人、残疾人、儿童、失业人员、优抚对象、困难群体等为重点服务对象，以养老、医疗、照护、就业、文体、商业便民服务为主要内容的社区服务体系。到2015年底，全国各类社区服务机构和设施达到36.1万个。其中，社区服务中心2.4万个，社区服务站12.8万个，社区养老服务机构和设施2.6万个，互助型的养老设施6.2万个，其他社区服务设施12.0万个，城镇便民、利民服务网点24.9万个，社区志愿服务组织9.6万个。①

---

① 民政部：《2015年社会服务发展统计公报》2016年7月11日，民政部（www.mca.gov.cn/article/sj/tjgb/201607/20160715001136.shtml）。

2. 从"封闭"到"开放":社会服务的社会化改革

改革开放之后,我国的社会结构也随之发生了深刻的变化。城市化进程的加快和农村空巢化的加重,使得城乡居民对社会服务的需求不断增加。人口老龄化的出现与加剧以及小型化与核心化家庭的日趋普遍,促使家庭对养老和各类照护需求的显著提升。此外,人们生活方式的改变和生活水平的提高,也对社会服务的供给提出了更高的要求,这就需要通过社会化的方式对社会服务进行改革。在实践中,我国社会服务的社会化改革主要是沿着"由内向外"和"由外向内"两条路径展开的。

第一,在城市"三无"和农村"五保"对象逐渐减少的情况下,民政部门和单位集体举办的社会福利机构利用现有条件,在继续接收特殊和困难群体(如"三无"、"五保"、优抚对象等)的基础上,"由内向外"开始突破收养范围,开展了自费收养业务。

1978年9月,第七次全国民政会议提出:在有条件的地方,可以吸收一些城市双职工家中生活不能自理的残废人员,费用自理。1979年11月,全国城市社会救济福利工作会议进一步明确,要突破以"三无"对象为收养范围的规定,积极创造条件有计划地开展双职工家庭残废人员和退休孤老职工的自费收养业务。[①] 随后自费收养业务在全国各类社会福利机构普遍开展起来,并逐渐成为社会福利机构的一种扩大业务范围和重要的营收手段。据统计,1980年至2015年我国社会福利院的收养人数从4.1万人增加到21.1万人,其中自费收养人员从0.2万增加到8.5万人,增加了41.5倍,自费收养的比例从5.0%提高到40.5%(见表3—1)。

表3—1 1980—2015年我国社会福利院收养人数情况

年 份	全部收养人数(万人)	收养"三无"和优抚对象人数(万人)	自费收养人数(万人)	自费收养比例(%)
1980	4.1	3.9	0.2	5.0
1990	5.0	4.2	0.8	16.0
2000	8.7	6.2	2.5	28.3

---

① 卢谋华:《民政概论》,内部发行,1984年。

续表

年份	全部收养人数（万人）	收养"三无"和优抚对象人数（万人）	自费收养人数（万人）	自费收养比例（%）
2010	17.9	11.2	6.7	37.7
2015	21.1	12.6	8.5	40.5

资料来源：根据历年《中国民政统计年鉴》相关数据整理所得。

第二，为满足人们日益增长的社会服务需求，政府开始推行"社会福利社会办"的工作理念，制定优惠政策和创造有利环境，"由外向内"积极将社会力量引入到社会服务之中，逐渐实现了社会服务的多元供给。

1983年4月，在全国第八次民政工作会议上崔乃夫提出，兴办社会福利事业要调动多方面力量，广开门路。采取多种渠道，国家可以办，社会团体可以办，工厂、机关可以办，街道可以办，家庭也可以办。1984年民政部在福建漳州举办的经验交流会上明确提出了"社会福利社会办"，并认为"要促使社会福利事业从单一的、封闭的国家式包办体制，转变为国家、集体、个人一起办的体制"。1991年《民政事业发展十年规划和"八五"计划纲要》提出"鼓励社会各界、单位、个人和港澳台同胞投资兴办、允许私人独资开办社会福利事业；在管理体制上要形成国家、集体、个人相结合的新格局"。2000年，国务院办公厅发布《关于加快实现社会福利社会化的意见》，正式确立了"国家倡导资助、社会各方面力量积极兴办社会福利事业的新路子"。2005年民政部《关于支持社会力量兴办社会福利机构的意见》提出"建立国家办福利机构为示范，其他多种所有制形式的福利机构为骨干"的社会福利事业发展的总体要求。"社会福利社会办"推动了我国社会服务提供主体、资金来源、管理方式等全方位的社会化改革。到2015年底，我国提供住宿的社会服务机构为31187个，其中编制登记的机构18022个，占57.8%；民政登记的机构11578个，占37.1%；工商登记的机构247个，占0.8%（见图3—2）。社会服务已形成多元供给的新格局。

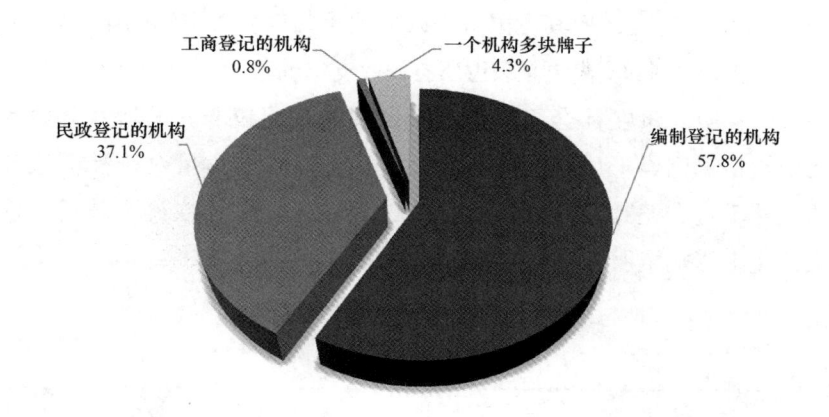

图 3—2　2015 年我国各类提供住宿的社会服务机构分布
资料来源：根据《中国民政统计年鉴（2016）》相关数据整理所得。

3. 多层级社会服务：改革开放以来社会服务的发展特点

随着单位服务的社会化和社区服务的兴起，单位服务与民政服务之间的藩篱开始被打破，取而代之的是一种面向不同人群和各类需求的社会服务"层级"结构正在不断形成。在这一结构中，不同需求的群体可以获得不同层级的服务。困难群体可以获得政府部门所提供的兜底性服务。一般群体以及经济水平较高或是具有较高服务需求的特殊群体可以通过社会化的服务提供渠道获得与之相对应的服务。多层级结构在供给主体、服务对象和服务内容上均实现了转变。就供给主体而言，社会服务不再由政府和集体垄断，而是通过社会化的方式，实现了服务供给主体的多元化。就服务对象而言，社会服务的对象不再根据身份进行区隔，民政服务也不再仅限于困难群体，社会服务开始面向所有的社会成员。就服务内容而言，社会服务改变了以往单纯的收养性和基础性的内容，出现了一些专业性的社会服务，服务的项目也更加多样。

然而，社会服务的多层级结构也同样存在一些问题。第一，社会成员在社会服务的获取上存在"贵"与"难"的问题。其主要原因：一是在于政府对于社会服务的支持力度不足，政府对于社会服务的投入偏少。从 1980 年至 2015 年，全国用于民政事业的财政支出虽然已由 17.5 亿元增加到4926.4亿元,但其占国家财政的比重却仅从1.4%增加到3.3%。①政府对于社会福利的支出更是只占所有民政支出的很少一部分(见图3—3)。二是在于社会力量在社会服务供给上发挥的作用较弱。虽然社会服务的多元供给格局已经形成,但就整体而言,目前社会力量对于社会服务的参与仍然不足,尤其是非营利组织在进入和发展上存在许多障碍,这在很大程度上影响了服务供给的数量和水平。

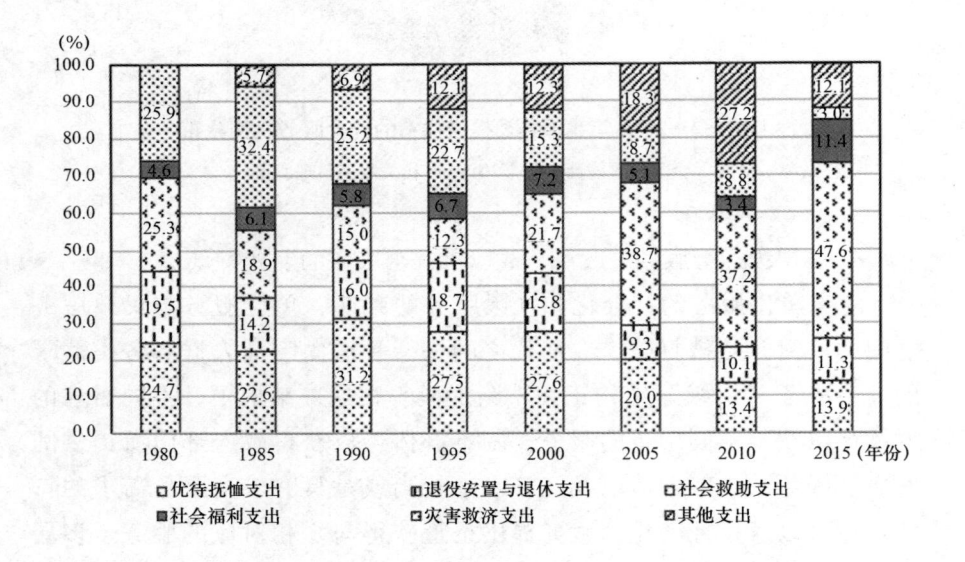

图3—3 1980—2015年政府对于各类民政事业的支出情况
资料来源:根据1980年至2016年的《中国民政统计年鉴》相关数据整理所得。

第二,社会服务存在较为严重的"碎片化"问题。一是城乡分割发展。社会服务建设(如社区服务)具有较强的城市导向性,农村的发展存在明显滞后且严重不足。相较于城市,农村在养老、儿童、救助服务等方面面临着更为严峻的需求压力。这种城乡发展不均的局面,势必会影响社会服务整体目标的实现。二是部门多头管理。就我国各项社会服务的组织架构而言,我国社会服务的决策与管理通常涉及多个政府部门。

---

① 根据1980年至2016年的《中国民政统计年鉴》相关数据整理所得。

这种多头管理的结构,会在政策的制定与执行上对社会服务的设施建设、资金筹集、服务提供等方面造成阻碍。三是服务分离供给。目前突出反映在老年照护服务领域。在我国现有老年照护服务体系中,养老照顾服务系统与医疗护理服务系统各自运行,两类服务提供机构又分而设置,使得老年人医疗、康复、护理、照顾等服务往往无法得到一体化和连续性解决。

二 中国社会服务的转型动力

在经历了 40 年经济快速增长后,近年来,中国在推动经济发展的同时,大力发展社会事业和改善民生,并不断调整社会发展理念,通过社会政策的再分配系统,将经济发展成果转化为全体国民的福利,对此,《经济学人》评论说,"这些世界上经济最有活力的国家开始换挡转型,从只是创造财富转向打造福利国家"[1]。在这一过程中,社会政策已显示出与经济政策的同等重要性,中国由此步入社会政策时代。

(一)满足国民的生存需求,实现"社会政策要托底",促进社会稳定

通过社会政策来保障和改善民生,让国民分享经济发展的成果。一方面,在义务教育、医疗、养老等方面提供基本保障,满足人们基本生存需求;同时针对特殊困难人群,进行特殊救助和扶持,在市场经济竞争环境中,守住他们生活的底线;针对急需救助的人群,帮助他们渡过生活中不期而遇的各种难关。另一方面,通过开展社会救助服务,促进社会风险和社会问题干预环节的前移,变被动应对转为积极主动干预。

发展社会救助服务,建立贫困家庭的救助服务体系。社会救助是社会安全网的最后一道防线,是针对贫困问题通过现金支付、实物发放和服务提供等方式而展开的缓解贫困,以及促进社会稳定与发展的一项制

---

[1] The Economist, Rethinking the Welfare State: Asia's Next Revolution, Countries Across the Continent Are Building Welfare States-with a Chance to Learn from the West's Mistakes, June 15, 2015, http://www.economist.com/node/21562195.

度安排。随着经济社会的快速发展,现代社会对贫困内涵和外延的理解都发生了较大的变化,同时贫困的成因和贫困人群的需求也呈现出多样化的特征,由此促进了社会救助理念和方式的提升和多元化。长期以来,我国贫困家庭社会救助属于现金给付型救助,从国外救助经验来看,社会救助服务应该提到与现金救助同等重要的地位。因此,将经济援助和救助服务有效连接起来是今后我国社会救助制度发展的方向。

在贫困家庭社会救助服务的目标定位上,一方面满足贫困家庭的差异化需求,另一方面通过社会救助服务与现金支持的结合提高贫困家庭救助的效果。从我国的国情出发,贫困家庭救助服务是由政府主导,结合社会力量面向贫困家庭,尤其是面向有老年人、残疾人、儿童、失业者和重大疾病患者等特殊的贫困家庭,并依据贫困家庭及其成员的差异化需求与问题,提供在生活照料、医疗、康复、教育、就业等方面的日常劳务帮助以及其他社会支持性的服务。可以将贫困家庭救助服务的内容划分为六项,即老年人安老服务、康复服务、儿童托管服务、就业促进服务、青少年辅助教育服务、支持小组服务。

贫困家庭救助不仅仅只是一个补偿型、再分配型的直接发放政策体系,而且是带有发展取向的、主动的、完整的服务体系。其中,专业社会工作者进入贫困家庭开展救助服务是关键,通过贫困家庭救助预防、贫困家庭救助对象评估、贫困家庭救助方式衔接以及贫困家庭救助对象的服务转介等工作,能更好地促进贫困家庭通过自身的努力而摆脱贫困,提高社会救助的针对性和有效性。

(二)满足社会的发展需求,实现社会投资,为经济社会发展提供持续动力

长期以来,社会政策被理解为在社会分配领域发生作用,扮演"分蛋糕"的角色,因而具有消极性。社会政策在社会领域投资功能的发挥,主要手段就是积极的社会服务。目前,社会投资的范畴延伸到了就业、教育、医疗、住房、养老、儿童抚育等众多社会服务领域。人生不同的阶段需要不同的社会服务,各项社会服务发挥着不同作用:在年幼时,需要日托、儿童服务;在中年时,需要收入维持和就业服务;在年老时,需要养老服务,甚至长期照顾服务;为有需要的病人提供的医疗照理可以贯穿人生始终。在这个意义上的社会投资政策超越了维持人们的基本收入水平、让人们远离贫困等传统保障领域的范畴，也超越了仅从风险和危机的角度而谈的社会保护，① 在很大程度上替代了传统的风险事后弥合和再分配机制。通过投资于人力资本，并全过程干预，在促进经济增长的同时，实现经济政策和社会政策相互融合和相互促进。

长期以来，我国社会服务被狭义地理解为民政社会福利，其主要内容是老年人福利、儿童福利、残疾人福利等，主要对象（受益者）是老年人、孤儿、残疾人、五保户等特殊群体，社会服务范围仅局限于救助弱势群体的服务，服务对象十分有限。

在2012年7月颁布的《国家基本公共服务体系"十二五"规划》中，将"基本社会服务"作为国家基本公共服务的一个重要领域。社会服务的范围有所扩展，基本养老服务、社会福利服务、社会救助服务、优抚安置服务等被统括为"基本社会服务"。基本社会服务列为单独门类，独立规划编制，纳入民生指数指标体系和统计指标体系。

从社会服务转型动力来看，需要确立社会投资理念，着眼于人力资本这一能力建设的核心要素，开发和提高个人的能力和素质，促进经济和社会的发展，是社会服务发展的重点。一方面，通过早期教育、健康管理和照顾服务等措施投资于儿童，关注于国家的"未来"；另一方面，最大限度提升劳动者，尤其是青年失业者和长期失业者，以及弱势群体自我发展的能力，使其能够成功地抵御风险，着眼于国家的"现在"。

从现代社会服务的发展趋势看，不仅要满足国民的生存需求，更要满足社会的发展需求。今后，随着我国经济和社会的发展，人们的生活水平和生活质量的提高，教育、医疗、住房、就业、文体等有关服务方面的内容，也会逐步纳入到基本社会服务的内容之中。在这个意义上的基本社会服务是为大多数成员所共享，并作为纯公共物品和准公共物品向全体国民提供。因此，通过扩大社会服务范围，明确基本社会服务的公益性，从而有效增加基本社会服务的供给，这是促进社会服务快速发展的可选之路。

---

① 潘屹：《社会福利制度的效益与可持续：欧盟社会投资政策的解读与借鉴》，《社会科学》2013年第12期。

（三）主动克服和消除"福利病"的弊端，实施与经济发展相互促进的社会服务体系

最近十几年是我国社会政策的迅速扩展期，特别是社会保障在制度建设上实现从"广覆盖"到"全覆盖"的发展，以社会保险制度为主干的社会保障体系基本建成。其中，社会医疗保险政策从城镇职工扩大到了城乡居民，实现了全民医保；社会养老保险也出现了类似的扩展趋势，不仅包括城镇职工，也扩展到农民工、灵活就业群体，乃至农村居民。作为社会救助政策核心内容的最低生活保障政策也从城镇扩展到覆盖整个农村地区。现金给付的刚性上涨，带来了高额的社会支出，这是不可避免的问题。由此需要面对的是：在实现国民经济和社会福利同步发展的同时，如何通过中国社会政策的现代化来主动克服"福利病"，积极地超越传统福利国家这一发展陷阱，这被认为将是"超越西方的又一领域"，也被认为是"亚洲各国的下一场革命"。①

从东亚国家和地区，特别是从我国香港地区的发展经验来看，确立社会服务的基础性地位和作用，并通过直接社会服务（direct social services）与现金给付的结合，在社会保障体系上可以提供一个更灵活的组合框架，②由此，避免现金给付的刚性增长，超越传统福利国家的保险模式和弊端。

改革开放以来，为了配合市场经济体制的建立，我国重点发展了以社会保险为核心内容的社会保障，社会保障体系初步形成了"以社会保险、社会救助、社会福利为基础，以基本养老、基本医疗、最低生活保障制度为重点，以慈善事业、商业保险为补充"的主要框架，其中，"重保险、轻服务"是体系建设长期存在的问题。③ 近年来，在我国服务型政

---

① The Economist, Rethinking the Welfare State: Asia's Next Revolution, Countries Across the Continent Are Building Welfare States-with a Chance to Learn from the West's Mistakes, June 15, 2015, http://www.economist.com/node/21562195.
② 黄黎若莲：《香港社会福利的模式及其对内地的启示》，载岳经纶、刘洪、黄锦文《社会服务：从经济保障到服务保障》，中国社会出版社2011年版。
③ 岳经纶：《个人社会服务与福利国家：对我国社会保障制度的启示》，《学海》2010年第4期。

府的建设中，基本公共服务被放在重要的位置，提供基本公共服务已成为政府的主要职能之一，并确立了"2020 年基本公共服务均等化总体实现"的目标。社会服务作为公共服务的一个组成部分，通过直接提供社会服务的方式，一方面可以减轻社会保险现金给付的压力，起到对现金给付的替代作用；另一方面，社会服务面向的是全体国民，对有需要的国民提供基本服务，社会服务供给水平的无差异性，可以减缓因社会保险"碎片化"所导致的不同人群收入分配差距扩大的问题，发挥出增加社会公平性的作用，还可以提高社会保险的实施效果。

总之，随着社会服务范围的扩大，社会服务内容的增加，社会服务社会化的趋势将使社会服务成为提升一国社会福祉的主要途径和手段。从欧洲改革发展来看，社会服务供给的增加是社会政策以社会投资为理念直接推动发展的结果。而中国社会政策的多面性，决定了社会服务供给改革的路径是多层次的，推动中国社会服务国家建设也必将是一个复杂和长期的过程。

三 社会服务国家的发展愿景

（一）"社会服务国家"发展目标

从世界范围来看，社会服务的范围从少部分社会弱势群体扩展到全社会成员，社会服务的内容在不断增加，并以普遍性原则加以实施，社会服务成为全面提升社会福祉的主要途径和手段。随着人口老龄化速度的加快，特别是家庭结构的变化和经济产业结构的调整，社会服务进入到快速发展的时期，以往"社会保险 + 社会服务"的社会保障给付结构正在发生转换，"社会服务国家"成为发达国家下一个发展趋向。

改革开放以来，虽然我国已经在整体上建立起了多层次的社会保障体系。然而，就社会保障的给付而言，却长期存在"重社会保险、轻社会服务"的问题。这种"重保险"的给付结构，尽管在我国市场经济的建立和发展过程中起到了重要的保障和推动作用。但是，其并不能有效解决市场经济所引发的所有社会问题。尤其是在人口、家庭和劳动力市场结构发生改变，以及社会需求快速提升的背景下，社会保险的给付压力势必会越来越大。所以，发展社会服务，一方面可以发挥其替代效用，减轻社会保险的给付压力;另一方面可以面向全体国民的基本需求,增加社会保障的公平性与可持续性。因此,未来我国需要以构建"社会服务国家"为导向,以社会服务为重点,探索一种适合我国国情的"社会服务+社会保险"的新型给付结构。

(二)中国式"社会服务国家"发展方向

1. 以社会服务的公益性为指南针,推动社会服务全面转型

构建社会服务国家,首先需要定位社会服务的属性,即为社会服务的发展确定一个"指南针"。为此,从我国国情出发,我国社会服务要坚持公益性的属性。社会服务的公益性就是指基本社会服务、非营利性社会服务要作为纯公共物品和准公共物品向全体国民提供。一是指社会服务的可及性,二是指社会服务的可得性。其中,社会服务可及性是指城乡居民能够很方便地获得服务,即要解决获得服务难的问题。社会服务可得性指的是城乡居民能够以无偿或低廉的方式获得服务,也就是解决社会服务贵的问题。

就公益性的实现手段而言,可主要采用"准市场"(quasi-market)的机制。一方面发挥政府的主导性作用,履行其筹资和规制职能。另一方面充分发挥市场在社会服务提供上的作用,并通过积极采取政府补贴、使用者付费、价格管理、社会化提供等方式来完成。

2. 以解决社会服务"碎片化"为导向,实现社会服务的有效整合

针对我国社会服务发展中所存在的碎片化问题,未来社会服务应基于"整合"的理念,从城乡发展、组织管理、服务提供三个层面进行改革。第一,从统筹城乡的角度对社会服务的设施建设、资源配置、服务供给不断进行完善。结合目前我国城市与农村社会服务的发展水平,逐步建立城乡统一的社会服务制度,促进城乡基本社会服务的均等化。第二,在社会服务的组织管理层面,要加强社会服务供给决策上的沟通,强化相关政府部门间的横向协调。并在决策整合的基础上,协调做好各类社会服务的政策制定与政策执行工作。第三,就社会服务的提供而言,可针对不同情况采用多种方式实现各服务提供要素之间的整合。例如,采取机构合并和人员团队化的方式,为服务需求者提供一站式、综合性的服务。或是基于不同类型服务机构和服务人员的功能,加强彼此之间

的合作，实现各类社会服务的无缝衔接。

3. 以有质量的社会服务为目标，提升社会服务供给能力和水平

伴随着我国社会服务总量的增加以及内容的扩展，社会服务能力的提升最终需要落脚到国民对于社会服务的获得感上。能否提供有质量的社会服务将成为社会服务能否实现现代化的关键指标。这要求我国在社会服务未来的发展上加强对质量的关注。第一，在社会服务项目设计和服务供给的理念上，要以确保满足使用者的需要为根本导向，而不是以服务提供者为中心。第二，实现专业服务由专业机构和专业人员提供。要充分发挥社会组织专业、灵活的优势。积极通过"行政委托""政府购买服务""凭单制""竞争性招标"等方式，支持专业性的社会组织承担相应服务的提供。要加强社会服务人员队伍的建设。一方面，通过院校培养和职业培训的方式，实现专业化社会服务人员的储备与转化。另一方面，加强对社会工作者的培养、引入与激励，使其学有所用，劳有所获。第三，加强社会服务的标准化建设。包括政府、社会和市场在内的各类社会服务提供者要基于服务的类别与内容制定统一的、可操作量化的服务标准，为社会服务提供者的准入与监管、服务的评估与审核提供标准与依据。

第二篇

实证研究

第 四 章

社会养老服务及其管理[①]

一 老年人口养老服务状况的区域比较

(一) 区域老年人口的分布状况

根据 2010 年第六次人口普查数据，目前我国 60 岁以上老年人有 1.78 亿人，占全国总人口的 13.32%，老年抚养比为 19.02%。其中，65 岁以上的老年人就有约 1.19 亿人，占到了全国总人口的 8.92%。相比于 2000 年第五次全国人口普查，60 岁以上的老年人口数量增加了 0.48 亿人。随着我国老龄化速度的加快，老年人口的养老问题成为社会广泛关注的议题。

从中国的国情出发，老年人口的养老问题首先要面对的是长期以来所形成的城乡二元经济结构，即城乡经济和社会发展不同步所造成的养老方面的差距和问题；其次是各区域财政能力存在较大的差异和养老资源布局不均衡等原因所导致的养老方面的差距和问题。本部分试图通过第六次人口普查数据的分析，从城乡和东中西[②]这两个区域角度，对我国老年人的分布状况、健康现状及养老来源等方面进行比较研究，进一步

[①] 参见林闽钢、梁誉、刘璐婵《中国老年人口养老状况的区域比较研究：基于第六次人口普查数据的分析》，《武汉科技大学学报》2014 年第 2 期。

[②] 我国首次在 1986 年"七五"计划中提出东部、中部与西部的划分。通过综合国家统计局和已有的区域划分，本部分所使用的东部、中部、西部三个区域分别包括以下省级行政区：东部地区包括北京、天津、河北、辽宁、上海、江苏、浙江、福建、山东、广东和海南 11 个省（市）；中部地区包括山西、吉林、黑龙江、安徽、江西、河南、湖北、湖南 8 个省（自治区）；西部地区包括内蒙古、广西、重庆、四川、贵州、云南、西藏、陕西、甘肃、青海、宁夏、新疆 12 个省（自治区、直辖市）。

分析和明确目前我国区域之间养老差距和问题所在，为制定相关政策提供依据。

1. 老年人口在数量上，呈现"东多中西少"的分布

从表4—1中可以看出，60岁以上老年人口分别占东部、中部和西部各自地区人口的比例基本一致。但从数量来看，东部地区60岁及以上的老年人口占全国老年人口的比例为40.98%，而中部地区为31.18%，西部地区仅为27.84%。在老年人口数量分布上，呈"东多中西少"之势。

表4—1　　　　全国不同区域60岁及以上人口分布状况　　　　单位：%

地区	占该地区人口的比例	占全国老年人口的比例
东部	13.72	40.98
中部	13.90	31.18
西部	14.05	27.84

资料来源：根据国务院人口普查办公室、国家统计局人口和就业统计司《中国2010年人口普查资料》（http://www.stats.gov.cn/tjsj/pcsj/rkpc/6rp/indexch.htm）有关数据整理。

2. 老年人口分布呈农村比城镇多，城乡高龄老年人口增长迅速，城镇地区高龄老人的增长更快的发展态势

从城乡老年人口分布来看，2010年，城镇老年人口为0.78亿人，占城镇总人口的11.68%，60岁及以上人口老年人口抚养比为15.74%；乡村老年人口为0.99亿人，占乡村总人口的14.98%，60岁及以上人口老年人口抚养比达22.75%，乡村老年人口的比例和老年抚养比比城镇高出3.3个和7.01个百分点。

从城乡高龄老年人口的分布来看[1]，2010年我国高龄老年人口数量达到0.21亿人，占总人口和老年人口的1.57%和11.80%。就城乡高龄老年人口的总体分布来看，2010年城镇80岁及以上老年人口为0.09亿人，分别占城镇总人口和老年人口的1.35%和11.52%。乡村80岁及以上老年人口为0.12亿人，分别占乡村总人口和老年人口的1.80%和12.02%。就不同年龄段老年人口的发展状况来看，从2000年至2010年十年间，无

---

[1] 高龄老人作为衡量人口老龄化的重要指标，通常指年龄在80岁及以上的老年人口。

论城镇还是乡村，80岁及以上老年人口的增长率均明显快于其他老年人口年龄段，尤其是城镇地区高龄老年人口的增长率更是高达130%以上（见表4—2）。

表4—2　　　　　　　全国城乡老年人口分年龄组增长状况

年龄组（岁）	2000年人口数（万人）			2010年人口数（万人）			人口增长率（%）		
	全国	城镇	乡村	全国	城镇	乡村	全国	城镇	乡村
60—64	4170.38	1494.46	2675.93	5866.73	2603.69	3263.04	40.68	74.22	21.94
65—69	3478.05	1217.45	2260.60	4111.33	1791.03	2320.30	18.21	47.11	2.64
70—74	2557.41	847.95	1709.47	3297.24	1477.73	1819.51	28.93	74.27	6.44
75—79	1592.83	500.01	1092.82	2385.21	1053.15	1332.06	49.75	110.62	21.89
80—84	798.92	247.20	551.71	1337.32	576.28	761.04	67.39	133.12	37.94
85—89	303.07	99.41	203.66	563.19	239.22	323.97	85.83	140.64	59.07
90—94	78.36	27.66	50.70	157.83	68.78	89.05	101.42	148.66	75.65
95—99	16.98	6.23	10.75	37.00	17.65	19.34	117.95	183.58	79.94
100—	1.79	0.62	1.17	3.59	1.58	2.01	101.01	155.22	72.26

资料来源：根据国务院人口普查办公室、国家统计局人口和就业统计司《中国2010年人口普查资料》（http：//www.stats.gov.cn/tjsj/pcsj/rkpc/6rp/indexch.htm）；国务院人口普查办公室、国家统计局人口和社会科技统计司《中国2000年全国人口普查资料》有关数据整理。

（二）区域老年人口的健康状况

1. 东部地区老年人健康状况优于中西部地区

根据表4—3数据，东部地区健康和基本健康的人数占老年人口总数的86.05%，明显高于中部的81.07%和西部的81.22%。东部地区生活不能自理的老年人仅有2.68%，也明显低于中部的3.01%和西部的3.26%。因此，东部地区老年人的健康状况总体上比中西部好，而西部地区老年人的身体状况总体上与中部地区较为接近。

2. 城镇老年人口的健康状况总体好于农村，乡村高龄老人口健康状况明显差于城镇

根据表4—4数据，2010年城镇和乡村老年人口中认为身体健康和基本健康的分别占到了所有城镇和乡村老年人口的87.69%和79.74%，认

为不健康和生活不能自理的分别占到了 12.31% 和 20.26%。因此，城镇老年人口的健康状况总体上比农村好。

表4—3　　　　全国不同区域 60 岁及以上人口健康状况　　　　单位：%

地区	健康	基本健康	不健康，但生活能自理	生活不能自理
东部	48.76	37.29	11.27	2.68
中部	40.40	40.67	15.92	3.01
西部	40.38	40.84	15.52	3.26

资料来源：根据国务院人口普查办公室、国家统计局人口和就业统计司《中国 2010 年人口普查资料》（http://www.stats.gov.cn/tjsj/pcsj/rkpc/6rp/indexch.htm）有关数据整理。

表4—4　　　　全国城乡老年人口分年龄组的健康状况　　　　单位：%

年龄组	健康		基本健康		不健康生活能自理		生活不能自理	
	城镇	乡村	城镇	乡村	城镇	乡村	城镇	乡村
合计	48.35	40.42	39.34	39.32	9.86	16.94	2.45	3.32
60—64 岁	64.09	58.25	30.87	33.48	4.34	7.26	0.70	1.01
65—69 岁	53.21	44.80	38.54	40.66	7.06	12.79	1.19	1.75
70—74 岁	40.85	30.90	45.69	44.90	11.35	21.09	2.11	3.11
75—79 岁	33.09	23.91	47.77	44.35	15.45	26.92	3.69	4.82
80—84 岁	24.83	17.31	46.80	40.46	21.45	33.50	6.92	8.73
85—89 岁	20.42	14.50	43.73	36.58	24.52	35.31	11.33	13.61
90—94 岁	16.52	12.01	38.25	31.31	25.96	34.52	19.27	22.16
95—99 岁	16.93	12.07	34.89	28.79	24.22	31.55	23.96	27.59
100 岁以上	15.02	11.01	31.44	30.30	24.37	29.49	29.17	29.20

资料来源：根据国务院人口普查办公室、国家统计局人口和就业统计司《中国 2010 年人口普查资料》（http://www.stats.gov.cn/tjsj/pcsj/rkpc/6rp/indexch.htm）有关数据整理。

其中，在 60 岁至 64 岁年龄段的城镇和乡村老年人认为身体健康和基本健康的高达 94.96% 和 91.73%，认为不健康和生活不能自理的分别仅占到了 5.04% 和 8.27%。而到了 80 岁以后，城镇和乡村老年人认为身体健康和基本健康的分别下降到 68.14% 和 54.64%，认为不健康和生活不能自理的上升到了 31.86% 和 45.36%。从各个年龄段来看，城镇老年人口的健康状况总体上仍比农村好。其中，乡村老年人中，60 岁及以上的身体健康和基本健康的人口平均低于城镇老年人口 7.95 个百分点，80 岁及以上的老年人口不健康和生活不能自理状况平均高于城镇老年人口 13.5 个百分点。

（三）区域老年人口的主要生活来源

1. 家庭供养仍然是我国老年人最重要的养老来源，东部老年人生活来源优于中西部老年人，领取退休金养老金的老年人一半都在东部地区

第六次人口普查将老年人的生活来源分为劳动收入、离退休金养老金、最低生活保障金、财产性收入、家庭其他成员供养以及其他。无论东部、中部和西部地区家庭其他成员供养的来源比例都平均高达 40% 左右，因此，家庭供养仍然是我国老年人最重要的养老来源，反映出家庭养老仍是我国主要的养老形式。

根据表 4—5，东部地区老年人口的生活来源中有 29.90% 来源于离退休金养老金，明显高于中部的 21.15% 和西部的 18.92%。而且西部地区老年人口的生活来源中有 5.20% 来源于最低生活保障金，明显高于中部的 3.93% 和西部的 2.98%。因此，东部地区老年人生活来源优于中西部地区老年人生活来源。

表 4—5　　全国不同区域 60 岁及以上人口主要生活来源　　单位：%

地区	劳动收入	离退休金养老金	最低生活保障金	财产性收入	家庭其他成员供养	其他
东部	25.75	29.90	2.98	0.40	39.25	1.72
中部	31.02	21.15	3.93	0.32	41.66	1.92
西部	31.78	18.92	5.20	0.38	41.83	1.89

资料来源：根据国务院人口普查办公室、国家统计局人口和就业统计司《中国 2010 年人口普查资料》(http://www.stats.gov.cn/tjsj/pcsj/rkpc/6rp/indexch.htm) 有关数据整理。

根据表 4—6 进一步分析表明，领取离退休金养老金的老年人几乎一半都在东部地区，占到 50.82%，大于中西部之和。依靠最低生活保障金

来源的老年人的37.18%在西部地区,在东部和中部也各占31%左右。

表4—6　　　　　不同生活来源老年人的地区比较　　　　　单位:%

生活来源	东部	中部	西部
劳动收入	36.30	33.27	30.43
离退休金养老金	50.82	27.35	21.83
最低生活保障金	31.32	31.50	37.18
财产性收入	44.85	26.89	28.26
家庭其他成员供养	39.50	31.90	28.60
其他	38.53	32.65	28.82

资料来源:根据国务院人口普查办公室、国家统计局人口和就业统计司《中国2010年人口普查资料》(http://www.stats.gov.cn/tjsj/pcsj/rkpc/6rp/indexch.htm)有关数据整理。

2. 城镇老年人主要依靠离退休金养老金养老,乡村老年人主要依靠家庭其他成员供养;家庭其他成员的供养是高龄老年人的主要来源,更是生活不能自理的老年人的最主要来源

根据表4—7,在城镇老年人口的生活来源中,有50.12%的老人主要为离退休金养老金,有31.36%的老人主要为家庭其他成员供养,生活来源主要为最低生活保障金的仅占3.11%。而在乡村老年人口的生活来源中,有4.60%的老人主要为离退休金养老金,有47.74%的老人主要为家庭其他成员供养,生活来源主要为最低生活保障金的仅占4.88%。

表4—7　　　　城乡60岁及以上老年人口主要生活来源状况　　　　单位:%

地区	劳动收入	离退休金养老金	最低生活保障金	财产性收入	家庭其他成员供养	其他	合计
全国	29.07	24.12	3.89	0.37	40.72	1.83	100
城镇	12.94	50.12	3.11	0.61	31.36	1.86	100
乡村	41.18	4.60	4.48	0.19	47.74	1.81	100

资料来源:根据国务院人口普查办公室、国家统计局人口和就业统计司《中国2010年人口普查资料》(http://www.stats.gov.cn/tjsj/pcsj/rkpc/6rp/indexch.htm)有关数据整理。

根据图4—1所示，对于城镇老人而言，80岁以前，其主要生活来源为离退休金养老金，其次是家庭其他成员供养。80岁之后，家庭其他成员供养成为大部分老年人的主要生活来源，虽然依靠离退休金养老金养老的老人比例逐渐下降，但仍然高于其他生活来源项目。对于乡村老年人而言，70岁之前，大部分老年人主要靠劳动收入进行养老，家庭其他成员的供养次之。但是70岁以后，劳动收入的支持作用明显下降，家庭其他成员的供养作用开始超过老年人的劳动收入，并快速上升，始终处于之后各个年龄段的主导地位。80岁之后，包括劳动收入在内的各项生活来源所起到的支持作用均十分微弱。总之，每项生活来源在不同老年阶段所起到的作用差异明显，尤其是劳动收入和离退休金养老金，但进入高龄后，城镇和乡村老年人生活来源都主要是家庭其他成员的供养。

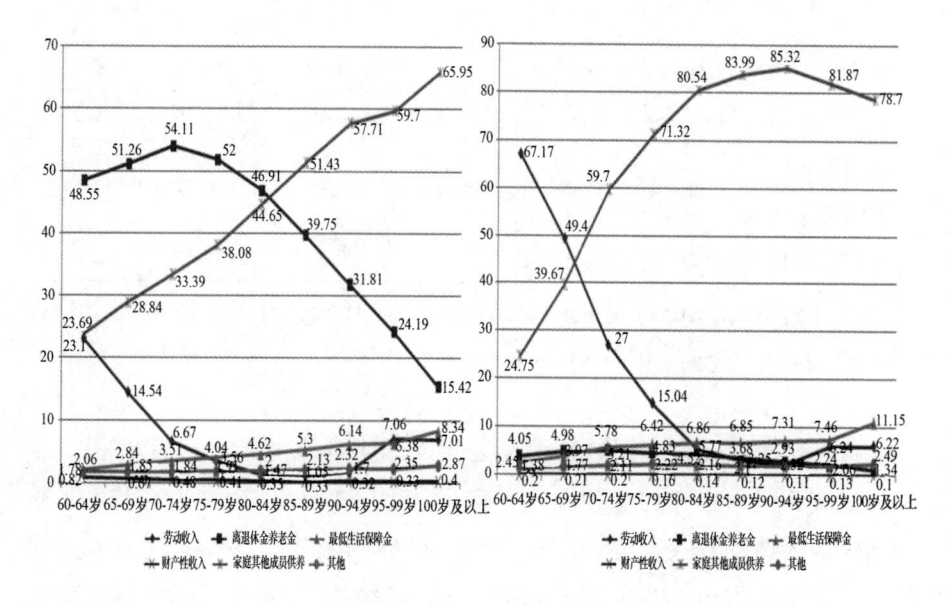

图4—1　城镇（左）与乡村（右）60岁及以上人口分年龄主要生活来源

资料来源：根据国务院人口普查办公室、国家统计局人口和就业统计司《中国2010年人口普查资料》（http：//www.stats.gov.cn/tjsj/pcsj/rkpc/6rp/indexch.htm）有关数据整理。

进一步分析城镇不同健康状况老年人的生活来源，根据表4—8分析，在城镇健康和基本健康的老年人中，有53.27%和50.65%的老年人主要的生活来源为离退休金养老金，有24.27%和34.10%的老年人的主要生活来源为家庭其他成员供养，仅有3.96%和5.81%的老年人主要的生活来源为最低生活保障金、财产性收入以及其他收入。在不健康生活能自理和生活不能自理的老年人中，有50.72%和49.27%的老年人主要的生活来源为家庭其他成员供养，有35.09%和39.97%的老年人的主要生活来源为离退休金养老金，另有11.43%和10.23%的老年人主要的生活来源为最低生活保障金、财产性收入以及其他收入。

表4—8　　　　城镇老年人口健康状况与生活来源　　　　单位：%

健康状况	劳动收入	离退休金养老金	最低生活保障金	财产性收入	家庭其他成员供养	其他
健康	18.50	53.27	1.64	0.69	24.27	1.63
基本健康	9.44	50.65	3.29	0.57	34.10	1.95
不健康生活能自理	2.76	35.09	8.45	0.46	50.72	2.52
生活不能自理	0.53	39.97	7.70	0.34	49.27	2.19

资料来源：根据国务院人口普查办公室、国家统计局人口和就业统计司《中国2010年人口普查资料》（http://www.stats.gov.cn/tjsj/pcsj/rkpc/6rp/indexch.htm）有关数据整理。

进一步分析乡村不同健康状况老年人的生活来源，根据表4—9，在乡村健康和基本健康的老年人中，有63.00%和36.24%的老年人主要的生活来源为劳动收入，有28.48%和52.60%的老年人主要的生活来源为家庭其他成员供养，有8.52%和11.16%的老年人主要的生活来源为离退休金养老金等其他收入。而在不健康生活能自理和生活不能自理的老年人中，主要生活来源为家庭其他成员供养的老年人占到了绝大多数，分别为75.73%和82.02%，主要生活来源为最低生活保障金等收入的老年人相对较少，仅占24.27%和17.98%。

表4—9　　　　　　乡村老年人口健康状况与生活来源　　　　　单位：%

健康状况	劳动收入	离退休金养老金	最低生活保障金	财产性收入	家庭其他成员供养	其他
健康	63.00	5.31	1.73	0.18	28.48	1.30
基本健康	36.24	4.78	4.19	0.20	52.60	1.99
不健康生活能自理	8.34	2.74	10.44	0.19	75.73	2.56
生活不能自理	1.52	3.20	11.08	0.12	82.02	2.06

资料来源：根据国务院人口普查办公室、国家统计局人口和就业统计司《中国2010年人口普查资料》（http://www.stats.gov.cn/tjsj/pcsj/rkpc/6rp/indexch.htm）有关数据整理。

二　社会养老服务的公益性及其实现路径[①]

（一）社会养老服务的公益性及其实现途径

从世界各国来看，随着人口老龄化、高龄化和家庭小型化的发展，社会养老服务需求的不断增加，社会养老服务已成为最主要的养老服务方式，它的发展水平直接影响到老年人的生活质量，成为一个社会现代化和文明的重要标志。

我国是世界上老龄化发展速度最快、规模最大的国家。同时，由于计划生育政策的长期实施，家庭结构发生了根本变化，"4—2—1"家庭的大量出现带来了家庭赡养的困局，也带来了对社会养老服务的巨大需求。

2011年以来，我国城镇职工养老保险、城镇居民养老保险和新型农村社会养老保险三项社会养老保险制度开始覆盖城乡居民。但发达国家和地区的经验表明，以社会保险为基本内容的社会保障主要关注的是国家与劳动力市场的关系，关注的是劳动力市场正规劳动者的收入补偿和经济福利。随着福利国家的发展，社会服务的内容日益增加，高水平和高质量的社会服务已成为当代福利国家的一个最突出的特征，以收入保障为基本内容的经济福利和以社会需要为导向的社会服务是当代社会保

---

① 林闽钢：《论我国社会养老服务的公益性及实现途径》，《人口与社会》2014年第1期。

障的两大基本内容。①

改革开放以来，为了配合市场经济体制的建立，我国重点发展了以社会保险为核心内容的社会保障，明确提出我国社会保障体系是"以社会保险、社会救助、社会福利为基础，以基本养老、基本医疗、最低生活保障制度为重点，以慈善事业、商业保险为补充"，由此，可以看到我国社会服务的基础性作用还没有得到足够的重视。其中，社会养老服务不足、服务覆盖面小等问题，已不能适应我国社会保障多层次发展的需要。

在我国服务型政府的建设中，基本公共服务被放在重要的位置，提供基本公共服务已成为政府的主要职能之一，并明确"2020年基本公共服务均等化总体实现"。社会养老服务作为公共服务的一个组成部分，在推进城乡基本公共服务均等化中，进入了最佳的发展时期。

近年来，随着我国大力推进"居家为基础、社区为依托、机构为支撑"的社会养老服务体系建设，加快养老服务业的发展，社会养老服务的属性问题成为人们关注的焦点。但近年来在政府有关社会养老服务政策制定中，社会养老服务的属性一直没有明确，由此引起了争论。在笔者看来，从我国的国情出发，社会养老服务的属性问题是一个关键问题，它直接决定了我国社会养老服务发展的方向。为此，本部分提出我国社会养老服务要坚持公益性，应围绕社会服务的公益性来推进我国的社会养老服务发展。

社会养老服务区别于传统家庭的养老方式。按照养老服务的来源，可以把养老服务的供给分为：一是家庭内部，二是家庭外部。据此把养老服务划分为两种：家庭养老和社会养老。

社会养老服务是通过社会化的途径提供大量的生活照料服务和情感慰藉等各项服务，从而帮助老年人提高生活质量，安度晚年。它是由政府、社会组织、企业、志愿者等服务主体为老年人提供的各种生活所需服务的总称。社会养老服务主要包括基本养老服务（福利性养老服务）、非营利性养老服务和营利性养老服务三大类。其中，基本养老服务、非

---

① 岳经纶：《个人社会服务与福利国家：对我国社会保障制度的启示》，《学海》2010年第4期。

营利性养老服务是基本公共服务的主要组成部分。

（1）社会养老服务公益性的内涵。社会养老服务公益性就是指基本养老服务、非营利性养老服务要作为纯公共物品和准公共物品向全体国民提供。因此，社会养老服务公益性的实现主要包括两个主要方面：一是指基本养老服务、非营利性养老服务的可及性；二是指基本养老服务、非营利性养老服务的可得性。其中，社会养老服务可及性是指城乡老年人能够很方便地老有所养，即解决养老服务难的问题。社会养老服务可得性指的是城乡老年人能够以无偿或低廉的方式获得养老服务，也就是解决养老服务贵的问题。

（2）社会养老服务公益性的特点。第一，共享性。社会养老服务不是个人利益，也不是个人利益的简单叠加，而是为社会全体成员提供基本的养老服务，这种基本的养老服务是大多数成员共享不能被分割的利益。第二，非营利性。社会养老服务提供机构不以营利为目的，其本质特征是非营利性的。第三，优先保障性。当社会养老服务提供机构的公共利益与其他非公共利益发生冲突时，公共利益应该获得优先保障。

（3）社会养老机构的社会效益特征。社会养老机构的社会效益是指为城乡老年人提供可及、可得、公平、适宜的养老服务。第一，提供基本的养老服务的可及性。其主要内容包括范围可及性和距离可及性两个方面。范围可及性是指基本的养老服务在范围上要覆盖城乡全体老年人；距离可及性是指老年人到达养老服务机构的方便程度或社区服务机构到达养老家庭的方便程度。第二，提供基本的养老服务的可得性。即养老服务机构提供的养老服务是无偿和低廉的。第三，提供基本养老服务的公平性。即老年人应该以需求为导向获得基本的养老服务，而不是取决于社会地位、收入水平等因素。第四，提供基本养老服务的适宜性。即向老年人提供适合其需要的养老服务，既不服务过度，又避免服务不足。

（4）社会养老机构的经济效益特征。经济效益是社会养老机构生存和发展的基础，社会效益优先、兼顾经济效益应是社会养老机构的运营管理目标。社会养老服务机构的经济效益不仅限于养老服务的经济效果，还应包括养老服务效率和机构成本管理。服务效率应包括人力效率和床位使用效率，成本管理应该包括养老机构成本和资产管理等。养老机构效率和成本管理是养老机构工作中的重要环节，是衡量养老机构运营的重要综合指标,在一定程度上反映养老机构经营活动的经济效果。养老机构要通过不断拓宽服务领域,扩大服务需求,合理利用养老机构的人力、物力、财力资源,以低廉的价格提供优质服务。

因此,养老机构经济效益和社会效益具有不可分割的内在联系,既互相促进,又互相影响。经济效益是社会效益的基础,社会效益是经济效益的重要条件。社会效益好,老年人信任度高,养老服务对象就会多,必将带来养老机构经济效益的增长;反之经济效益好,通过加快养老机构发展及提高服务水平,又能有效提高养老机构的社会效益。

(5)我国社会养老服务公益性的目标。在《国务院关于加快发展养老服务业的若干意见》中,虽然没有明确提出我国社会养老服务公益性这一属性,但却明确提出了社会养老服务的可及性目标为:第一,"着力保障特殊困难老年人的养老服务需求,确保人人享有基本养老服务"。第二,"统筹城市和农村养老资源,促进基本养老服务均衡发展"。第三,"到2020年,全面建成以居家为基础、社区为依托、机构为支撑的,功能完善、规模适度、覆盖城乡的养老服务体系"。第四,"生活照料、医疗护理、精神慰藉、紧急救援等养老服务覆盖所有居家老年人。符合标准的日间照料中心、老年人活动中心等服务设施覆盖所有城市社区,90%以上的乡镇和60%以上的农村社区建立包括养老服务在内的社区综合服务设施和站点"。第五,"各类具有为老年人服务功能的设施都要向老年人开放"等。

社会养老服务的可得性目标为:第一,"各地公办养老机构要充分发挥托底作用,重点为'三无'(无劳动能力,无生活来源,无赡养人和扶养人或者其赡养人和扶养人确无赡养和扶养能力)老人、低收入老人、经济困难的失能半失能老人提供无偿或低收费的供养、护理服务"。第二,"大力发展养老服务业,提供方便可及、价格合理的各类养老服务和产品,满足养老服务多样化、多层次需求"等。

(二)社会养老服务公益性模式的选择

1. 社会养老服务的"日本模式"

(1)居家养老与社区养老的结合。日本1963年颁布的《老人福利法》被称为"老人宪章",它是日本推行社会化养老的开端。其主要内容有:政府出资修建特别养老院,为痴呆、卧床不起等体弱老人提供服务;

探索和逐渐确立一种适合于居家养老的方式和体制，强化对居家养老提供家庭服务人员的专业培训和组织建设，并在财政预算上实行优惠政策；加强地方政府对老人福利的责任和职权。1982 年，日本政府又出台了全面推广老人保健设施的《老人保健法》，它规定 70 岁以上老人的医疗费由医疗保险的有关方共同负担，并且强调老人居家养老、居家护理。为此，由政府出资培训了大约 10 万名家庭护理员，负责看护生活不便的老人。政府还出资建立并普及托老所，为有需要的老人提供短期入住、护理和治疗服务。1989 年，日本政府制定《高龄者保健福利推进十年战略》，即著名的"黄金计划"。该计划要求各地方政府积极建设、完善与老人相关的各种设施。以此为契机，开始大量出现各种老年公寓、老人活动室、老人医院。1994 年"黄金计划"被重新修订，更名为"新黄金计划"，完善了以居家养老为中心的社区老年服务体系，扩大了家庭服务员队伍，新设为老年人提供休息及特别看护的短时服务设施、日间服务中心等，提供各种日间服务（包括饮食和体育锻炼）。[①]

社区养老服务是日本的一大特色，日本打造的"30 分钟养老护理社区"，即在距离 30 分钟路程的社区内，建设配套小型养老护理服务设施的新型小区。目前，日本的社区养老组织形式主要有四种：一是以政府力量为主，服务人员由政府与民政人员组成；二是政府资助下的民间组织，如社会福利协会等；三是志愿者及其组织，主要由家庭主妇、大学生及健康的老人组成；四是企业式养老服务。其中第三和第四都属于非营利性。日本的社区养老服务在政府的大力支持下，充分利用社会资源向老年人提供福利、保健、医疗等综合性的服务，以适应不同身体状况的老年人的需要。主要包括上门服务、日托服务、短托服务、长期服务及老年保健咨询和指导服务。

（2）社区养老服务由政府主导。日本的社区老年服务工作由市政府设立的社会部全面负责，社会部下分设福利计划科、社会福利科、老人福利科、保险医疗科、老人之家等，全面掌握日本国内各区域老年人的健康状况、经济状况、日常活动情况等资料，以适合不同身体状况的老年人的需要，帮助老年人健康、愉快地度过晚年生活，提高他们的生活

---

① 皇甫平丽：《日本的养老服务》，《瞭望》2010 年第 13 期。

质量，解除年轻人的后顾之忧。具体包括：家庭帮助服务事业、白天服务事业、短期留宿服务事业和长期服务事业等。

在家庭帮助服务事业方面，政府派出不同类型的社区服务人员，如医生、护士、康复师和家庭服务员等，到那些体弱多病、生活不能自理又无适当的护理人员的老人家中提供多项服务。白天服务事业是白天将住在家中的老人接到如老年护理中心、福利中心等机构，来提供洗浴、就餐服务，进行生活或心理指导、健康检查、功能训练，开展娱乐活动等，晚饭后则派车送他们回家。短期留宿服务事业针对65岁以上的老年人，如因疾病等暂时无法进行居家护理时，让他们短时间入住设施，提供生活帮助、健康娱乐等。而长期服务事业是为老人提供超过3个月以上的服务，对那些身体上、精神上有明显障碍、缺乏生活自理能力、需要长期照看而家庭照料又存在困难的老年人，由社区来照顾其饮食起居，进行体格检查功能锻炼、心理健康和生活护理等方面的指导等。①

2. 社会养老服务的"新加坡模式"

（1）政府提供社会养老服务支撑条件。新加坡将社会养老作为一个系统工程来对待，在制定政策上，将个人、家庭、社区、国家这四个层面都纳入到老年人服务体系的构建当中。要求个人必须负起责任规划自己的晚年生活；家庭要成为提供照料的基础；社区要协助和支持家庭，担负起照顾老人的责任；国家提供基本框架，创造条件，帮助个人、家庭和社区各尽其责。

新加坡社会养老服务发展迅速的重要因素是政府的大力支持。政府是各种养老设施的投资主体，各项服务成本均由政府来承担。特别是政府对养老机构、社区老年活动设施的扶持上，新加坡采取的主要措施一是在养老设施的建设上，政府是投资主体，提供90%的建设资金；二是对养老机构各项服务的运作成本提供不同的津贴；三是实行"双倍退税"的鼓励政策，允许国家福利理事会认可的养老机构面向社会募捐。②

（2）重视社区养老和机构养老。2007年新加坡人口老龄化问题部长级委员会将"成功老龄化"定为应对人口老龄化问题的目标，并将"原

---

① 田原：《城市社区养老服务：日本的经验与启示》，《中国发展观察》2010年第5期。
② 张善斌：《新加坡老年人照料经验及其启示》，《中国民政》2006年第10期。

地养老"（aging in place）确定为实现该目标的战略重点之一。由此，新加坡的社区养老获得很大的重视。① 新加坡依据本国的实际情况，成立了"三合一家庭中心"，将托老所和托儿所有机地结合在一起，这种将老人和幼儿一起送到日托所的办法，不但顺应了社会发展的需要，消除了年轻人的后顾之忧，而且满足了老年人的精神需求，增进了人际交往与沟通。同时，为了确保一部分需要机构养老服务的老年人的需要，新加坡还对机构养老给予大力的支持，机构养老服务多样，主要由社区医院养老院、临终关怀机构和老年庇护所等机构提供。

比较日本和新加坡的社会养老服务，在实现社会养老服务公益性方面，其共同点都是：政府在社会养老服务中起主导作用，都强调个人、家庭、社区、政府的结合。日本则偏重于社区养老对居家养老的支持，政府比较全面渗透到养老服务的各个方面；而新加坡偏重于政府提供社会养老服务支撑条件，家庭、社区和机构各自发挥其作用。

（三）我国社会养老服务公益性模式的选择

我国社会养老服务公益性模式选择的核心是：首先要定位政府、社会和市场的关系；其次是家庭、社区和机构的关系。在《国务院关于加快发展养老服务业的若干意见》中，政府、社会和市场的关系及家庭、社区和机构的关系如下。

（1）政府的主导作用和社会力量的主体作用。政府的主导作用主要表现在："充分发挥政府作用，通过简政放权，创新体制机制，激发社会活力"；"加快转变政府职能，减少行政干预，加大政策支持和引导力度，激发各类服务主体活力，创新服务供给方式，加强监督管理，提高服务质量和效率"；"以政府为主导，发挥社会力量作用，着力保障特殊困难老年人的养老服务需求，确保人人享有基本养老服务。加大对基层和农村养老服务的投入，充分发挥社区基层组织和服务机构在居家养老服务中的重要作用"；"各级政府要加大投入，安排财政性资金支持养老服务体系建设"；"各地要将发展养老服务业纳入国民经济和社会发展规划，纳入政府重要议事日程"。

---

① 张恺悌、罗晓晖：《新加坡养老》，中国社会出版社2010年版，第112—115页。

社会力量的主体作用主要表现在："充分发挥社会力量的主体作用，健全养老服务体系，满足多样化养老服务需求"；"充分发挥市场在资源配置中的基础性作用，逐步使社会力量成为发展养老服务业的主体，营造平等参与、公平竞争的市场环境"；"支持社会力量举办养老机构"；"要制定政府向社会力量购买养老服务的政策措施"。

（2）居家养老为基础。"到2020年，全面建成以居家为基础、社区为依托、机构为支撑的，功能完善、规模适度、覆盖城乡的养老服务体系"；"建立以企业和机构为主体、社区为纽带、满足老年人各种服务需求的居家养老服务网络"。

所以，我国社会养老服务公益性模式可以表述为：政府起主导作用，社会力量是主体，居家养老是基础。而我国目前社区养老和机构养老与日本和新加坡相比，发挥的作用还不够，是今后发展的重点。

（四）社会养老服务公益性的实现途径

1. 进一步发挥政府的主导性作用

（1）应通过立法，制定和实施相关法规和政策，为社会养老服务创造良好的发展环境。我国1996年出台的《中华人民共和国老年人权益保障法》是第一部全面保障老年人合法权益的重要法律，它规定了老年人在家庭生活中的权益和保障，在社会生活中的权益和保障，老年人参与社会发展的权利以及法律责任和处理程序。该法的实施，为我国老年人安度晚年提供了切实的法律保障。因此，还应在此基础上，重点健全社会养老服务法规，并形成法律体系，强化法治管理，真正做到有法可依，使社会养老服务在政府积极推动下，走上法制化、规范化、科学化轨道。

（2）要将社会养老服务发展纳入国家和地方经济和社会发展规划，列为服务业重点发展领域，制定和组织实施社会养老服务发展的专项规划。政府对社会养老要从发展思路、发展目标、空间布局、设施建设、土地供应、重大项目、资金投入、政策保障等方面有长期和细致的规划，确保社会养老服务的发展在政府各职能部门中得以落实和稳步推进。

2. 重点加强公办养老机构及其体系化建设，增加养老服务有效供给

（1）充分发挥公办养老机构社会养老服务的托底作用和示范作用。

公办养老机构代表政府履行基本养老服务职能，因此，公办养老机构在功能定位上，一方面承担着为"三无"（无劳动能力，无生活来源，无赡养人和扶养人或者其赡养人和扶养人确无赡养和扶养能力）老人、低收入老人、经济困难的失能半失能老人提供无偿和低廉的养护、康复、托管服务，从而起到托底性的作用。另一方面。公办养老机构还要面向社会养老服务体系发挥示范、培训等功能，从而起到示范性的作用。特别要创建公办养老服务机构的品牌，通过连锁经营、品牌加盟、强强联合等方式实现规模化、集团化发展。

（2）推进公办养老机构"五级网络体系化"。公办养老机构要成为国家投入的重点，针对我国公办养老机构的发展现状，要力推形成国家—省级—地级—县级—乡镇五级网络体系。即在国家和省级层面要建设若干具有实训功能的养老机构；地级及以上层面要建设专门为失能老年人提供服务、示范性及兼顾养老护理员培训的老年养护机构；县级层面要建设以养老服务为主，兼顾为残疾人、孤残儿童等提供服务的综合性社会福利机构；乡镇主要建设农村五保供养服务机构，并鼓励有条件的供养机构向区域性养老服务中心转变。通过3—5年的公办养老机构五级网络体系建设，使公办养老机构成为我国社会养老服务的主干力量。

3. 强化居家养老服务功能，实现养老服务的可及性

我国社会养老服务体系由三大部分构成：一是居家养老服务，大约会覆盖90%的老年人；二是社区养老服务，会覆盖6%—7%的老年人；三是机构养老服务，会覆盖3%—4%的老年人。由于居家养老服务将会覆盖大部分老年人，因此，政府需要全面支持居家养老服务的发展，在政策制定上，还需要进一步形成居家养老的政策支持体系。还需要配套的政策包括：住房政策、户口随子女迁移政策、家庭无障碍改造政策等，同时应为老人建立紧急援助系统、生活服务系统、家庭护理服务系统、健康管理系统、精神慰藉服务系统、社会参与援助系统及老年监护系统等，强化居家养老的功能，为居家养老服务发展提供制度支撑。

4. 促进社会养老服务体系覆盖全民并适度普惠

（1）在社会养老服务范围上，将社会养老服务对象和目标从过去主

要针对五保户、"三无"人员、荣誉军人等特殊人群推广到逐步惠及所有老龄人口。全面建成以居家为基础、社区为依托、机构为支撑的，功能完善、规模适度、覆盖城乡的养老服务体系，让社会养老服务适度普惠，实现"老有颐养"。

（2）在社会养老服务的内容上，以满足老年人基本服务需求为目标，鼓励以无偿或低廉方式提供基本生活照料、康复护理、精神慰藉、紧急救援、法律服务、社会参与等服务，推进基本养老服务在城乡的均等化。

（3）在社会养老服务设施上，由各级政府负责养老服务机构和设施的投入和建设，将各类养老服务设施建设用地纳入城镇土地利用总体规划和计划，合理安排用地需求。规划建设适合老年人的生活服务、医疗卫生、文化体育等公共基础设施。支持和引导各类社会主体参与社区养老服务设施建设、运营和管理。

5. 鼓励非营利组织举办多元化的社会养老服务

从我国国情出发，目前在养老服务领域中，非营利组织数量偏少和能力偏弱已成为社会养老服务的短板，鼓励非营利组织举办多元化的社会养老服务是必然选择。

（1）政府通过制定运营补贴、收费减免等优惠政策鼓励养老服务领域中的非营利组织的发展。对社会资本投资建设的非营利性养老机构，探索基本建设补贴、运营补贴等政策。进一步落实国家支持养老服务业的税费优惠政策。境内外资本举办养老服务的非营利组织享有同等的税费优惠政策。

（2）加大政府购买社会养老服务力度，制定政府向非营利组织购买生活照料、康复护理、辅具配置、精神慰藉、紧急救援、法律服务等养老服务的政策。鼓励探索政府买床位等政府补偿支付等政策，补偿开展养老服务非营利组织的成本支出。支持非营利组织参与管理、运营养老机构和社区养老服务设施。将非营利组织举办的养老服务纳入公益性岗位，由政府按规定给予补贴，降低社会养老服务成本。同时，建立养老服务社会中介组织，负责养老服务行业标准制定、服务质量评估、服务行为监督等事务，发挥其在行业自律、监督评估、沟通协调、服务中介、风险分担等方面的作用，进一步促进政府职能的转变。

三　社会养老服务多元化筹资研究[①]

当今世界正面临着严峻的人口老龄化的冲击。如何应对人口老龄化问题对社会经济发展所带来的前所未有的挑战，已成为各国政府迫切需要解决的重大问题。近 30 多年来，社会养老服务作为应对人口老龄化问题的最直接有效手段，一直得到发达国家的重视。社会养老服务的发展需要以一定的资金投入作为支撑，并且资金的水平、数量，以及资金的来源渠道将影响服务体系的结构及服务的质量和数量。[②]

为实现社会养老服务的资金筹集，20 世纪 80 年代末以来，西方发达国家通过发挥政府的筹资作用，建立了各具特色的社会养老服务筹资模式，为社会养老服务的持续供给提供了充足的资金保障。为此，本部分从"准市场"（quasi-market）理论视角，通过剖析发达国家社会养老服务不同的筹资模式，及对典型社会国家养老服务的具体筹资制度、筹资来源以及养老机构的筹资模式进行分析与比较，为我国社会养老服务筹资的改革提供借鉴。

（一）准市场理论下的社会服务筹资

1. 准市场理论视角

20 世纪 80 年代末以来，为了应对人口老龄化、家庭与社会结构变化等新风险的冲击，西方发达国家在社会服务领域开启了自福利国家建立以来最大规模的供给改革。如 1988 年起英国率先在教育、医疗、社会照顾等领域采取了合同外包、用户选择等市场化的供给方式。[③] 1992 年瑞典在个人社会服务上逐步开放了市场限制。[④] 2000 年日本通过介护保险制度

[①] 参见林闽钢、梁誉《准市场视角下社会养老服务多元化筹资研究》，《中国行政管理》2016 年第 7 期。

[②] ［英］苏珊·特斯特：《老年人社区照顾的跨国比较》，周向红等译，中国社会出版社 2004 年版，第 33 页。

[③] Propper, C., Bartlett, W. and Wilson, D., "Introduction", in Bartlett. W., Propper, C., Wilson, D., et al., *Quasi-markets in the Welfare State*, Bristol: SAUS Publications, 1994.

[④] Blom, B., "The Personal Social Services in a Swedish Quasi-market Context", *Policy & Politics*, Vol. 29, No. 1, 2000.

实现了养老服务的市场化。① 这些改革都将市场机制引入到社会服务的供给之中。政府不再兼顾筹资者和服务提供者的双重角色,服务提供开始更多地交由市场中的非营利组织与营利组织来完成。在这样的改革背景下,"准市场"理论逐渐盛行于发达国家的社会服务领域。

在社会服务供给的理论谱系中,政府与市场的两端之间的"地带"一直是模糊的。② 而准市场理论恰恰为其提供了理论化解释框架。准市场既是一种"市场",因为其依靠竞争性和独立性的机构取代了垄断性的服务提供者,与此同时,市场又是"准"的,因为准市场在一些关键要素上不同于传统市场:在供给上,服务提供者不必追求利润的最大化;在需求上,服务使用者的购买力也不主要通过货币的形式体现。③ 也就是说,准市场理论的优势在于集结了市场与政府的优势,以追求社会服务供给中各部门功能的优化配置。

就社会服务而言,准市场理论的最大特点在于,通过将市场的理念、方法和运作模式引入社会服务的供给之中,改变政府筹资与提供一体化的传统资源分配模式。在这个意义上,国家将不再是服务的提供者,政府提供社会服务的行为也被市场上相互竞争和独立的提供者替代。政府在社会服务供给上的作用则主要体现在其擅长的筹资、规制、监管等领域。因此,准市场理论的核心理念在于,通过强调社会服务供给中"筹资"与"提供"功能的分离,从而提高社会服务在供给上的回应能力、提供效率和成本效益。

2. 政府在社会服务筹资中的作用

准市场理论作为侧重供给的理论,对社会服务的筹资也秉持着特有的理念。一方面,主张在服务由非营利组织和营利组织等提供的条件下,政府仍然要成为主要的服务筹资者;另一方面又对市场化的筹资方式表

---

① Chung, Moo-Kwon, "Viability and Problem of the Quasi-market Delivery System in Long-term Care Insurance: Lessons from the Korean and Japanese Cases", http://s3.amazonaws.com/zanran_storage/www.welfareacademy.org/ContentPages/1025680490.pdf.

② Hacker, J. S., *The Divided Welfare State: The Battle over Public and Private Social Benefits in the United States*, Cambridge: Cambridge University Press, 2002.

③ Julian Le Grand., "Quasi-Markets and Social Policy", *The Economic Journal*, Vol. 101, No. 408, 1991.

示支持。正如朱利安·勒·格兰德（Julian Le Grand）所言，"社会服务免费提供给服务使用者是一张过于简单的图景，所有公共服务提供的制度都需要一些服务是通过市场或收费来实现"。① 也就是说，政府也试图通过扩大服务的收费以及其他资金来源，以减少政府资助的程度。可见，准市场理论下社会服务的筹资主要是通过对政府筹资作用的强调而实现的。

准市场理论通常将政府的筹资作用视为政府干预市场的一种工具，这种工具主要通过两种方式得以体现：一是政府的"显性"筹资作用。这是准市场理论强调的最主要的筹资方式。② 即政府通过资金援助、购买、拨款的方式对社会服务直接进行筹资，承担主要筹资者的责任。在实践中主要表现为：一方面政府可以作为服务的主要买方，另一方面国家也可以通过为服务使用者直接提供专款或票券实现，或是更为通常的做法是将款项发放给代理机构，由其在相互竞争的供方中进行选择，并负责向供方拨款。③ 二是政府的"隐性"筹资作用。在这种方式下，政府并不一定直接作为社会服务的出资主体，而是通过设计与建立筹资机制或支付制度的方式促进社会服务的筹资，以间接的方式实现其主要的筹资职责。由于这种方式在实践中并不像第一种方式那样明显，所以容易被忽略，但其对社会服务所起的筹资作用同样重要。

（二）发达国家社会养老服务筹资的两种模式

社会养老服务作为最主要的社会服务项目，20世纪80年代末以来，深受社会服务准市场化改革的影响，成为社会服务重要的改革领域。

1. 社会养老服务筹资的测量方法与类型划分

社会养老服务的资金来源不是单一的，而是多样的，既包括政府支

---

① Julian Le Grand, "Quasi-Market Versus State Provision of Public Services: Some Ethical Considerations", *Public Reason*, Vol. 3, No. 2, 2011.

② Travers, P., "Quasi-market for the Social Services", *Australian Journal of Public Administration*, Vol. 54, No. 3, 1995.

③ ［英］霍华德·格伦内斯特、朱利安·勒·格兰德：《市场，私有化和医疗改革的赞成与反对意见：英国福利提供准市场的发展》，载霍华德·格伦内斯特《英国社会政策论文集》，商务印书馆2003年版，第200页。

出、社会保险等公共资金，也包括个人自付、商业保险、私人储蓄等私人资金。① 当然，一国对于养老服务筹资来源的选择也并非一元。正如威顿伯格（R. Wittenberg）和桑德鲁（B. Sandlu）等学者所论证的，当今选择一种筹资工具对老年人进行保障的案例非常罕见，大多数发达国家均采用的是混合模式。② 为此，本部分以社会养老服务"多元化筹资"，即社会养老服务资金来源的组合方式为研究维度，将政府财政支出、社会保险资金、商业保险资金、自行付费等养老服务筹资来源分别占社会养老服务总支出的比例作为衡量"筹资多元化"的具体指标。数据的选取主要采用欧盟统计局数据库（Eurostat）中各国各项长期照护支出来源的数据，③ 并以2011年为时间节点，④ 分别对瑞典、丹麦、美国、英格兰、日本、德国等16个发达国家和地区养老服务支出的数据进行分析。⑤

通过对这16个发达国家和地区的政府财政支出、社会保险、私人保险、自行付费和其他资金分别占社会养老服务总支出比例的统计可以发现，这些国家和地区在社会养老服务的资金来源上均具有多元化的筹资特征，并且在筹资模式上呈现出较为明显的两类"国家群"的聚类现象。一类是以政府财政支出为主导的多元筹资模式的国家；另一类是以社会保险资金为主导的多元筹资模式的国家。其余资金来源，如自行付费、商业保险等其他养老服务资金的支出相较于政府财政支出和社会保险资金在所有国家均不占优势（见表4—10）。

---

① Glendinning, C., Davies, B. and Pickard, L., et al., *Funding long-term care for older people: Lessons from other countries*, York: York Publishing Services Ltd, 2004.

② Wittenberg, R., Sandlu, B. and Knapp, M.:《长期照护筹资模式选择：公共形式与私人形式》，载 Mossialos, E., Dixon, A., Figueras, J., Kutzin, J.《医疗保障筹资：欧洲的选择》，中国劳动社会保障出版社2009年版，第246—247页。

③ 社会养老服务在国外很多情景下属于长期照护（long-term care）的范畴，或是直接被表述为长期照护，并且许多有关养老服务的统计也是通过长期照护来呈现的。为此本部分所使用的养老服务视同于长期照护。

④ 这16个发达国家在欧盟统计局有关医疗数据统计拥有最完整和最新的数据的年份为2011年，所以本部分选取2011年为最近的时间节点。

⑤ 在欧盟统计局有关医疗数据统计中，根据是不是发达国家和统计数据是否完整两个标准，本部分选取了16个发达福利国家日本、葡萄牙、韩国、瑞士、卢森堡、德国、法国、比利时、美国、英格兰、芬兰、加拿大、挪威、丹麦、澳大利亚、瑞典作为研究对象。

表4—10　　　　发达国家社会养老服务筹资来源和模式分类　　　　单位：%

筹资模式	国家	政府财政支出	社会保险	商业保险	自行付费	其他资金
政府财政支出为主导的多元筹资模式	芬兰	76.26	8.62	0.00	14.5	0.62
	挪威	90.61	0.00	0.00	9.39	0.00
	丹麦	92.57	0.00	0.00	7.43	0.00
	瑞典	99.27	0.00	0.00	0.73	0.00
	美国	52.43	22.46	8.77	16.35	0.00
	英格兰	63.85	0.00	0.00	36.15	0.00
	加拿大	81.67	0.41	0.39	16.64	0.89
	澳大利亚	94.92	0.00	0.02	2.79	2.27
社会保险资金为主导的多元筹资模式	瑞士	24.54	42.89	0.42	30.06	2.09
	德国	32.30	44.91	1.24	19.68	1.88
	比利时	37.80	46.27	3.07	12.86	0.00
	韩国	20.24	52.16	0.89	26.71	0.00
	卢森堡	27.23	58.96	0.43	12.40	0.97
	法国	36.54	62.55	0.00	0.40	0.50
	葡萄牙	11.29	77.37	0.25	9.40	1.69
	日本	2.61	86.34	1.20	9.84	0.00

注：①政府财政支出不包括其对社会保险的支出；②商业保险包含商业长期护理保险和其他商业保险；其他资金包括慈善资金和其他私人资金等；③英格兰为2007年数据。

资料来源：根据Eurostat Health Date；Truven Health Analytics；Centers for Medicare & Medicaid Services；National Health Policy Forum；Personal Social Services Research Unit（PSSRU）近10年数据整理所得。

2. 政府财政支出主导型

以政府财政支出为主导的多元筹资模式的国家，主要包括丹麦、瑞典、美国、英格兰等国家和地区。这一模式的典型特征为，社会养老服务的资金主要来自于政府财政预算。如瑞典、澳大利亚、丹麦、挪威、加拿大等国的政府财政支出占社会养老服务总支出的比例高达80%以上，这类国家通常拥有较为广泛的税收基础，社会养老服务的政府支出主要由中央政府税收和地方政府税收共同承担。

进一步以财政支出的获取资格为标准，这种筹资模式又可以划分为普享式的筹资制度和安全网式的筹资制度两种筹资子类型。在普享式的筹资制度下，政府主要基于服务需求对养老服务进行支付（如北欧国家）。而在安全网式的筹资制度下，政府的支出在满足服务需求的同时还需考虑收入与资产状况（如盎格鲁－撒克逊国家），政府资金的支付带有选择性。总之，无论是普享式的还是安全网式的筹资制度，政府财政支出都是其社会养老服务最主要的资金来源。

3. 社会保险资金主导型

以社会保险资金为主导的多元筹资模式的国家主要包括德国、卢森堡、日本、韩国等国，这一模式的典型特点是，社会保险资金为养老服务筹资中最主要的资金来源，如日本、葡萄牙、法国、卢森堡、韩国社会保险资金的支出占到了养老服务总支出的50%以上，而比利时（46.27%）、德国（44.91%）、瑞士（42.89%）社会保险资金的支出也超过了其他养老服务的资金来源。尤其是在这类国家中，政府为确保社会养老服务的供给，采取法定形式专门构建了社会化和强制性的长期护理保险制度，并通过政府、雇主、雇员、投保人等多方缴费的方式建立了长期护理保险基金这一特定的养老服务支付制度，为养老服务的供给奠定了可靠的和可预测的资金保障系统（见图4—2）。[①] 如德国于1995年建立了"法定长期护理保险制度"，日本于2000年建立了"介护保险制度"，韩国于2008年建立了"老人长期疗养保险制度"等。

（三）发达国家典型社会养老服务筹资模式分析

1. 政府财政支出主导型多元筹资模式：以英国为例

英国作为最早建立现代社会保障制度的国家之一，拥有世界上最为完善的社会服务体系。但是，伴随着二战之后经济、社会的恢复与发展，英国的老年人口老龄化程度不断加深。截止到2013年，英国65岁及以上

---

① Rodrigues, R. "Long-term Care: The Problem of Sustainable Financing", file:///C:/Users/liangyu/Downloads/Discussion%20paper_SI_2014%20(1).pdf.

老年人口已占到总人口的 16.98%。为了应对人口老龄化的冲击,英国逐渐构建起了一个较为完善的社会养老服务筹资模式。

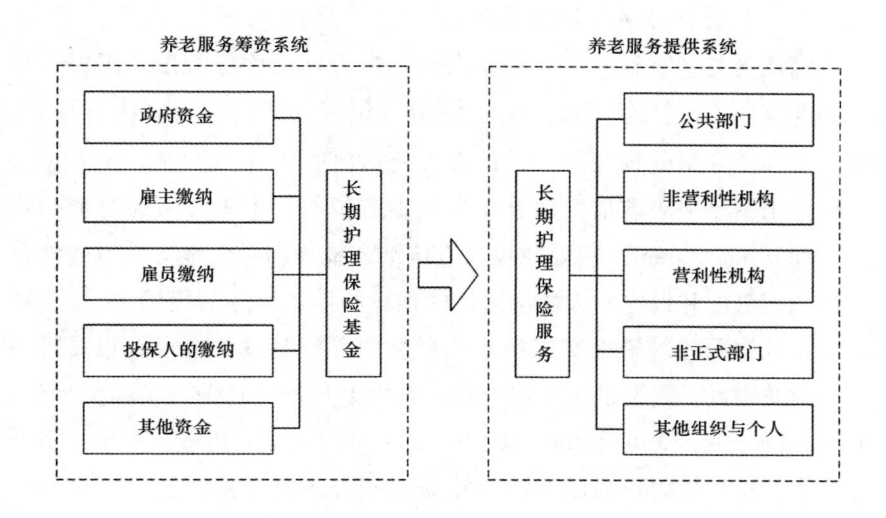

图 4—2　长期护理保险筹资与服务系统

资料来源：笔者自制。

（1）英国社会养老服务的筹资制度

英国社会养老服务的政府筹资责任主要体现在"国家医疗服务体系"（National Health Service，NHS）和"个人社会服务体系"（Personal Social Service，PSS）两项制度。国家医疗服务体系基于《国民健康服务法》（1946 年）所建立，由中央卫生部门资助和管理，为全体国民提供免费和全面医疗保健服务。个人社会服务体系则依托《地方政府社会服务法》（1970 年），由地方社会服务部门向老年人、残疾人、精神疾病患者、儿童与家庭等弱势和特殊群体提供照料和支持。1990 年和 1991 年，英国政府分别颁布《国民医疗服务与社区照护法》和《社区照护白皮书》，对医疗服务和个人社会服务制度进行改革，如在社会养老服务筹资中增加了个人付费的比例和数额，地方政府开始承担起社会养老服务的主要管理与筹资责任，并且在资金运行上将社会养老服务体系分为服务筹资者和服务提供者，政府部门转变为筹资角色，主要负责购买服务。而社会养老服务的提供则通过市场化的方式主要交给非营利机构和营利机构供应。①

（2）英国社会养老服务的筹资来源

英国社会养老服务的资金主要来源于个人社会服务制度、国民医疗服务制度、残疾人社会保障给付、使用者付费、其他私人支出等项目。其中，个人社会服务资金主要是由地方政府进行筹集与安排。个人社会服务资金来源于中央政府财政补助以及地方税收，中央政府通过概括性预算补助（block grant）将财政拨款直接纳入地方财政，地方政府能够自行决定如何分配和设定个人社会照护的预算与照护服务的提供。② 由于英国在个人社会服务筹资上实施的是选择性的筹资制度，老年人想要得到政府的财政资助，需要低于一定的收入与财产标准。目前在英格兰地区，只有资产低于 14250 英镑的养老服务需求者才能全额获得政府资助；资产在 14250 英镑与 23250 英镑之间只能获得部分政府资助；如果资产超过 23250 英镑则需要全额支付服务费用。③ 国民医疗服务制度的资金来自于一般税收、国民保险费、患者自付费用，以及其他收入。一般税收是最主要的资金来源。政府通过税收筹集资金再分配给地方卫生部门，再由地方卫生部门分配预算到医院和全科医生，由其向老年人提供医疗保健服务。④ 国民保险费是国民医疗服务制度第二大资金来源。随着国民医疗项目支出的增多，英国正逐步提高国民保险的缴费费率，将新增的费额用于国民健保项目。⑤ 相对于一般税收和国民保险费，患者自付费用和相关杂项收入、信托利息收入、资本收入等其他收入所占国民医疗制度的资金份额相对较少（见图 4—3）。

---

① Forder, J. and Allan, S., "Competition in the Care Homes Market: a report for Office of Health Economics Commission on competition in the NHS", https://kar.kent.ac.uk/34348/.

② 王莉莉：《英国老年社会保障制度》，中国社会出版社 2010 年版，第 147—148、168 页。

③ 郑春荣：《英国社会保障制度》，上海人民出版社 2012 年版，第 183—188 页。

④ Colombo, F. et al., *Help Wanted? Providing and Paying for Long-term Care*, Paris: OECD Publishing, 2011.

⑤ Age U.K., "Information and Advice, You need to Help you Love Later Life", http://www.ageuk.org.uk.

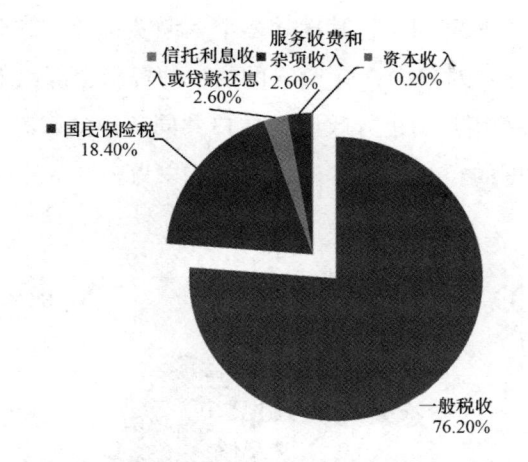

第四章　社会养老服务及其管理 / 117

图 4—3　2007 财年英格兰国民医疗服务制度资金来源

资料来源：Department of Health, *Departmental Report 2006*, London: Department of Health, p. 40.

就社会养老服务的总体支出而言，以英格兰地区为例，2007 年社会养老服务总支出为 175 亿英镑，其中大约有 63.85% 资金来自于政府支出（包括国民健保制度、个人社会服务和残疾人社会保障给付），而包括使用者付费和其他私人支出在内的私人资金仅约占总支出的 36%（见图 4—4）。[1] 因此，英国养老服务筹资形成了以政府财政支出为主导的多元筹资模式。

（3）英国养老机构的筹资模式

受 20 世纪 90 年代英国养老服务民营化的影响，如今英国社会养老服务已形成公共部门、非营利组织和营利组织共同提供的多元化格局，尤其是非营利组织和营利组织已成为英国最主要的社会养老服务提供者。[2] 就养老机构的筹资而言，在政府财政支出主导型多元筹资模式下，以英国非营利性机构为例，其收入来源中政府资助是第一位的，达到了非营

---

[1] Malley, J., "Health Statistics Quarterly: The effect of lengthening Life Expectancy on future pension and Long-Term Care expenditure in England, 2007 to 2032, Office National Statistics", http://www.ons.gov.uk/ons/dcp171766_241874.pdf.

[2] Forder, J. and Allan, S., "Competition in the Care Homes Market: a report for Office of Health Economics Commission on competition in the NHS", https://kar.kent.ac.uk/34348/.

利性机构全部收入的54.4%，其次才是个人缴费部分，占26%。[1] 另外，在英国护理院的收住对象中，有37%的住户的费用全部由地方政府支出，有12%的住户的费用是由地方政府与住户共同负担的，有10%的住户费用从国民保健制度的经费中支出，有41%住户为全自费的住户。[2]

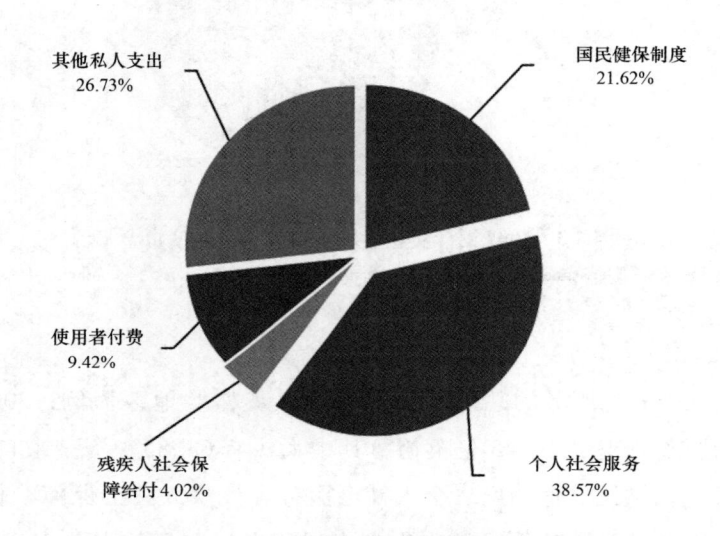

图4—4　2007年英格兰长期照护支出情况

资料来源：Malley, J., "Health Statistics Quarterly：The effect of lengthening Life Expectancy on future pension and Long-Term Care expenditure in England, 2007 to 2032, Office National Statistics", http://www.ons.gov.uk/ons/dcp171766_241874.pdf.

由此可见，英国养老机构主要形成了一种以"政府资金为主"的筹资结构。各类养老机构，无论是公办养老机构还是非营利性或营利性养老机构，均按照市场化的方式，通过竞争获得老年人的青睐以获取收入。这种资金筹集方式主要包括竞争由政府资助的服务需求者"携带"的政府购买资金，竞争非政府资助服务需求者的自付资金（见图4—5）。

---

[1]　王莉莉：《英国老年社会保障制度》，中国社会出版社2010年版，第177—178页。
[2]　田颖：《养老体系问题多　英国面临"老无所依"》，http://news.xinhuanet.com/world/2015-11/19/c_128442484.htm。

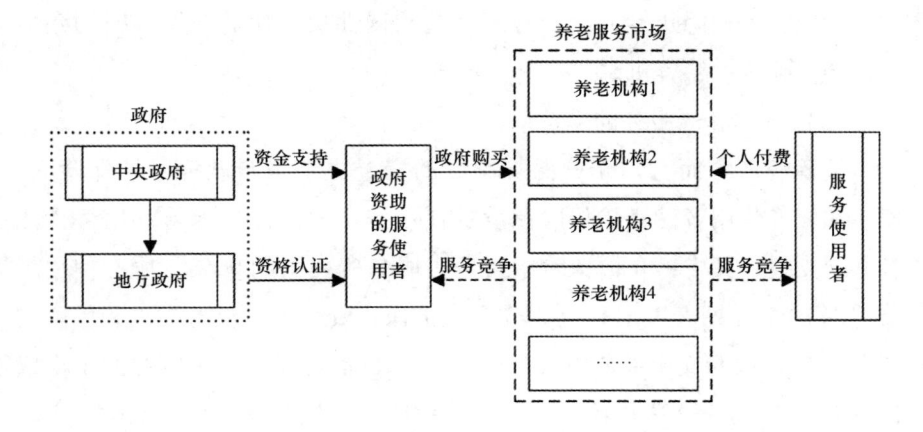

图4—5 英国养老机构的筹资模式

资料来源：笔者自制。

2. 社会保险资金主导型多元筹资模式：以日本为例

日本自20世纪70年代初进入老龄化社会以来，经过40多年的发展，已成为世界上老龄化最为严重的国家。截至2013年底，日本65岁及以上老年人口已占到总人口的25.06%。为解决由养老服务需求急速提升而导致的养老服务的财务压力，20世纪90年代末以来，日本逐渐构建了一套具有自身特色的社会保险式的社会养老服务筹资模式。

（1）日本社会养老服务的筹资制度

二战之后，日本通过1963年《老人福利法》和1982年《老人保健法》对老年人的社会照护和医疗服务进行供给，社会养老服务的资金主要通过政府财政和社会保险的方式进行筹集。[①] 然而，伴随着20世纪80年代以来人口老龄化的不断加剧，一方面，完全依赖政府拨款且具有选择性的老人福利制度对于养老服务的普遍性需求造成了巨大的限制；另一方面，老人保健制度所导致的医疗服务与护理服务的混合供给也给政府财政带来了沉重的负担。为解决社会养老服务的筹资与提供问题，1997年日本制定了《介护保险法》，并于2000年正式实施"介护保险制度"。介护保险制度则是一种由政府组织与建立的，并通过社会力量支持

---

① OECD, *Caring for Frail Elderly People Policies in Evolution*, Paris: OECD, 1996.

的,为应对人们因年老,以及身患严重或慢性疾病而需要服务时而建立的社会保险式的筹资机制。

(2) 日本养老服务的筹资来源

就筹资来源而言,介护保险制度的资金主要来自政府、被保险人、雇主和服务使用者。介护保险制度的使用费主要由介护保险和服务使用者共同支付,其中,介护保险给付费占服务费支出的90%,服务使用者负担占10%(见表4—11)。首先在介护保险资金上,政府财政和保险费各占50%。政府支出部分中央政府占25%,都道府县和市町村两个层级各占12.5%。保险费由第1号被保险者和第2号被保险者共同缴纳。第1号保险人通过特别征收和普通征收两种方式缴纳。为了分担交纳保险费的压力,每个市、町、村按照1号被保险人的不同收入水平又分别设定了固定保费额度。第2号保险人的保险费则基于其所交纳的医疗保险水平进行计算,并由医疗保险人在收取医疗保险费时一并征收。其次在服务使用者负担上,为了保费负担的公平性,提高服务的利用率,日本长期护理保险规定服务使用者需要自我承担一部分服务费用。一是需要负担养老服务费用(包含居家服务和机构服务费用等)的10%。二是如果服务费用超过其服务需求等级的保险支付上线,超过部分也由个人负担。三是若被保险人入住养老服务机构,还需承担住宿费、膳食费和一些生活杂费。另外,除了介护保险资金和个人付费之外,日本养老服务的筹资中还有一部分资金来自商业长期护理保险。但是由于强制性介护保险的挤占,日本商业长期护理保险的发展十分有限,在各项养老服务筹资来源中所占比例相对较低。

因此,就社会养老服务的总体支出而言,根据欧盟统计局统计,2011年日本养老服务总支出约为110376亿日元,其中约有86.34%的资金来自介护保险,有2.61%来自政府财政支出(不包含政府对社会保险支出),有9.84%来自自行付费,另有1.21%的资金来自商业保险(见图4—6)。日本社会养老服务筹资由此形成了以社会保险资金支出为主导的多元筹资模式。

表4—11　　　　　　　　　日本介护保险制度的资金来源

介护保险给付负担部分90%						服务使用者负担部分 10%
政府负担50%				保险费负担50%		
中央政府		都道府县 12.5%	市町村 12.5%	第1号被保险者 21%	第2号被保险者 29%	
固定负担 20%	调整交付金 5%					

资料来源：根据 Ministry of Health, Labour and Welfare. Annual Health, Labour and Welfare Report 2013-2014. http://www.mhlw.go.jp. 整理而成。

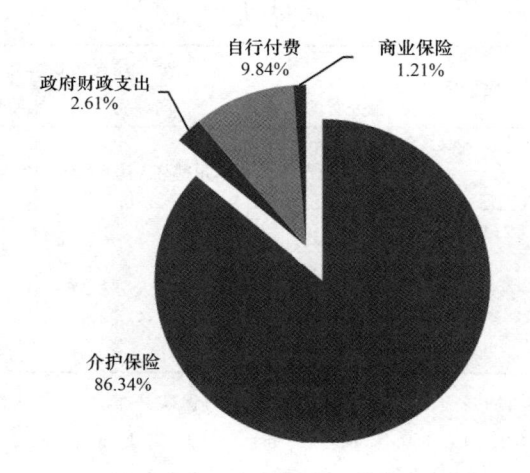

图4—6　2011年日本长期照护支出情况

资料来源：根据 Eurostat Health Date 数据整理。

（3）日本养老机构的筹资模式

伴随着介护保险制度的建立与发展，包括社会福利法人、公益法人、营利法人、企业等在内的各类服务机构开始大量进入社会养老服务领域，日本养老服务逐渐从主要由政府主办的养老"福利措施"提供转向市场化提供。据2010年日本厚生劳动省的调查，在适用于介护保险制度的各类养老机构中，由市、町、村所举办的养老机构仅占21.1%，社会福利法人型养老机构占比则高达74.5%，其他养老机构占4.4%。[1] 在社会保险资金主导型多元筹资模式之下，养老机构的筹资也深受介护保险的影

---

[1] 宋健敏：《日本社会保障制度》，上海人民出版社2012年版，第432页。

响。就各类养老机构的筹资而言，介护保险资金约占其总收入的70%以上，其余部分则主要来自服务使用者个人交费①（见表4—12）。由此，日本养老机构的筹资主要形成了一种以"社会保险为主"的筹资结构。在"钱随人走"的保险给付原则下，养老机构通过竞争介护保险被保险者的服务提供，便能够获取介护保险的资助，取得最主要的资金来源。与此同时，也可以获取服务使用者的个人付费（见图4—7）。

表4—12　　　　　　　2009年日本机构服务费额及其
　　　　　　　　　　　使用者负担基准　　　　　　单位：日元/月

机构类型	服务费	服务使用者负担部分			
		服务费的10%	居住费	膳食费	生活杂费
特别养护老人院	191700—76300	19170—7630	单元型单人房60000；单元型准单人房50000；传统型单人房35000；多人房10000	42000	理发、美容等的费用
老人保健机构	234300—97000	23430—9700			
疗养型照护医疗机构	234600—396600	23460—39660			

资料来源：李世代：《日本、韩国长期照护保险内容与相关法令之研究》，http://www.mohw.gov.tw/CHT/DOSI/DM1.aspx?f_list_no=97&fod_list_no=1036。上述费用标准为日本全国平均值，实际费用标准则因时因地因机构而异。

3. 英国与日本社会养老服务筹资的比较分析

第一，政府都在社会养老服务筹资中扮演重要的角色，但政府履行其筹资责任的作用方式各有不同。在英国，政府主要通过财政支出的方式，即直接对社会养老服务进行资金支持，以实现其主要的筹资责任。而在日本，政府对社会养老服务的筹资并不是采取直接支付的方式进行资助，而是主要凭借其立法和制度设计，通过建立社会保险式介护保险这一筹资机制，间接承担其主要的筹资责任。尽管在介护保险中有一半的资金是由政府财政进行筹集，但是，政府已经不再是社会养老服务的

---

① 李世代：《日本、韩国长期照护保险内容与相关法令之研究》，http://www.mohw.gov.tw/CHT/DOSI/DM1.aspx?f_list_no=97&fod_list_no=1036。

直接资助者，仅是作为一个缴费者身份向介护保险缴纳保费，社会养老服务的筹资主要是通过介护保险得以实现。

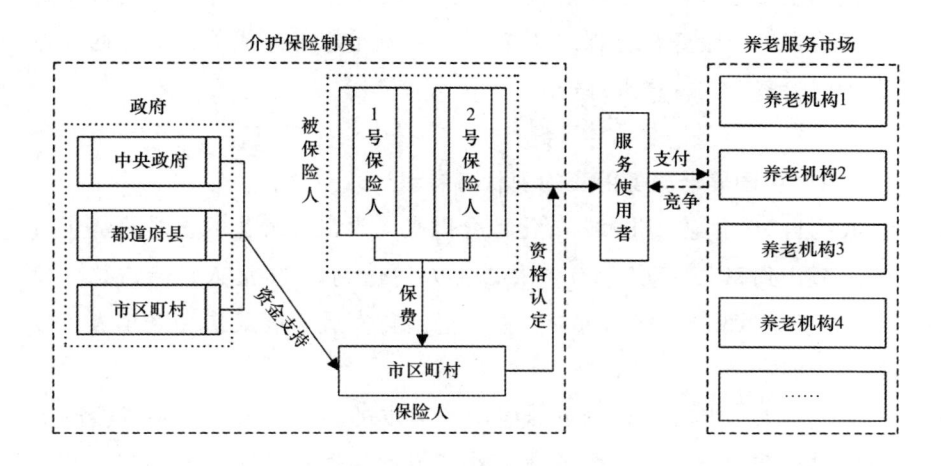

图4—7 日本养老机构的筹资模式

资料来源：笔者自制。

第二，社会养老服务的筹资都形成了多元化的资金来源，但多元化筹资的组合形式各有不同。英国社会养老服务的资金来自政府财政支出（包括国民健保制度和个人社会服务制度）、服务使用者付费，以及其他形式的私人资金等多种来源。同样日本社会养老服务的资金也趋于多元，资金来源于由政府、被保险人、雇主共同缴费的介护保险资金，政府支出（不含社会保险支出），以及服务使用者付费、商业保险资金等私人资金。然而在筹资多元化的基础上，英国通过政府对社会养老服务直接筹资的方式，形成了以政府财政支出为主、服务使用者付费以及其他私人资金为辅的筹资组合形式。而日本社会养老服务则主要围绕介护保险制度，形成了以社会保险资金为主，服务使用者付费、商业保险等私人资金为辅的筹资组合形式。

第三，社会养老服务供给上均实现了市场化提供，"资金竞争"成为养老机构筹资的主要方式。20世纪90年代，英国与日本先后对社会养老服务的供给进行了市场化改革，非营利机构和营利机构成为两国养老服务最主要的提供者。在养老服务市场中，养老服务不再由政府筹资与提供一体化供给，各类养老机构需要通过竞争的方式获取其生存与发展的资金。在英国，受其养老服务政府财政支出主导型多元筹资模式的影响，养老机构主要通过竞争政府购买养老服务的资金来进行筹资。而日本的养老机构在养老服务社会保险资金主导型多元筹资模式下，主要通过竞争介护保险资金的方式来筹资。

（四）中国养老服务筹资的现状与展望

我国自20世纪末进入老龄化社会以来，人口老龄化的上升趋势十分显著。截止到2015年底，60岁及以上人口达到2.22亿人，已占总人口的16.15%，① 我国已成为世界上人口老龄化发展速度最快和老年人口规模最大的国家之一。

为满足人口老龄化背景下养老服务需求的不断提升，增强社会养老服务的供给能力，我国加快了社会养老服务筹资政策体系的构建。政府陆续制定了包括《关于加快实现社会福利社会化的意见》（2000年）、《国务院关于加快发展养老服务业的若干意见》（2013年）等综合性支持政策，以及《关于做好政府购买养老服务工作的通知》（2013年）、《养老服务设施建设用地指导意见》（2014年）、《关于开发性金融支持社会化养老服务体系建设的实施意见》（2015年）等专项支持政策，并且我国已在财政补助、税费优惠、土地使用、贷款融资等方面初步建立了养老服务资金和优惠政策体系（见图4—8）。同时，我国还确立了社会养老服务多元化筹资的政策发展目标，引导社会通过不同方式对社会养老服务事业进行资金支持。如鼓励企事业单位、社会团体和个人对非营利性养老机构开展慈善捐赠，并对捐赠人予以政策优惠；加大福利彩票公益金投入社会养老服务体系建设和扶持民间资本提供养老服务的力度；等等。

近年来，在各项筹资政策的支持下，我国社会养老服务业获得了较快发展。然而，政府对社会养老服务的财政投入存在严重不足。从总体上看，据测算2013年我国政府对养老服务业的投入约为240亿元（其

---

① 数据来自国家统计局《2015年人口抽样调查公报》。

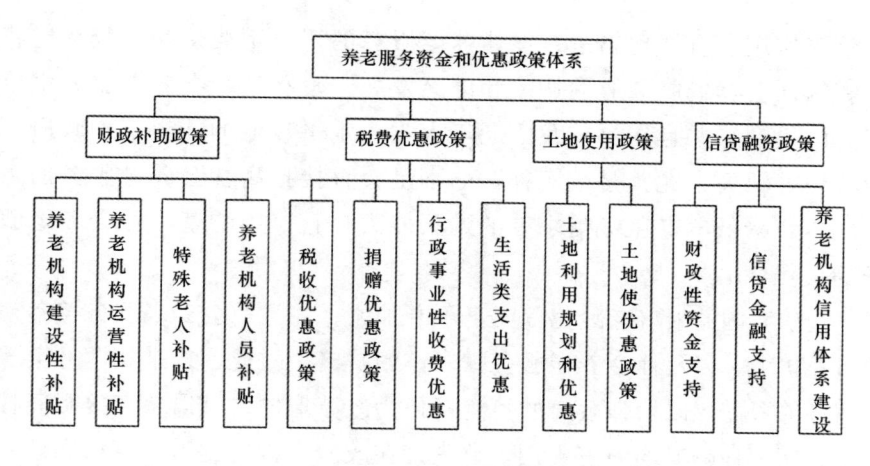

```
                    养老服务资金和优惠政策体系
         ┌──────────────┬──────────────┬──────────────┐
     财政补助政策      税费优惠政策    土地使用政策    信贷融资政策
   ┌────┬────┬────┬────┐ ┌──┬──┬──┬──┐ ┌────┬────┐  ┌────┬────┬────┐
   养   养   特   养   税  捐  行  生   土   土    财    信    养
   老   老   殊   老   收  赠  政  活   地   地    政    贷    老
   机   机   老   机   优  优  事  类   利   使    性    金    机
   构   构   人   构   惠  惠  业  支   用   优    资    融    构
   建   运   补   人   政  政  性  出   规   惠    金    支    信
   设   营   贴   员   策  策  收  优   划   政    支    持    用
   性   性       补          费  惠   和   策    持          体
   补   补       贴          优       优                    系
   贴   贴                   惠       惠                    建
                                                            设
```

图 4—8　中国社会养老服务筹资政策体系

资料来源：笔者自制。

中全国公共财政支出 112 亿元，全国福利彩票公益金支出 128 亿元）。①如果按当年国内生产总值计算，2013 年政府资金用于养老服务的支出仅占国内生产总值的 0.04%。如果按照 2013 年发达国家社会养老服务公共支出占国内生产总值平均 1.7% 的标准计算，②在社会养老服务公共支出方面我国与发达国家相去甚远。从养老机构来看，中国老龄科学研究中心 2015 年公布的"十二城市养老机构调查"的数据显示，我国养老机构大都以收取入住费用作为机构运营资金的主要来源。其中营利性民办机构完全以收取入住费用为主，民办非营利机构和公办机构中分别有 93.6% 和 65.2% 以收取入住费用为主。另外，民办非企业机构平均每月收费为 2201 元。③ 2015 年地方城市政府运营补贴平均每月约为 124 元，仅占机构服务收费的 5.63%。可见我国养老机构的资金主要来自私人资金，政府财政补贴在养老机构的筹资结构中所占比例很少。

从以上分析可以看出，社会养老服务在实现多元化筹资中，政府

---

① 国家信息中心经济预测部：《我国养老服务业的财政性资金投入规模研究》，http：//www.sic.gov.cn/News/455/4898.htm。
② OECD，*Health at a Glance* 2015：*OECD Indicators*，Paris：OECD Publishing，2015.
③ 吴玉韶、王莉莉：《中国养老机构发展研究报告》，华龄出版社 2015 年版，第 138、156 页。

的筹资作用没有体现出来，促使养老服务的筹资主要依赖市场。这将会影响社会养老服务业的持续和健康发展，不利于社会养老服务供给能力的提升，并且在目前我国老年人收入水平较低的前提下，政府筹资责任的缺失，尤其是政府补贴的不足会直接抬高社会养老服务的生产成本，降低养老服务需求者的购买能力，直接影响基本社会养老服务的可得性。

当前我国的人口老龄化程度正不断加剧，并且社会养老服务覆盖对象日益扩大，以及社会养老服务需求不断提升，对此，未来我国社会养老服务筹资需要以增强政府的筹资责任为改革取向，可以从直接和间接两个方面加强政府的筹资作用。首先，在政府直接支出上，要加大政府财政和彩票公益金等对社会养老服务事业的投入力度，为社会养老服务提供充足和可持续的筹资来源；同时要整合政府补贴形式，并充分运用政府购买社会养老服务方式，提升社会养老服务的筹资效率。其次，政府需要创新养老服务筹资机制，如完善慈善资源引导机制，或是在有条件的地区探索建立长期护理补贴制度等，以拓宽社会养老服务的筹资渠道，促进中国社会养老服务多元化筹资模式的定型。

四 老年照护服务供给的整合模式[①]

随着深度老年化社会的到来，需要社会提供多样化和持续性的老年人生活照顾、康复护理、医疗卫生等照护服务。这种照护服务需求在家庭保障能力不断弱化下正快速提升，对世界各国养老服务的供给带来了巨大的挑战。与此同时，在世界范围内的照护服务供给，却普遍面临着管理上的分散化以及提供上的碎片化等问题。为此，自20世纪80年代以来，一些发达国家率先提出了"整合照护"（integrated care）的理念，并基于这一理念对其老年照护服务供给的结构和操作进行了改革，形成了各具特色的老年照护服务供给的整合模式。如今整合照护已成为西方发达国家照护服务供给改革的一项核心议题，其所带来的系统、连续和高

---

① 参见梁誉、林闽钢《论老年照护服务供给的整合模式》，《中共福建省委党校学报》2017年第7期。

效的优势已得到国际社会的普遍认可。①

我国是世界上人口老龄化发展速度最快的国家。面对老年人口数量的急剧增加，老年照护服务面临着需求规模剧增，以及多样化、连续性服务供给的压力。与此同时，在推进社会化养老服务体系的过程中，不同部门之间服务的分割、各级服务机构之间服务供给的分散化都制约着我国老年照护服务的发展，② 导致老年照护服务的有效供给不足。因此，分析发达国家践行的整合照护的理念和实践，可以为我国老年照护的供给问题改革提供新的思路。

（一）"整合照护"的理念和共识

至今，对于"整合照护"的理解还是多样性的，科德纳（D. L. Kodner）和施普雷尤文伯格（C. Spreeuwenberg）认为，整合照护是在资金、管理、组织、服务提供、治疗不同层面，运用一系列连贯的方法和模式使医疗和照顾部门之间创造连接、联合和合作。③ 雷斯灵森（K. Leichsenring）认为，整合照护是单一的组织通过协调的方式行动，以确保成本效益，提高质量和增加照护使用者和提供者满意度的照护提供行为。④ 穆尔-威曼（I. Mur-Veeman）等认为整合照护是通过横跨广泛的医疗和社会照顾组织、不同的专业和非正式照护者，向个体服务使用者提供连贯和协调的服务。⑤ 在对"整合照护"各种解释之中存在的共同之处——核心理念在于"整合"，强调的是照护服务组织结构、供给主体、服务内容、提供方式等各个层面的协调与合作。

---

① Ashton, T., "Implementing Integrated Models of Care: The Importance of the Macro-level Context", *International Journal of Integrated Care*, Vol. 15, No. 6, 2015.

② 杜鹏、李兵、李海荣：《"整合照料"与中国老龄政策的完善》，《国家行政学院学报》2014年第3期。

③ Kodner, D. L. and Spreeuwenberg, C., "Integrated Care: Meaning, Logic, Applications, and Implications: A Discussion Paper", *International Journal of Integrated Care*, Vol. 2, No. 14, 2002.

④ Leichsenring, K., "Developing Integrated Health and Social Care Services for Older Persons in Europe", *International Journal of Integrated Care*, Vol. 4, No. 3, 2004.

⑤ Ingrid Mur-Veeman, Arno van Raak and Aggie Paulus, "Comparing Integrated Care Policy in Europe: Does Policy Matter?", *Health Policy*, Vol. 85, No. 2, 2008.

相较于传统的老年照护服务供给方式，整合照护的优势主要体现了以服务使用者需求为中心和以提高服务供给效果的双重导向。一方面，服务不再以服务提供者或经费支持为中心，而是主要基于服务的需求，使服务的供给与服务使用者的具体需求相适应，[①] 将满足服务使用者个体化和多样性的需求始终贯穿于服务供给的全过程之中。另一方面，照护服务不再以分散化和隔离化供给的形态存在，而是通过加强不同服务管理与服务项目之间的协作与联系，实现各类服务之间的有效整合与无缝衔接，从而提高服务的供给效率与服务质量，以及服务的回应性与可及性。

（二）照护服务供给的整合及其模式划分

作为一种老年照护服务的供给形态，整合照护可以在整合的程度上由弱到强分为三个层级："联结"（linkage）、"合作"（co-ordination）与"完全整合"（full integration）。[②] 各层级之间的差异主要在于整合照护中各要素之间的整合程度。具体而言，"联结"是指服务供给的各部分或部门之间通过拟定契约和加强沟通的方式来促进照护的转介与协作，以满足服务需求者的需要。但同时，各部分或部门仍在各自的辖域、准则标准、服务责任、运作规则内行使其功能。"合作"比联结更具整合性，其重点是创建一个机制以管理各类照护服务，从而减少服务供给上的混乱，以及不同部门和系统之间的碎片化和不连续性。"完全整合"作为一种最深层次的服务整合，意味着需要基于同一个系统将多元体系中的供给责任与服务资源进行全面整合，并进行直接控制与管理。其实质上是一种完全融合的服务供给状态。

就老年照护供给的要素而言，主要涉及组织和提供两个层面的活动。

[①] Alaszewski, A. M. and Billings, J. R., Integrated Health and Social Care for Older Persons: Theoretical and Conceptual Issues, 2003, https://www.kent.ac.uk/chss/docs/integrated_health_and_social_care.pdf.

[②] Leutz, W. N., "Five Laws for Integrating Medical and Social Services: Lesson from the United States and the United Kingdom", *The Milbank Quarterly*, Vol. 77, No. 1, 1999; Kodner, D. L. and Kyriacou, C. K., "Fully Integrated Care for Frail Elderly: Two American Models", *International Journal of Integrated Care*, Vol. 1, No. 1, 2000.

其中，组织层面主要涉及服务供给的决策环节，包括服务的行政与组织部门，以及有关服务供给的制度与管理等要素。提供层面主要涉及服务的实际递送环节，包括各类服务的实际提供者（如照顾看护机构、医疗服务机构、康复护理机构、各类专业服务人员等），以及服务的提供内容（如机构照顾服务、医疗卫生服务、护理康复服务、日间服务、居家服务等）。基于老年照护服务供给的这两个层面，并根据整合程度的强弱，社会老年照护服务的供给在组织和提供层面可以形成不同的整合模式（见图4—9）。

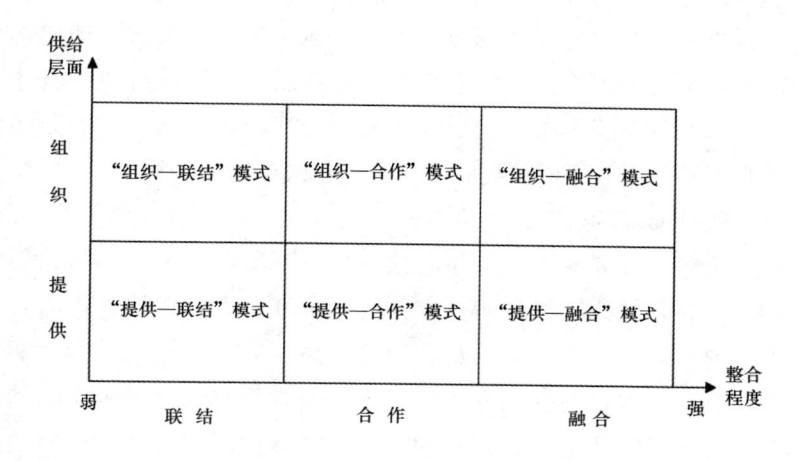

	联结	合作	融合
组织	"组织—联结"模式	"组织—合作"模式	"组织—融合"模式
提供	"提供—联结"模式	"提供—合作"模式	"提供—融合"模式

纵轴：供给层面；横轴：整合程度（弱→强）

图4—9 老年照护服务供给的整合模式

资料来源：笔者自制。

（1）在老年照护服务供给的组织层面。第一，在联结程度下会形成一种"组织—联结"模式。相关政府部门在照护服务供给议题上能够达成较为顺畅的部门沟通，各类照护服务法规与政策之间能够实现较好的协调。第二，在合作程度下会形成一种"组织—合作"模式。通过建立一种协调性机制或合作性框架，使各个政府部门能够对照护服务供给进行联合决策与合作管理，各类照护服务法规与政策在制定与执行过程中能够实现良好的衔接与贯彻。第三，在完全整合程度下会形成一种"组织—融合"模式。相关政府部门会依据各自所涉及的照护服务供给功能进行重组与合并，形成一个统一的老年照护服务供给决策部门，各类照护服务的法规与政策也会进行统一制定和统一执行。

(2）在老年照护供给的提供层面。第一，在联结程度下会形成一种"提供—联结"模式。各类照护服务的提供机构以及各类专业服务人员会通过协议或承诺的方式，在服务的提供环节上相互配合和相互补充。服务使用者也会根据服务提供上的联结获得多样化和连续性的照护服务。第二，在合作程度下会形成一种"提供—合作"模式。通过建立一种实体性或虚拟性的合作机制，将各类照护服务的提供机构和各类专业服务人员在功能上连接起来，形成一个服务提供网络。服务使用者会依据其具体的需求在这一网络中获得由不同专业机构和人员所提供的各类服务。第三，在完全整合程度下会形成一种"提供—融合"模式。即构建一种汇集各类照护服务内容以及拥有跨专业服务团队的服务提供综合体。在这一综合体内各类照护服务会形成一种综合性的和无缝隙的服务提供方式，满足服务使用者不同种类和不同阶段的服务需求。

对于整合模式的选择，一方面，在当今老年照护服务的供给实践中，由于供给决策与服务递送环节相对独立运行，所以在供给的组织层面和提供层面上整合模式选择并不一定具有一贯性。可以依据具体需要在不同供给层面或环节选择不同的整合模式。另一方面，同一供给层面的不同模式仅是一种整合理念或方式的呈现，模式间的划分更多反映的是整合程度上的递进以及整合方式上的区分，并不代表存在模式上的孰优孰劣或是存在一个最佳的整合模式。因此在模式选择上，应从需要性与适宜性的角度出发，根据实际的条件选择相应的整合模式。

（三）典型国家照护服务供给整合的实践

1. 照护服务供给整合的英国模式

历史上英国针对老年人的照护服务分属国家医疗服务体系（NHS）和地区政府进行管理，存在较为严重的服务分割供给问题。自 20 世纪 70 年代起，英国政府开始将照护服务的整合作为一项重要政策目标。

一是在服务组织上形成了"组织—合作"模式。1974 年，英国政府对国家医疗服务体系（NHS）进行了调整，建立区域医疗部门负责规划、提供和协调服务，并集中相关专业人员以负责基础照护、社区保健服务和医院服务的提供。由于区域医疗部门与社会服务部门拥有相同的边界，为此英国又建立了联合协商委员会（Joint Consultative Committees）以加强彼此之间的合作，实现医疗保健和社会照顾服务的协调。1999年《健康法》出台，规定将地区医疗部门和社会服务部门合并预算，选取地方政府或者医疗部门中的任意机构承担协调责任者。① 2013年《医疗社会照顾法案》实施，规定依托地方政府主导的健康与福利委员会促进社区保健服务、医院服务、社会照顾服务与公共卫生服务的整合，并通过整合当地多个相关利益方及不同部门的资源，加强服务路径的优化衔接。②

二是在服务提供上形成了"提供—融合"模式。为促成服务提供上的有效整合，2002年英国成立照护信托机构（Care Trusts），将医疗保健服务和社会照顾服务合为一体，施行联合型的服务提供模式，使服务使用者不需要在不同服务系统间奔走。此外，英国还通过联合不同专业人员的方式设立了快速响应团队（Rapid Response Teams）和社区评估与康复团队（Community Assessment and Rehabilitation Teams），分别为不同服务间的快速转换，以及不同服务机构间的沟通与联系提供了便利。③

2. 照护服务供给整合的美国模式

为满足日益增长的老年照护服务的需求，以及提高老年照护服务的供给效益，美国于1986年在全国范围内实施了"全方位老年照护服务项目"（The Program of All-Inclusive Care for the Elderly，PACE）。

一是在服务组织上形成了"组织—联结"模式。PACE项目是一项立足于社区专门针对老年人医疗保健和社会照顾的综合性服务供给模式。PACE项目在管理上总体上由老年管理部门、健康服务部门和州政府共同负责。费用由"医疗照护制度"（Medicare）和"医疗援助制度"（Medicaid）进行支付。④ 1997年美国《平衡预算法案》（Balanced Budget Act）将PACE正式确立为在医疗保险支付范围内的永久性服务项目，并规定各

---

① 耿爱生、王珂：《英国"医养结合"的经验与启示》，《华东理工大学学报》2016年第5期。

② 谢春艳、胡善联、何江江：《英国整合型保健发展经验：以牛津郡为例》，《中国卫生政策研究》2014年第9期。

③ Alaszewski, A., Baldock, J., Billings, J. et al., "Providing Integrated Health and Social Care for Older Persons in the United Kingdom", 2003, https://kar.kent.ac.uk/7739/1/Alaszewski_ProcareReport.pdf.

④ Eng, C., Pedulla. J., Eleazer, P. G. et al., "Program of All-inclusive Care for the Elderly (PACE): An Innovative Model of Integrated Geriatric Care and Financing", *Journal of the American Geriatrics Society*, Vol. 45, No. 2, 1997.

州可为达到医疗救助标准的老人提供 PACE 服务。服务细则的制定与监督则由医疗保险和医疗救助中心以及州政府管理部门制定与履行。

二是在服务提供上形成了"提供—融合"模式。PACE 项目具体由 PACE 中心（PACE center）进行运作。通常 PACE 中心主要由一个日间照护中心和医疗诊所组成，所提供的服务包括日间照护（如餐饮、营养咨询、社会工作和个人照护）、医疗护理、家庭医疗照护与个人照护、必需的处方药、社会服务、专科治疗、临时看护、住院治疗等。① 即由一个单一的组织就各类老年照护服务进行全方位和一体化提供。并且，为确保服务与需求的针对性与有效性，每一个 PACE 中心都组建了包含医生、护理师、诊所护士、治疗师、家庭医疗护士、社会工作者、护工、司机等在内的跨专业工作团队。PACE 中心的服务对象经认定进入中心后，跨专业工作团队会对其进行综合评估，制定个体化的照护方案，提供相应的照护服务，并依据其需求变化进行定期评估和方案调整。②

3. 照护服务供给整合的丹麦模式

20 世纪 80 年代初，丹麦开始大力推进老年照护服务的资源整合，逐步对医疗和社会照顾服务的供给进行改革。

一是在服务组织上形成了"组织—融合"模式。为解决服务的分散化，20 世纪 80 年代开始，丹麦正式对老年照护服务供给的组织结构进行重组，将包括医疗、保健、护理、照顾在内的各类服务都整合进同一个组织框架下，即由市级层面对照护服务进行统一管理。例如，Skævinge 市于 1984 年启动了"24 小时整合性医疗和社会照顾"计划（24 - hour integrated health and social care），将原来老年照护服务的多个管理部门，即护理院、家庭协助部门、医疗健康部门、家庭护理部门、老年人社会工作部门进行整合。③

---

① National PACE Association, "What Is PACE?", 2002, http: //old. npaonline. org/website/article. asp? id = 12&title = Who, _ What_ and_ Where_ Is_ PACE? .

② Hirth, V., Baskins, J. and Dever-Bumba, M., "Program of All-Inclusive Care (PACE): Past, Present, and Future", *Journal of the American Medical Directors Association*, Vol. 10, No. 3, 2009.

③ Alaszewski, A. M. and Billings, J. R., "Integrated Health and Social Care for Older Persons: Theoretical and Conceptual Issues", 2003, https: //www. kent. ac. uk/chss/docs/integrated_ health_ and_ social_ care. pdf.

二是在服务提供上形成了"提供—合作"模式。为增强医疗服务与社会照顾服务的连续性，丹麦一些地区还开展了"良好合作实践"项目（Good cooperation practice）。即通过市与郡之间签订协议，促进医院与市政府在老年人住院和出院时进行合作。并且为有效达成协议，一些医院与市建立了"市民册"（citizen booklet），通过记录市民的照护信息，促进了照护人员、服务使用者、市工作人员、医院工作人员之间的沟通与联系。此外，丹麦还实施了 MedCom 项目，使照护服务使用者的相关信息能够在医院与社会照顾部门之间进行电子化传递与信息化交流，也为医疗与社会照顾服务的有效衔接创造了条件。①

（四）"双层分离"：中国老年照护服务供给的困境

为应对老龄化的冲击，面对不断提升社会养老服务的需求，中国目前已初步形成包括医疗和社会照顾服务在内的老年照护服务供给体系。但与此同时，在老年照护服务上，却存在组织与提供层面的"分离供给"问题。造成老年照护服务的有效供给不足，社会养老服务需求无法在整体上得以满足。

1. 服务组织的分离供给

就组织结构而言，目前我国老年照护服务供给的政策决策与管理运行涉及民政、卫计、人社、国土、金融等多个政府职能部门。一方面就供给职责的划分而言，由于各政府部门的职能分工不同，导致各部门对老年照护服务供给的决策认识以及运行激励存在差异。例如，我国养老照顾和医疗服务的管理分别属于民政部门和卫计部门负责，而医疗保险报销业务又属于人社部门管理。在推进医养结合的过程中，这种"条块化"管理的组织结构，会在设施建设、资金筹集、服务提供等方面对医养结合工作的有效开展造成阻碍。另一方面就供给政策的制定与执行而言，多部门管理直接造成了老年照护政策的碎片化，带来政策不协调的问题。

---

① Colmorten, E., Clausen, T., Bengtsson, S. et al., "Providing Integrated Health and Social Care for Older Persons in Denmark", 1997, http：//www.euro.centre.org/procare/body_reports_natreps/procare_Denmark_NR.pdf.

2. 服务提供上的分离供给

伴随着我国养老服务业的快速发展，老年照护服务的提供主体日益多元。截止到 2015 年底，我国公办养老机构、非营利养老机构和民办养老机构分别达到 15478 个、12314 个和 247 个，分别占养老机构总数的 55.8%、40.6% 和 0.9%。① 虽然老年照护服务的多元提供格局已经形成，但偏重于生活照料服务和综合性服务的养老机构却占绝大多数。根据中国老龄科学研究中心的调查数据，有 48.2% 和 57.3% 的养老机构提供日常生活照料和综合服务，而提供专业化照护服务的养老机构相对较少，仅有 6.7% 和 6.3% 的养老机构提供康复护理和临终关怀服务（见图 4—10）。② 由此可以看出，目前我国各类养老机构仍然处于粗放式发展阶段，机构之间在功能定位与服务提供上存在明显的同质化问题。养老机构为了生存与经营不得不在彼此之间抢夺"客源"，从而在市场环境上造成公办与民办机构之间的不公平竞争，以及非营利机构之间和民办机构之间的过度竞争，为不同机构老年照护服务提供上的合作带来了严重阻碍。

同时，我国老年照护服务在服务内容上还存在服务类型间"大分离"和服务类型内"小分离"并存的问题。一方面就老年人的照护服务需求而言，其最重要的两项需求是养老照顾服务与医疗护理服务，并且两项服务在很大程度上又具有"伴生性"与"相继性"。③ 而在我国现有老年照护服务体系中，养老照顾服务系统与医疗护理服务系统各自运行，两类服务提供机构又分而设置。老年人医疗、康复、护理、照顾等服务往往无法在同一养老机构内得到一体化解决，不得不在医疗机构与养老机构之间进行转换，既耽误了老年人病情的防治，又给老年人及其家庭带来负担。另一方面就老年照顾的具体提供而言，我国虽然已经初步形成以居家为基础、社区为依托、机构为支撑的社会养老服务体系，但这种服务划分不仅仅反映的是照顾场所的不同，其背后体现的是老年人基于自理程度对服务的一种连续性的选择。而目前我国这三种照顾服务在提

---

① 根据《中国民政统计年鉴》（2016 年）的数据统计计算而成。
② 吴玉韶、王莉莉等：《中国养老机构发展研究报告》，华龄出版社 2015 年版，第 60—61 页。
③ 生活照顾服务与医疗护理服务的"伴生性"与"相继性"，是指两类服务或因生理机能退化而同时产生，或因身体治疗与恢复周期而先后产生。

供上却相对独立。服务提供者之间缺少相互联系，各类服务之间又缺乏转介机制。这就造成在服务提供上缺乏连续性，老年人在服务选择上存在随意性。

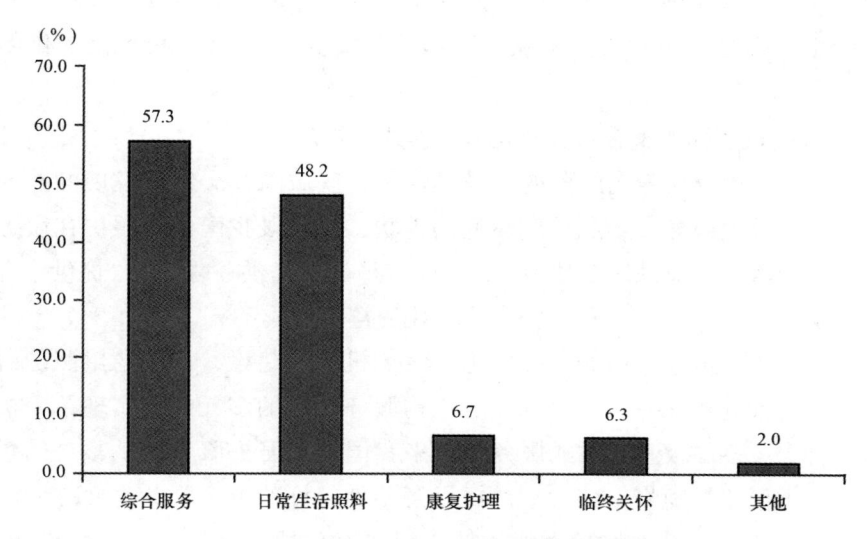

图4—10 中国养老机构主要提供服务情况

服务类型	百分比(%)
综合服务	57.3
日常生活照料	48.2
康复护理	6.7
临终关怀	6.3
其他	2.0

资料来源：吴玉韶、王莉莉等：《中国养老机构发展研究报告》，华龄出版社2015年版。

（五）中国照护服务供给整合模式

1. 组织层面的整合："决策—合作"模式的构建

基于当前我国老年照护服务的行政架构与管理体制，现阶段在老年照护服务供给的组织层面，应构建"决策—合作"整合模式。

一是完善老年照护服务供给决策的沟通与协调机制，强化相关政府部门间的横向联系与整合。应强化老龄工作委员会的统筹职能，形成民政部门牵头，相关职能和业务部门配合的老年照护服务供给的工作协调机制。进一步明确民政、卫计、人社、国土、金融等相关部门在老年照护服务整合供给中的责任与职能。实现老年照护服务供给的共同决策。创新政府部门间的协同管理机制，利用网络手段尽快建立全国和区域统一的老年照护服务信息管理系统，实现各部门相关养老信息的整合与资源的共享，为老年照护服务供给中的行政操作性环节如申请、审批、监督等工作的统一管理创造便利。

二是加强老年照护服务供给政策之间的协调。应在相关政府部门决策整合的基础上，统筹做好各类老年照护服务的政策制定与政策执行工作。通过政策细化、政策衔接、部门协商的方式，推动老年照护服务在市场准入、机构建设、资金投入、政策优惠、管理标准等方面实现政策上的相互协调与顺利实施，从而打破政策碎片化与部门利益化的供给弊端。

2. 提供层面的整合：多样化整合模式的构建

针对当前社会养老服务的多样化需求，区域间社会经济发展的差异性，以及养老服务市场成熟度较低的现状，现阶段我国老年照护在服务提供层面的整合应采取多种手段，构建一种集"提供—联结""提供—合作"和"提供—融合"于一身的多样化的整合模式。

一是重点加强"医养护一体化"养老机构的建设，实现老年照护服务提供要素的相互融合。提升养老机构服务功能的多元化，实现单一机构多种类、多层级、一站式服务是未来我国老年照护服务提供整合的重点。一方面要鼓励将一些大型的或设备条件较好的单一服务类型（照顾型或医疗型）的公办和民办机构转变为"医养护一体化"的养老机构，积极发挥其综合性服务提供职能，以及行业示范效应和市场带动作用。另一方面也要大力鼓励和支持社会力量和民间资本直接投资、举办和经营"医养护一体化"养老机构。民政、卫计、人社、医药等行政管理部门对于综合性养老机构的建设，要在符合国家法律法规和机构建设标准的基础上，放宽资质准入，提高资金投入，加大政策优惠。

二是积极促进不同类型养老机构之间的协作，实现各类养老照护服务的无缝衔接。一方面要因地制宜，鼓励养老照顾机构与医疗服务机构基于各自优势功能开展多种形式的协作。另一方面要基于社区，加强区域内居家照顾、社区照顾、机构照顾提供者之间的联系，建立不间断的养老照顾体系。通过加强不同类型机构之间的联结与合作，使老年人在治疗、康复、健康和临终，以及自理、半失能和完全失能等各个时期，获得顺畅的服务对接与转介安排，快速获得当下所需的照护服务。

三是加快建立老年照护管理制度。鉴于目前我国老年人在老年照护服务选择上的随意性以及照护服务资源分散化的特征，需要尽快建立老年人照护管理制度，满足老年人长期、多重照护需求以及对各类养老服务资源进行优化配置。一方面要依托社区设立专门的老年照护管理机构，组建跨学科、跨专业的老年照护管理者团队，对有照护需求的老年人进行个体化管理。另一方面要建立科学合理的老年照护评估制度，对老年人的照护需求做好综合评定与跟踪管理。另外，还要严格规范老年照护管理流程，对照护使用者选择、需求评估、照护方案设计、服务提供、服务监督等各个照护管理环节进行规范化和标准化管理。

四是通过"互联网+"促进老年照护服务资源的整合。一方面要基于信息化和大数据的理念与技术，构建老年照护供需信息数据库。在保障信息安全的前提下，将老年人基本信息、经济与健康状况等照护服务需求者信息，以及各类照护服务生产方信息进行收集与汇总，并进行动态管理，为政府部门老年照护服务的供给决策以及老年人照护管理提供数据支持。另一方面要积极利用现有的互联网资源，大力开发老年照护服务网络应用技术。根据照护服务的不同类型研发包括手机、电脑、终端机等多样化的移动端和固定端软件技术和硬件设施。将区域内乃至区域间的医疗、护理、照顾、家政、物业、文娱等各类养老服务相关信息和资源通过互联网技术进行整合。实现老年照护服务资源的集约化管理，发挥互联网技术对照护供给所带来的乘数效应。

第 五 章

社会医疗服务及其管理

一 失能老人长期照顾服务①

随着人口老龄化问题日益严重,失能老人的照顾问题成为世界性难题。中国失能老人照顾问题尤为严重,从第四次全国城乡老年人生活状况抽样调查结果来看,失能、半失能老年人超过4063万人,占老年人口的18.3%。② 目前中国进入低生育水平阶段,少子化趋势加剧了对家庭照料模式的挑战。③ 随着照料负担和机会成本的提高,家庭"照顾赤字"(Caring Deficits)问题使照顾服务政策成为目前社会政策的热点。④

从照顾主体、照顾活动专业性水平角度,照顾服务可以分为非正式照顾与正式照顾。非正式照顾(Informal Care)是指因身心疾病、残疾或衰老等原因导致生活部分或完全不能自理者在家中获得的由其家庭成员(配偶、子女)、亲戚、朋友等提供的帮助。⑤ 正式照顾(Formal Care)是指基于法律政策,通过公共融资的方式向符合条件的申请者提供照护服

---

① 参见张瑞利、林闽钢《中国失能老人非正式照顾和正式照顾关系研究——基于CLHLS数据的分析》,《社会保障研究》2018年第6期。
② 钟长征:《三部门发布第四次中国城乡老年人生活状况抽样调查成果》,《中国社会工作》2016年第29期。
③ 郭志刚:《中国低生育进程的主要特征——2015年1%人口抽样调查结果的启示》,《中国人口科学》2017年第4期。
④ 岳经纶、方萍:《照顾研究的发展及其主题:一项文献综述》,《社会政策研究》2017年第4期。
⑤ Nocon, Anderw, Pesrson, and Maggie, "The Roles of Friends and Neighbors in Providing Support for Older People", *Ageing & Society*, Vol. 20, No. 3, 2000.

务,包括机构照护、居家照护以及其他对照护服务提供者的支持行为,体现的是国家在老年照护中的责任。①

国外相关研究已经表明,非正式照顾与正式照顾在功能定位、主体责任分配方面存在着明显的差异性。在正式和非正式照护的关系上,博桑等研究发现非正式照护分别代替正式居家照护和有偿居家照护。② 而朗格等人发现,在美国已经从成人子女那里接受了很多非正式护理的老年人,其有薪居家护理有所增加。③ 在医疗服务方面也发现了相反的结果:先前的研究结果表明非正式护理补充了门诊手术和替代(或至少延迟)疗养院进入。关于正式照顾对非正式照顾的作用,国外研究提出了"替代模式"(substitution)、"职务取向模式"(task-specificity)与"补充模式"(supplementation)。替代模式认为近亲是社会支持的核心,照顾者的选择是根据老人与照顾者间依据亲密关系顺位所做的决定,只有在非正式照顾难以提供服务时,正式照顾体系才会替代提供协助。④ 替代模式更多的是从资源分配的角度进行分析,正式照顾与非正式照顾被认为是资源占用型关系(Co-resources);职务取向模式认为非正式照顾和正式照顾功能不同,依据亲密程度、承诺时间、生活形态及婚姻状况而定何种照顾服务更为合适;⑤ 补充模式则认为非正式支持体系会影响个人对正式照顾的利用,正式照顾与非正式照顾为补充关系,而不是替代关系。⑥ 补充模式不再严格区分正式照顾与非正式照顾的界限,更加强调服务的整合,

---

① 刘德浩:《长期照护制度中的家庭团结与国家责任——基于欧洲部分国家的比较分析》,《人口学刊》2016年第4期。

② Bonsang, E., "Does Informal Care from Children to Their Elderly Parents Substitute for Formal Care in Europe?", *Journal of Health Economics*, Vol. 28, No. 1, 2009.

③ Langa, K. M., Chernew, M. E., Kabeto, M. U., et al., "National estimates of the quantity and cost of informal caregiving for the elderly with dementia", *Journal of General Internal Medicine*, Vol. 16, No. 11, 2001.

④ Shanas, E., "The Family as a Social Support System in Old Age", *Gerontologist*, Vol. 19, No. 2, 1979.

⑤ Silverstein, M. and Litwak, E., "A Task-specific Typology of Inter-generational Family Structure in Later Life", *Gerontologist*, Vol. 33, No. 2, 1993.

⑥ Bass, D. M. and Noelker, L. S., "The Influence of Family Caregivers on Elder's Use of In-home services: an Expanded Conceptual Framework", *Journal of Health & Social Behavior*, Vol. 28, No. 2, 1987.

以及被照顾老人的感受和选择权（Co-client）。补充模式不仅注意到正式照顾与非正式照顾的共通性，更强调被照顾者服务需求的多样化、多层次性。个案管理（Case Management）、照顾团队的服务整合实践主要基于补充模式理念。总体来看，替代模式强调层级顺位；职务取向关注于两个体系的功能与分工策略；补充模式整合前两个模式，强调二者在老人照顾层面的互补关系，成效与照顾品质均相对有所保证。[1]

在中国，家庭一直发挥着照顾老年人的基本功能。随着人口老龄化问题日益严峻，家庭结构和社会经济变迁影响着照顾活动中的代际关系。[2] 长期照护服务需求总量处于不断上升阶段，一方面家庭养老不堪重负，但其基础作用不能忽略；[3] 另一方面社区和机构照顾服务专业化发展仍滞后，影响了失能老人照顾服务的可及性和质量的提升。国内关于非正式照护和正式照护关系的研究还处于起步阶段，林莞娟等利用 2005 年"中国老年健康因素追踪调查"（CLHLS）和 2011 年第一轮"中国健康与养老追踪调查"（CHARLS）的数据，证明非正式护理与正式护理具有显著的替代效应。[4] 刘一伟基于 2011 年中国老年健康影响因素（CLHLS）跟踪调查数据，证明社会养老在一定程度上替代家庭养老。[5] 刘西国等利用 2014 年中国老年健康影响因素调查（CLHLS）跟踪调查数据发现不同禀赋的家庭对非正式照护和正式照护模式的选择有所不同。[6]

国内相关研究存在以下不足：一是多以截面数据进行分析，未从变化趋势的视角进行分析探讨；二是大多为基于全国情况的分析并未考虑地区差异；三是从正式照顾与非正式照顾的角度的研究积累相对较少。

---

[1] Kumamoto, K., Arai, Y. and Zarit, S. H., "Use of Home Care Services Effectively Reduces Feelings of Burden among Family Caregivers of Disabled Elderly in Japan: Preliminary Results", *International Journal of Geriatric Psychiatry*, Vol. 21, No. 2, 2006.

[2] 熊跃根：《中国城市家庭的代际关系与老人照顾》，《中国人口科学》1998 年第 6 期。

[3] 王来华、瑟夫·施耐德约：《论老年人家庭照顾的类型和照顾中的家庭关系——一项对老年人家庭照顾的实地调查》，《社会学研究》2000 年第 4 期。

[4] 林莞娟、王辉、邹振鹏：《中国老年护理的选择：非正式护理抑或正式护理——基于 CLHLS 和 CHARLS 数据的实证分析》，《上海财经大学学报》2014 年第 3 期。

[5] 刘一伟：《互补还是替代："社会养老"与"家庭养老"——基于城乡差异的分析视角》，《公共管理学报》2016 年第 4 期。

[6] 刘西国、刘晓惠：《基于家庭禀赋的失能老人照护模式偏好研究》，《人口与经济》2018 年第 3 期。

鉴于此，本部分运用全国性的追踪数据对正式照顾与非正式照顾利用情况时间变化趋势和区域差异特征进行分析，进而考察二者的关系。

(一) 正式照顾与非正式照顾的关系

问题一：关注近十年来非正式照顾与正式照顾的变化趋势，分析影响的净效应。一方面，国家加大对正式照顾服务的建设力度，2016年7月民政部公布了《民政事业发展第十三个五年规划》，重点发展医养结合型养老机构，增加养护型、医护型养老床位，提高养老服务有效供给。到2020年每千名老年人口拥有养老床位数达到35—40张，其中护理型床位比例不低于30%。但目前我国正式照顾还存在需求意识不强、总量供给不足、服务专业性水平受限等未解决的问题。另一方面，在中国传统理念的背景下，非正式照顾能够满足即时性、工具性和精神性的需求，一直是老年人照顾服务需求的首要选择，① 却同时面临"家庭失灵"和"市场失灵"。在"推—拉"效应下，非正式照顾与正式照顾在照顾服务体系中的功能定位还尚不明确，需要用数据检验中国照顾服务体系中非正式照顾与正式照顾的相互依存关系。

假设1：从时间趋势来看，中国失能老人照顾仍以非正式照顾为主体，正式照顾对非正式照顾呈现"替代"作用。

问题二：分析中国非正式照顾与正式照顾的地区差异特征，分析两者在地理上的差异和空间趋势。已有文献注意到我国养老状况的区域差异，主要表现在城乡差异和地区差异。根据"六普"数据统计，我国老年人口总失能率为2.95%，农村地区、中西部地区老年人养老问题相对严峻。② 城市占有的社会养老资源远远超出农村地区，如城市社区养老院的覆盖率为21.22%，是农村地区的2倍多。③ 农村老年人对子女照顾的期待程度仍然较高，正式照顾与非正式照顾服务供给城乡侧重点也有所不同。

---

① 赵怀娟：《试析以非正式照顾促进老年人健康老化的功能和路径》，《社会科学论坛》2008年第3期。
② 林闽钢、梁誉、刘璐婵：《中国老年人口养老状况的区域比较研究——基于第六次全国人口普查数据的分析》，《武汉科技大学学报》2014年第2期。
③ 杜鹏等：《中国老年人的养老需求及家庭和社会养老资源现状——基于2014年中国老年社会追踪调查的分析》，《人口研究》2016年第6期。

照顾体制受不同地区经济发展水平、社会意识形态等诸多方面的影响，因此，研究非正式照顾与正式照顾的关系需要考虑地区因素的影响。

假设2：从区域特征来看，中国正式照顾与非正式照顾存在明显的地区差异。

问题三：分析失能老人个人特征因素、家庭特征因素、时间因素、地区因素对两者关系的影响，为评价中国照顾服务政策效果提供分析上的思路，为政策调整和完善提供依据。国外研究表明：失能老人正式照顾利用存在个体差异，女性、年轻、高教育水平、自制力强的更可能选择非正式照顾。[1] 国内文献研究也发现，社会经济地位高的老人获得非正式照护的机会更多，经济资本高的家庭获得正式照护的可能性更大。对于失能老人的潜在非正式照顾服务提供者，往往需要在"经济支持"和"提供照顾"之间进行选择。因此，研究什么样的家庭会更加倾向于选择非正式照顾可以提高非正式照顾支持政策的靶向性。

假设3：照顾服务受到个人因素、家庭因素和地区因素的影响。失能老人群体自身具有"服务依赖性"，主动选择性相对较弱。"资源匮乏型"失能老人更需正式照顾支持。

鉴于以上分析，本部分的研究思路如下：首先，通过趋势图分析正式照顾与非正式照顾之间关系的时间效应；其次，运用 GeoDa 软件展示非正式照顾利用率和正式照顾利用率的地区差异；最后，运用 logit 模型分析两者关系的影响因素。

具有个体嵌套在更高水平单位里的多层数据（Multilevel Data）的合适方法是多层统计模型，它不仅能同时分析组织和社会场景变量的效应，而且能分析社会场景变量是如何调节组织水平的解释变量与结局变量之间的关系。国外有关于多层 logit 模型在经济问题、医疗问题、社会服务等方面得到了较为广泛的应用，近几年国内的研究成果也主要集中在教育学、心理学、经济学、人口学等社会科学领域。

本部分数据为嵌套结构的纵向追踪数据，为深入研究非正式照顾与正式照顾之间的关系，计量模型分析采用面板数据随机效应模型及多层

---

[1] Swinkels, J. C. and Suanet, B., "Trends in the Informal and Formal Home-Care Use of Older Adults in the Netherlan-ds between 1992 and 2012", *Ageing & Society*, Vol. 36, No. 9, 2016.

混合效应 logit 模型（Multilevel mixed-effects logistic regression）进行实证研究，以下重点展示多层混合效应 logit 模型的设定情况。

第一层模型：
$$Y_{ij} = \beta_{oj} + \beta_{1j}X_{ij} + \beta_{2j}Z_{ij} + \beta_{3j}F_{ij} + \gamma_{ij} \qquad (5-1)$$

第二层模型：
$$\beta_{oj} = \gamma_{00} + \mu_{0j} \qquad (5-2)$$
$$\beta_{1j} = \gamma_{10} + \mu_{1j} \qquad (5-3)$$
$$\beta_{2j} = \gamma_{20} + \mu_{2j} \qquad (5-4)$$
$$\beta_{3j} = \gamma_{30} + \mu_{3j} \qquad (5-5)$$

考虑失能老人非正式照顾可能存在的地区差异，对数据进行分层统计分析。（5—1）式是层一的基本模型，其中 Y 为非正式照顾服务利用情况，是一个二分类变量，1 表示利用，0 表示未利用；X 是正式照顾服务利用情况；Z 为一组描述失能老人个体特征的变量；F 为一组描述家庭特征的变量；（5—2）式至（5—5）式是层二的模型设定。

本部分数据来自北京大学健康老龄与发展研究中心/国家发展研究院组织的老年人追踪调查项目——中国老年健康影响因素跟踪调查（CLHLS），是由调查范围覆盖全国 23 个省（自治区、直辖市），调查对象为 65 岁及以上老年人和 35—64 岁成年子女，调查问卷分为被访者问卷和死亡老人家属问卷两种。被访者问卷的调查内容包括老人及家庭基本状况、社会经济背景及家庭结构、经济来源和经济状况、健康和生活质量自评、认知功能、性格心理特征、日常活动能力、生活方式、生活照料、疾病治疗和医疗费承担；死亡老人家属问卷的调查内容包括死亡时间、死因等内容。

CLHLS 数据调查了老年人在 6 项日常活动（穿衣、洗澡、吃饭、上厕所、控制大小便、室内活动）中需要帮助的程度。只要有 1 项及以上需要帮助，即为失能。[①] 采用国际上通用的卡茨（Katz）量表衡量老人是否失能，即六项日常活动中，至少一项有困难，需要他人帮助的老年人为失能老人，并依据老人需要帮助的项数划分失能程度，其中 1—2 项需

---

① 黄匡时、陆杰华：《中国老年人平均预期照料时间研究——基于生命表的考察》，《中国人口科学》2014 年第 4 期。

要帮助定义为轻度失能，3—4 项需要帮助定义为中度失能，5—6 项需要帮助定义为重度失能。本部分剔除了完全具备日常生活能力的样本，对失能老人照顾情况进行数据分析。

（1）被解释变量：有关于非正式照料服务，CLHLS 调查中有询问"您目前在六项日常活动中需要他人帮助时，谁是主要帮助者"的题目，根据选项，将主要帮助者为配偶、儿子、儿媳、女儿、女婿、儿子和女儿、孙子女、其他亲属朋友、朋友邻里的情况赋值为 1，其余赋值为 0。（2）核心解释变量：正式照顾，CLHLS 调查中有询问"照料服务主要由谁支付"，选择支付方为国家/集体赋值为 1，其余赋值为 0。（3）人口特征变量：性别因素；年龄因素；婚姻状况；户口情况；教育程度；失能程度。（4）家庭因素变量：家庭收入对数和家庭子女数。（5）时间因素变量：年份作为时间变量进行时间效应分析。（6）地区因素：本部分根据被调查人员所在的省份进行地区划分，形成东、中、西部地区。本部分利用 CLHLS 2005 年、2008 年、2011 年、2014 年的调查数据，剔除自变量的无效回答（包括明显的错误、数据缺失等）个案后，最终对 4151 个样本量组成的平衡型面板数据进行统计分析。表 5—1 是主要变量描述。

表 5—1　　　　　　　　变量定义与赋值

非正式照顾	利用 =1；不利用 =0
正式照顾	利用 =1；不利用 =0
年龄情况	被调查者真实年龄
性别	男 =0；女 =1
户口情况	城镇 =0；农村 =1
教育程度	小学及以下 =1；初中 =2；高中 =3；大学及以上 =4
婚姻状况	已婚，并与老伴住在一起 =1；已婚，但不与老伴住在一起 =2；离婚 =3；丧偶 =4；从未结过婚 =5
生活自理能力	轻度失能 =1；中度失能 =2；重度失能 =3
子女数	具有血缘关系的子女数
收入水平	家庭收入水平
地区分布情况	东部地区 =1；中部地区 =2；西部地区 =3
年份	调查年份

本部分的被解释变量为"承担照料任务的主要人员是不是家庭成员或亲属"即是否利用非正式照顾,核心解释变量为"照料费用的支付方是不是政府或集体",其他解释变量包括人口特征、家庭特征和地区特征等变量。其中(1)人口特征因素包括性别、年龄、婚姻状况、教育程度、户口情况及失能程度。从表5—2中可以看出:年龄均值接近93岁,60%的被调查失能老人是女性;45%的失能老人是农村户口;18%的失能老人与老伴同住;91%的失能老人学历层次是小学及以下;重度失能的比例达到27%。(2)家庭特征因素。失能老人的子女数平均不到5位,① 收入情况均值达到11888元。(3)地区因素。47.29%的被调查失能老人来自东部地区。

表5—2　　　　　　　　主要变量统计描述

	2005年		2008年		2011年		2014年		合计	
	均值	标准差	均值	标准差	均值	标准差	均值	标准差	均值	标准差
非正式照顾 (均值:利用%)	87.76	0.33	88.84	0.32	89.66	0.30	89.49	0.31	88.38	0.32
正式照顾 (均值:利用%)	3.69	0.19	2.32	0.15	4.25	0.20	5.31	0.22	3.63	0.19
年龄情况	94.52	8.63	93.56	9.54	89.26	9.81	88.50	9.24	92.92	9.36
性别(均值:女性%)	69.34	0.46	60.09	0.49	58.58	0.49	58.08	0.49	59.84	0.49
户口情况 (均值:农村%)	46.89	0.50	48.23	0.50	39.32	0.49	40.33	0.49	45.32	0.50
婚姻状况 (均值:与老伴同住%)	13.94	1.06	15.65	1.11	28.02	1.36	30.5	1.39	17.93	1.17
教育程度 (均值:小学及以下%)	92.69	0.51	90.88	0.56	90.39	0.56	90.23	0.57	90.68	0.56
生活自理能力 (均值:重度失能%)	25.7	0.84	29.07	0.86	27.91	0.87	27.03	0.86	26.78	0.85
子女数(均值)	4.54	2.40	4.55	2.36	4.55	2.22	4.58	2.16	4.55	2.34
家庭收入(均值)	14943	6625.76	16083	15667.33	22569	20625.45	26991	22376.54	11888	15685.06
地区分布情况 (均值:东部%)	51.92	0.78	48.27	0.84	46.45	0.84	46.05	0.84	47.29	0.83

---

① CLHLS问卷调查中包括去世及非亲生的子女数。

图5—1显示了非正式照顾和正式照顾利用情况变化趋势，其中图5—1（a）显示了非正式照顾利用变化情况，两条曲线组成分别显示存在正式照顾时和不存在正式照顾时非正式照顾的变化趋势。当存在正式照顾时，非正式照顾利用率从2005年的52.05%增长到2014年的58.33%，其中2011年的利用率达到74.19%；当不存在正式照顾的情况下，从2005年到2014年，非正式照顾利用率上涨趋势更加明显，利用率从80.13%增长到92.74%。

图5—1（b）显示了正式照顾利用的变化情况，分别显示存在非正式照顾时和不存在非正式照顾时的变化趋势。当存在非正式照顾时，正式照顾利用率从2005年的1.92%下降到2008年的1.21%，2008—2011年上升趋势明显，2011年达到3.16%，2014年与2011年水平基本保持稳定；当不存在非正式照顾的情况下，从2005年到2014年，正式照顾利用率呈"U"型，利用率在2008年、2011年处于低位。

(a) 图1非正式照顾利用变化情况

(b) 图2正式照顾利用变化情况

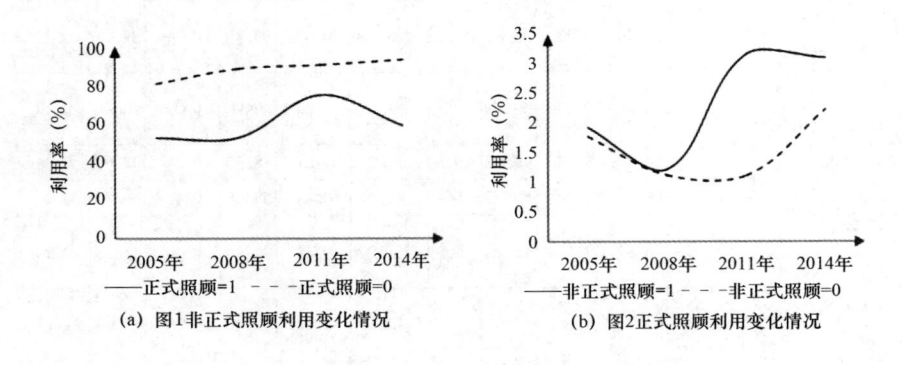

图5—1 非正式照顾与正式照顾变化趋势

综合图5—1相关数据信息可以看出：非正式照顾利用率保持较高水平，并出现稳步增长的总趋势，当前中国失能老人对非正式照顾服务"依赖性"仍然很明显。当不考虑正式照顾利用的效应后，也就是非正式照顾利用的净增长会更加明显；正式照顾的利用率水平低，但是正式照顾对非正式照顾利用具有明显的"替代效应"。

非正式照顾呈现出明显的地区差异，按照利用率从低到高可以分为三个批次[①]。第一批次的省市地区包括：上海市（68.32%）、北京市（75.78%）、广东省（76.55%）、福建省（77.85%）、浙江省（80.46%）；第二批次的省市地区包括：湖北省（85.87%）、江西省（88.35%）、天津市（89.39%）、重庆市（89.8%）、湖南省（89.86%）、四川省（86.9%）、江苏省（90.18%）、山西省（90.23%）、吉林省（91.47%）、广西壮族自治区（91.83%）、辽宁省（91.91%）；第三批次的省份包括：黑龙江省（93.77%）、安徽省（95.24%）、山东省（95.99%）、河北省（93.46%）、陕西省（96.03%）、河南省（96.8%）。非正式照顾利用率的地区差异与地区经济发展水平有着密切的关系。从调查的区域来看，经济水平相对较高的东部沿海地区，失能老人非正式照顾利用率较低，经济发展相对滞后的中西部地区非正式照顾利用率较高。

调查地区正式照顾利用率存在地区差异。同样按照利用率从低到高进行划分，除未调查地区以外，第一层次包括：河南省（0.42%）、河北省（1.06%）；第二层次包括：辽宁省（1.81%）、浙江省（2.46%）、安徽省（2.62%）、黑龙江省（2.68%）、山东省（2.71%）、广东省（2.74%）、山西省（2.94%）、江西省（3.08%）、吉林省（3.14%）、江苏省（3.59%）；第三层次包括：四川省（3.97%）、上海市（4.19%）、北京市（4.39%）、湖北省（4.67%）、广西壮族自治区（5.54%）；第四层次包括：陕西省（6.06%）、天津市（6.74%）、湖南省（7.14%）、福建省（7.44%）、重庆市（8%）。正式照顾利用率存在地区差异，但与经济发展水平的关系不够紧密。相比较非正式照顾，正式照顾涉及的服务主体、服务内容相对较多，受政府投入、专业人力资源等照顾政策影响的程度也相对较高，影响因素的作用机理相对复杂。

对照同一个省份非正式照顾与正式照顾的数值和排名，可以发现两种情况：一种是非正式照顾与正式照顾此消彼长的关系，如河南省、河北省、辽宁省等出现非正式照顾利用率相对较高而正式照顾利用率相对

---

① CLHLS调研区域并未对全国所有省份进行调研和数据分析。未调查的地区包括：港澳台地区、内蒙古自治区、海南省、贵州省、云南省、西藏自治区、甘肃省、青海省、宁夏回族自治区和新疆维吾尔自治区。

较低的情况；相反的情况，如上海市、北京市、天津市、福建省等，正式照顾利用率相对较高而非正式照顾利用率相对较低。另一种是非正式照顾与正式照顾同方向变化的关系，如陕西省、湖南省、广西壮族自治区等非正式照顾与正式照顾利用率水平都相对较高。以上两种情况也反映出非正式照顾与正式照顾两者的关系受地区因素的影响，需要进一步分析。

实证分析部分构建了 6 个模型：模型 1 是在不添加其他变量的情况下，分析正式照顾利用对非正式照顾利用率的影响情况；模型 2 是指添加年份虚拟变量后，分析正式照顾利用对非正式照顾利用率的影响情况；模型 3 是在模型 2 的基础上，控制被调查者社会学人口特征后，分析正式照顾利用对非正式照顾利用率的影响情况；模型 4 是在模型 3 的基础上，控制被调查者社会学人口特征和家庭特征的情况下，分析正式照顾利用对非正式照顾利用率的影响情况；模型 5 是在模型 4 的基础上，加入地区的虚拟变量后，对正式照顾与非正式照顾的关系进行分析；模型 6 除考虑被调查者社会学人口特征和家庭特征以外，运用多层统计 logit 模型重点分析地区因素对正式照顾与非正式照顾关系的影响。水平 1 解释变量包括：个人特征因素（性别、年龄、婚姻状况、教育程度、户口情况、生活自理能力）、家庭特征因素（子女数、家庭收入对数）；水平 2 解释变量为地区因素。

表 5—3　　　　　　　　非正式照顾利用的 logit 模型结果

解释变量	模型 1	模型 2	模型 3	模型 4	模型 5	模型 6
正式照顾	0.0138 *** (0.00902)	0.0272 *** (0.0146)	0.0480 *** (0.0226)	0.137 *** (0.0825)	0.128 *** (0.0819)	0.399 *** (0.116)
2008 年		3.118 *** (0.721)	3.023 *** (0.741)	10.04 *** (3.851)	8.629 *** (3.750)	3.249 *** (0.534)
2011 年		4.661 *** (1.288)	5.706 *** (1.704)	21.05 *** (9.891)	17.84 *** (9.726)	5.129 *** (1.035)
2014 年		7.481 *** (2.775)	9.920 *** (3.910)	38.32 *** (22.98)	31.66 *** (21.88)	6.780 *** (1.763)

续表

	模型 1	模型 2	模型 3	模型 4	模型 5	模型 6
年龄			0.964 *** (0.0130)	0.967 ** (0.0146)	0.968 ** (0.0152)	0.983 ** (0.00711)
性别			1.098 (0.265)	0.947 (0.253)	0.983 (0.266)	0.993 (0.130)
户口情况			24.31 *** (8.027)	16.63 *** (7.232)	17.11 *** (8.886)	4.715 *** (0.726)
婚姻状况			0.574 *** (0.0687)	0.660 *** (0.0872)	0.655 *** (0.0929)	0.793 *** (0.0510)
教育程度			0.223 *** (0.0447)	0.272 *** (0.0637)	0.278 *** (0.0765)	0.527 *** (0.0442)
生活自理能力			0.649 *** (0.0759)	0.673 *** (0.0902)	0.674 *** (0.0973)	0.833 *** (0.0526)
子女数目				1.161 *** (0.0594)	1.155 *** (0.0632)	1.063 *** (0.0252)
收入情况				0.333 *** (0.0563)	0.361 *** (0.0709)	0.577 *** (0.0369)
地区（东部）中部地区					3.529 *** (1.220)	
西部地区					1.218 (0.402)	
常数项	14961 ***	65.49 ***	30933 ***	9.658e+07 ***	3.081e+07 ***	9616 ***
Log likelihood	-1637.41	-1651.13	-1433.80	-1063.50	-1053.57	-1082.45
LR chibar2	291.78 ***	183.49 ***	121.79 ***	52.76 ***	48.31 ***	14.86 ***

注：以上显示的是解释变量的风险比，括号内数字为标准误。*、**、*** 表示在10%、5%和1%水平上显著。

为便于解释，表5—3列出的是风险比（odds ratio），表示解释变量对非正式照顾利用率的影响。如表5—3所示，模型1为不加入其他解释变量的随机效应模型，政府支付存在的情况下，利用非正式照顾的概率是不利用正式照顾的1.38%，在1%的统计水平上具有显著性，说明正式照顾对非正式照顾有明显的替代作用。

模型2中在加入年份的虚拟变量后发现，正式照顾存在的情况下，利用非正式照顾的概率是不利用的2.72%；年份变量在1%的统计水平上显著，在控制了正式照顾因素的情况下，随着年份的增长，非正式照顾的利用的发生比不断增加。

模型3显示加入被调查者个人特征因素后非正式照顾利用率的变化情况。首先，在个人特征因素不变的前提下，当存在正式照顾的情况下，非正式照顾利用的发生比为4.80%；其次，随着年份的增长，非正式照顾的利用的发生比不断增加；再次，当正式照顾不变的情况下，除性别因素以外，其他个人特征因素均在1%的统计水平上显著。具体分析结果：年龄每增长1岁，非正式照顾利用的发生比为96.4%，也就是年龄对非正式照顾有明显的负向影响；婚姻状况按已婚和老伴同住、已婚未与老伴同住、离婚、丧偶和未婚顺序，非正式照顾利用情况明显下降；教育程度对非正式照顾利用率也呈负向影响关系；失能程度对非正式照顾利用率的影响也呈负向关系；户口因素尤其值得注意，农村户口的居民是城镇户口居民非正式照顾利用的24倍多。

模型4显示在加入年份虚拟变量、个人特征因素后，再加入家庭因素后，模型发生的改变。首先，在个人特征因素和家庭因素不变的情况下，正式照顾对非正式照顾利用的发生比的影响发生改变，非正式照顾利用的发生比提高了接近10%；从时间变化趋势来看，随着年份的增长，非正式照顾的利用的发生比增加的幅度更加明显。其次，个人特征因素的模型显著性和系数情况变化不大，对非正式照顾利用率的影响基本保持一致。再次，家庭子女数每增加一位，非正式照顾利用概率增加了16%，收入对非正式照顾利用产生负向影响。

模型5显示加入年份虚拟变量、个人特征因素、家庭因素以及地区虚拟变量后，正式照顾与非正式照顾之间关系情况。在其他因素不变的情况下，非正式照顾利用的发生比为12.8%。和模型4相比，其他因素的影响大体相当。对地区虚拟变量进行分析，发现以东部地区作为参照，中部地区是东部地区的3.5倍，西部地区非正式照顾的发生比是东部地区的1.2倍。

模型 6 显示在加入年份虚拟变量、个人特征因素、家庭因素后，运用多层 logit 模型分析地区因素对模型的影响情况。模型 6 和之前的模型在层 1 的变量设置上与模型 4 相同，模型变量系数符号和显著性基本保持一致。但值得注意的是，重要解释变量的解释力度有所改变。首先，在个人特征因素和家庭因素不变的情况下，正式照顾对非正式照顾利用的发生比的影响发生改变，非正式照顾利用的发生比为 39.9%，与前五个模型相比，多层统计模型中正式照顾对非正式照顾的影响更加明显。其次，对于个人特征因素中户口因素的影响有较大改变，农村户口对非正式照顾利用的正向影响从模型 3 的 24.31 倍下降为 4.72 倍。再次，对于家庭因素，多层统计模型和面板数据的随机效应模型差异不大。最后，从地区因素的随机截距的标准差是其标准误的两倍来看，地区因素是影响非正式照顾利用的重要因素。

根据以上多层统计分析模型中所体现的地区因素作用，表 5—4 进一步运用 logit 回归具体分析不同地区非正式照顾与正式照顾的关系程度。相比较其他地区，西部地区正式照顾对非正式照顾的影响是中部地区和东部地区的两倍；中部地区正式照顾对非正式照顾的影响相比较其他地区最弱。

表 5—4　不同地区非正式照顾与正式照顾关系的 logit 模型结果

变量	地区		
	东部地区	中部地区	西部地区
正式照顾	0.0250 ***	0.0216 ***	0.0506 ***
	(0.0217)	(0.0181)	(0.0551)
常数项	2331 ***	98.92 ***	264.6 ***
	(435.4)	(65.25)	(91.67)
Log likelihood	−983.01	−347.75	−292.58
LR chibar2	184.27	13.57	27.84
观测值	2159	1267	725

注：以上显示的是解释变量的风险比，括号内数字为标准误。*、**、*** 表示在 10%、5% 和 1% 水平上显著。

正式照顾与非正式照顾的关系研究结论。第一，在总体上，正式照顾对非正式照顾具有显著的替代关系。从利用率来看，我国正式照顾服务的比例还是相当低，大部分失能老人仍需依赖家庭成员承担的非正式照顾。第二，照顾需求不断增加，失能老人家庭非正式照顾负担重。数据分析显示，41%的失能老人照顾需求可以得到完全满足，55%的失能老人的照顾需求基本得到满足，4%的失能老人的照顾需求不能得到满足。随着人口老龄化问题日益严重，以家庭照顾为主的非正式照顾越来越不堪重负，失能老人的照顾需求必须依靠非正式照顾和正式照顾的有效整合来满足。第三，正式照顾与非正式照顾碎片化问题严重。最近十年来，国家加强了照顾服务体系的建设，同时积极开展长期护理保险及服务的试点，但从非正式照顾利用和正式照顾利用的时间趋势来看，我国非正式照顾为主的基本状况没有改变，甚至非正式照顾利用率有所上升，这说明正式照顾的作用还没有发挥出来。在人口老龄化加速发展的背景下，根据我国照顾服务结构的变化趋向，提出有针对性的政策措施成为当务之急。第四，城乡及地区照顾资源分布不平衡。我国非正式照顾利用呈现明显的地区不平衡特征，中部地区非正式照顾利用率明显高于西部及东部地区，呈现了与经济发展水平相近的地区特征。正式照顾利用率却并未呈现非常明显的地区经济相关性，这主要由于正式照顾服务提供主体的多样性和复杂性，正式照顾的发展与经济发展水平、人口年龄结构、制度构建等多种因素综合作用相关。

（二）建立失能老人长期照护服务的政策建议

第一，整合非正式照顾和正式照顾。照顾领域受文化传统、价值观念、社会规范和个体认知的影响，政策制定和实施也是一个不断磨合尝试的过程。通过照顾服务体系转型发展适应人口老龄化释放家庭照顾服务需求压力，应成为当前重要目标。针对当前非正式照顾利用率居高不下甚至有所上升的制度原因，应通过经济支持、认知引导以及制度激励的方式，促进非正式照顾和正式照顾的有效配合。

第二，优先照顾"资源匮乏型"失能老人。"资源匮乏型"失能老人是指在家庭经济、人力资本、社会资本方面低于平均水平的失能老人。数据分析部分显示，失能老人及家庭大多处于低收入状态；高龄、少子女及未与老伴同住的失能老人面临人力资本匮乏的困境；教育程度会影响社会资本的获取。"资源匮乏型"失能老人更加依赖非正式照顾，但往往可获取的服务数量和质量均受限，导致其照顾需求满足层次相对较低，因而优先照顾"资源匮乏型"失能老人要成为政策目标的重点。对于一般的失能老人，可根据其需求，群体化兼个性化定制相关服务。

第三，完善政府购买照顾服务体系。目前政府购买养老服务已经取得了一定的成效，但是照顾服务专业化水平低、临时性服务占比过高、服务标准不清晰、服务资源未得到有效整合的情况，这都导致失能老人对正式照顾满意度不高。政府在政策制定上，应细化购买流程，明确购买标准，加强资源整合规划，提升政府购买服务的质量标准。

第四，因地制宜构建照顾服务体系。我国照顾服务资源呈现明显的城乡及地区差异，照顾服务利用情况也受限于照顾服务资源的分布。国家应该加强区域宏观调控，优化配置相关照顾资源。借鉴日本"区域综合照护系统"成功经验，[①] 根据照顾资源禀赋情况、人口年龄结构情况以及政策贯彻执行的实际情况，制定适合本地失能老人照顾需求的照顾服务整合规划，提升照顾政策的实施效果。

二 社会医疗服务体系的纵向整合[②]

（一）医疗服务体系纵向整合的提出

在制度经济学看来，整合（integrated）主要是为了降低生产和组织

---

① 平力群、田庆立：《日本构建"地域综合照护体系"政策理念的提出及其制度化》，《社会保障研究》2016年第5期。
② 参见林闽钢、张瑞利《医疗服务体系的纵向整合模式及其选择》，《苏州大学学报》（哲学社会科学版）2014年第4期。

过程中的不确定性，节约交易成本。①特别是纵向整合的一体化，通常是通过产权手段和合同手段把外部市场内部化。

在现代企业管理之中，企业的纵向整合是一种为了应对动态的外部环境，而对企业的价值链和产业链上的战略性资源进行整理、融合、集成和协同的战略性行为。由此可以减少市场供给和需求的不确定性，进而规避外部的风险，能更加有效地控制企业的战略性资源，培育和增强核心能力，使企业在产业中保持竞争优势。

在医疗服务领域中，由于医疗机构之间"个体水平"上相互的竞争容易破坏医疗服务提供体系的完整性和连续性，从20世纪70年代，开始出现区域性和国家层面上的以水平整合为主的医疗服务体系发展趋势。

但由于疾病的整个治疗过程涉及预防、治疗、康复等连续环节，单病种层次和医疗机构个体层次的竞争无助于提供连续的、整体的医疗服务②，需要提升到"系统水平"的竞争。到20世纪80年代中期开始，医疗服务体系的纵向整合（integrated delivery systems，IDSs）开始成为医疗服务体系发展的风向标。

我国自从2009年深化医药卫生体制改革以来，以社区医疗服务为基础的城市医疗卫生服务体系重建成为改革的重点，由此引出了"引导一般诊疗下沉到基层，逐步实现社区首诊、分级医疗和双向转诊"新的发展目标，全国许多城市探索建立"小病在社区、大病进医院、康复回社区"的分级医疗服务体系。但至今，社区首诊和双向转诊制度并没有得到强化和执行，这就意味着我国城市分级医疗服务体系建设还在探索中，特别是目前医疗服务体系出现无序竞争和医疗服务体系分层断裂的现象，不同程度上妨碍了医疗服务资源的合理配置和医疗服务体系整体优势的发挥。

---

① Michael H. Riordan and Oliver E. Williamson, "Asset Specificity and Economic Organization", *International Journal of Industrial Organization*, Vol. 3, No. 4, 1985, pp. 365–378.

② Alain Enthoven and Laura Tollen, "Competition in Health Care: It Takes Systems to Pursue Quality and Efficiency", *Health Affairs*, Vol. 5, 2005, pp. 420–433.

解决"看病贵、看病难"问题的关键，不仅要加大政府对医疗服务领域的财政投入，更要全面对分级医疗服务体系进行系统整合，探索适合中国的医疗服务体系。因此，本部分从我国目前医疗服务体系的现状出发，聚焦的主要问题是：通过对国外医疗服务体系纵向整合模式的多样性分析，来探讨我国医疗服务体系纵向整合的路径和手段，并提出其发展方向。

（二）国外医疗服务体系纵向整合模式

从各国医疗服务体系发展来看，主要经历了两个发展阶段，即从预算制到竞争的引入，从强调竞争到注重合作。

在第一个发展阶段中，从传统的预算制形式向市场化方向改革，将医疗服务购买功能与医疗服务提供功能分离开来，目的是通过引入市场机制来激励提供者提高效率。这一改革主要发生在采用"贝弗里奇"模式的医疗服务体系的国家，这一体系的筹资主要来源于国家税收，确保了医疗服务的公平性，并且医疗服务费用控制的效果较好。但由于采取全额预算式的筹资分配体制和科层制的管理方式，导致公立医院普遍出现服务效率低下、对患者回应性差、公立医院缺乏成本意识而入不敷出等主要问题。造成了政府财政不堪重负，希望通过改革提高医疗机构的服务效率和控制服务成本。加上在新公共管理改革的浪潮推动下，自20世纪80年代开始，发达国家先后进行了以购买者和提供者相分离为特征的医疗服务体系改革，使得医疗服务提供体系更多地运用市场机制。在第二个发展阶段中，随着各国不断完善医疗服务的竞争机制，在强调竞争的同时，更加注重医疗服务的连续性，强调用医疗机构间的合作代替竞争。①

因此，本部分从医疗服务发展的阶段中，提出了2个划分标准。第一标准是医疗服务提供者和医疗服务购买者是否分开；第二标准是整合的手段是产权还是非产权，进一步将国外医疗服务体系纵向整合模式划

---

① 匡莉：《我国医疗服务竞争机制的优化策略：建立纵向整合的医疗服务体系》，《中国卫生政策研究》2010年第9期。

分为以下四种模式，如图5—2所示。

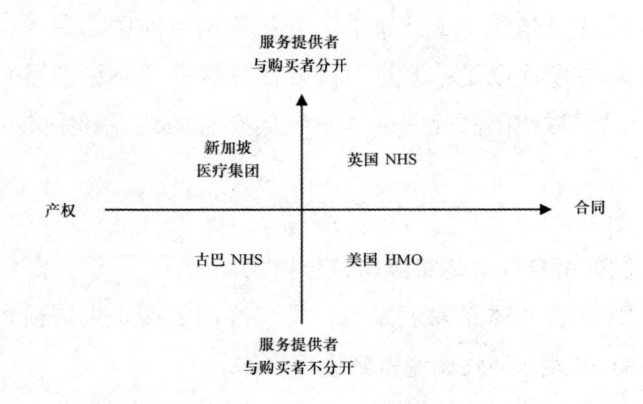

```
                    服务提供者
                    与购买者分开
                        │
          新加坡        │    英国 NHS
          医疗集团      │
                        │
产权 ───────────────────┼─────────────────── 合同
                        │
          古巴 NHS      │    美国 HMO
                        │
                    服务提供者
                    与购买者不分开
```

图5—2　国外医疗服务体系纵向整合模式

1. 英国 NHS 模式

英国实施的是国家医疗服务体系（National Health Service，NHS）。国家医疗服务体系由医疗服务机构免费或以较低价格向国民提供服务。[①] 1989 年撒切尔夫人执政期间，在《为病人工作》（*Working for Patients*）白皮书中主要针对医疗服务领域严重的财政危机，提出并引入了"内部市场"（internal market）概念，国家医疗服务体系经历了最重大的一次变革。1991 年梅杰政府上台后正式开始实行"内部市场化改革"，主要是在医疗服务的提供过程中引入竞争机制，建立信托机构，持有保健预算向供方购买保健服务。1997 年工党执政后，布莱尔政府的医疗服务整合具有"第三条道路"的特征，强调机构间的合作与协调，取消全科医生资金持有者计划，建立初级保健组（PCGs）。[②]

（1）医疗服务购买者与医疗服务提供者分开。在英国国家医疗服务体系中，提供者与购买者通过内部市场化予以分开，内部市场要求服务

---

① 夏挺松、卢祖洵、彭绩：《国外医疗卫生体系模式对我国的启示》，《中国卫生事业管理》2011 年第 7 期。
② 龚向光、王园：《英国国家卫生服务体系中的内部市场》，《中国卫生产业杂志》2003 年第 3 期。

购买者与提供者明确划分,并且两者间实行内部准合同与买卖协议。一方面,政府允许二级医院成立医院联合体(NHS Trusts),联合体负责与医疗服务主管部门签订提供二级医疗服务的合同并管理自己的预算拨款。① 另一方面,1991年政府批准实行了"全科医师持有预算拨款"(GP Fundholders,GPFHs),全科医师在与医疗服务主管部门签订合同向居民提供服务的同时,还获得预算拨款,负责为病人购买医疗服务。虽然1997年之后全科医生持有预算拨款计划终止,但是服务提供方与购买者仍然分开。

(2)合同手段。英国所有的医院、社区卫生服务和急诊服务都纳入了医院联合体,医院联合体内部之间签订了长期服务合同,合同确立了不同级别医疗机构之间的经济关系。

2. 美国 HMO 模式

美国的健康维护组织(Health Maintenance Organizations,HMOs)是美国常见的医疗保险形式之一,属于管理型医疗(managed care)的一种。管理型医疗就是将医疗保险和医疗服务提供合二为一,既是支付者,也是服务的提供者,通过倒逼方式进行成本控制。

(1)服务提供者和购买者一体化。健康维护组织这种一体化形式通常主宰和代表了有管理的医疗,健康维护组织结合了保险公司融资的功能和基础服务供给的功能。

管理式医疗集医疗服务提供和经费管理于一身,并且把预防保健与临床医疗有效地结合起来,使医疗质量与经济利益挂钩。其运营主体为管理式医疗组织,是医疗保险机构和医疗服务提供方的合成体。如美国凯撒医疗集团(Kaiser Permanente)奉行的是集医疗保险和医疗服务于一身的管理理念。参保方通过总额预付的方式将筹资交给医疗集团,并成为会员。会员按照所购买保险的不同等级享受不同的医疗保健服务。在组织结构方面,凯撒医疗集团共设有 35 个集医教研于一身的国家级医疗中心,主要从事疑难重病的诊治。医疗中心周围设有诊所,负责提供一般疾病的诊治。边远地区则采用派出护士的形式,向会员提供预防保健、

---

① 句华:《英国 NHS 内部市场的实践及其启示》,《中共福建省委党校学报》2005 年第 7 期。

医疗和健康管理等综合性服务。目前，凯撒医疗集团在美国拥有890万会员，覆盖8个地区、9个州和哥伦比亚特区。其中78%为公司企业集体参保，17%为政府购买的穷人、老人医疗保险服务，5%为个人参保。①

（2）合同手段。健康维护组织至少在许多主要的专业方面有他们自己的专家医生，并且拥有医院或者与一家或更多家的医院有合同。管理式医疗保险建立在医疗保险机构与医疗服务机构签约的基础上，引入市场机制和市场管理，并形成了一个相对密切合作的服务网络。由诊所、小型医院、社区医院、护理院、专科医院、急性病医院等组成整合一体化的医疗服务系统。如作为美国最大的公立医疗服务体系，美国退伍军人医疗系统从1995年开始，历经了10多年的改革，将原来的173家医院、600多个门诊机构、133家护理机构、40家康复机构以及206家咨询机构纵向整合，形成21个地区服务网络。美国退伍军人医疗系统已经转变成一个公认的最大、最有活力，并兼顾质量、成本和效率的公立医疗服务体系。②

3. 新加坡医疗集团模式

新加坡医疗保健服务由三方负责提供，一是由政府出资创办的政府医疗机构，二是私人或民间资金创办的竞争性、营利性私立医疗机构，三是社会人士、福利团体资助的医疗机构，简称"3P模式"。新加坡实行医疗保健服务双轨制度，分为公共体系（由政府提供）和私立体系（由私人提供）。全国有27家医院、64家护理院（含养老院）、109家临床检验中心和3190家医学和牙科诊所。医院全部由专业的医院管理公司进行经营和管理。③在医院管理中落实财务责任和工商会计制度来控制运行成本，鼓励竞争，利用市场调节来推动医院提高效率和改进服务。④

（1）服务提供者和购买者分开。新加坡实行"政府津贴、个人储蓄、健保双全、健保基金"四位一体的医疗保障体系。新加坡"四位一体"的医疗保障计划由保健储蓄、健保双全和保健基金三个不同的医疗储蓄

---

① 张文燕：《凯撒的成本控制之道》，《中国医院院长》2010年第6期。
② 李玲：《美国退伍军人医疗系统改革》，《中国卫生》2009年第4期。
③ 王玲、吴雯、张翔：《新医改下公立医院战略管理探讨》，《医学与社会》2010年第23期。
④ 代涛：《公立医院发展改革的国际经验与启示》，《中国医院》2011年第7期。

项目组成，其中保健储蓄属全民强制性，在整个医疗制度中起主导作用。健保双全是一种保险政策，保险客户可以根据需要在不另付保险费的同时，选择将保健储蓄账户中的资金转为健保双全的保险费；保健基金是政府专门建立的以国家投资为主要来源的筹资基金计划，目的是为了解决贫困人群的卫生保健费用。

（2）产权手段。20世纪80年代中期开始，新加坡改革重点在于公立医院公司化改造和促进医院之间的竞争。政府通过推出全国医疗保健计划，鼓励患者自由选择医院，促进市场竞争并主张赋予医院管理者更大的自主权，以提高医院效率。随后政府开始对所有公立医院进行公司化改革，改革后医院所有权仍属于政府。

新加坡政府所办的公立医疗机构，按集团化模式进行运作和管理，通过对医疗机构重组，在全国范围内按东、西两大区域设置了两大集团，统一管理和经营新加坡的公立医院和联合诊所。一个是"国立健保服务集团"（National Healthcare Group，NHG），负责新加坡西部地区的卫生保健服务；另一个是"新加坡保健服务集团"（Singapore Health Services，SHS），负责新加坡东部地区的卫生保健服务。两大集团采用现代企业化管理模式，设立董事会等管理机构，政府在具体运营和管理上赋予了集团很大的自主权，同时要求集团自负盈亏，但也不能以赢利为目的，超过一定标准的盈利要上交给政府，保证集团运用有限的政府投入承担起国民保健的任务。[①]

4. 古巴 HNS 模式

古巴的国民健康服务体系（National Healthcare System，NHS）中，医疗机构属公立的，融资依靠政府预算。2004年仅公共卫生费用就占古巴国家预算总支出的10.38%，占国内生产总值的6.2%。[②]

按照医疗服务系统的功能与层次，古巴的医疗服务机构分为以社区为基础的初级医疗卫生服务机构、提供专科医疗服务的中级医疗服务机构和高级医疗服务机构。初、中、高三个不同等级的服务网构成了三级

[①] 欧阳波、张为佳、张秀英、魏春宇、宋丽君：《关于新加坡医疗卫生体制的思考》，《中医药管理杂志》2012年第8期。

[②] 毛相麟：《古巴的全民医疗保障制度》，《科学决策月刊》2007年第8期。

医疗服务体系。初级医疗网是三级网络服务系统的基础和建设的重点，负责疾病的综合防治和卫生保健知识的社区宣传，其主要组织形式是综合诊所，即政府把每个市（县）辖区划分为若干卫生区，要求每个区成立综合诊所，担负初级医疗卫生网的服务职责。①

古巴的医疗服务费用几乎全部由政府资金支付，即使在20世纪90年代经济处于困难时期也是如此。政府通过税收方式来进行医疗服务融资，包括支付医务人员的工资，由此保证了古巴医疗服务体系的全民覆盖、免费和公平。2002年，古巴GDP的6.3%用于支付医疗费用，占全部政府预算支出的11.8%。②

在以上四种模式中，医疗筹资与服务分离模式（间接提供或购买提供）将权利转移给需方，也即"钱跟着病人走"，主要着眼于改进医疗服务的提供效率和质量。医疗筹资与医疗服务提供一体（直接提供方式）给予服务提供方更多的权力。前者更依赖于政府计划的水平以及对供方的直接监督能力，后者则依靠市场竞争机制来购买适合病人需求的医疗服务。

在理想状态下，购买医疗服务方式能从众多的服务提供方中，选择性价比高的医疗服务，并有助于改变一体化下的医疗服务部门的官僚作风。医疗筹资与医疗服务提供相分离强调政府主导医疗筹资的职责，主旨在于通过公共筹资来解决公平性问题，同时利用市场机制来解决医疗服务提供的效率问题。这项改革在很多国家收到明显的成效。但它存在的问题是医疗服务筹资与服务提供分离使得整个一体化的服务体系越来越走向分割、细化，每个部门都只关注自我局部的、微观的效率，从而损害了医疗服务的整体效率。③

从四种医疗服务体系纵向整合模式来看，不同的整合路径造成了不同的整合程度。英国NHS模式和新加坡医疗集团模式更加强调层级整合，即全科医生与医院之间的整合；美国HMO模式纵向整合过程更多的是临床和功能整合，主要是医疗服务的片段整合；古巴医疗服务体系的整合

---

① 毛相麟：《古巴的全民医疗制度是怎样建立起来的》，《学习月刊》2007年第4期。
② 王诺：《古巴医疗体制的评价及其对中国的启示》，《拉丁美洲研究》2009年第4期。
③ 刘军民：《中国医改相关政策研究》，经济科学出版社2012年版，第64页。

主要是临床医生的整合。

英国 NHS 整合模式强调"钱跟着病人走"的基本原则，医疗服务资源配置和费用补偿向基层医疗服务倾斜，全科医生和综合医院的跨专业团队合作相对较弱。美国 HMO 模式，更多遵从市场规律，其医疗质量监管、跨专业团队合作、绩效管理水平都相对较强，以患者为中心的准则相对较弱。新加坡医疗集团模式纵向整合程度相对最强。而古巴 NHS 系统由于其医疗服务体系的计划特征，其医疗服务纵向整合的程度相对较弱。

（三）医疗服务体系纵向整合的"镇江模式"

2009 年，我国在《关于深化医药卫生体制改革的意见》中，提出鼓励不同医疗机构开展合作和重组，整合现有卫生资源，提高资源利用效率。2012 年，在《关于县级公立医院综合改革试点的意见》中，进一步提出"鼓励有条件的地区探索对医疗资源进行整合、重组和改制，优化资源配置，扩大卫生服务提供、缓解看病难问题的策略，期望通过县域内各类医疗机构的联合、协作提高医疗资源整体利用效率，从而扩大医疗服务供给"。这些改革政策加快了我国医疗服务体系纵向整合的探索。多年来，上海积极开展医疗集团的改革，以上海瑞金医疗集团、上海市第六人民医院医疗联合体为代表；北京则开展医疗联合体的改革，以北京朝阳医院、友谊医院、世纪坛医院为龙头，组建了"北京朝阳医院医疗联盟""北京友谊医疗共同体""北京世纪坛医院医疗联合体"等医疗联合体；等等。但北京和上海等地进行的医疗服务体系纵向整合是局部的，还没有实现全区域的覆盖。至今，达到全域医疗服务体系纵向整合的，最典型的是"镇江模式"。

江苏省镇江市作为我国公立医院改革的重要试点城市，多年来探讨通过"医疗集团"途径进行医疗服务体系的纵向整合，形成了以下显著的特点。

（1）在区域一级，进行医疗服务体系的系统整合，整合后的两大医疗服务集团实现了对镇江区域医疗服务的全部覆盖，这是目前我国市（县）这一级医疗服务体系整合最彻底的改革，同时带动了医院与社区医疗服务的一体化。社区卫生服务机构由辖区政府举办、医疗集团管理，两大医疗集团成立社区卫生服务管理中心，全面托管社区卫生服务中心。发挥核心医院资源优势，通过管理帮扶、技术合作、派驻医生和人员培训等，引导专家、技术、资源等"下沉"到社区，提高社区服务能力和水平。集团医院在托管社区开设"联合病房"，将康复期的病人转到社区进行治疗，同时医院选派专家和护理人员承担和指导临床诊疗及护理工作，提升了社区的医疗服务能力。

（2）在医疗服务体系整合中，产权手段和合同手段并用。2009年开始，组建以两个三甲医院为核心的江苏康复、江滨医疗集团，吸纳城区二级以上医院、专科医院和社区卫生服务中心，组建纵向一体化医疗联合体，有效整合医疗卫生资源，完善分工协作机制，形成区域医疗服务体系。

一是镇江康复医疗集团，以资产整合为主的"紧密型"管理，集团内各成员医疗资源划拨于集团名下，明确了以集团理事会为核心的统一决策管理机制，构建了由理事会、监事会、经营管理层组成的决策、监管、营运三者相互独立、相互制衡的法人治理结构。以实体运行模式明确了三个主体（医疗集团理事会、管理层和监事会）、界定了三个关系（政府和医疗集团、集团理事会和管理层、集团与集团医院的职责关系）。在资源整合方面，康复集团推进学科建设、社区管理、后勤保障、信息化等9项一体化管理，成立了集团儿科、产科、心血管等临床诊疗中心，影像、临检、病理等临床诊断中心。

二是江滨医疗集团，以技术为纽带的"松散型"管理，重在发挥技术和科研优势，集团各成员通过战略规划、技术、资源、市场、品牌、医院文化、信息、委托管理等纽带联结成一个有机整体。[①]

（3）医疗保险和医疗服务提供相分开，实现了医疗保险、医疗服务、药品提供三方的博弈。镇江市医保等部门在公开、公正协商的原则下，根据当年医保基金筹集预算额度，在测算提取风险金和预留个人账户资金结余后，其余全部作为当年医疗费用支出的预算总额，并按定点医疗（药）机构的不同类别分别测算及修订当年医疗费用支出预算总额予以计

---

① 万祥波、朱夫、杨扬、姚恒祝、石春和：《医疗集团化改革的探索与体会》，《中国卫生资源》2013年第16期。

划分配及规划使用。在资源配置有限的前提下,针对医疗服务提供方在卫生资源存量、服务提供手段、保障能力上的差异,对医疗费用支付的"投入品"市场,即不同的定点医疗和医药机构开展分类谈判。第一层是一级医疗机构、零售药店及定点医务所(室);第二层是定点社区卫生服务机构;第三层为二级及以上定点医院。通过医疗服务购买支付方式的信息交换,包括策略内容明示与计划路径选择,实现了医疗保险、医疗服务、药品三方博弈的均衡。

(四)我国医疗服务体系纵向整合的发展方向

第一,在纵向整合目标上,以医疗服务对象为中心,推动区域医疗服务体系纵向整合的全面改革,实现区域分层医疗服务体系的一体化,建立区域医疗服务领域新型的竞合关系。

医疗服务体系改革与其他领域的改革不同,它需要系统水平上的改革,即在一个区域内,至少市(县)这一级所有的医院、社区医疗卫生服务机构都要纳入医疗服务体系,并需要从产权或合同上确认多级医疗服务机构的经济关系,才能在区域内实现"横向到边,纵向到底"的医疗服务体系建设,从而实现提供综合、持续、便捷的一体化医疗服务。

我国目前医疗服务市场竞争主要是在单个医疗机构之间进行。不同层次和类型的医疗机构只是提供医疗服务谱系中的某段或某个节点,这就造成医疗服务机构提供的服务越多,所获得的报酬越多,这一问题的普遍存在会潜在诱导医院过度装备高级医疗器材来提供高级的服务,出现用"昂贵的服务"来代替"低廉的服务"的现象。其结果是医疗服务机构之间因相互竞争而导致服务"碎片化",医疗服务体系看似庞大,但却低效,更缺乏对患者的全过程的健康服务管理。①

总之,要以医疗服务对象为中心,按提供整合、连续、便捷的医疗服务为原则,围绕医疗服务水平的提高,通过医疗服务体系纵向整合,从而实现用医疗机构间的合作来代替医疗机构间的竞争。

第二,在纵向整合的手段上,国外已有的经验表明并没有最佳的手

---

① 匡莉:《我国医疗服务竞争机制的优化策略:建立纵向整合的医疗服务体系》,《中国卫生政策研究》2010 年第 9 期。

段，而是多种手段可以并存，因此，应从我国实际出发，产权手段和合同手段并用。从我国各地实践探索来看，目前纵向整合的方式主要有：兼并式、托管式、松散协作式。（1）兼并式。它主要是由集团购买、兼并、联合医院，然后由集团自己直接经营管理。被兼并医院由核心医院委派人员进行管理，被纳入核心医院统一管理，产权转移和人员合并。（2）托管式。它是指医院的所有者通过合同形式，在产权保持不变的情况下，将医院的经营管理权交由具有较强经营管理能力，能够承担相应经营风险的法人，按照公司化管理有偿经营。（3）松散协作式。它以专业技术优势为整合的纽带，集团内部各成员医院没有隶属关系，所有制性质、财务核算形式、现有资产所属关系、人员归属管理权限都不变，成员医院各自承担相应的民事责任，经营上独立自主各自为政。

判断医疗服务体系纵向整合手段选取是否合理和正确，其核心标准是看能否在医疗服务体系内部建立起有效的双向转诊制度。即医疗服务体系通过纵向整合之后，是否在各级医疗机构之间建立畅通的双向转诊通道，能否及时将急危重症患者转至三级医院、慢病管理和康复期患者转至二级医院和社区医疗卫生服务中心延续治疗和康复。

第三，在医疗服务体系纵向整合结构选择上，各地区可以根据实际情况选择合适的纵向整合结构，如选择三级、二级和一级医疗机构纵向整合结构（"3+2+1"模式）；由一所大型三级医院为核心，以区域为基础，联合周边三级医院、二级医院、社区医疗卫生服务中心纵向整合而成的医疗联合体。或选择三级、一级医疗机构的纵向整合结构（"3+1"模式）。医疗服务体系纵向整合结构选择上，关键是把社区医疗卫生服务纳入到医疗服务体系整合之中。

目前，我国医疗服务体系纵向整合中，改革重点主要聚焦三级医院、二级医院和一级医院组成的医疗集团或医疗服务协作体等。今后还要加强初级卫生保健、家庭医生、专科医生、医院、康复中心、护理院等不同层级和类型的医疗服务机构的纵向整合。

第四，以医疗服务联合体为基础，大力推动支付方式和投入方式的改革。即改变"按项目付费"的支付方式，采用总额预付，按服务签约涵盖人头数来打包支付。这既是控费的需要，更是提高医疗服务联合体自身运行效率、加强运行成本控制的需要。同时,由原来对不同层级医疗服务机构的分别投入,调整为对医疗服务联合体的统一投入;由原来医保对不同层级医疗机构的单独支付,调整为对医疗服务联合体统一预付。其中,要特别鼓励医疗服务联合体推出各种激励措施,使居民自愿选择医疗服务联合体长期定点就医,最终形成"基层首诊、梯度就诊、双向转诊"医疗服务新格局。

第五,全功能架构的信息管理系统的建设,这将对医疗服务体系的纵向整合具有保障性和基础性作用。在纵向整合的医疗服务体系内,多层级医疗服务机构需要多功能、共享性的信息管理系统发挥基础性作用,实现医疗服务档案管理、医疗服务提供与评价以及管理财务系统三大重要功能,从而为医疗服务联合体提供从服务到决策全过程的保障性作用。

三 构建"因病致贫返贫"治理体系[①]

(一)解决"因病致贫、因病返贫"是精准扶贫的关键

根据国务院扶贫办调查显示,目前全国现有的 7000 多万贫困农民中,因病致贫的农民占到 42%。利用 2013 年"中国城乡困难家庭社会政策支持系统建设"的调查数据进行分析,在被调查的农村困难家庭中,95.78% 的贫困家庭面临八大困难:家庭主要劳动力没有工作、子女教育负担难以承受、家庭主要成员没有劳动能力、家庭成员疾病负担重、家庭成员需要长期照料、家庭成员发生意外事故、被长期拖欠工资、遭受重大自然灾害等。通过对多因致贫的农村家庭进一步分析发现,其面临的两项致贫主要原因:一是"家庭主要成员没有劳动能力",二是"过重的家庭成员疾病负担"。在服务项目中,农村医疗卫生保健服务是贫困家庭需求程度最高的服务项目,占农村贫困家庭的比重高达 63.45%。从农村贫困家庭就医情况来看,"费用高、看病贵"成为贫困家庭就医的首要

---

① 参见林闽钢《在精准扶贫中构建"因病致贫返贫"治理体系》,《中国医疗保险》2016年第 2 期。

困难，79.62%的农村贫困家庭认为就医费用高。此外，看病手续烦琐、看病排队难、为看病交通不便也还困扰着农村贫困群体。① 目前，"因病致贫返贫"已成为农村贫困地区比较突出的社会问题，疾病导致贫穷，贫穷加剧疾病，形成疾病和贫穷的恶性循环，严重影响着农民脱贫自立和农村经济发展。

围绕2020年全面建成小康社会的目标，农村反贫困进入到攻坚阶段，国家调整扶贫开发战略，由"大水漫灌"变为"精准滴灌"，"精准扶贫"把农村扶贫开发从区域扶贫，推进到县到乡镇，目前全面推进到贫困家庭。因此，迫切需要从整体性贫困治理战略的视角，全面提升农村精准扶贫的效果。

在大部分农村贫困地区，"因病致贫返贫"已成为顽疾，需要围绕各类"因病致贫返贫"对象及其目标构建多层次的治理体系才能得以防治；需要通过重建各种主动的管理机制、确立分级诊疗模式才能使治理体系从消极转为积极，从低效转为高效。

（二）构建多层次的"因病致贫返贫"治理体系

经过十多年的努力，我国农村多层次"因病致贫返贫"治理体系逐渐建立，形成了医疗救助制度是治理体系的基础，新农合制度是治理体系的主干，医疗大病保险和疾病应急救助是治理体系的补充，商业健康保险和慈善救助是治理体系的再补充的结构体系。其中，医疗救助制度、新型农村合作医疗和医疗大病保险发挥了重要作用。

1. 医疗救助制度："因病致贫返贫"治理体系的基础

近年来，医疗救助制度在农村贫困地区发展迅速，在医疗救助对象上，从开始的主要是农村低保对象、五保对象和一些特殊困难家庭，目前逐步扩大到低收入家庭中的特定困难对象以及其他特殊困难人员等，还将低收入家庭中的重病患者、老年人以及重度残疾人等纳入医疗救助资助参保范围。

医疗救助形式多样：一是资助符合条件的贫困对象参加新农合；二

---

① 林闽钢、梁誉、刘璐婵：《中国贫困家庭类型、需求和服务支持研究：基于"中国城乡困难家庭社会政策支持系统建设"项目的调查》，《天津行政学院学报》2014年第3期。

是对经新农村制度补偿后救助对象在政策范围内的自付基本医疗费用给予补助;三是对一些重特大疾病采取单病种付费的方式,由新农合和医疗救助共同分担所需医疗费用。

在医疗救助内容上,医疗救助以住院救助为主,同时兼顾门诊救助。住院救助主要用于帮助解决救助对象因病住院个人负担的医疗费用,门诊救助则将符合条件的救助对象患有的常见病、慢性病、需要长期药物维持治疗以及急诊、急救的个人负担医疗费用纳入医疗救助补偿范围。在救助标准上,目前各地基本都取消了起付线,并不断提高救助比例和救助封顶线,对救助对象政策范围内住院自负医疗费用救助比例要提高到70%以上。

总之,近年来农村医疗救助制度的实施较好发挥了"托底"作用,同时还起到了"串联"作用①,直接提高了参保(参合)率,有效扩大了基本医疗保险(新农合)的覆盖面。因而,医疗救助制度成为"因病致贫返贫"治理体系的基础。

2. 新农合制度:"因病致贫返贫"治理体系的主干

从2009年开始,确立新农合作为农村基本医疗保障制度的地位。2015年各级财政对新农合的人均补助标准达到了380元。

但新农合目前还存在一些主要问题:一是报销比例过低,即便是新农合与城居医保合并了,也存在报销比例过低、自负部分高昂的问题;二是一些大病病种及用药并没有列入医保目录,而大病报销比例仍较低;三是在分级诊疗制度没有全面实施之前,小病也容易产生高费用。因此,需要逐步扩大新农合门诊重症报销病种范围和报销限额,提高参合医疗保障扶贫对象住院医疗费用报销比例和大病保险报销比例,发挥新农合在"因病致贫返贫"治理体系中的主干作用。

3. 大病医疗保险:"因病致贫返贫"治理体系的补充

开展大病保险对农村居民因患大病发生的高额医疗费用给予报销,目的是要使绝大部分人不会再因为疾病陷入经济困境。大病保险主要解决新农合报销比例过低、起付线过高、封顶线过低等问题。建立和完善农村居民大病保险制度,对新农合参保人进行"二次报销",无疑是缓解

---

① 顾雪非、向国春:《多层次医疗救助体系建构研究》,载王治坤、林闽钢《中国社会救助:制度运行与理论探索》,人民出版社2015年版,第205—265页。

农村居民医疗费用负担，完善多层次"因病致贫返贫"治理体系的重要举措。

目前，多层次"因病致贫返贫"治理体系建设中，做好各项制度之间的衔接是重点，特别要做好农村医疗救助制度与新农合制度的衔接。此外，动员红十字会、基金会等社团组织、慈善机构和各类企事业单位等社会力量，多渠道筹集资金，使"因病致贫返贫"治理体系发挥出"组合拳"的治理效果。

（三）积极、有效"因病致贫返贫"治理体系的内涵

建立积极和有效的"因病致贫返贫"治理体系是"精准扶贫"的需要。一是通过对"因病致贫返贫"对象的分类瞄准和管理，建立对象早发现机制、早干预机制；二是通过确立农村分级诊疗模式，发挥基层医疗卫生机构的作用，从而有效减轻农村居民的就医负担。

1. 以"建库立卡"为重点，进行分类瞄准和管理

在目前农村扶贫开发"建档立卡"工作基础上，重点建立"因病致贫返贫"治理数据库，通过数据库的分析，拟瞄准的对象主要为：一是农村五保、低保、优抚对象及建卡贫困户的大病患者；二是农村独生子女领证户、二女结扎户家庭成员患病；三是艾滋病人和艾滋病机会性感染者；四是肇事肇祸精神障碍患者；五是因医疗自付费用过高导致家庭无力承担的患者；等等。对这些主要对象入户建卡，分析"因病致贫返贫"具体原因，科学评估贫困程度，据实核准脱贫需求，合理提出"因病致贫返贫"的治理方案。

2. 将社会工作引入治理体系，建立"缓医难"机制

发挥社会工作服务机构和社会工作者在"缓医难"方面的优势，既可以充分发挥其了解医疗救助政策、熟悉新农合政策的优势，为"因病致贫返贫"对象提供就医信息、寻求就医方案的职责；又可以充分发挥其在连接红十字会、基金会等社团组织、慈善机构和各类企事业单位等社会力量方面的优势，通过实施"一对一"方法，使治理"因病致贫返贫"由被动变为主动。目前，可以通过政府购买服务的方式，支持、引导社会组织特别是慈善组织和社工机构积极参与"因病致贫返贫"治理体系，从而能更加准确判定贫困对象在医疗卫生服务上的需求，确保社

会工作者能够有效、及时介入。建立早发现、早干预机制，通过多层次治理体系的合力，全面提高精准扶贫的效果。

3. 确立农村分级诊疗模式，发挥基层医疗卫生机构作用

在农村地区全面建立起基层首诊、双向转诊、急慢分治、上下联动的分级诊疗模式。加强基层医疗卫生服务体系建设，实现村卫生室标准化建设全覆盖，加强硬件设施建设，提高医疗服务水平，真正实现"家门口"就近就医。只有当基层医疗卫生机构服务功能齐全、医疗水平较高的时候，才能引导农村居民形成"小病在社区，大病进医院"的就医观念。因此，通过实行分级诊疗制度，引导参合农民合理利用卫生资源，控制医疗机构费用，防止小病大治，实现"小病不出村，常见病不出乡，大病不出县"，从而有效减轻农村居民的就医负担。

第 六 章

社会救助服务及其管理

一 贫困家庭类型、需求和服务支持[①]

(一) 贫困家庭类型和致贫因素分析

贫困问题一直是人类发展所面临的核心问题。21世纪初期，长期贫困（chronic poverty）问题及其干预政策开始成为各国研究的重点。与传统的贫困研究相比较，长期贫困研究则更注重贫困的类型分析和政策干预的有效性。

中国经过40年经济和社会的快速发展，在贫困治理方面取得了显著成果。随着中国贫困治理的深入，长期贫困问题的解决开始成为今后反贫困政策的核心。因此，为了提高反贫困政策的有效性，推进贫困家庭的分类治理，特别需要研究我国贫困家庭的类型、致贫因素，还要进一步了解我国贫困家庭对社会服务的需求，及目前社会服务对贫困家庭的供给和支持情况，为今后我国大规模的贫困治理找到政策干预点。

2013年中国城乡困难家庭社会政策支持系统建设项目的数据反映的是2012年城乡贫困家庭的基本状况。[②] 该调查从2008年起，以家庭为单位，对城乡分别进行调查。调查采用了立意抽样、简单随机抽样等方式，以全国34个省、自治区和直辖市为初级抽样框，初级抽样框抽取的每个

---

① 参见林闽钢、梁誉、刘璐婵《中国贫困家庭类型、需求和服务支持研究》，《天津行政学院学报》2014年第3期。
② 由财政部资助、民政部政策研究中心承担的国家重大课题"中国城乡困难家庭社会政策支持系统建设"项目，已建立"中国城乡困难家庭社会政策支持系统建设"数据库。本部分使用的是2013年调查的数据。

省份内部的所有地级市作为第二级抽样框，抽取到的每个地级市内部的所有区县作为第三级抽样框，每个区县内部的所有乡镇与街道构成第四级抽样框，按中东西不同的样本量抽取样本。最终抽取的6个调查地区包括辽宁省、山东省、山西省、湖南省、甘肃省和重庆市，总共抽取96个区县的11800户困难家庭作为调查样本，进行入户调查。此后几年的调查延续了2008年的全国—省—市—区（县）—乡镇—户的顺序，以区县作为最基本的抽样框，综合运用了立意抽样、分层抽样以及简单随机抽样等多种抽样方式完成了抽样。

2012年的调查则将样本省份扩展到了十个，包括安徽省、甘肃省、广西壮族自治区、贵州省、湖南省、辽宁省、山东省、山西省、陕西省、重庆市。本次调查对象包括城市和农村地区困难家庭，回收有效问卷城市6062份、农村6166份。

根据"中国城乡困难家庭社会政策支持系统建设"项目多年的调查，我国贫困家庭主要面临以下困难：家庭主要劳动力没有工作、子女教育负担难以承受、家庭主要成员没有劳动能力、家庭成员疾病负担重、家庭成员需要长期照料、家庭成员发生意外事故、被长期拖欠工资、遭受重大自然灾害等八大困难。

根据2013年调查数据，在被调查的城市困难家庭中，92.34%贫困家庭面临这八大困难，其中，有43.82%的家庭属于单因致贫，即仅面临单一的困难，而48.52%以上的家庭则是多因致贫。在被调查的农村困难家庭中，95.78%的贫困家庭面临这八大困难，其中，45.07%的家庭属于单因致贫，50.71%的家庭则是多因致贫（见表6—1）。

表6—1　　　　　　　　贫困家庭致贫因素类型

致贫因素分类	城市地区		农村地区	
	户数（户）	百分比（%）	户数（户）	百分比（%）
单因致贫的困难家庭	2627	43.82	2745	45.07
双因致贫的困难家庭	1970	32.86	2159	35.45
三因致贫的困难家庭	730	12.18	771	12.66
四因致贫的困难家庭	170	2.84	142	2.33

续表

致贫因素分类	城市地区		农村地区	
	户数（户）	百分比（%）	户数（户）	百分比（%）
五因及以上致贫的困难家庭	39	0.65	16	0.26
其他	459	7.66	257	4.22
合计	5995	100.00	6090	100.00

在贫困家庭中，城市和农村单因致贫的家庭总数分别是2627户和2745户，分别占全部被调查家庭的43.82%和45.07%。在城市中，最主要的单一致贫原因是"家庭主要劳动力没有工作"，这一原因导致贫困的家庭的比例高达14.78%。相比之下，农村中是"家庭主要成员没有劳动能力"，有20.36%的家庭受困于此。可见，失业是城市家庭主要致贫因素，而家庭主要成员没有劳动力是农村主要的致贫因素（见表6—2）。

表6—2　　　　　　　　单因致贫的家庭情况

城市地区			农村地区		
致贫原因	户数（户）	百分比（%）	致贫原因	户数（户）	百分比（%）
家庭主要劳动力没有工作	886	14.78	家庭主要成员没有劳动能力	1240	20.36
子女教育负担难以承受	605	10.09	家庭主要劳动力没有工作	565	9.28
家庭主要成员没有劳动能力	592	9.87	家庭成员疾病负担重	456	7.49
家庭成员疾病负担重	389	6.49	子女教育负担难以承受	225	3.69
家庭成员需要长期照料	113	1.88	家庭成员需要长期照料	145	2.38
家庭成员发生意外事故	24	0.40	家庭成员发生意外事故	65	1.07
被长期拖欠工资	12	0.20	遭受重大自然灾害	45	0.74

续表

城市地区			农村地区		
致贫原因	户数（户）	百分比（%）	致贫原因	户数（户）	百分比（%）
遭受重大自然灾害	6	0.10	被长期拖欠工资	4	0.07
合计	2627	43.82	合计	2745	45.07

在双因致贫的家庭中，城市一共有1970户，占全部被调查家庭的32.86%；农村一共有2159户，占全部被调查家庭的35.45%。在城市，有9.09%的家庭面临的两项主要致贫原因是："家庭主要劳动力没有工作"和"子女教育负担"。在农村，有9.11%的贫困家庭面临的两项主要致贫原因是："家庭主要成员没有劳动能力"和"过重的家庭成员疾病负担"。与单因致贫的贫困家庭相比较，多数城市双因致贫的家庭是在遭遇失业的基础上又增加了子女就学负担，而多数农村双因致贫的家庭则是在家庭主要成员没有劳动能力的基础上又添加了疾病负担（见表6—3）。

表6—3　　　　　　　　双因致贫的家庭分布情况

城市地区			农村地区		
致贫原因	户数（户）	百分比（%）	致贫原因	户数（户）	百分比（%）
（1）家庭主要劳动力没有工作 （2）子女教育负担难以承受	545	9.09	（1）家庭主要成员没有劳动能力 （2）家庭成员疾病负担重	555	9.11
（1）家庭主要成员没有劳动能力 （2）家庭成员疾病负担重	280	4.67	（1）家庭主要成员没有劳动能力 （2）家庭成员需要长期照料	295	4.84

续表

城市地区			农村地区		
致贫原因	户数（户）	百分比（%）	致贫原因	户数（户）	百分比（%）
(1) 家庭主要劳动力没有工作 (2) 家庭成员疾病负担重	235	3.92	(1) 家庭主要劳动力没有工作 (2) 家庭主要成员没有劳动能力	218	3.58
(1) 家庭成员疾病负担重 (2) 子女教育负担难以承受	168	2.80	(1) 家庭成员疾病负担重 (2) 家庭主要劳动力没有工作	198	3.25
(1) 家庭主要劳动力没有工作 (2) 家庭主要成员没有劳动能力	158	2.64	(1) 家庭成员疾病负担重 (2) 家庭成员需要长期照料	189	3.10
(1) 家庭主要成员没有劳动能力 (2) 子女教育负担难以承受	156	2.60	(1) 家庭主要劳动力没有工作 (2) 子女教育负担难以承受	155	2.55
(1) 家庭成员疾病负担重 (2) 家庭成员需要长期照料	138	2.30	(1) 家庭成员疾病负担重 (2) 子女教育负担难以承受	120	1.97
(1) 家庭主要成员没有劳动能力 (2) 家庭成员需要长期照料	106	1.77	(1) 家庭主要成员没有劳动能力 (2) 子女教育负担难以承受	108	1.77
(1) 家庭主要劳动力没有工作 (2) 家庭成员需要长期照料	60	1.00	(1) 家庭主要劳动力没有工作 (2) 家庭成员需要长期照料	80	1.31

续表

城市地区			农村地区		
致贫原因	户数（户）	百分比（%）	致贫原因	户数（户）	百分比（%）
其他两项组合形式	124	2.07	其他两项组合形式	241	3.96
合计	1970	32.86	合计	2159	35.45

在三因致贫的家庭中，城市地区有 730 户，占全部被调查家庭的 12.18%；农村地区有 771 户，占 12.66%。在城市，有 2.10% 的贫困家庭同时面临家庭主要成员没有劳动能力、家庭成员疾病负担重和家庭成员需要长期照料的困难。在农村，4.04% 的贫困家庭面临的主要致贫原因是：家庭主要成员没有劳动能力、家庭成员疾病负担重以及家庭成员需要长期照料（见表6—4）。

表6—4　　　　　　　三因致贫的家庭情况

城市地区			农村地区		
致贫原因	户数（户）	百分比（%）	致贫原因	户数（户）	百分比（%）
（1）家庭主要成员没有劳动能力 （2）家庭成员疾病负担重 （3）家庭成员需要长期照料	126	2.10	（1）家庭主要成员没有劳动能力 （2）家庭成员疾病负担重 （3）家庭成员需要长期照料	246	4.04
（1）家庭主要劳动力没有工作 （2）家庭成员疾病负担重 （3）子女教育负担难以承受	107	1.78	（1）家庭主要劳动力没有工作 （2）家庭成员疾病负担重 （3）家庭主要成员没有劳动能力	80	1.31

续表

城市地区			农村地区		
致贫原因	户数（户）	百分比（%）	致贫原因	户数	百分比（%）
（1）家庭主要成员没有劳动能力 （2）家庭成员疾病负担重 （3）家庭主要劳动力没有工作	99	1.65	（1）家庭主要成员没有劳动能力 （2）家庭成员疾病负担重 （3）子女教育负担难以承受	65	1.07
（1）家庭成员疾病负担重 （2）家庭主要成员没有劳动能力 （3）子女教育负担难以承受	80	1.33	（1）家庭成员疾病负担重 （2）家庭主要劳动力没有工作 （3）家庭成员需要长期照料	55	0.90
（1）家庭主要劳动力没有工作 （2）家庭成员疾病负担重 （3）家庭成员需要长期照料	74	1.23	（1）家庭主要劳动力没有工作 （2）家庭主要成员没有劳动能力 （3）家庭成员需要长期照料	52	0.85
（1）子女教育负担难以承受 （2）家庭主要成员没有劳动能力 （3）家庭主要劳动力没有工作	71	1.18	（1）子女教育负担难以承受 （2）家庭成员需要长期照料 （3）家庭成员疾病负担重	41	0.67

续表

城市地区			农村地区		
致贫原因	户数（户）	百分比（%）	致贫原因	户数	百分比（%）
（1）家庭成员疾病负担重 （2）子女教育负担难以承受 （3）家庭成员需要长期照料	36	0.60	（1）家庭成员疾病负担重 （2）子女教育负担难以承受 （3）家庭主要劳动力没有工作	33	0.54
（1）家庭成员需要长期照料 （2）子女教育负担难以承受 （3）家庭主要劳动力没有工作	30	0.50	（1）家庭成员需要长期照料 （2）子女教育负担难以承受 （3）家庭主要成员没有劳动能力	28	0.46
其他三项组合形式	107	1.78	其他三项组合形式	171	2.81
合计	730	12.18	合计	771	12.66

（二）贫困家庭的服务需求及其供给情况

从表 6—5 中可以看到，无论是在城市还是农村，医疗卫生保健服务都是贫困家庭需求程度最高的服务项目。其中，城市有 3085 户贫困家庭需要医疗卫生保健服务，占城市贫困家庭的 51.70%；而农村有 3815 户贫困家庭需要医疗卫生保健服务，占农村贫困家庭的比重更是高达 63.45%。在办理社会保障服务方面，城市有 2270 户贫困家庭需要办理社会保障服务，占城市贫困家庭的 38.04%；而农村有 2385 户贫困家庭需要办理社会保障服务，占农村贫困家庭的比重为 39.66%。在劳动就业服务方面，城市有 2262 户贫困家庭需要劳动就业服务，占城市贫困家庭的 37.91%；而农村有 1704 户贫困家庭需要劳动就业服务，占农村贫困家庭的 28.34%。而在紧急救助、生活照料服务、精神慰藉、临终关怀服务、社区养老服务、幼儿托护等方面，农村贫困家庭对这些服务项目的需求程度均高于城市。就城乡贫困家庭对社会服务的需求来看，相比较于城市，除劳动就业服务以外农村贫困家庭对各项社会服务需求程度更高（见表6—5）。

表6—5　　　　　　　贫困家庭对社会服务的需求情况

社会服务项目	城市		农村	
	户数（户）	占城市贫困家庭比率（%）	户数（户）	占农村贫困家庭比率（%）
办理社会保障服务	2270	38.04	2385	39.66
劳动就业服务	2262	37.91	1704	28.34
医疗卫生保健服务	3085	51.70	3815	63.45
紧急救助	565	9.47	727	12.09
生活照料服务	675	11.31	1019	16.95
精神慰藉	251	4.21	282	4.69
临终关怀服务	70	1.17	158	2.63
社区养老服务	749	12.55	865	14.39
幼儿托护	101	1.69	108	1.80

就贫困家庭对社会服务的需求供给程度来看，总体上，贫困家庭的社会服务需求供给程度较低（见表6—6）。其中在城市，仅在"办理社会保障服务"这一项目上的需求供给程度上达到了52.07%，超过有需求家庭的一半。而在其他紧急救助、生活照料服务、临终关怀服务、社区养老服务、幼儿托护等服务项目上，服务的供给比率分别仅为15.04%、10.22%、4.29%、11.21%和12.87%，需求供给程度不及20%。同样，在农村也仅有"医疗卫生保健服务"和"办理社会保障服务"两项社会服务项目的需求供给程度超过有需求家庭的一半，分别为59.58%和59.45%，而在生活照料服务、精神慰藉、临终关怀服务、社区养老服务、幼儿托护供给的程度分别仅为11.48%、18.44%、8.86%、9.60%和14.81%（见表6—6）。

表6—6　　　　　　贫困家庭社会服务需求的供给程度情况

社会服务项目	城市			农村		
	需求户数（户）	供给户数（户）	供给比率（%）	需求户数（户）	供给户数（户）	供给比率（%）
办理社会保障服务	2270	1182	52.07	2385	1418	59.45
劳动就业服务	2262	620	27.41	1704	325	19.07
医疗卫生保健服务	3085	1332	43.18	3815	2273	59.58
紧急救助	565	85	15.04	727	252	34.66
生活照料服务	675	69	10.22	1019	117	11.48
精神慰藉	251	58	23.11	282	52	18.44
临终关怀服务	70	3	4.29	158	14	8.86
社区养老服务	749	84	11.21	865	83	9.60
幼儿托护	101	13	12.87	108	16	14.81

从我国东中西部区域情况来看，医疗卫生保健服务仍然是贫困家庭需求程度最高的社会服务项目，其中东部地区有1406户家庭需要医疗卫生保健服务，占该地区贫困家庭的60.87%；中部地区有的2217户家庭需要医疗卫生保健服务，占该地区贫困家庭的61.40%；西部地区有3277户家庭需要医疗卫生保健服务，占该地区贫困家庭的54.08%。在办理社会保障服务、劳动就业服务、社区养老服务方面，东部为30.74%、22.25%和11.90%；中部地区为40.07%、31.85%、14.79%；西部地区为41.23%、37.99%、13.29%，中部和西部地区的需求程度更高。而在紧急救助、生活照料服务方面，东部地区为13.12%、16.75%；中部地区为12.57%、14.29%；西部地区为8.83%、13.05%，东部地区的需求程度更高（见表6—7）。

表 6—7　　　　　东中西区域贫困家庭对社会服务的需求情况

社会服务项目	东部		中部		西部	
	户数（户）	占该地区贫困家庭比率（%）	户数（户）	占该地区贫困家庭比率（%）	户数（户）	占该地区贫困家庭比率（%）
办理社会保障服务	710	30.74	1447	40.07	2498	41.23
劳动就业服务	514	22.25	1150	31.85	2302	37.99
医疗卫生保健服务	1406	60.87	2217	61.40	3277	54.08
紧急救助	303	13.12	454	12.57	535	8.83
生活照料服务	387	16.75	516	14.29	791	13.05
精神慰藉	121	5.24	150	4.15	262	4.32
临终关怀服务	52	2.25	52	1.44	124	2.05
社区养老服务	275	11.90	534	14.79	805	13.29
幼儿托护	36	1.56	52	1.44	121	2.00

从表 6—8 来看，总体上东部地区贫困家庭社会服务需求的供给程度要高于中部，尤其高于西部地区。其中东部地区只有办理社会保障和医疗卫生保健两项服务的供给户数达到需求户数的一半，分别为 59.01% 和 61.88%。而其他项目，尤其是紧急救助、生活照料服务、临终关怀服务、社区养老服务的需求供给率仍然较低。中部地区同东部地区一样，也只有办理社会保障和医疗卫生保健两项服务的供给户数达到需求户数的一半，分别为 51.62% 和 54.17%，其余服务项目，除劳动就业服务、紧急救助、精神慰藉服务以外，供给率均低于 20%。与东部和中部相比，西部地区仅有办理社会保障服务一项服务供给率超过 50%，其余服务，特别是临终关怀服务、社区养老、幼儿托护服务，供给率只有 3.23%、8.57% 和 8.26%，远不能满足贫困家庭对社会服务的需求。因而，就东中西区域来看，贫困家庭社会服务需求的供给程度皆较低，并且呈现出明显的地区差异（见表 6—8）。

表 6—8　　东中西区域贫困家庭社会服务需求的供给程度情况

社会服务项目	东部			中部			西部		
	需求户数（户）	供给户数（户）	供给比率（%）	需求户数（户）	供给户数（户）	供给比率（%）	需求户数（户）	供给户数（户）	供给比率（%）
办理社会保障服务	710	419	59.01	1447	747	51.62	2498	1434	57.41
劳动就业服务	514	201	39.11	1150	257	22.35	2302	487	21.16
医疗卫生保健服务	1406	870	61.88	2217	1201	54.17	3277	1534	46.81
紧急救助	303	57	18.81	454	198	43.61	535	82	15.33
生活照料服务	387	59	15.25	516	36	6.98	791	91	11.50
精神慰藉	121	38	31.40	150	31	20.67	262	41	15.65
临终关怀服务	52	5	9.62	52	8	15.38	124	4	3.23
社区养老服务	275	43	15.64	534	55	10.30	805	69	8.57
幼儿托护	36	12	33.33	52	7	13.46	121	10	8.26

在劳动就业服务方面，城乡接受过各类劳动就业服务的贫困家庭之间存在明显差异，农村贫困家庭接受各类劳动就业服务的情况要明显好于城市贫困家庭。其中，在接受扶贫资金、税收优惠、小额低息贷款、技术支持、结对帮扶等服务上，城市贫困家庭接受过这些具体服务项目的比例为6.29%、1.16%、1.45%、6.10%、17.13%；而同比之下，农村贫困家庭接受服务的比例分别是33.38%、6.17%、8.87%、19.70%、40.45%，明显高于城市（见表6—9）。

表 6—9　　贫困家庭接受各类劳动就业服务情况

服务项目	城市		农村	
	户数（户）	占接受过劳动就业服务户数的比率（%）	户数（户）	占接受过劳动就业服务户数的比率（%）
扶贫资金	65	6.29	222	33.38
税收优惠	12	1.16	41	6.17
小额低息贷款	15	1.45	59	8.87
技术支持	63	6.10	131	19.70
结对帮扶	177	17.13	269	40.45

续表

服务项目	城市		农村	
	户数（户）	占接受过劳动就业服务户数的比率（%）	户数（户）	占接受过劳动就业服务户数的比率（%）
免费培训	650	62.92	257	38.65
有偿培训	19	1.84	9	1.35
其他	6	0.58	4	0.60

从贫困家庭就医情况来看，"费用高、看病贵"成为贫困家庭就医的首要困难，分别有87.62%和79.62%的城市和农村贫困家庭认为就医费用高。此外，另有5.49%和9.94%的城市和农村贫困家庭认为看病手续烦琐，有5.62%和5.30%的城市和农村贫困家庭认为看病排队难，0.52%和3.78%的城市和农村贫困家庭认为看病交通不便（见表6—10）。

表6—10　　　　　　　　贫困家庭就医困难情况

地区	排队难		费用高		看病手续烦琐		交通不便		其他		合计（户）
	户数（户）	比率（%）	户数（户）	比率（%）	户数（户）	比率（%）	户数（户）	比率（%）	户数（户）	比率（%）	
城市	338	5.62	5266	87.62	330	5.49	31	0.52	45	0.75	6010
农村	325	5.30	4884	79.62	610	9.94	232	3.78	83	1.35	6134

从贫困家庭长期照料方面来看，城乡主要照料方式为家人专门照料。其中，在城市高达76.65%，农村为68.28%。在城市中，无专门照料的家庭比率达到20.46%，而农村更是达到30.24%（见表6—11）。

表6—11　　　　　　　　贫困家庭长期照料方式

地区	家人专门照料		社区居家照料		聘请保姆照料		送专门机构照料		无专门照料		合计（户）
	户数（户）	比率（%）	户数（户）	比率（%）	户数（户）	比率（%）	户数（户）	比率（%）	户数（户）	比率（%）	
城市	1008	76.65	22	1.67	2	0.15	14	1.06	269	20.46	1315
农村	1201	68.28	12	0.68	3	0.17	11	0.63	532	30.24	1759

二 低保政策执行的影响因素及效果分析[①]

城乡居民最低生活保障制度是实现"社会政策要托底"的主要政策工具,作为最后一道安全网,城乡居民最低生活保障制度的有效实施可以解决贫困家庭的基本生活问题,对促进经济发展和社会稳定发挥着基础性的作用。目前,随着我国经济和社会的发展,一方面,城乡最低生活保障功能不断扩展、救助标准逐渐提高、综合救助体系得以确立;另一方面,在制度建设不断完善,政策执行日益规范的情况下,对救助精准性和有效性的要求进一步提高。近年来,城乡最低生活保障制度实施过程中存在两大难题:一是最低生活保障救助对象的识别问题;二是最低生活保障政策执行效果问题。

最低生活保障救助对象的识别是指有资格进入最低生活保障的家庭认定,即最低生活保障制度的对象选择问题。最低生活保障资格的认定是以严格的收入审查为标准,即家庭人均收入低于当地最低生活保障标准才可获得救助,而不论该家庭是否有劳动能力和特殊困难。但在基层最低生活保障政策执行层面,面临的突出问题是家庭收入难以确定,加上许多地方开始实施对最低生活保障边缘户等有特殊困难的支出型贫困家庭展开分类救助,从而造成救助对象难甄别等问题。与此相伴随的是,基层最低生活保障执行者的个人关系被认为容易影响救助资源的获得,衍生出人情保和关系保等问题。[②] 因此,基层最低生活保障对象识别中的自由裁量成为广泛关注的焦点问题。

关于最低生活保障政策的执行效果,从已有的研究来看,救助对象的有效识别事关最低生活保障制度的公平性,而最低生活保障运行的困境则表现在福利污名和福利依赖两个方面。[③] 复杂的资格审核程序和公示

[①] 参见霍萱、林闽钢《城乡最低生活保障政策执行的影响因素及效果分析》,《苏州大学学报》2016年第6期。

[②] 丁煜、李琴:《基于社区的城市贫困治理问题研究:以XM市ZH街道为分析个案》,《社会保障研究》2010年第1期。

[③] 张峻豪、邓大松、黄玉君:《城市居民最低生活保障制度的困境分析与政策转型》,《中国人口·资源与环境》2014年第1期。

被认为会产生污名问题,同时"污名感"还与救助对象对自己的刻板印象而导致的消极情绪和行为反应有关。① 在最低生活保障制度日趋完善的背景下,我国还出现了对"最低生活保障养懒汉"的担忧,认为接受最低生活保障救助的对象产生了"福利依赖"。关于我国最低生活保障制度的实施中是否真正出现了"福利依赖"问题已形成争论:一种观点认为最低生活保障对象有"福利依赖"的倾向,最低生活保障制度存在负激励效应,最低生活保障政策的补差模式会打击受助者就业的积极性②,而伴随着救助项目的完善和扩展以及配套措施的叠加效应,最低生活保障含金量的不断升高导致受助者一旦失去享受最低生活保障的资格,失去的不仅是救助金收入,更包括各项配套措施,因此受助家庭在获得救助后再就业行为减弱。③ 另一种观点并不认为最低生活保障对象会产生对救助的依赖,由于最低生活保障制度是基于对绝对贫困实行救助的标准,所以,对贫困者的工作积极性并没有太大的影响。④ 还有研究认为,受助者之所以长期停留在最低生活保障救助制度之中,主要是为了规避生存风险和保障基本生活而产生的无奈之举。⑤

基于以上研究讨论,本部分关注:目前影响城乡贫困家庭获得最低生活保障资格的因素是什么?城乡贫困家庭(成员)如何评价最低生活保障资格的评审?最低生活保障制度的实施对最低生活保障家庭(成员)究竟会产生哪些效果?

本部分研究使用的数据来自由财政部立项资助,民政部政策研究中心承担的国家重大课题"中国城乡困难家庭社会政策支持系统建设"项目的调查。本部分使用的数据是 2015 年 7 月调查所得,其反映的是城乡

---

① 汪亦泓、柯仲锋:《论"福利污名"及其应对策略》,《内蒙古农业大学学报》(社会科学版) 2011 年第 4 期。

② 边恕:《解决城市低保制度就业负激励问题的方案探讨:基于"补差制"与"负所得税制"的分析》,《中国软科学》2014 年第 10 期。

③ 王增文、邓大松:《倾向度匹配、救助依赖与瞄准机制:基于社会救助制度实施效应的经验分析》,《公共管理学报》2012 年第 2 期。

④ 薛君、卢海清:《城市最低生活保障制度与贫困者工作积极性:以武汉、荆州和洪湖为调查对象》,《社会科学论坛》2006 年第 4 期。

⑤ 慈勤英、兰剑:《"福利"与"反福利依赖":基于城市低保群体的失业与再就业行为分析》,《武汉大学学报》2015 年第 4 期。

困难家庭的基本状况,调查对象主要分为两类:一是享受城乡居民最低生活保障的贫困家庭;二是没有享受最低生活保障的其他低收入困难家庭。本次调查按照"省—市—区(县)—乡镇(街道)—户"的顺序,综合运用立意抽样、分层抽样以及简单随机抽样等多种抽样方式,抽取调查样本。样本省份包括北京市、天津市、河北省、山西省、内蒙古自治区、辽宁省、吉林省、江苏省等 29 个省份。调查对象包括城市和农村困难家庭,回收有效问卷为城市 7322 份,农村 4205 份。

(一) 影响申请获得最低生活保障资格的因素分析

根据最低生活保障资格申请与获得情况,将城乡困难家庭分成三大类别:成功申请了最低生活保障资格的家庭、申请了最低生活保障资格但未获得的家庭、从未申请过最低生活保障资格的家庭,其具体情况见表 6—12。可见凡是申请过最低生活保障资格的家庭,大多数都能够申请成功,但不排除还有相当一部分申请不成功,且在农村这一比例更大。

表 6—12　　　　城乡贫困家庭申请和获得最低生活保障资格情况

申请和获得最低生活保障资格情况	城市		农村	
	家庭数(户)	百分比(%)	家庭数(户)	百分比(%)
成功申请最低生活保障	4729	64.73	2445	58.37
申请最低生活保障但未成功	1007	13.78	853	20.36
从未申请过最低生活保障	1570	21.49	891	21.27
合计	7306	100.00	4189	100.00

进一步考察申请最低生活保障资格未成功的原因,发现城市和农村各有 12.40% 和 14.13% 的居民认为是由于最低生活保障评审不合理造成的,同时大部分的居民还认为是由于不符合申请条件造成的。但是在农村家庭样本中进一步分析发现,还有一部分家庭提出没有申请成功的原因是因为所在村没有了最低生活保障指标(见表 6—13)。

表6—13　　城乡困难家庭申请最低生活保障资格失败的原因

申请最低生活保障资格失败的原因	城市		农村	
	家庭数（户）	百分比（%）	家庭数（户）	百分比（%）
不符合条件	444	45.49	245	30.10
其他人家庭更贫困	122	12.5	121	14.86
最低生活保障评审不合理	121	12.40	115	14.13
其他	289	29.61	333	40.91
合计	976	100.00	814	100.00

为了进一步分析城乡贫困家庭申请最低生活保障的影响因素，采用回归分析的方法进行判断。根据"申请最低生活保障并成功的家庭""申请最低生活保障但未成功的家庭"为二分因变量，以"申请最低生活保障并成功的家庭"为参照类，采用logistic回归模型进行探究，自变量有以下三类：一是家庭经济状况变量，包括有劳动能力人口占比、家庭人均收入（减去政府救助收入，并且去掉收入小于0的无效样本）、家庭人均支出、家庭住房面积、家庭耐用品拥有情况，农村还包括土地面积）；二是家庭需求情况变量，包括家中是否有残疾人、是否有慢性病患者、是否有大病患者、是否有需要长期照料者；三是与村/居委会的关系变量，包括认识村/居委会工作人员数量和遇到困难是否最先向政府或居委会求助。各变量描述统计结果见表6—14。

从模型估计结果可以看出：第一，在城市中，从家庭经济状况变量可以看出，家庭成员有劳动能力的人口数占比越大，家庭拥有耐用品的情况越好（是否拥有电动自行车和手机），家庭住房面积越大，越不容易获得救助。家庭人均收入和家庭人均支出较低对于获得最低生活保障资格虽然有显著的正向影响，但是由于调查样本均为申请过最低生活保障的贫困家庭，收入和支出普遍偏低且变异较小，其效应非常小。从家庭需求情况变量可以看出，有残疾人的家庭，申请获得最低生活保障资格的比例更高，有大病患者的家庭也更容易获得最低生活保障资格，但变量不显著。但家中有慢性病患者和长期照料者反而不利于获得最低生活保障资格，而从描述统计可以看出，拥有慢性病患者的家庭在申请最低生活保障资格但未成功的家庭中比例明显更高。从调查家庭与居委会的关系变量可以看出，认识居委会工作人员的数量越多，越倾向于向政府或居委会求助的家庭，在提出最低生活保障申请的时候更容易获得最低生活保障资格。

表 6—14　　自变量平均水平的描述统计

变量类型	变量名称	城市		农村	
		成功申请最低生活保障家庭	申请最低生活保障但未成功家庭	成功申请最低生活保障家庭	申请最低生活保障但未成功家庭
家庭经济状况变量	家庭有劳动能力成员占比（有劳动能力家庭人口数/家庭总人口数·%）	34.32	43.47	28.20	35.50
	家庭人均收入（元/年）	4383.3	5594.6	2416.78	2930.43
	家庭人均支出（元/年）	11501.13	13336.01	8364.4	10335.19
	家庭住房面积（平方米）	66.97	74.78	81.78	81.72
	有空调家庭占比（%）	29.13	29.39	9.30	9.50
	有电脑家庭占比（%）	19.55	20.46	6.58	5.16
	有电动自行车家庭占比（%）	28.03	35.21	25.13	35.17
	有摩托车家庭占比（%）	6.66	9.03	15.67	17.94
	有智能手机家庭占比（%）	35.24	41.73	20.94	25.32
	土地面积（亩）			2.94	3.39
家庭需求情况	有残疾人家庭占比（%）	45.73	30.89	46.32	33.41
	有慢性病患者家庭占比（%）	57.36	63.86	57.21	61.78
	有大病患者家庭占比（%）	27.41	27.21	27.07	32.00
	有需要长期照料者家庭占比（%）	38.87	35.71	41.23	36.81
与村/居委会关系的变量	认识村/居委会工作人员数量（个）	4.97	4.4	4.73	4.75
	遇到困难最先向政府或居委会求助占比（%）	41.16	32.46	40.45	32.55

第二，在农村中，从家庭经济状况变量可以看出，家庭成员有劳动能力的人口数占比越大，家庭拥有耐用品的情况越好（是否拥有电动自行车和摩托车），越不容易获得救助资格。而是否拥有电脑这一变量出现相反结果，可能是由于农村贫困家庭拥有电脑的比例很低所致。家庭人均收入和人均支出的影响依然很小，与城市情况类似。从家庭需求情况

变量可以看出，有残疾人的家庭更容易获得最低生活保障资格。但有慢性病和大病患者的家庭反而更不容易获得最低生活保障资格，而从描述统计也可以看出拥有此类特征的家庭在申请最低生活保障但未成功的家庭中比例明显更高。从调查家庭与村委会的关系变量可以看出，认识村委会工作人员的数量越多，越倾向于向政府或村委会求助的家庭，越容易获得最低生活保障资格，但前者不显著（见表6—15）。

表6—15　　　　　　　　logistic 模型估计结果

变量类型	自变量	模型1 城市样本	模型2 农村样本
家庭经济状况变量	有劳动能力人口数占比	0.253* (0.126)	0.757*** (0.152)
	家庭人均收入（除去政府救助收入）	0.0000486*** (0.00000872)	0.0000383** (0.0000171)
	家庭人均支出	0.00000681* (0.00000352)	0.0000190*** (0.00000493)
	家庭住房面积	0.0034*** (0.0009)	-0.0011 (0.0009)
	家中是否有空调（没有=0，有=1）	-0.142 (0.0995)	-0.167 (0.165)
	家中是否有电脑（没有=0，有=1）	-0.144 (0.114)	-0.478** (0.204)
	家中是否有电动自行车（没有=0，有=1）	0.258*** (0.085)	0.501*** (0.100)
	家中是否有摩托车（没有=0，有=1）	0.199 (0.142)	0.210* (0.123)
	家中是否有智能手机（没有=0，有=1）	0.220** (0.087)	0.009 (0.113)
	土地面积		0.0175 (0.0113)

续表

变量类型	自变量	模型1 城市样本	模型2 农村样本
家庭需求情况变量	家中是否有残疾人（没有=0，有=1）	-0.633*** (0.0881)	-0.566*** (0.0983)
	家中是否有慢性病患者（没有=0，有=1）	0.286*** (0.0816)	0.188** (0.0932)
	家中是否有大病患者（没有=0，有=1）	-0.0240 (0.094)	0.273*** (0.105)
	家中是否有需要长期照料者（没有=0，有=1）	0.187** (0.092)	-0.0676 (0.102)
与村/居委会的关系变量	认识居委会人员数量	-0.0607*** (0.0134)	-0.0103 (0.0171)
	遇到困难是否最先向政府或居委会求助（否=0，是=1）	-0.294*** (0.082)	-0.176* (0.093)
	常数项	-1.953*** (0.136)	-1.549*** (0.156)
	N	4917	2848
	pseudo R^2	0.048	0.051

注：括号内的数字为标准误；* $p<0.1$，** $p<0.05$，*** $p<0.01$（双尾检验）。

从以上分析结果可以看出，第一，不论在城市还是农村，在最低生活保障政策执行中，基层最低生活保障管理人员对最低生活保障家庭（申请者）的熟悉和了解情况，是直接影响最低生活保障家庭（申请者）获得最低生活保障资格的重要因素。第二，虽然收入和支出是能够影响救助资源获得的关键变量，但是在收入和支出都很低且变动较小的情况下，对最低生活保障资格获得的影响则较小。第三，家庭有劳动能力成员和耐用品拥有情况，这两个方面情况越好，越不容易获得救助资格，而有残疾人的家庭更容易获得最低生活保障资格。

(二) 城乡最低生活保障政策执行效果分析

1. 城乡贫困家庭对最低生活保障执行及救助效果的主观评价

虽然基层最低生活保障管理人员对最低生活保障申请者的熟悉和了解情况，是直接影响最低生活保障申请者获得最低生活保障资格的重要因素，但城乡贫困家庭（包括三类家庭，即申请了最低生活保障资格的家庭、申请了最低生活保障资格但未获得的家庭、从未申请过最低生活保障资格的家庭）对最低生活保障执行情况的总体评价较高。在最低生活保障评审的公平性方面，城市贫困家庭认为最低生活保障评审公平的比例达到77.38%，农村贫困家庭认为最低生活保障评审是公平的比例达到73.48%。而非常同意或比较同意"最低生活保障资格认定靠关系、走后门"的城乡贫困家庭分别占比12.29%和13.27%，非常同意或比较同意"最低生活保障户隐瞒工作或收入"的比例分别为19.27%和15.03%，认为"最低生活保障工作人员不认真、不负责"的比例分别为11.10%和12.69%。总的来看，城乡贫困家庭对最低生活保障评审的公平性和执行情况评价较高，但仍存在最低生活保障政策执行不到位的问题。

在最低生活保障对解决家庭生活困难方面，在城市选择"作用很大"和"作用较大"的最低生活保障家庭比例超过了80.18%；在农村，这一比例也达到了76.61%，可见，最低生活保障政策能够有效帮助贫困家庭解决生活困难问题。目前，在最低生活保障及其配套措施中，主要还是通过最低生活保障金来保障贫困家庭的生活。从城乡贫困家庭的角度来看，目前最低生活保障执行中存在的最大问题是"最低生活保障金太少"，其次是"家庭收入核查太烦琐"，可见，提标和简化审批手续对于贫困家庭来说是迫切的需求（见表6—16和表6—17）。

表6—16　城乡贫困家庭对最低生活保障执行情况的主观评价之一　　单位：%

	城市	农村
最低生活保障评审的公平性		
公平	77.38	73.48
一般	6.03	7.09

续表

	城市	农村
最低生活保障评审的公平性		
不公平	5.04	7.64
说不清	11.56	11.79
合计	100.00	100.00
最低生活保障对解决家庭生活困难的作用		
作用很大	60.72	56.55
作用比较大	19.46	20.06
作用一般	13.52	16.68
作用比较小	3.65	4.25
作用很小	2.65	2.46
合计	100.00	100.00
最低生活保障在哪方面作用最大		
最低生活保障金	74.85	76.82
最低生活保障配套优惠政策	5.42	3.81
低保配套的专项救助	18.20	17.81
其他	1.54	1.55
合计	100.00	100.00

表6—17　城乡贫困家庭对最低生活保障执行情况的主观评价之二　　单位：%

		不知道	非常同意	比较同意	无所谓	不太同意	非常不同意	合计
城市	最低生活保障金太少	3.83	25.42	31.62	16.74	15.86	6.54	100.00
	家庭收入核查太烦琐	3.80	13.00	17.59	21.11	28.34	16.17	100.00
	低保资格认定靠关系、走后门	4.83	4.02	8.27	13.81	34.93	34.14	100.00
	低保户隐瞒工作或收入	7.24	5.23	14.04	16.76	33.22	23.52	100.00
	低保工作人员不认真不负责	3.08	3.73	7.37	11.31	38.19	36.33	100.00
农村	最低生活保障金太少	3.28	23.73	32.53	17.35	16.44	6.66	100.00
	家庭收入核查太烦琐	4.69	12.19	14.78	23.11	28.26	16.97	100.00
	低保资格认定靠关系、走后门	3.86	4.72	8.55	10.74	32.80	39.33	100.00
	低保户隐瞒工作或收入	5.22	4.86	10.17	15.58	35.90	28.28	100.00
	低保工作人员不认真不负责	3.17	4.57	8.12	11.45	36.72	35.98	100.00

2. 最低生活保障政策执行中的污名问题

通过对城乡接受最低生活保障家庭的考察，城乡最低生活保障家庭在最低生活保障的审核公示和领取过程中，并没有产生污名感。从表6—18可以看出，他们对最低生活保障的公示制度大多持赞成的态度，城市和农村最低生活保障家庭呈赞成态度的分别高达89.67%和90.32%。同样，在领取最低生活保障的过程中，也没有产生明显的污名感，不论在城市还是农村，只有不到20%的最低生活保障对象表示非常同意或比较同意"吃低保有损个人尊严和隐私"，这可能一方面是由于人们的权利意识增强，另一方面也是由于随着最低生活保障制度上叠加有其他项目，最低生活保障制度"含金量"较高所致（见表6—18和表6—19）。

但相当一部分最低生活保障对象在与人交往时会产生自卑感，并感到心情沮丧。在城市，有36.96%的最低生活保障家庭表示在与人交往时多少会有些自卑感，且54.93%的最低生活保障家庭表示经常或有时会感到情绪沮丧、心情焦虑。在农村，有33.69%的最低生活保障家庭表示在与人交往时会产生自卑感，有54.67%的表示会出现情绪沮丧和心情焦虑的情况（见表6—19）。

表6—18　城乡最低生活保障家庭对最低生活保障公示的态度　　单位：%

是否赞成"最低生活保障公示制度"	城市	农村
赞成	89.67	90.32
无所谓	4.43	4.51
反对	2.74	1.11
说不清楚	3.16	4.06
合计	100.00	100.00

表6—19　城乡最低生活保障家庭的污名问题　　单位：%

	城市	农村
吃低保有损个人尊严和隐私		
不知道	1.57	2.17
非常同意	6.40	6.43
比较同意	12.18	11.02

续表

	城市	农村
吃低保有损个人尊严和隐私		
无所谓	14.89	15.08
不太同意	35.30	34.71
非常不同意	29.67	30.57
合计	100.00	100.00
与人交往时感觉自卑		
经常有	16.74	14.49
有时有	20.22	19.20
很少有	12.01	13.99
从未有过	46.26	47.03
说不清	4.77	5.29
合计	100.00	100.00
感到情绪沮丧、心情焦虑		
经常有	26.35	26.66
有时有	28.58	28.01
很少有	12.87	13.00
从未有过	29.49	29.37
说不清	2.71	2.95
合计	100.00	100.00

3. 最低生活保障家庭的就业意愿与就业服务的提供

为了分析最低生活保障政策是否会在某种程度上造成"养懒汉"的现象，本部分考察了拥有有劳动能力家庭成员的最低生活保障家庭对就业的看法和接受就业服务的意愿，并与没有劳动能力的最低生活保障家庭做对比，在此基础上分析针对这部分最低生活保障家庭的劳动就业服务提供情况。城乡最低生活保障家庭劳动能力拥有情况见表6—20。

表6—20　　　　城乡最低生活保障家庭劳动能力拥有情况

劳动能力拥有情况	城市		农村	
	家庭数（户）	百分比（%）	家庭数（户）	百分比（%）
家中有有劳动能力的家庭成员	3112	65.82	1387	56.73
家中没有有劳动能力的家庭成员	1616	34.18	1058	43.27
合计	4728	100.00	2445	100.00

从表6—21可以看出，总体来说，城乡最低生活保障家庭愿意为自己的生活负责，且有较强的就业意愿。但是在有无劳动能力的家庭之间有较大差距，有劳动能力的家庭明显更愿意为自己的生活负责且有较强的工作意愿。在城市，这部分家庭有85.32%表示很同意或比较同意"个人应该承担更多的责任来养活自己"；在农村，这一比例也达到84.03%。在城市，这部分家庭有90.82%表示很同意或比较同意"只有努力工作，才能够带来好生活"；在农村，这一比例更高，达到92.48%。可见，有劳动能力的最低生活保障家庭就业意愿较强，愿意为自己的生活负责，没有典型的"福利依赖"现象。

表6—21　　城乡最低生活保障家庭对就业看法的交互分类与检验　　单位：%

	城市		农村	
	没有劳动能力的家庭	有劳动能力的家庭	没有劳动能力的家庭	有劳动能力的家庭
个人应该承担更多的责任来养活自己				
很同意	44.29	53.84	42.13	49.28
比较同意	28.88	31.48	34.91	34.75
不太同意	7.11	4.61	9.39	4.84
不同意	11.42	5.00	6.83	6.00
说不清	8.30	5.06	6.74	5.13
合计	100.00	100.00	100.00	100.00
	$X^2 = 111.8730$ df=4 $p<0.001$		$X^2 = 28.1427$ df=4 $p<0.001$	

续表

	城市		农村	
	没有劳动能力的家庭	有劳动能力的家庭	没有劳动能力的家庭	有劳动能力的家庭
只有努力工作，才能够带来好生活				
很同意	52.90	63.37	50.95	60.98
比较同意	28.16	27.45	33.90	31.50
不太同意	5.05	2.87	5.49	2.46
不同意	5.79	2.74	4.17	2.02
说不清	8.10	3.58	5.49	3.03
合计	100.00	100.00	100.00	100.00
卡方检验	$X^2=101.9584$ df=4 $p<0.001$		$X^2=44.5053$ df=4 $p<0.001$	

在"您需要哪些帮助"这个问题中，本部分选取了与就业服务有关的选项进行了综合，这里的就业服务包括"帮助家里劳动力找份工作""提供技能培训、指点致富门路""提供低息贷款或生产资金"以及"结对帮扶"，以此探讨城乡最低生活保障家庭接受就业服务的意愿。可以看出，虽然有劳动能力的家庭接受就业服务的意愿明显更强，但在城市和农村分别还有44.27%和35.19%的家庭没有提出需要接受提供的就业服务（见表6—22），这与他们强烈的自立与就业意愿相矛盾，因此，继续考察他们试图实现就业的途径和政府就业服务项目的提供情况。其中，关于实现就业途径的考察，在农村样本调查问卷中没有包括相关问题，因此，对这一问题的回答仅限城市样本。

表6—22　　城乡最低生活保障家庭接受各类就业服务意愿的交互分类与检验

单位：%

接受就业服务意愿	城市		农村	
	没有劳动能力的家庭	有劳动能力的家庭	没有劳动能力的家庭	有劳动能力的家庭
需要接受某种形式就业服务	36.44	55.73	38.26	64.81

续表

接受就业服务意愿	城市		农村	
	没有劳动能力的家庭	有劳动能力的家庭	没有劳动能力的家庭	有劳动能力的家庭
不需要接受某种形式就业服务	63.56	44.27	61.74	35.19
合计	100.00	100.00	100.00	100.00
卡方检验	$X^2 = 157.9999$ df $= 1$ $p < 0.001$		$X^2 = 169.6943$ df $= 1$ $p < 0.001$	

从表6—23可以看出，城市有劳动能力的最低生活保障家庭中的劳动力实现就业最常用的途径依次是自己灵活就业（38.40%）、亲友介绍就业（20.24%）和直接到用人单位应聘（15.13%），而真正借助社区和政府力量的比例非常小，选择"社区介绍就业"和"政府提供公益岗位"的比例分别只有7.81%和2.83%。

表6—23　城市有劳动能力的最低生活保障家庭实现工作的途径　　单位：%

实现就业的主要途径	百分比
到职业介绍机构	2.73
参加各种招聘会	4.53
直接到用人单位应聘	15.13
亲友介绍就业	20.24
社区介绍就业	7.81
政府提供公益岗位	2.83
自主创业	4.34
自己灵活就业	38.40
其他	6.30

从这些最低生活保障家庭接受过的就业服务项目来看，大部分家庭都没有接受过任何就业服务项目，在城市和农村，这一比例分别为77.87%和87.36%。农村有劳动能力的最低生活保障家庭接受就业服务的比重更低。在城市，有接近10%的家庭接受过免费培训和职业介绍，而在农村，所有的服务项目接受比例都不超过5%，最高的为免费培训，

也仅有4.98%（见表6—24）。

表6—24 城乡最低生活保障家庭接受政府提供的就业服务项目情况　　单位：%

就业服务项目	城市	农村
职业介绍	9.41	2.02
税收优惠	0.93	1.01
小额低息贷款	3.25	3.10
技术支持	1.32	1.23
结对帮扶	5.32	3.18
免费培训	9.66	4.98
有偿培训	0.42	0.29
没有接受过任何就业服务项目	77.87	87.36

（三）完善低保政策执行的政策建议

第一，强化对最低生活保障审批和执行环节的管理，避免由于与最低生活保障管理人员个人关系而产生的"人情保"和"关系保"。建立最低生活保障的公开透明性规则，建立监督、申诉机制及其问责机制，同时，还应适当简化最低生活保障资格的审批手续。

第二，在社区中，为最低生活保障家庭营造良好的人际环境，并提供专业的心理疏导服务。最低生活保障家庭生活于社区之中，平时交往范围和得到的服务也多来自社区。因此，可以以社区为基础，通过相关工作人员与这些家庭进行充分的互动与接触，克服他们与人交往的障碍，帮助其建立有益的社会支持和社会网络。同时，通过参与社区各种文体活动，融入社区生活，形成最低生活保障家庭与周围人员的良好人际关系。在必要时，还可以通过提供专业的心理疏导服务，帮助他们克服沮丧和焦虑心情。

第三，通过提供多种就业服务激活有劳动能力的受助对象，促进其就业。鉴于有劳动能力的最低生活保障对象就业意愿较强与就业服务缺位的矛盾，一方面要加大就业服务项目的提供力度，另一方面要重视就业服务项目提供的针对性和培训效果。重点通过就业服务的提供来提高有劳动能力救助对象的就业能力，具体分析阻碍他们实现就业的因素，并根据不同的年龄层次、文化程度和身体状况匹配不同的就业服务项目。而对于那些确实没有劳动能力的最低生活保障家庭，则要保障其最基本的生活需求，防止其陷入生活困境。

三 建立健全社会救助服务体系①

（一）我国社会救助服务的提出

社会救助是社会安全网的最后一道防线，是针对贫困问题通过现金支付、实物发放和服务提供等方式而展开的缓解贫困，推动社会公平，保障社会安全与稳定的一项制度安排。伴随着经济社会的发展，现代社会对贫困本身的内涵和外延的理解都有所扩展，同时贫困的成因和贫困人群的需求呈现出多样化的特征。与之相对的，为了更好地开展救助工作，社会救助的理念和方式也随之扩展和多元化。

在发达国家和地区，与现金救助相配套的服务救助，在服务内容和项目上日臻完善，与现金救助的方式相得益彰，发挥着重要作用。如美国在20世纪60年代，颁布实施了《公共福利修正案》，治理贫困的重点开始转向提高贫民的能力，从资助穷人实物、金钱开始演变为提供服务和技能培训，由此社会救助方面的服务项目和内容不断开发和完善。

在香港地区，2011年香港政府拨给171家非政府机构100多亿元，购买社会服务，包括安老服务、康复及医务社会服务、家庭和儿童福利服务及青少年服务等，大概占社会福利总支出的1/4。其中最大比重的安老服务的拨款占43亿元，而第二大比重的康复及医务社会服务的拨款也占37亿元。②

目前，我国部分大城市已通过政府购买岗位、购买项目的方式向社会组织购买服务，如以上海市静安区为例，静安区政府向社会组织授权委托，把为老年人服务"十助"（助医、助餐、助聊、助乐、助浴、助

---

① 参见林闽钢《关于政府购买社会救助服务的思考》，《行政管理改革》2015年第8期；林闽钢《为城市低保家庭提供社会救助服务》，《中国社会报》2015年5月11日第2版。
② 冯实：《拨款服务与立法监管：访香港特区政府社会福利署》，《中国残疾人》2011年第4期。

学、助游、助急、助困、助洁)作为重点购买项目①,"十助"项目是针对老年人的服务,还不是严格意义上的社会救助服务。类似的北京、深圳、南京、无锡、重庆等地政府购买社会服务,也不是针对社会救助领域。近年来,民政部社会救助司在江苏的张家港市、安徽的芜湖市和成都的青羊区等地开展的社会工作介入社会救助,并拓展社会救助服务内涵的试点,是社会救助服务方面的新探索。

基于我国社会救助的实践探索,笔者从广义角度上认为,社会服务是指政府从社会救助政策制定到具体实施中,行政管理性救助服务和以劳务提供的形式给予救助对象的专业服务这两个方面;而狭义的社会救助服务,是与社会救助的现金、实物救助方式相对等的,向救助对象提供劳务的社会救助方式,是专业化的劳务服务。

本部分主要讨论的是狭义的社会救助服务,将其定义为:由政府主导,并运用社会力量面向社会救助的对象,尤其是困难群体及其特殊群体(如老年人、残疾人、儿童、失业者及重大疾病患者等),并依据其家庭或个人的差异化需求与问题,提供在教育、医疗、康复、就业、照料等方面的日常劳务帮助以及其他社会支持性的服务和项目。社会救助服务的目标定位在于一方面满足社会救助对象的差异化需求,另一方通过社会救助服务与现金服务的结合提高社会救助服务的效率。

(二) 我国社会救助服务的内容和对象

社会救助服务是与一种与社会救助的现金支付、实物供给方式相配套的选择,各国的社会救助服务因经济水平、政策目标、制度设计等的不同,而在内容和对象上有不同选择。从我国经济和社会发展水平出发,社会救助服务的内容和对象需要重新定义。

将涉及救助对象生活各个领域的社会救助服务的范围概括为"六项三类":安老服务、康复服务、儿童托管服务、就业促进服务、青少年课业辅导服务、支持小组服务,将这六项服务按照其实施的目标归纳为三种类型:日常照顾型服务、能力发展型服务、支持融合型服务。

---

① 郑卫东:《城市社区建设中的政府购买公共服务研究》,《云南财经大学学报》2011 年第 1 期。

由于社会救助服务对象差异化的需求和社会救助服务促进能力发展的目标定位，社会救助服务不但要协助增强现金与实物给付的救助效果，更要瞄准那些现金和实物给付仍然无法达到问题解决的特殊群体，所以社会救助服务对象的确定就显得尤其重要。

早在2001年，国务院办公厅发出《关于进一步加强城市居民最低生活保障工作的通知》，要求对低保对象实施分类援助，对低保家庭中的大病、重病、残疾、年老等丧失劳动能力的人员实施分类救助，但是这一要求在具体实施中的效果差强人意，社会救助服务作为现金救助的有益补充方式，在分类救助方面可以弥补现金救助方式的不足。

借鉴分类救助的思路，社会救助服务可在现有最低收入保障金基础上，配套以分类救助服务。社会救助服务的对象在根据家庭规模和收入水平来确定贫困家庭的基础上，以家庭和个人为单位，用分类评估、重点救助的方式来确定救助服务的对象，即以家庭和个人为服务的基本单位，同时对救助对象的家庭进行分类，分为有老人家庭、残疾人家庭、有未成年人的家庭、有重大疾病患者的家庭、有劳动能力但失业的家庭以及单亲家庭，这些贫困人口中的最脆弱、特殊的群体是社会救助服务重点帮助的对象。

以家庭和个人为单位，用分类评估、重点救助的方式来确定救助服务的对象，并向其提供"六项三类"社会救助服务，按照这一思路将国内外的社会救助服务对象与内容做了简易的归纳和列举（见表6—25）。

（1）安老服务。实施对象为低保家庭和低保边缘家庭中有65岁及其以上老年人的贫困家庭，目的是通过这项服务解决贫困老人的日常照顾和生活问题。主要内容包括：按照老人的自理程度不同提供给不同层次的护理服务，对居家的老人提供上门家政服务、日间照料服务、社区照顾、外出陪护等服务，对愿意在养老机构居住的老人，由财政负担居住费用和护理费用。

（2）康复服务。实施对象为低保家庭和低保边缘家庭中有重度残疾、中度、轻度残疾人员以及大病患者的贫困家庭。目的是通过这项服务解决残疾人和大病患者的日常照料问题，并帮助其进行康复训练，增强生活能力。主要内容包括：大病患者的日常护理、健康检查、残疾儿童康复训练、弱智人士服务、视觉受损人士服务、听觉受损人士服务、庇护工场、日间照料、社区照顾、外出陪护等服务。

表6—25　　　　　　　我国社会救助服务对象与内容

服务类型	分类救助	服务项目	主要内容
日常照顾型	老人	安老服务	日间照料、临时看护、长期护理、上门送餐、家庭护理、外出陪护、社区照顾、家政服务、陪聊服务
	残疾人、重大疾病患者	康复服务	康复训练、残疾人信息技术培训、福利工厂、机构护理、送饭到家、家政服务、友好访问、出行求助热线、重大疾病患者的医疗服务
	儿童	儿童托管	儿童托管、午间小餐桌、课后托管、健康检查
能力发展型	失业者	就业促进计划	就业顾问、技能培训与资格认可、就业信息提供、慈善组织就业、社区服务就业
	青少年	青少年成长计划	课业辅导、学习陪伴、心理咨询、假期活动、技能培训
支持融合型	老人残疾人、单亲家庭、未成年人	支持小组	老人互助小组、单亲家庭支持小组、未成年人成长小组

（3）儿童托管。实施对象为低保家庭和低保边缘家庭中的未成年儿童及只有父（母）其中一方抚养的单亲家庭中的儿童。目的是通过这项服务弥补贫困家庭或单亲家庭在照顾儿童方面能力的不足。主要内容包括：儿童托管，暂时陪伴，为没有时间和人力午间接送孩子的家庭中的儿童提供"午间小饭桌"，为下午放学而父母尚未下班的孩子提供给"课后托管服务"等。需要强调的是，这一服务项目可以在社区内进行或者由专门的社会工作者机构承担，但是服务对象不仅局限于低保家庭中的儿童，可以包括社区内所有家庭的孩子，但是低保家庭的儿童享受这一服务的费用由政府承担，其他服务对象可酌情收费。

以上三项服务属于日常照顾型服务，是最基本的服务内容，是为那些最不能自助者提供的最底线的服务。

（4）就业促进计划。实施对象为低保家庭和低保边缘家庭中有劳动能力而处于失业状态的人。目的是通过这一计划，帮助那些有劳动能力但因制度性或结构性因素或自身竞争力不足而失业的人口通过技能培训等方式实现就业。内容包括：就业顾问提供就业咨询服务、技能培训与资格认可、就业信息提供、慈善组织就业、社区服务就业等。

（5）青少年成长计划。实施对象为低保家庭和低保边缘家庭中有18岁及以下的未成年人。目的是通过这一计划，增强贫困家庭青少年的能力，缓解代际贫困和自卑心理。主要内容有：课业辅导，保证贫困家庭的青少年在教育方面的权利；特长培训，为在音乐、美术、舞蹈等方面有特长的青少年提供培训服务；心理咨询，为因贫困而产生自卑心理和在社交方面有困难的青少年或者有偏差行为的青少年提供心理咨询和帮助；假期活动，组织贫困家庭的青少年开展假期活动、夏令营等，一方面减轻家庭假期照顾的负担，另一方面开阔青少年的视野；技能培训，贫困家庭青少年的技能培训服务。

（6）支持小组。实施对象是低保家庭和低保边缘家庭中的老人、残疾人、未成年人以及单亲家庭。目的是在具有同质性的人群间开展互助组织和小组工作，使他们通过经验分享和交流互动，相互形成支持网络，增加社会融合与互动。主要内容包括：老年人互助组织，以低龄老人帮助高龄老人、自理老人帮助失能老人的方式形成积极互动；类似还可以组织残疾人互助小组、单亲妈妈支持小组、青少年成长小组等方式开展有针对性的形式多样的服务。

各种支持小组是支持融合型服务，支持小组与互助组织提供情感支持和经验分享，促进社会互动和融合。通过这三个层次的社会救助服务内容，逐步达到个人问题解决、能力建设和社会融合与社会公平的目的。

在社会救助服务的提供过程中社会救助对象存在着多方面和多层次的服务需求，专业服务提供者要评估救助对象的需求和资源，并排列出最迫切的需求，制订相应的援助计划，链接合适的服务资源。

（三）我国社会救助服务的提供

成熟的社会救助服务体系在配套救助方式时，以政府为主导通过政府购买的方式引进社会组织承接社会救助服务，并由社会工作者提供专业化的服务；同时注重对社会救助服务的评估、监督与管理。

1. 社会救助服务的提供主体

社会救助服务的主体包括政府、社会组织、社会工作者。这三方主体在社会救助服务提供中各自有着不同的角色定位和分工。

政府在社会救助服务提供中扮演着政策与标准的制定者、资金提供者、社会组织的资质审核与管理者、社会服务的监督者等角色，是社会救助服务的购买方。

社会组织扮演着社会救助服务项目的开发与运营者、社会工作者的管理者与支持者、社会救助服务的评估与监督者的角色。社会组织类似一个中介，向上承接政府的社会救助服务项目，向下管理社会救助服务的具体提供者社会工作者。同时也是一个资源平台，链接社会救助服务的各种资源，是社会救助服务的提供方。

社会工作者扮演着社会救助服务直接提供者、服务对象的需求评估与反馈者、政策执行人的角色，是专业化社会救助服务的践行者。

2. 社会救助服务的提供方式

在我国，政府作为社会救助的重要主体，在社会救助服务提供中呈现出政府包揽单一的行政性服务以及地方通过政府购买的方式小范围试点探索专业化服务的局面。

政府购买服务包括购买项目服务和购买岗位服务两种方式。在提供方式上，我国较多采取"岗位购买"的方式，深圳是最早尝试岗位购买模式的城市，以"岗位购买"方式引进社会工作者始于1990年，养老是起步较早的领域。然而，"岗位购买"模式的弊端亦在逐步显露：一是一线社会工作者隶属于岗位，缺乏自主权。二是由于岗位购买的方式嵌入在原有体制内，社会工作者承担了大量行政性工作，而不能完全发挥专业服务的作用。三是岗位社会工作者的服务成效难以持久。以"岗位购买"的方式配备的社会工作者，在服务期满后，按政府采购程序进行招标，重新确定服务机构。这样直接导致用人单位的社会工作者工作和社会工作者服务出现停顿，甚至中断、中止。面对新的社会工作者和新的社会工作者机构，服务中积累下的服务资源、服务经验都需要重建。

（1）从"购买岗位"过渡到"购买项目"。岗位服务购买主要是政府按照实际需要制订岗位购买计划，通过招投标的方式，寻找适合其岗位的社会工作者机构派驻社会工作者进行服务。项目服务购买是指政府以社会工作服务项目为依托，通过招投标的程序，将资金投入到适合的项目中去。政府要求社会工作者机构明确界定服务的内容和标准，对服务对象的资格和审批程序、人员分工和职业资格情况、服务整个过程和财政收支情况等均有明确的记录。机构事先向政府部门提交服务计划书，提供实施服务的详细内容和方法，通过招投标程序，确定服务机构和方案。①"项目购买"的方式有利于克服社会工作者人才流失、社会工作"被行政化"的问题，利于专业化的服务实施，保证了服务效果的可持续性，有利于服务效果的评估与追踪。

（2）"整笔拨款"增加社会组织弹性。"整笔拨款"来自香港，香港政府向社会组织提供的某一服务项目拨出一定数目的款项，后者不能再申请补助款，资金的剩余部分也不必退还给政府，由政府厘定社会福利服务的标准和指标，对社会组织进行监管。近十年的实践证明，整笔拨款制度有利于提高效率和成效，鼓励创新，加强了问责的同时向社会组织提供了弹性，社会组织可以灵活调配资源以配合服务的需要，并拓展新的服务项目，多渠道、多元化地为救助对象提供服务，满足不同的需求。②利用整笔拨款的方式提供资金有利于改善我国社会组织依赖于政府，成为政府附属组织的局面。

（3）政府购买项目服务的方式。第一，合同承包。是一种补助生产者的方式，将原来政府直接提供的服务事项，通过直接拨款或公开招标的方式，交给有资质的社会服务机构（包括由事业单位转制而来的社会组织）来完成，最后根据中标者所提供服务的数量和质量来支付服务费用，这种方式适用于那些可以详细说明服务的标准、质量、规格的硬服务。在操作中可按如下程序进行：确定招标的服务种类，准备招标合同细则，发布招投标说明，投标，评估标书和签约，监测、评估与促进合同的履行。同时，要考虑合同条款的完备性，合同外包往往要求某种类

---

① 许小玲：《政府购买服务：现状、问题与前景：基于内地社会组织的实证研究》，《思想战线》2012 年第 2 期。
② 谭兵：《香港、澳门、内地社会援助比较研究》，北京大学出版社 2009 年版，第 265—269 页。

型的合同安排和对合同内容、条款、术语的清楚理解，如时效、服务数量、财务、责任等。

结合本部分提出的社会救助服务的内容和分类，能力发展型服务和支持融合型服务较适合以此类方式提供。一方面是因为能力发展型服务和支持融合型服务是针对以群体为单位的服务，可以通过"服务打包"的方式向外承包；另一方面，有利于降低服务成本，提高服务效率，形成规模效应。

第二，凭证制度。实质是补助消费者，这种方式适用于与消费者的主观感受相联系，难于说明质量标准、规格的"软"服务，如特殊教育、老年看护等。通常在国外政府购买服务的实践中多使用凭证制度，即由政府向符合条件的救助对象发放购买凭证，救助对象依此选择自己需要的服务和满意的服务提供者。

政府采用凭证制度的前提，也需要市场上有大量的服务提供者，竞争相对充分，消费者可以方便地面向市场寻找、选择自己需要的服务提供者。与合同外包相比，凭证制度的优势在于：可以适应特定群体、个人的个性化差异，提高消费者对于政府服务的满意度；同时这种方式最大限度地降低了政府监督与管理成本，因为将服务的选择权交给消费者，他们从最大化自身利益出发所进行的分散决策能自动解决在政府集中购买情况下所必需的对于服务提供者的选择、比较、监督和更替等复杂工作。此外，凭证制度还能有效地促进竞争，提高服务提供者对于消费者的回应率。

社会救助服务中的日常照顾型服务可以采取这种方式，满足救助对象差异化的需求，同时促成社会组织在竞争中提升服务质量。

（四）我国社会救助服务的评估与监管

1. 我国社会救助服务的评估

社会救助服务评估的意义在于对社会救助服务的落实进行过程管理和控制，保证服务的质量和效率，提高救助资源的有效配置，促成救助目标的达成。社会救助服务主要以政府向非政府组织购买服务的方式提供，由此，社会组织和服务项目就是社会救助服务评估的主要对象了。

国外对社会组织及其项目评估的经验有以下几个特点：在对社会组

织评估方面有多元化的评估和监督主体,并且第三方评估机制健全,评估人员专业化程度高;在对项目评估方面,并不是对每一个项目都进行评估,而是采用重点监测和抽样评估的方式减少成本保证质量,同时在项目申请中会有专门的项目评估费用预算,以保证评估的顺利进行,而一些较成熟的组织和项目都有相应的评估手册或指南。

我国的社会救助服务如果能在发展的初期就引入评估机制加以跟进,就能够保证服务的质量和社会效益,克服现金支付无法进行效果跟进的弊端,促成社会救助的转型。对我国社会救助服务评估的几点建议如下。

(1)构建专业化的评估网络。专业的评估网络是由专业化、多元化的评估组织者与实施者主体、制度化的评估程序和可量化的评估指标构成的评估体系。

专业化和多元化的评估组织者与实施者可以由政府代表、机构代表、接受服务者代表以及学者专家代表组成评估小组对社会组织及其项目进行评估与监督,这种多方构成的评估小组,既有行业专家的专业支持,又有救助服务的提供者与接受者的实践经验支持,还有政府代表的权威支持,是一种各方利益都相对较平衡又发挥各自优势的组合,在节省评估费用的同时又利用各自优势保证评估的客观、准确。

在社会组织承担社会服务运行较成熟的国家,第三方评估的做法很普遍。国外用排除法定义其为处于第一方——被评对象和第二方——顾客(服务对象)之外的一方,一般是具有权威性和专业性的中间机构或组织,成熟的第三方机构通常被认为是同行业中的先驱,他们具有行业声誉和社会地位,能够开发出一系列的评价标准,要在自己的行业组织评估,并取得了令人信服的成果和报告。第三方评估的独立性就在于其不受政府等官方意志的影响,代表民间的监督力量,以确保有效地对社会组织的监管。另外,这样的监督对于社会组织的自由发展更为有利,这都是将第三方评估引入的优势所在。

(2)内部评估与外部评估要双管齐下。内部评估是社会组织加强自律的必要措施,社会组织内部可成立专门的评估部门,定期对本组织所承接的项目依据评估指标进行打分、举证和说明并形成评估报告,公开和上报信息以供监督;另外,在社会救助服务提供的过程中,社会组织可以学习社会工作中的督导制,在项目实施中进行过程监督。这方面深圳已经有很好的实践经验：督导制度是社会工作保持专业性的重要保障，深圳利用毗邻香港的地域优势积极向香港学习经验，试点第一年就从香港购买了督导服务对深圳一线社会工作者提供实务建议、专业技巧指导、情绪支持等，后期也参与岗位设置、机构和社会工作者绩效评估、培养本土督导人才等工作。督导评估可培养服务者专业素养，提升救助服务质量，是维持社会组织良好声誉的有效方式。外部评估可以通过多方构成的评估小组或第三方评估的方式，避免单纯的组织内评估的"护短"效应，也可以避免政府部门评估的专业化欠缺。

（3）完善救助服务的评估程序。从评估的时间角度、评估实施者的角度可以将评估分为很多种类型，但是无论哪一种类型的评估，总结起来评估的程序都大致分为以下几个步骤。

第一，社会组织自我评估。社会组织内部可成立专门的评估部门，定期对本组织所承接的社会救助服务项目依据评估指标进行打分、举证和说明并形成评估报告，公开和上报信息以供监督。

第二，材料审核评估。依据社会组织提供的自我评估材料，由相关监管部门进行材料审核和相关指标的评估，对举证不充分、存在问题的组织进行沟通和督导。

第三，抽样现场评估。在这个阶段可以对那些重大的、典型的项目进行重点监测和现场评估，尤其对那些存在问题和不良备案的以及有公众举报的、审核材料中存在不足的社会组织和项目进行实地考察评估，可以选择专业较强的外部评估机制以增强评估的权威性和公平性。

第四，评分和申诉。由第三方评估机构或者多方评估小组在实地考察之后就各项评估指标赋值、评分，统计得出救助服务项目的得分。在这个过程中如果对评估的项目和机构有异议可以向评估小组提出申诉，评估小组进行复议或者转交给监管部门。

第五，评估结果备案和公布。救助服务的实施机构对项目和组织的评估结果没有异议或者复议后还是被驳回的结果进行备案，以便对社会组织形成长效约束，并对结果进行公示，接受公众的监督。

2. 社会救助服务的监管

社会救助服务是救助内涵扩展下的一种更加灵活的救助方式，承担着满足救助对象需求、促进能力发展的使命，为了达到这一目标对社救助服务的监管就显得尤其重要。在引入社会组织承接专业化服务的提供方式下，监管更是保证服务质量、实现社会救助功能的应有之义。

（1）明确的服务标准。明确的服务标准是服务提供和有效规制的基础。在澳大利亚，服务质量的标准和资格鉴定必须出现在政府与非政府组织的合同中。在香港，为了使社会福利署和接受政府资助的社会组织合作能够提供更加有效、以顾客为中心、承担责任以及以服务质量为导向的服务，香港政府引入了服务绩效监控系统（SPMS）。SPMS包括两个部分：一是基本服务规定，包括服务职员的资历、服务程序手册、所需器材等内容；另一个是服务素质标准，包括16项服务质量标准，每项服务质量标准均有一套准则及评估指标说明。[①] 我国应明确服务标准，建立制度化的服务提供体系。在今后，服务的标准应该在政府与社会组织的承包合同中有明确规定，以便于在救助服务中能够有明确的责任划分和承担，并保质保量地落实，我国应该在社会救助服务领域的探索和实践中总结并逐步明确服务标准以及与之相对应的评估指标。

政府购买社会救助服务的范围和标准、服务对象的界定原则和方法、社会组织承接救助服务的资质认证原则、政府对社会救助服务的管理办法、社会救助服务的评估方式与标准都应该进行进一步的研究和明确，对上述内容加以明确的规定，形成制度化的规则保证救助服务的稳定性。

（2）全方面、多元化的监督。多元化的监督为高质量、有效率的救助服务保驾护航。在美国，政府在注册、税收、资金等几个方面对提供服务的社会组织进行管理，[②] 并且通过政府的监管、独立的第三方评估、同行的互律、媒体与公众的监督和社会组织的自律这五道防线来共同监督社会组织提供服务。[③] 全方面、多元化的监督在保证社会组织公益性的基础上，促使社会组织为了长远利益和自身信誉以及组织使命提供满足需求、保证质量、追求效率的救助服务。在我国，发挥社会监督作用。社会监督的主体是多元的，既包括专业的第三方评估机构，由政府官员、

[①] 王浦劬、[美] 莱斯特·M. 萨拉蒙：《政府向社会组织购买公共服务研究——中国与全球经验分析》，北京大学出版社2010年版，第278页。

[②] 姚建平：《中美社会救助制度比较》，中国社会出版社2007年版，第225页。

[③] 邓国胜：《非营利组织评估》，社会科学文献出版社2001年版，第83页。

专家学者、受助者、社会组织成员等多方构成的监督小组，也包括媒体、网络类的媒介监督，等等，多元的监督主体弥补政府监督的不足和有限性，是在构建服务型政府下政府职能转移的有效方式，一定程度上降低了社会救助服务的监管成本，随着公民意识的觉醒和市民社会的建立，这种监督方式将发挥越来越重要的作用，政府要创造宽松的政策环境加以引导。

（3）畅通的信息公开与问责渠道。畅通的信息公开与问责渠道是社会监督救助服务的基础，一个公益机构需要向公众交代的公共责任包括四个方面：财务责任，即对资金正当使用的责任；过程责任，即正当的作为和工作程序；项目责任，即对效益负责；优先权责任，即服务对象的相关性和适当性。[①] 通过公布相关信息，方便大众监督，同时公众可以就服务提供过程中出现的问题进行查询、质疑并得以答复。美国还设有专门的投诉热线并安排专门人员处理投诉的问题，并在规定期限内按规定程序做出答复，并对处理结果的信息进行公布。

（4）引进个案管理，完善社会救助服务的瞄准机制。我国的社会救助在实施过程中存在着"优亲厚友""赖保骗保""错保漏保"等一些问题，致使社会救助资源浪费并加剧不公平和社会矛盾。社会救助服务在解决这些问题时有着天然的优势，在救助服务中采用个案管理的办法，伴随着救助服务的深入，通过救助对象与专业服务人员之间的互动为救助对象建立个案管理档案，评估救助对象所拥有的资源、存在的问题和需求，并进行实时跟进和动态管理，相关评估和监管部门也可对个案进行抽查。个案管理档案的建立通过专业服务人员、评估与监管人员等几个环节，避免了"优亲厚友"现象。并且在建立个案管理档案前进行专业的需求评估，排除了那些不在救助范围的对象，遏制了"骗保赖保"和"错保漏保"。

---

① 贾西津：《国外非营利组织管理体制及其对中国的启示》，《社会科学》2004年第4期。

第 七 章

流动人口服务及其管理

20 世纪 80 年代以来，我国工业化和城市化发展迅速，大量人口从农村向城镇、从欠发达地区向发达地区转移，人口流动日益活跃。据统计，2015 年底全国流动人口达到 2.47 亿人，占全国总人口的 21.4%。[①] 流动人口管理问题已成为我国城乡基本公共服务一体化的重要议题。从总体上看，农村进城务工人员对于调整城乡劳动力结构，促进城市经济发展有重要的推动作用。但大量流动人口对我国城市社会管理造成了较大的冲击，特别是在目前大力推进基本公共服务均等化下，大量流动人口管理及其服务问题日益凸显，已成为社会关注的焦点。

一 流动人口居住地服务管理的四大模式[②]

近年来，我国许多城市为了适应大量流动人口的管理和服务挑战，根据自身条件进行探索，建立起了多样化的流动人口居住地服务管理模式。从目前来看，主要有以下几种模式。

（一）流动人口居住地服务管理的"北京模式"

（1）"以房管人。"北京市按照治安管理的思路是，将流动人口和出租房屋管理合并，建立党委政府统一领导，专门机构统一协调，各部门

[①] 数据来自《中华人民共和国 2015 年国民经济和社会发展统计公报》。
[②] 参见林闽钢、丁群晏《"社会服务包"的理念和方法：流动人口管理与服务的再探讨》，《人民论坛·学术前沿》2015 年第 5 期；丁群晏、林闽钢《我国流动人口居住地的社会服务管理》，《东岳论丛》2013 年第 7 期。

分工负责、条块结合、以块为主的属地管理工作体制。北京市 2007 年来成立了包括公安、卫生、计生 20 多家职能部门参与的"流动人口管理委员会",并建立市、区、街道、社区的四级流动人口和出租房屋服务管理体系,在基层通过社区流动人口和出租房屋服务站进行服务管理。①

(2) 以居住证为基础提供阶梯式社会服务。在北京市,流动人口办理居住证后,根据居住年限、社会保险参保年限以及纳税情况等,享受阶梯式的公共服务。以居住证为载体建立全市联网、部门联动的"全员人口信息系统",按照"来有登记、走有核销"的基本要求加强流动人口基础信息采集,进行实时动态监控,有效提高人口管理的信息化和精细化水平。同时,居住证将集纳个人基本情况、住房情况、就业情况、计划生育等方面的信息,并附加一定的社会服务功能,以吸引流动人口主动办证,并且居住年限越长、社会保险参保年限越长、纳税越多,相应可享受的公共服务就越多。

(二) 流动人口居住地服务管理的"上海模式"

(1) 实施"大人口"综合调控。上海市从"大人口"管理理念出发,将流动人口纳入全市人口综合调控的范围,② 设立了流动人口专门管理机构并形成了管理网络。1993 年,上海市批准成立上海市外来流动人口管理协调小组。1998 年,将其更名为上海市外来流动人口管理领导小组(外口办)。各区县成立由主要领导同志负责、相关职能部门参与的人口综合管理办公室,形成了"市级综合协调、区级综合管理、社区具体实施"的属地化流动人口服务管理网络。

(2) 推进统筹型社会管理。上海市建立起了"两级政府—三级管理—四级网络"的流动人口综合管理框架,综合协调流动人口治安、住房、社会保障、计划生育等各项政策,推动流动人口管理由"条块结合,以条为主"向"条块结合,以块为主"演进。在社区管理中,对流动人口集中的社区,推行了居住证制度和房屋登记制度,建设社会治安防控

---

① 张真理:《社区流动人口服务管理》,中国社会出版社 2010 年版,第 56—57 页。
② 郭秀云:《大城市外来流动人口管理模式探析——以上海为例》,《人口学刊》2009 年第 5 期。

体系。

（3）开展全面、细致、人性化的社会服务。上海市实施居住证制度后，来沪人员通过申领居住证，可以享有社会保险、教育培训、计划生育、卫生防疫等多项权利和待遇。同时，为解决流动人口在上海劳动力市场上面临的困难和问题，如劳动技能和文化素质低下、劳动权益得不到保障等，上海市采取了多项措施以提高来沪人员职业技能，保护他们合法的劳动权益。上海市探索来沪人员子女义务教育的有效途径，即"以来沪人员所在地政府管理为主，以全日制公办中小学就学为主"。建立来沪人员计划生育和公共卫生服务制度，为其提供优生优育、避孕节育、预防艾滋病等生殖保健宣传、管理与服务。上海市宝山区为流动人口购买服务，组建专管员队伍，充实流动人口服务管理力量；推动流动人口计生管理；聘请法律顾问，实行流动人口依法管理；定点开展孕检，推行集中式管理方法。①

（三）流动人口居住地服务管理的"东莞模式"

（1）建立新莞人服务管理体系。2008年东莞成立了新莞人服务管理局，这是我国建立的第一个地级市流动人口专门服务管理机构。在统筹城乡发展之中，镇村延伸成立32个新莞人服务管理中心和621个服务站，使服务管理网络覆盖全市。②

（2）打造新型社区。2008年12月，东莞市出台了《关于在各镇街、市属园区成立新型社区解决基层入户难问题的决定》。新型社区是把村或者社区原来的行政职能分离出来变成一个派出机构，所在居民除没有分红外，其他待遇和普通社区居民相同，可以享受到民政、社保、就业、计生、办证等服务。新型社区经费实行市、镇街（园区）两级财政负担，纳入预算管理。

（3）在统筹城乡社会保障基础上，推出综合性社保卡式社会服务。

---

① 王建：《上海市宝山区政府为流动人口"购买服务"》，《人口与计划生育》2009年第4期。

② 吴冰、沈寅：《广东流动人口服务的"东莞模式"：来自珠三角腹地的调查报告》，《人民日报》2012年8月2日第13版。

在社会保障方面，2008年，打破了就业与非就业界限，实现医保体系的城乡一体化运行；并于同年4月，正式合并职工基本医疗与农村居民基本医疗两个制度，建立社会基本医疗保险制度，进而实现了医疗、养老保险的城乡一体化。① 同时，东莞市发放整合了社保、医保功能的社保卡，该卡不仅功能多，而且城乡一体，同时更重要的是覆盖了所有新莞人。它可以从各项优惠政策、服务信息、管理措施、合法权益等方面专门为新莞人提供指导性服务，涉及入户、就业、子女教育、职业培训、计划生育、金融服务等多个方面，关系到每个新莞人的切身利益。东莞从流动人口比例大情况出发，将流动人口纳入社会保障体系，而且进一步实现了社会保障的城乡统筹，并使用社保卡整合社保和医保功能为流动人口服务，这在全国处于领先水平。

2010年，东莞市还制定了《东莞市积分制入户暂行办法》与《东莞市积分制入户管理实施细则》，逐步将现行其他入户籍政策纳入积分制入户管理，确立条件准入和积分管理相结合的原则，全市统一划定分数线，常年受理入户申请。

（四）流动人口居住地服务管理的"苏州模式"

（1）依托流动人口信息管理，探索流动人口居住地管理新手段。2012年，苏州市社会管理综合治理委员会成立了实有人口服务管理工作领导小组，下设流动人口服务管理、人口基础信息库建设、境外来华人员服务管理三个具体工作组。依托信息管理的"新苏州人信息综合管理系统"，实现了苏州全市联网，将信息化成功延伸到了社区，解决了散居的流动人口信息采集问题。此外，系统所采集的信息与劳动保障、人口与计生、工会、妇联等部门实现共享。苏州市还在社会化采集系统中开发了出租户管理功能，采取"以房管人、人房一致"的办法。在全市范围内统一出租房屋编号。镇、村、小区物业、房管部门，都必须全面参与到对外来人口的登记管理中。对绝大多数有正当职业、固定场所和工作生活比较稳定的流动人口，纳入本地人口管理规划，规范服务范围。

---

① 崔晓林、邹锡兰：《从"外乡人"到"新莞人"：东莞社会管理创新实践》，《中国经济周刊》2011年第41期。

对用工单位的流动人口，按照"谁用工、谁管理"的原则，落实用工单位和雇工业主的责任。

（2）省级统筹的居住证式社会服务。居住证制度是户籍制度改革的内容之一，苏州市作为江苏省试点城市，在2011年推出"居住证"制度。不仅"一证多用"，而且在江苏全省通用，把能够为流动人口提供的劳动、入学、就业、医疗等社会权益纳入其中，使之成为流动人口劳动就业、务工经商、医疗保险、子女就业、卫生防疫、购车购房等在苏州生活工作的必要证件，并且居住证制度与户籍准入制度相衔接，居住证的持有者将在申请户籍迁入苏州的政策上受益。除居住证外，流动人口凭管理服务卡可以享受国家规定的免费服务项目的同时，也可以享有长效避孕节育措施奖励、孕前优生检查、产前优生指导等政策优待和公共卫生服务项目。

（3）特别关注流动人口的义务教育和公共卫生服务。苏州市规定各级教育行政部门应承担所辖区域流动儿童少年接受义务教育的管理职责，帮助其完成国家法定的义务教育。在具体措施上，要求各级政府在教育财政拨款时，应建立流动儿童少年就学的专项经费，支持招收流动儿童少年就学的全日制公办中小学校，扶持专门招收流动儿童少年就学的学校；对家庭经济困难的流动儿童少年提供接受义务教育的帮助。流动儿童少年就学，以在居住地的全日制公办中小学校借读为主，也可进入民办学校和专门招收流动儿童少年的学校接受义务教育。在公共卫生服务上，苏州市为流动人口提供免费公共卫生服务。为提高流动人口的健康水平，将流动儿童计划免疫、外来孕产妇限价定点分娩列入实事工程，提供全程服务。对流动儿童实行免费计划免疫，由政府投入经费来为流动儿童提供免费服务。各市区确定一家定点医院，为外来孕产妇提供限价分娩，降低了外来孕产妇死亡率。

（五）流动人口居住地社会服务管理模式的比较

本部分选取经济发展、运行体制和机制、社会服务、核心特征等维度对流动人口居住地社会服务管理进行比较（见表7—1）。

表 7—1　　流动人口居住地社会服务管理的四大模式比较

维度及指标	北京模式	上海模式	东莞模式	苏州模式
经济发展（2011 年）				
人均 GDP（元）	80394	82560	57470	100286
流动人口（万人）	742.2	928.1	637.23	409.54
户籍人口（万人）	1276.4	1419.36	184.77	642.33
总人口（万人）	2018.6	2347.46	822	1051.87
运行体制				
管理机构	流动人口管理委员会（对原有政府机构的协调机构）	流动人口管理领导小组（对原有政府机构的协调机构）	新莞人服务管理局（新建专门协调机构）	外管工作领导小组（对原有政府机构的协调机构）
管理层级	市、区、街道、社区 4 级	市、区、街道、社区 4 级	市、镇、村 3 级	市、区（县）、街道（镇）3 级
社区管理	"新居民之家"等	治安防范，初步搭建起社区服务管理平台	新型社区接纳新莞人	"外来人员之家"等
运行机制				
筹资方式	政府公共财政	政府公共财政	政府公共财政	政府公共财政
运作方式	多部门联动机制	多部门联动机制	社区管理机制	信息管理机制分类管理机制
社会服务				
基本公共服务	基本均有	基本均有	基本均有	基本均有
个性化服务	凭居住证享受阶梯式公共服务	综合社会保险	积分入户	凭居住证、管理服务卡享受服务
主要特征	治安拓展、"以房管人"、防范型社会管理，从依托普通证照到居住证的阶梯式社会服务	"大人口"综合调控、"统筹型"社会管理，全面、细致、人性化的社会服务	专门服务管理机构、打造新型社区接纳型社会管理，城乡统筹、综合性社保卡式社会服务	依托流动人口信息管理，探索流动人口居住地管理新手段，"一证多用"、省级统筹的居住证式社会服务

在服务管理体制和机制上,仅有东莞建立了专门协调机构——"新莞人服务管理局",其他城市都是由协调机构部门进行协调。四大模式基本上是以政府财政投入为主,同时也出现了政府为流动人口购买社会服务现象。在运作方式上,形式多样,出现了多部门联动机制、社区管理机制、信息管理机制、分类管理机制等,综合运用联席会议工作、数字管理、多部门联动,等等。但还缺乏对流动人口服务的需求和满意度方面的评估。在社会服务内容上,四大模式为流动人口提供了基本公共服务。在个性化服务方面,各城市根据实际,进行了初步探索。

二 从流动人口服务转向居住地服务

(一)从流动人口防范管理转向居住地管理

面对大量流动人口的冲击,我国城市流动人口管理在实践中探索,先后经历了限制流动、粗放管理和控制管理等阶段。[①] 长期以来,我国城市社会管理将流动人口看作对城市的冲击,趋向于对流动人口的排斥,过多强调流动人口的负面影响,较少考虑其积极作用以及对流动人口应承担的责任和义务。城市主管部门在处理涉及流动人口的事务中,往往忽视流动人口基本的利益诉求,习惯于采取管制性、惩罚性的措施和手段。近年来,为适应城市经济社会发展的需要,对流动人口由被动、静态、单项的防范管理逐步转向主动、动态及综合的积极居住地管理。因此,居住地管理是对防范管理的全面升级。

(1)从"单项—防范"型转向"综合—主动"型。防范管理在管理体制上,以户籍为基础,由公安部门为主体进行治安管理,其他政府部门和管理机构配合,实行以条为主、自上而下的管理。在这种管理体制中,涉及治安、劳动就业、教育、计划生育等诸多领域,但在管理实践中往往是职能部门职责分离,多头管理,相互脱节,因而部门间关系协调问题突出,存在相互依赖、相互推诿现象,"条块分割"矛盾十分明显。

---

① 冯晓英:《改革开放以来北京市流动人口管理制度变迁评述》,《北京社会科学》2008年第5期。

流动人口居住地管理强化了政府协调职能，加强了部门计生协同管理的责任，有利于在流动人口登记、办证、居住、务工、经商等环节上实行统一验证、统一管理，从而在相关政策规定和实际操作上将流动人口和计划生育及时有效地管理起来。

（2）以条为主、公安部门主管转向以块为主、流动人口综合服务管理机构主管。防范管理由公安部门为主体，实行各职能部门参与、以条为主、自上而下的管理。公安、卫生、劳动、教育、人事、计生、民政等都是管理的职能部门，涉及治安、劳动就业、教育、计划生育等诸多领域。转向居住地管理以后，为适应不断变化的形势，各地都建立、健全了相应的流动人口管理机构。这些专门性管理机构，不仅对流动人口进行治安方面的管理，而且拓展到就业、教育、社会保障、计划生育等社会福利服务方面，形成对流动人口的多目标、多内容的管理体系。

（二）从流动人口服务转向居住地服务

1. 流动人口社会服务

近年来，我国城市流动人口服务主要集中在：一是解决流动人口子女教育问题，采取"定点学校接受，相对就近入学"的办法，解决符合条件的进城务工人员随迁子女教育就学问题。二是劳动就业服务，开展相关培训，开展劳务协作，畅通维权渠道，为流动人口创造良好的务工环境。三是推行流动人口计划生育服务。四是部分城市还推进公共租赁房建设，集中改善部分流动人口的居住条件。

随着工业化、信息化、城镇化和农业现代化的加速推进，我国人口跨区域流动日趋活跃，而目前针对流动人口服务依然是"治安思维"，重使用、轻共享。从流动人口服务转向居住地服务，实现"同城人、同待遇"是今后我国社会服务的主要发展趋势和面临的新挑战。

2. 居住地基本社会服务

近年来，在我国服务型政府的建设中，公共服务被放在更加重要的位置。而基本公共服务则是公共服务中最为核心、最为根本的部分，关乎公民基本的生存权和发展权，特别是"2020年基本公共服务均等化总体实现"已成为中国全面建成小康社会和全面深化改革开放的主要目标之一，因而，基本公共服务均等化已从基本理念上升为国家实践。

基本公共服务均等化在内容上,是指政府要为社会成员提供基本的、与经济社会发展水平相适应的、能够体现公平正义原则的大致均等的公共产品和服务,是人们生存和发展最基本条件的均等。它主要包括基础民生性服务、公共事业性服务、公益基础性服务以及公共安全性服务等方面的内容。

居住地基本社会服务在内容上主要表现在：流动人口子女的义务教育、基本医疗卫生、基本社会保障、基本公共安全、基础公共设施等。在当前,已有部分城市在创新社会管理的过程中,本着"服务和管理相结合"或"管理即服务"的理念,探索将流动人口服务管理纳入城市社会管理之中,开始探索居住地基本社会服务覆盖所有居民。

三 流动人口居住地服务管理改革

(1) 树立"新居民"理念,强调管理即服务,在服务中实施管理,实现由防范、控制型管理向人性化、服务型管理转变,积极探索新居民服务管理模式。让流动人口在城市社区居住有融入感和归属感,使流动人口融入城市社区生活。

(2) 全面推行居住证制度。通过居住证制度,弱化"户籍""暂住"概念,强化"居民""居住"概念,将流动人口纳入城区社会服务管理,并与本地居民在就业、就医、子女入学等方面享受均等待遇,促进城市新老市民和谐共融。同时,建立居住证制度综合服务管理信息平台,拓展"一证通"制度的覆盖面,确保实现居住证"一证多能、全国通用"的目标。

(3) 构建重心下移的新型社区管理体制。要建立起管理规范、结构优化、服务高效的新型服务与管理体系,这其中社区管理体制改革是关键。依托现有的街道社区服务中心,开展街道公共服务职能和资源的整合。按照"集中办公,一体受理,服务多元,方便办事"的原则,继续深化"一站式"的全程全方位服务,实现社区服务向一站式高效服务的转变。相对弱化街道办事处内设科室的概念,减少工作的中间环节,提高办事效率,使社区服务中心在方便群众办事、履行街道职责方面能够发挥积极的作用,成为各街道上承区级政府、下连社区群众的综合性服务窗口。同时，强化社区管理服务站建设，全面承接社区各项公共事务。在社区管理服务站建立集中受理、分责理事、定期回告的制度，而且将区行政服务中心的部分项目受理终端前移到社区管理服务站，辖区居民需要社区解决和办理的事项，都能在服务站得到"一站式"全程服务，把社区管理服务站建设成贴近居民需要、人性化服务的"居民之家"。

（4）针对流动人口特点，在城市社区"一站式"服务平台的基础上，加大针对流动人口的服务。将流动人口婚育证明的办（验）证、出生登记、证照办理、房屋租赁、就业指导、社会保障、便民维权、子女入托入学、医疗卫生和信息采集下放到社区"一站式"服务。

（5）建立与"两证"相关联的"社会服务包"。长期以来，以户籍制度为基础，建立了一整套流动人口城乡分割的管理体制，从而引发了流动人口管理及其服务的问题。近年来，围绕着服务型政府的建设，中央政府明确提出"2020年基本公共服务均等化总体实现"，并把它作为全面建成小康社会的主要目标之一，因而，基本公共服务均等化已从基本理念上升为国家实践。另外，新型城镇化战略要让农民进城"进得来、留得下、有尊严"。因此，在新型城镇化背景下，如何突破户籍管理制度，从目前所开展的居住证制度、积分入户制度和人口登记制度的探索中，在流动人口的管理和服务之间重建制度安排，是本部分关注的主要问题。

从已有的研究文献来看，大多数学者都认为户籍制度对流动人口的服务产生了排斥作用。拥有城市户口就意味着能够得到在教育、医疗、住房、就业等服务上的承诺，也正是由于户口的含金量较高，其户籍管制也更为严格，因此城市户籍制度改革的激励也就相对不足。[1] 大多数学者提出了在户籍基础上的"剥离式改革"，认为深化改革的关键在于把挂靠在户口之上的教育、医疗、社会保障等诸多服务进行剥离。[2] 提出城市落户改革的本质是决策者放弃以限制人口自由迁移的权利及其相关的社会福利来实现经济发展与社会稳定的工具性目标，将农村进城人口的权

---

[1] 蔡昉、都阳：《转型中的中国城市发展：城市级层结构、融资能力与迁移政策》，《经济研究》2003年第6期。

[2] 王太元：《户籍改革：剥落附着利益》，《瞭望新闻周刊》2005年第20期。

利保障及其正义性置于政策目标中的优先地位。①

本部分研究遵循户籍制度与社会服务"剥离式"改革路径，同时试图在新型城镇化战略背景下，基于目前各地方的实践探索，从社会服务国民待遇的理念出发，尝试为流动人口提供不同的"社会服务包"，从而提出我国流动人口管理与服务的过渡性解决方案。

第一，按基本公共服务均等化理念，实现流动人口社会服务的国民待遇。基本公共服务均等化是指政府要为社会成员提供基本的、与经济社会发展水平相适应的、能够体现公平正义原则的大致均等的公共产品和服务，是人们生存和发展最基本条件的均等。

在基本公共服务均等化的理念上，一方面强调实现让全体人民公平公正地享受到社会发展的成果；另一方面强调基本公共服务权是一种接受权亦即积极人权，享有接受权是有资格接受某物或以某种方式受到对待的权利。从基本公共服务均等化理念和现实要求出发，面对流动人口突出的社会服务缺乏和不公平，社会服务的国民待遇实现的问题就显得尤为重要。

作为社会权利的重要内容和基本形式，社会服务的国民待遇是指国民所能够平等和共同享有的社会服务权利。社会服务的国民待遇可分为：第一大类，服务主体国民待遇和服务内容国民待遇。服务主体国民待遇，即全体国民，不分民族、种族、性别、职业、家庭出身、宗教信仰、教育程度、财产状况、居住期限，都平等享有社会服务权利，在实施上又称为名义国民待遇；服务内容国民待遇，即根据公平正义原则，适度普惠的社会服务覆盖全体国民，在实施上又称为实质国民待遇。第二大类，基础性国民待遇和发展性国民待遇。基础性国民待遇以满足国民最基本社会服务需要为内容，往往是各国法定的社会服务国民待遇的主要部分，以救助、医疗、养老等需要为主要方面，使人们的生存权利得到切实尊重和保障。而发展性国民待遇则是以满足包括就业、教育、住房等主要方面的更高层次的服务需求。

社会服务基础性国民待遇是基本公共服务的主要组成部分。因而在

---

① 彭希哲、赵德余、郭秀云：《户籍制度改革的政治经济学思考》，《复旦学报》2009年第3期。

笔者看来，从基本公共服务均等化视角出发，流动人口社会服务的关键是社会服务基础性国民待遇的实现问题，同时社会服务发展性国民待遇也是流动人口关注的核心问题，应积极推动解决。

第二，建立以居民身份证和居住证"两证"为核心的流动人口社会服务管理制度。首先，借鉴发达国家经验，建立以居民身份证为基础的中国流动人口社会管理制度。发达国家的社会服务供给是以履行公民义务为前提条件的。以美国为例，美国基本公共服务供给原则是义务和权利的对等，不管是流动人口还是本地居民，依法纳税是享受各种社会服务的前提条件。同时，社会服务又与证件登记、人口信息管理相关联，这是发达国家实施人口有序管理的有效手段。

在美国，社会安全号（Social Security Number，SSN）已经成了国民"身份证"，是个人享有社会服务的重要证明。在没有户籍制度和个人档案制度的美国，它已成为一种有效的社会流动人口管理工具。社会安全号与政府提供公共福利和社会救助紧密相连。人口迁移和流动的微观信息主要来自于社会安全号系统，各个地区、行业、部门都可以通过存储社会安全号信息的电脑系统查询个人纳税和医疗登记情况，实现了对迁移流动人口有效的信息追踪和服务管理。因此，美国居民会向政府部门主动提供人口的真实居住信息，以确保享受各项优惠政策，从而引导流动人口主动接受管理。

在我国，居民身份证具有证明公民身份的法律效力。居民身份证登记项目包括姓名、性别、民族、出生日期、住址和有效期。实行居民身份证制度不仅可以建立良好社会秩序，同时也是有效地保护公民合法权益的一项重要措施。通过人口迁移流动的信息的管理，加强个人税收、服务、信用等信息的管理，强化"权利与义务对等"的原则，从而引导流动人口主动接受管理和服务。

其次，拓展居住证制度的适用范围，实现流动人口社会服务的市民化。上海市是最早开始实施流动人口居住证制度的地区。2002年6月，上海市政府出台了相关规定。但该条例的适用对象仅是"具有本科以上学历或者特殊才能的国内外人员"，主要是借鉴发达国家"绿卡"制度探索实现技术移民的办法。2004年10月颁布的《上海市居住证暂行规定》把居住证适用对象扩大到"在本市居住的非本市户籍的境内人员"，2006

年11月上海市在《关于做好农民工工作的实施意见》中，规定符合条件的农民工也可以领取居住证，完全实现了居住证的平民化。2009年开始，上海市规定连续缴纳各种保险达到一定年限后，可以转为上海市户籍。

从2002年上海市实施居住证起，居住证制度已实施十多年。目前，全国已有北京、上海、广东、江苏、浙江、安徽等13个全省（直辖市）地域和青岛、大连、郑州、成都、武汉、昆明等12个地市开始实施居住证管理办法。居住证起初是这些城市为引进人才而推行的一项制度措施，持有居住证者，在工作、生活等方面可享受当地居民的待遇，目前已拓展到1亿多常住城镇但无法落户的农村转移人口。

居住证制度的核心在于权益平等，涉及流动人口就业扶持、劳动保障、权益维护、就学就医、计划生育、法律援助、公共交通等，实行同一标准，与本地市民享有同等权益。通过居住证制度的市民化，以居住证为载体，与居住年限等条件挂钩，稳步推进城市的义务教育、就业服务、基本养老、基本医疗、保障性住房等公共服务的覆盖范围，最终使基本公共服务覆盖城镇常住人口，这是城市流动人口管理与服务的发展方向。

第三，"社会服务包"主要内容。首先，居民身份证所对应的"社会救助型服务包"。其主要内容包括：最低生活保障、就业救助、医疗救助、临时救助、法律援助等。其中，临时救助对符合条件的救助对象，可采取发放临时救助金、衣物、食品、饮用水，提供临时住所等方式予以救助。流动人口持有居民身份证到城市街道和社区中，各种政务大厅、办事大厅等，在统一受理窗口，就可以申请有关社会救助型服务包的项目及其服务内容。

其次，居住证所对应的"社会服务包"。在城市居住7天以上的流动人员就可以申请办理居住证，属于居住证（A）类；居住1年以上可以通过积分制升级为居住证（B）类。

居住证（A）类所对应的社会服务可称为"基本生活型服务包"：除了身份证所包含的社会服务包内容外，主要内容包括：计划生育、公共卫生、就业扶持、社会保障和子女教育等服务。具体内容可见表7—2。

居住证（B）类所对应的社会服务内容可称为"基本发展型服务包"。其主要内容包括：教育福利、保障性住房。具体内容为：子女入公办学校（幼儿园）；如果他们的未成年子女与其共同生活，子女可以按有关规定，参加居住地中考和有关学校招生录取，在居住地报名参加省内高考和普通高校招生录取；可以申请公共租赁住房。

表7—2　与居民身份证和居住证制度相关联的"社会服务包"内容

服务项目	社会救助型服务包	基本生活型服务包	基本发展型服务包
社会救助	最低生活保障、临时救助、医疗救助、就业救助、法律援助	最低生活保障、临时救助、医疗救助、就业救助、法律援助	最低生活保障、临时救助、医疗救助、就业救助、法律援助
计划生育	无	优生优育、生殖健康咨询、避孕节育、妇科病健康检查服务	优生优育、生殖健康咨询、避孕节育、妇科病健康检查服务
公共卫生	无	流动人口健康档案、流动人口健康教育工作、流动儿童预防接种工作、流动人口传染病防控措施	流动人口健康档案、流动人口健康教育工作、流动儿童预防接种工作、流动人口传染病防控措施
就业扶持	无	求职登记、岗位查询、职业指导、就业培训、就业推荐等；任职资格评定或考试、职业（执业）资格考试、国家职业资格鉴定、职业（执业）资格登记	求职登记、岗位查询、职业指导、就业培训、就业推荐等；任职资格评定或考试、职业（执业）资格考试、国家职业资格鉴定、职业（执业）资格登记
社会保险	无	城乡居民基本养老保险、城乡居民基本医疗保险	城乡居民基本养老保险、城乡居民基本医疗保险

续表

服务项目	社会救助型服务包	基本生活型服务包	基本发展型服务包
子女教育	无	其子女可以在居住地入学	子女入公办学校（幼儿园）、参加居住地中考和有关学校招生录取、在居住地报名参加省内高考和普通高校招生录取
住房保障	无		可以申请公共租赁住房

第四，通过积分制实现社会服务体系多段融通和分级管理。借鉴我国各地在积分制实践方面的经验，在居住证所对应的社会服务管理中，实施积分制。积分制综合考虑流动人口在城市的连续工作年限、文化程度、技能水平、就业行业和岗位、投资规模、纳税额度、获奖等级、计划生育、遵纪守法等情况进行积分登记。

积分指标体系由基础指标、加分指标、减分指标等组成，积分累积到一定分值后，可以把居住证（A）类申请升级为居住证（B），实现流动人口从暂时居住到长期居住管理和服务的融通，实现不同的服务需求和服务项目对流动人口的覆盖。

在积分制实施方面，可以根据目前我国城镇化全面放开建制镇和小城市落户限制，有序放开城区人口 50 万—100 万的城市落户限制，合理放开城区人口 100 万—300 万的大城市落户限制，合理确定城区人口 300 万—500 万的大城市落户条件，严格控制城区人口 500 万以上的特大城市人口规模的要求，根据城市人口规模和经济社会发展状况，制定差异化的积分指标、积分指标体系和积分值，从而实施对流动人口的有效引导。

第八章

社区治理和服务[①]

一 不同类型社区的治理和服务

社区是社会的基本构成单元,城乡社区治理在当今中国治理体系中,具有基础性地位和作用。我国现阶段社区治理的操作单元主要被界定为居(村)民委员会辖区共同体,对于这类社会共同体的服务管理,既属于基层政权组织的职责范围,又属于基层群众性自治的作用空间。因此,社区治理和服务是指社区内外各种力量分工合作对社区公共事务和公益事业的协同治理,从而形成服务能力和服务效能。围绕社区治理和服务的发展路径主要是通过推动"社区共治"和实现"社区共享"来达成。

推动社区治理多元"共治"途径之一:全面推动建立政府行政管理与基层群众自治有效衔接和良性互动机制(简称"政社互动"),主要手段和措施表现为:一是健全党建引领机制,发挥党组织的核心作用;二是健全群众参与机制,发挥群众的主体作用;三是健全多元协商机制,拓宽社会参与渠道;四是健全社会融合机制,增强居民合作共建意识。

推动社区治理的多元"共治"途径之二:全面推进社区群众性自治。中国特色的"社区自治"应称为社区群众性自治。就现阶段的情况而言,它有三种主要表现形式:一是以居(村)民委员会为组织载体的居(村)民自治;二是以业主大会、业主代表会、业主委员会为组织载体的社区

[①] 参见林闽钢、尹航《走向共治共享的中国社区建设:基于社区治理类型的分析》,《社会科学研究》2017年第2期;林闽钢、霍萱、尹航等《走向共治和共享的中国社区建设——2015年中国社区治理和服务调查总报告》,2016年。

业主自治；三是以基层社会团体为组织载体的社区社团自治。这三种群众性自治不能相互替代，但可以功能互补。

　　社区治理的根本目标是建立一个和谐的社区共同体，它立足于社区和谐，提高社区居民对社区的认同感和归属感。社区治理客体（对象）主要是社区内的公共行为和公共事务。因此，社区治理是形成社区服务合力的根本途径，同时社区服务是实施和实现社区治理效果的主要途径。把服务社区居民作为社区治理的出发点和落脚点，从社区居民最关心、最直接、最现实的利益问题入手，着力解决和落实居民对社区服务的现实需求。寓社区治理于社区服务之中，在社区服务中实施社区治理，在治理中体现服务。

（一）社区治理和服务的研究框架

　　1991年5月，民政部明确提出基层组织要抓好"社区建设"，社区建设开始启动。经过28年的时间，我国社区建设经历了"三轮改革"，形成了"四种模式"。

　　1995年，以上海为代表的第一轮城市社区改革形成了"行政主导型模式"，即通过"两级政府、三级管理、四级网络"与城市管理体制紧密联系在一起，将街道直接定义为社区，形成"街道社区"，把市、区两级政府的相当一部分管理职能分离出来，向街道层面集聚，在社区拥有了派出机关。这一模式主要强调依靠行政力量，自上而下开展社区管理和服务。

　　第二轮城市社区改革，形成了以沈阳和武汉为代表的"政府分权与社区自治模式"。其中，沈阳模式在社区中体现了"社区自治、议行分离"，重点是提升社区居委会的自主权。它明确和规范了社区的各项权利，如还权于社区自治的民主选举权、社区决策权、日常管理权、财务自主权、摊派拒绝权、内部监督权；还权于社区对政府部门的监督权，对公用事业单位的监督权，对社区人大代表的监督权，对社区内的党员监督权；赋予社区协管权利等，落实了"权随责走，费随事转"制度。武汉模式侧重建立一种行政调控机制与社区自治机制相结合，行政功能与自治功能互补，行政资源与社会资源整合，行政力量与社会力量互动的社区治理模式。注重政府及其派出机构对基层社区资源的整合，注重社区基层组织居委会的制度建设，建立了社区议事会制度，实现政府职能与社区职能的双向转变。这一模式主要在依靠行政推动的同时，强调发挥出社区自治的力量，形成自下而上开展社区管理和服务的路径。

第三轮城市社区改革，形成了以深圳盐田为代表的"社区工作站模式"。根据"议行分设"理念，把原来长期由居委会承担的行政、自治和服务三种功能进行分化，把政府行政职能和公共服务功能从居委会中剥离出来，赋予社区工作站；把自治职能交还给社区服务站，同时由居民直选产生基层群众性自治组织——社区居委会，由其履行自治功能，以此理顺政府与社区的关系。社区工作站隶属于街办，是政府派出的工作机构，工作人员实行雇员制，享有编制和财政工资，承担所有原来由居委会承担的及政府随时下沉的政府职能。社区服务站隶属于社区居民委员会，是为社区居民提供各种服务的功能性的民办非企业组织。这一模式在社区自治展开的基础上，充分发挥出社工和社会组织在社区的作用，开始探索多元共治的新格局。

由于各地区经济和社会发展的情况不同，社区发展必然会产生差异，"三轮改革"和"四种模式"，都会在不同程度上影响我国社区治理和服务发展进程，在全国不同社区中，都会以单独和复合的形式表现出来。

1. 从"行政主导型社区"到"多元共治型社区"的连续统

基于我国社区建设经历了"三轮改革"，并在实践中形成了"四种模式"，为了开展对社区治理的深入研究，本部分从行政力量和社会力量两个维度，建立了社区治理类型分析框架（见图8—1）。

在社区治理类型中，传统型社区特指没有任何行政力量和社会力量影响的社区。在现实中，传统型社区是不存在的。自治型社区特指没有任何行政力量影响，而完全靠自治来实现。在现实中，自治型也是几乎不存在的。因此，本部分建立从行政主导型社区到多元共治型社区变化的连续统（continuum）（见图8—2），其中，"行政引导型社区"和"行政吸纳型社区"是从行政主导型社区发展到多元共治型社区的过渡性社区。

从行政主导型社区渐变到多元共治型社区，凸显三个主要特征的变

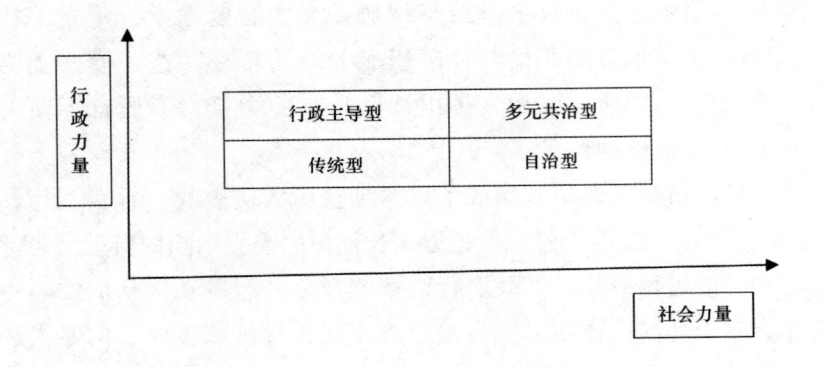

```
          ┌─────────┬─────────┐
   行政    │行政主导型│多元共治型│
   力量    ├─────────┼─────────┤
          │ 传统型  │ 自治型  │
          └─────────┴─────────┘
                              社会力量
```

图8—1　我国社区治理类型

化：一是社区治理主体逐渐从单一化走向多元化；二是社区治理路径逐渐从自上而下为主，走向自上而下和自下而上相结合；三是治理手段逐渐从单一化走向多元化。

在行政主导型社区中，社区治理主体较单一，对行政力量的依赖度较高，行政管理手段是社区治理的主要方式，社区治理路径主要以自上而下为主。在行政引导型社区，社区治理主体较单一，行政管理手段是社区治理的主要方式。通过实现政府职能与社区职能的双向转变，在依靠行政推动的同时，强调发挥出社区自治的力量，开始注重社区自治和社区协商，社区治理路径仍主要以自上而下为主，自下而上开始出现。在行政吸纳型中，社区治理主体较单一的局面开始改变，在社区自治展开的基础上，社工和社会组织在社区开始发挥作用，主导的行政手段与社区自治和协商开始融合，社区治理路径仍主要以自上而下为主，自下而上开始出现。在多元共治型社区中，社区治理主体多元化，自上而下的行政主导手段与自下而上的社区自治和协商全面融合，社区居民有较高的社区认同感和满意度。

行政主导型 → 行政引导型 → 行政吸纳型 → 多元共治型

图8—2　社区治理类型连续统

2. 行政主导型、行政引导型、行政吸纳型、多元共治型划分指标

（1）行政主导型、行政引导型、行政吸纳型、多元共治型四类社区特征

行政主导型社区，在主体上至少有社区综合党委、社区居委会和居民；但没有自治和协商体制和机制；没有"三社"联动；社区也没有动起来。行政引导型社区，在主体上至少有社区综合党委、社区居委会和居民；有自治和协商的体制和机制；但没有"三社"联动；社区也没有动起来。行政吸纳型社区，在主体上有社区综合党委、社区居委会、居民、社会组织和社工；有自治和协商的体制和机制；有"三社"联动；但社区没有动起来。多元共治型社区，在主体上有社区综合党委、社区居委会、居民、社会组织和社工；有自治和协商的体制和机制；有三社联动；社区也动起来（见表8—1）。

表8—1　　行政主导型、行政引导型、行政吸纳型、多元共治型四类社区特征比较

社区类型	是否有协商和自治	是否兼有社工和社会组织	"三社联动"是否"动"起来
行政主导型	否	否	不适用
行政引导型	是	否	不适用
行政吸纳型	是	是	否
多元共治型	是	是	是

（2）城市社区类型划分指标及其对应的问题

首先，在城市社区样本数据库中，筛出社区无党组织或对相关问题不做回答的社区；其次，依据社区是否兼有社会组织和社工，将城市社区样本数据库划分为两大类——"行政主导型和行政引导型"以及"行政吸纳型和多元共治型"。在"行政主导型和行政引导型"样本数据库中，根据是否有社区协商自治情况分为行政主导型和行政引导型。在"行政吸纳型和多元共治型"中，根据社会组织和社工与当地社区居委会/党支部的关系以及在社区公共议事、民主决策中的作用大小分为行政吸纳型和多元共治型，即"三社联动"是否"动起来"。城市问卷问题与划分指标如图8—3。

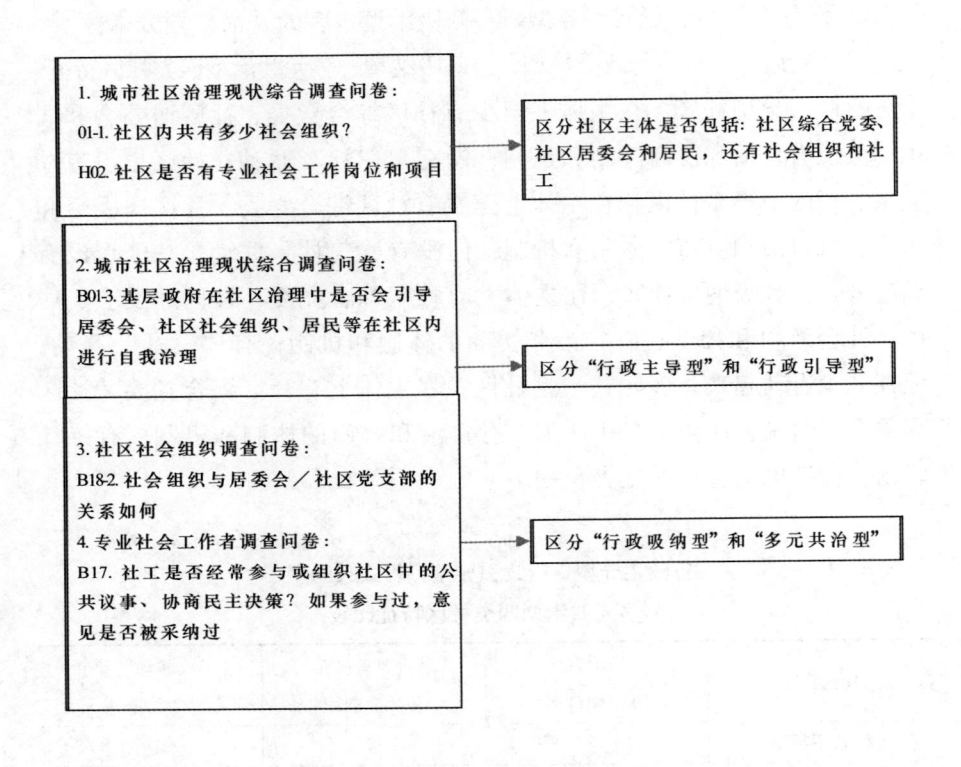

```
┌─────────────────────────────────┐
│ 1. 城市社区治理现状综合调查问卷： │      ┌─────────────────────────────────┐
│ Q1-1. 社区内共有多少社会组织？   │─────▶│ 区分社区主体是否包括：社区综合党委、│
│ H02. 社区是否有专业社会工作岗位和项目│   │ 社区居委会和居民，还有社会组织和社 │
│                                 │      │ 工                              │
└─────────────────────────────────┘      └─────────────────────────────────┘

┌─────────────────────────────────┐
│ 2. 城市社区治理现状综合调查问卷： │
│ B01-3. 基层政府在社区治理中是否会引导│
│ 居委会、社区社会组织、居民等在社区内 │─────▶┌─────────────────────────────────┐
│ 进行自我治理                    │      │ 区分"行政主导型"和"行政引导型"    │
└─────────────────────────────────┘      └─────────────────────────────────┘

┌─────────────────────────────────┐
│ 3. 社区社会组织调查问卷：        │
│ B18-2. 社会组织与居委会／社区党支部的│
│ 关系如何                        │
│ 4. 专业社会工作者调查问卷：      │─────▶┌─────────────────────────────────┐
│ B17. 社工是否经常参与或组织社区中的公│      │ 区分"行政吸纳型"和"多元共治型"    │
│ 共议事、协商民主决策？如果参与过，意│      └─────────────────────────────────┘
│ 见是否被采纳过                  │
└─────────────────────────────────┘
```

图8—3 城市社区类型划分指标及问卷问题

（3）农村社区类型划分指标及其对应的问题

首先，在农村社区样本数据库中，筛出社区无党组织或对相关问题不做回答的社区；其次，依据社区是否兼有社会组织和社工，将农村社区样本数据库划分为两大类——"行政主导型和行政引导型"以及"行政吸纳型和多元共治型"。在"行政主导型和行政引导型"样本数据库中，根据是否有社区协商自治情况分为行政主导型和行政引导型。在"行政吸纳型和多元共治型"中，根据社会组织在社会服务、公益慈善、协作村务管理、引导群众自我管理等方面是否发挥作用来判断社区是否真正"动"起来，从而将"行政吸纳型和多元共治型"数据库的社区划分为行政吸纳型和多元共治型。农村问卷问题与划分指标见图8—4。

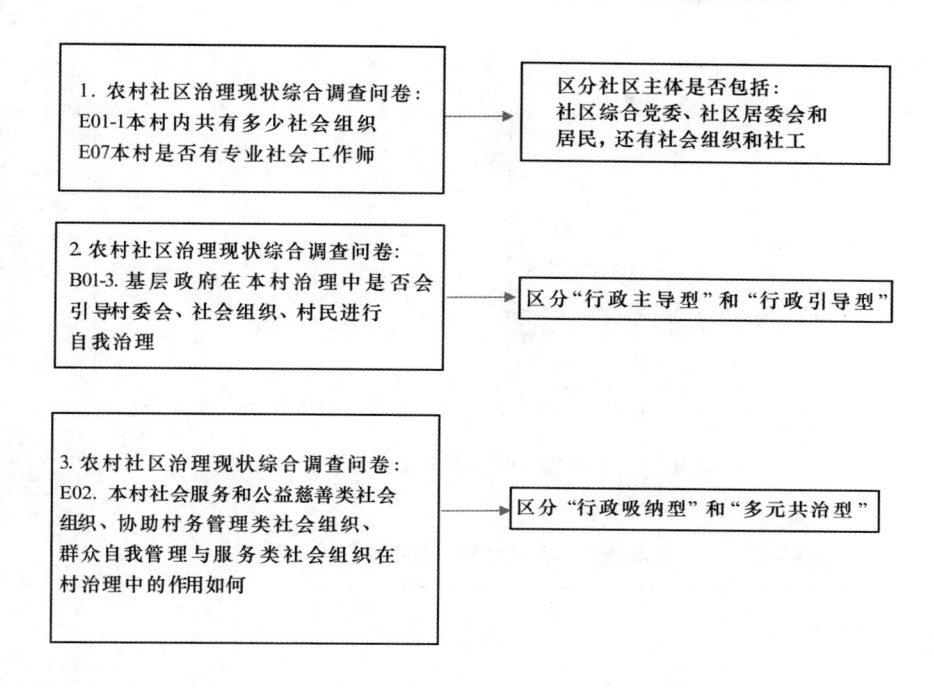

```
┌─────────────────────────────┐      ┌─────────────────────────┐
│ 1.农村社区治理现状综合调查问卷：│      │ 区分社区主体是否包括：   │
│ E01-1本村内共有多少社会组织  │─────▶│ 社区综合党委、社区居委会和│
│ E07本村是否有专业社会工作师  │      │ 居民，还有社会组织和社工 │
└─────────────────────────────┘      └─────────────────────────┘

┌─────────────────────────────┐      ┌─────────────────────────┐
│ 2.农村社区治理现状综合调查问卷：│      │                         │
│ B01-3.基层政府在本村治理中是否会│─────▶│ 区分"行政主导型"和"行政引导型"│
│ 引导村委会、社会组织、村民进行 │      │                         │
│ 自我治理                    │      │                         │
└─────────────────────────────┘      └─────────────────────────┘

┌─────────────────────────────┐      ┌─────────────────────────┐
│ 3.农村社区治理现状综合调查问卷：│      │                         │
│ E02.本村社会服务和公益慈善类社会│      │                         │
│ 组织、协助村务管理类社会组织、  │─────▶│ 区分"行政吸纳型"和"多元共治型"│
│ 群众自我管理与服务类社会组织在 │      │                         │
│ 村治理中的作用如何           │      │                         │
└─────────────────────────────┘      └─────────────────────────┘
```

图 8—4 农村社区类型划分指标及问卷问题

（二）行政主导型、行政引导型、行政吸纳型、多元共治型的分布和特征

1. 四类社区的城乡分布情况

在城市社区样本中，四类社区其各自数量和占比分别为：行政主导型社区 323 个，占比 11.51%；行政引导型社区 1984 个，占比 70.71%；行政吸纳型社区 366 个，占比 13.04%；多元共治型社区 133 个，占比 4.74%（见表 8—2）。可以看到在城市社区中，行政主导型社区和多元共治型社区占比都比较小，合计占比仅 16.25%；而过渡性社区——行政引导型社区和行政吸纳型社区合计占比很大，达到 83.75%（见图 8—5）。

在农村社区样本中，四类社区其各自数量和占比分别为：行政主导型社区 285 个，占比 17.46%；行政引导型社区 1327 个，占比 81.31%；行政吸纳型社区 12 个，占比 0.74%；多元共治型社区 8 个，占比 0.49%（见表 8—2）。可以看到农村社区中，行政引导型社区占大多数，其次为行政主导型社区，行政吸纳型社区与多元共治型社区数量则很少，占比

低于1%（见图8—5）。

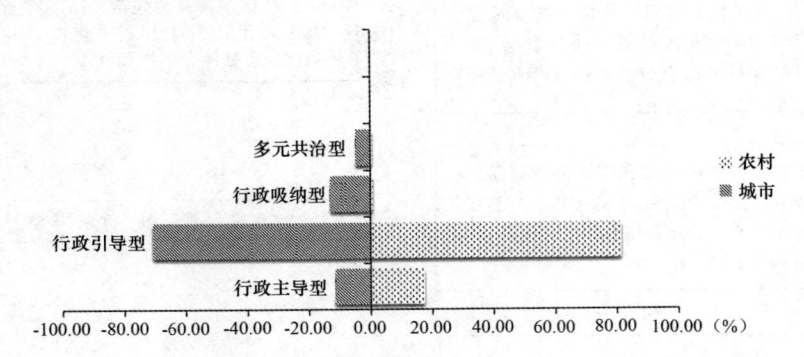

图8—5　我国城乡四种类型社区分别占比情况

表8—2　我国城乡四种类型社区数量和占比情况

社区类型	城市		农村	
	频次（个）	百分比（%）	频次（个）	百分比（%）
行政主导型	323	11.51	285	17.46
行政引导型	1984	70.71	1327	81.31
行政吸纳型	366	13.04	12	0.74
多元共治型	133	4.74	8	0.49
合　计	2806	100.00	1632	100.00

因此，我国城乡四种类型社区的总体情况是：

第一，以行政引导型社区为主，多元共治型社区则占比很少。在城市社区中，行政主导型和行政引导型社区合计占到城市社区的82.22%；在农村社区中，行政主导型和行政引导型社区合计占到农村社区的98.77%。即在我国城乡大部分社区中，社区主体仍以社区综合党委、社区居委会和居民为主，社区主体结构还没有多元化，特别是缺乏社会组织和社工在其中发挥作用。

第二，从社区治理类型结构特征来看，城乡社区都以行政引导型社区和行政吸纳型社区，即以过渡性社区为主，城市社区治理类型结构特征呈现出"纺锤形"，行政主导型社区、多元共治型社区"两端"则相对较少。跟城市社区相比，农村社区治理类型结构特征呈现出"欠纺锤形"。

第三，我国社区治理类型总体上表现为过渡性社区，因此，需要针对不同社区类型进行分类指导和分类培育，推动城乡社区治理的转型升级是今后发展的关键。

2. 四种类型社区特征的比较

（1）协商活动方面

在城市社区中，从居民通过居民会议参与社区事务情况来看（见表8—3），四种类型社区的居民通过居民会议参与社区事务的占比平均达到92.94%，城市社区协商活动处于很高的水平。

行政主导型社区居民通过居民会议参与社区事务的比例最低，占到该类型社区总数的83.54%；其次是行政引导型和行政吸纳型社区，分别占各自类型社区总数的93.50%和95.90%，而多元共治型社区居民几乎全部实现了通过居民会议参与社区事务，比例高达99.25%。可见在多元共治型社区中，居民通过协商参与社区事务是其最明显的特征。

在农村社区中，从居民通过村民会议参与社区事务情况来看（见表8—3），四种类型社区的居民通过居民会议参与社区事务的占比平均也高达91.73%，农村社区协商活动也处于较高的水平。行政主导型社区居民通过居民会议参与社区事务的比例最低，为86.32%；行政引导型社区比例最高，达到92.92%。

表8—3 四种类型社区居民通过居民会议参与社区事务的城乡差异　　单位：个

社区类型	是否参加	城市			农村		
		参加	不参加	合计	参加	不参加	合计
行政主导型		269 (83.54%)	53 (16.46%)	322 (100%)	246 (86.32%)	39 (13.68%)	285 (100%)
行政引导型		1855 (93.50%)	129 (6.50%)	1984 (100)	1233 (92.92%)	94 (7.08%)	1327 (100%)
行政吸纳型		351 (95.90%)	15 (4.10%)	366 (100%)	11 (91.67%)	1 (8.33%)	12 (100%)
多元共治型		132 (99.25%)	1 (0.75%)	133 (100%)	7 (87.5%)	1 (12.5%)	8 (100%)

续表

社区类型 \ 是否参加	城市			农村		
	参加	不参加	合计	参加	不参加	合计
平均值	2607（92.94%）	198（7.06%）	2805（100%）	1497（91.73%）	135（8.27%）	1632（100%）

注：卡方检验之城市：皮尔森卡方 = 57.2666，自由度 = 3，显著性（双侧）= 0.000。
卡方检验之农村：皮尔森卡方 = 13.6600，自由度 = 3，显著性（双侧）= 0.003。

（2）公益活动方面

在城市社区中，从近三年居民参加社区公益活动的情况来看（见表8—4），四种类型社区居民参加社区公益活动平均比例为41.22%。行政主导型社区和行政引导型居民参加社区公益活动的比例低于平均水平，参加的居民仅占该类社区调查居民总数的36.05%和38.40%。社区居民参与公益活动比例最高的社区类型是多元共治型，参与的比例达到了62.81%。可见城市社区各种类型中，在多元共治型社区中，大家积极参加社区公益活动，并且积极性较高。

在农村社区中，从近三年居民参加社区公益活动的情况来看（见表8—4），两种类型社区居民参加社区公益活动平均比例为25.91%。行政引导型社区居民参加社区公益活动的比例高于行政主导型社区居民，参加的比例分别为26.44%和23.41%。

但从农村社区居民是否愿意参加村庄公益活动的情况来看，愿意参加的平均比例高达89.48%，这一结果反映了农村居民参与社区公益类活动的意愿与实际参加行为上的差距，说明农村居民参加社区公益活动缺乏有效的途径。

表8—4　四种类型社区居民参加社区公益活动情况的城乡差异　　　单位：人

社区类型 \ 是否参加	城市			农村				
	参加	不参加	合计	参加	不参加	愿意	不愿意	合计
行政主导型	221（36.05%）	392（63.95%）	613（100%）	118（23.41%）	386（76.59%）	462（91.67%）	42（8.33%）	504（100%）

续表

社区类型	是否参加	城市			农村				
		参加	不参加	合计	参加	不参加	愿意	不愿意	合计
行政引导型		1030 (38.40%)	1652 (61.60%)	2682 (100%)	628 (26.44%)	1747 (73.56%)	2114 (89.01%)	261 (10.99%)	2375 (100%)
行政吸纳型		240 (56.34%)	186 (43.66%)	426 (100%)	/	/	/	/	/
多元共治型		125 (62.81%)	74 (37.19%)	199 (100%)	/	/	/	/	/
平均值		1616 (41.22%)	2304 (58.78%)	3920 (100%)	746 (25.91%)	2133 (74.09%)	2576 (89.48%)	303 (10.52%)	2879 (100%)

注：卡方检验之城市：皮尔森卡方=94.0139，自由度=3，显著性（双侧）=0.000。

卡方检验之农村1：皮尔森卡方=5.0570，自由度=2，显著性（双侧）=0.080。

卡方检验之农村2：皮尔森卡方=17.5810，自由度=2，显著性（双侧）=0.000。

（3）社区网格化管理情况

在城市社区中，从四种社区类型实行网格化管理措施的实施情况来看，实行网格化管理措施社区的平均水平达到78.50%。多元共治型社区已经实施网格化管理的社区占该类社区总数的96.99%。而行政主导型社区和行政引导型社区已经实施网格化管理水平明显低于平均水平，分别为66.56%和77.11%。但从发展趋势来看，行政主导型社区和行政引导型社区都在积极推进社区网格化管理建设，正在建设的比例分别达到11.15%和10.44%（见表8—5）。

表8—5　　　城市四种社区类型网格化管理措施实施情况　　　单位：个

是否实施 社区类型	行政主导型	行政引导型	行政吸纳型	多元共治型	平均值
已经实施	215 (66.56%)	1529 (77.11%)	329 (89.89%)	129 (96.99%)	2202 (78.50%)
正在建设	36 (11.15%)	207 (10.44%)	29 (7.92%)	3 (2.26%)	275 (9.80%)
没有实施	40 (12.38%)	177 (8.93%)	8 (2.19%)	1 (0.75%)	226 (8.06%)

续表

社区类型 是否实施	行政主导型	行政引导型	行政吸纳型	多元共治型	平均值
没有听说过	32 (9.91%)	70 (3.53%)	0 (0%)	0 (0%)	102 (3.64%)
合计	323 (100%)	1983 (100%)	366 (100%)	133 (100%)	2805 (100%)

注：卡方检验之城市：皮尔森卡方=115.621，自由度=9，显著性（双侧）=0.000。

在农村社区中，从四种社区类型实行网格化管理措施的实施情况来看，实行网格化管理措施社区的平均水平达到49.26%。多元共治型社区已经实施网格化管理的社区占该类社区总数的75%。而行政主导型社区已经实施网格化管理水平明显低于平均水平，为41.05%。但从发展趋势来看，行政主导型社区和行政引导型社区正在推进网格化管理建设，正在建设的比例分别达到14.04%和15.7%（见表8—6）。

表8—6　农村四种社区类型网格化管理措施实施情况　　　单位：个

社区类型 是否实施	行政主导型	行政引导型	行政吸纳型	多元共治型	平均值
已经实施	117 (41.05%)	672 (50.72%)	8 (66.67%)	6 (75%)	803 (49.26%)
正在建设	40 (14.04%)	208 (15.7%)	1 (8.33%)	1 (12.5%)	250 (15.34%)
没有实施	74 (25.96%)	279 (21.06%)	3 (25%)	1 (12.5%)	357 (21.9%)
没有听说过	54 (18.95%)	166 (12.53%)	0 (0%)	0 (0%)	220 (13.5%)
合计	285 (100%)	1325 (100%)	12 (100%)	8 (100%)	1630 (100%)

注：卡方检验之农村：皮尔森卡方=19.985，自由度=9，显著性（双侧）=0.018。

（4）社区"一站式"行政服务设施建设情况

在城市社区中，从四种社区类型实施"一站式"服务的情况来看（见表8—7），社区"一站式"行政服务设施建设的平均水平达到63.36%。但在行政主导型社区和行政引导型社区中，已经建设的"一站式"行政服务设施社区的比例仅为50.46%和61.79%，明显低于平均水平。多元共治型社区已建设有"一站式"行政服务设施的达到80.45%，但从发展趋势来看，四种类型社区都重视社区"一站式"行政服务设施建设，规划建设中的平均水平达到8.55%。

在农村社区中，从四种社区类型实施"一站式"服务的情况来看（见表8—7），社区"一站式"行政服务设施建设的平均水平达到41.57%。但在行政主导型社区中，已经建设"一站式"行政服务设施的社区的比例仅为34.86%，明显低于平均水平。多元共治型社区已建设有"一站式"行政服务设施的高达87.5%。从发展趋势来看，行政主导型社区、行政引导型社区正在建设的比例分别为6.69%、9.65%。

表8—7　　四种社区类型"一站式"行政服务设施建设情况的城乡差异　　　　单位：个

社区类型\是否实施	城市				农村			
	已经建设	规划建设中	未建设	合计	已经建设	规划建设中	未建设	合计
行政主导型	163 (50.46%)	26 (8.05%)	134 (41.49%)	323 (100%)	99 (34.86%)	19 (6.69%)	166 (58.45%)	284 (100%)
行政引导型	1226 (61.79%)	173 (8.72%)	585 (29.49%)	1984 (100%)	566 (42.65%)	128 (9.65%)	633 (47.7%)	1327 (100%)
行政吸纳型	282 (77.05%)	33 (9.02%)	51 (13.93%)	366 (100%)	6 (50%)	0 (0%)	6 (50%)	12 (100%)
多元共治型	107 (80.45%)	8 (6.02%)	18 (13.53%)	133 (100%)	7 (87.5%)	0 (0%)	1 (12.5%)	8 (100%)
平均值	1778 (63.36%)	240 (8.55%)	788 (28.08%)	2806 (100%)	678 (41.57%)	147 (9.01%)	806 (49.42%)	1631 (100%)

注：卡方检验之城市：皮尔森卡方=85.621，自由度=6，显著性（双侧）=0.000。
卡方检验之农村：皮尔森卡方=19.496，自由度=6，显著性（双侧）=0.003。

(5) 社区信息化建设情况

在城市社区中,从四种社区类型计算机网络信息管理平台使用的情况来看(见表8—8),计算机网络信息管理平台使用的平均水平达到80.74%。但在行政主导型社区和行政引导型社区中,计算机网络信息管理平台使用的社区的比例仅为63.66%、79.43%,明显低于平均水平。多元共治型社区计算机网络信息管理平台使用率高达97.74%。

在农村社区中,从四种社区类型计算机网络信息管理平台使用的情况来看(见表8—8),计算机网络信息管理平台使用的平均水平达到49.11%。但在行政主导型社区中,计算机网络信息管理平台使用的社区的比例仅为36.75%,明显低于平均水平。多元共治型社区计算机网络信息管理平台使用率达到75%。

表8—8　　四种社区类型计算机网络信息管理平台使用情况的城乡差异　　单位:个

是否使用 社区类型	城市			农村		
	同时使用多个	只使用一个	合计使用	同时使用多个	只使用一个	合计使用
行政主导型	148 (45.96%)	57 (17.70%)	205 (63.66%)	54 (19.08%)	50 (17.67%)	104 (36.75%)
行政引导型	1240 (62.53%)	335 (16.89%)	1575 (79.43%)	400 (30.17%)	282 (21.27%)	682 (51.43%)
行政吸纳型	303 (82.79%)	51 (13.93%)	354 (96.72%)	8 (66.67%)	0 (0%)	8 (66.67%)
多元共治型	119 (89.47%)	11 (8.27%)	130 (97.74%)	4 (50%)	2 (25%)	6 (75%)
平均值	1810 (64.55%)	454 (16.19%)	2264 (80.74%)	466 (28.61%)	334 (20.50%)	798 (49.11%)

注:卡方检验之城市:皮尔森卡方=176.544,自由度=6,显著性(双侧)=0.000。
卡方检验之农村:皮尔森卡方=33.169,自由度=6,显著性(双侧)=0.000。

因此,行政主导型、行政引导型、行政吸纳型和多元共治型四种类型社区的比较结论如下。

第一，在社区自治方面，在城乡四种类型社区中，社区协商活动整体上都处于较高的水平；但在公益活动方面，城市四种类型社区有较大的差别，农村四种类型社区差别不大。

第二，城市多元共治型社区相比较其他三种类型社区，居民在参与协商活动和公益活动方面是最为活跃的，也是其最明显的特征；而行政主导型社区居民在参与协商活动和公益活动方面相比则不活跃。

第三，在社区服务设施和能力建设方面，城市多元共治型社区在网格化管理、社区"一站式"行政服务设施建设、社区信息化建设这三个方面比其他三种类型社区明显较强，城市行政主导型社区在这三个方面则最弱。

第四，在社区服务设施和能力建设方面，农村多元共治型社区在社区网格化管理、社区"一站式"行政服务设施建设、社区信息化建设这三个方面比其他三种类型社区明显较强，农村行政主导型社区在这三个方面则最弱。同时，农村行政主导型社区和行政主导型社区，在社区网格化管理、社区"一站式"行政服务设施方面，目前正在通过建设来努力提高社区服务设施和能力的水平。

（三）行政主导型、行政引导型、行政吸纳型和多元共治型社区主要服务的满意度分析

社区服务的满意度是衡量该项服务水平和服务的可得性与可及性的综合指标。本部分选取了三类主要的社区服务：社区医疗卫生服务、社区居家养老服务和社会救助服务进行分析。对于提供了社区医疗卫生服务、社区居家养老服务的社区，分别对满意度和社区类型进行交叉分析。

（1）城乡社区医疗卫生服务满意度情况

在城市社区中，从四种类型社区居民对社区医疗卫生服务的满意度来看（见表8—9），满意度平均值为75.68%。行政主导型社区居民对社区医疗卫生服务的满意度最低，低于平均水平，选择不满意的人数占该类型社区调查总人数的41.28%。多元共治型社区居民对社区医疗卫生服务的满意度最高，选择满意的社区居民占到该类型社区调查总人数的85.62%。

在农村社区中，从三种类型社区居民对社区医疗卫生服务的满意度

来看（见表8—9），满意度平均值为73.91%。行政主导型和多元共治型社区居民对社区医疗卫生服务的满意度基本相同，行政引导型社区居民对社区医疗卫生服务的满意度相对较低。

表8—9　　　　　　　　社区医疗卫生服务满意度与社区
类型的城乡差异　　　　　　　　单位：个

社区类型 \ 是否满意	城市			农村		
	满意	不满意	合计	满意	不满意	合计
行政主导型	165 (58.72%)	116 (41.28%)	281 (100%)	351 (81.82%)	78 (18.18%)	429 (100%)
行政引导型	1182 (77.71%)	339 (22.29%)	1521 (100%)	1310 (71.94%)	511 (28.06%)	1821 (100%)
行政吸纳型	224 (76.45%)	69 (23.55%)	293 (100%)	/	/	/
多元共治型	125 (85.62%)	21 (14.38%)	146 (100%)	22 (81.48%)	5 (18.52%)	27 (100%)
平均值	1696 (75.68%)	545 (24.32%)	2241 (100%)	1683 (73.91%)	594 (26.09%)	2277 (100%)

注：卡方检验之城市：皮尔森卡方=55.2605，自由度=3，显著性（双侧）=0.000。
卡方检验之农村：皮尔森卡方=18.3880，自由度=2，显著性（双侧）=0.000。

（2）城市社区居家养老服务满意度情况

在城市社区中，从四种社区类型来看（见表8—10），对年龄在60周岁及以上的居民的调查，城市社区居家养老服务满意度平均为76.14%。行政主导型社区居民对社区居家养老服务的满意度最低，选择满意的居民占该类型社区调查总人数的60.98%，多元共治型社区居民对社区居家养老服务的满意度最高，选择满意的居民占到该类型社区调查总人数的89.47%。

表8—10　　社区居家养老服务满意度与社区类型的交叉分析　　单位：人

态度\社区类型	行政主导型	行政引导型	行政吸纳型	多元共治型	平均值
满意	25 (60.98%)	166 (80.19%)	60 (70.59%)	17 (89.47%)	268 (76.14%)
不满意	16 (39.02%)	41 (19.81%)	25 (29.41%)	2 (10.53%)	84 (23.86%)
合计	41 (100%)	207 (100%)	85 (100%)	19 (100%)	352 (100%)

注：卡方检验之城市：皮尔森卡方 = 10.3621，自由度 = 3，显著性（双侧）= 0.000。

（3）农村社区最低生活保障服务满意度情况

在农村社区中，从三种社区类型来看，对接受过社会救助的居民的调查（见表8—11），农村社区最低生活保障服务满意度平均为70.15%。行政引导型社区居民对社区最低生活保障服务的满意度最低，选择满意的居民占该类型社区调查总人数的66.26%，多元共治型社区居民对社区最低生活保障服务的满意度最高，选择满意的居民占到该类型社区调查总人数的100%。

表8—11　　社区最低生活保障服务满意度与
社区类型的交叉分析　　单位：人

态度\社区类型	行政主导型	行政引导型	多元共治型	平均值
满意	55 (88.71%)	216 (66.26%)	4 (100%)	275 (70.15%)
不满意	7 (11.29%)	110 (33.74%)	0 (0%)	117 (29.85%)
合计	62 (100%)	326 (100%)	4 (100%)	392 (100%)

注：卡方检验之农村：皮尔森卡方 = 14.261，自由度 = 2，显著性（双侧）= 0.001。

因此，行政主导型、行政引导型、行政吸纳型和多元共治型四种类型社区的比较结论如下。

第一,在医疗卫生服务满意度和社区居家养老服务满意度方面,从城乡四种类型社区居民来看,多元共治型社区居民满意度最高,而行政主导型社区居民满意度则最低。

第二,在农村社区中,行政主导型和多元共治型社区居民对社区医疗卫生服务的满意度基本相同,行政引导型社区居民对社区医疗卫生服务的满意度相对较低。多元共治型社区居民对社区最低生活保障服务的满意度最高,行政引导型社区居民对社区最低生活保障服务的满意度最低。

(四)行政主导型、行政引导型、行政吸纳型和多元共治型社区居民认同感和归属感

城市社区居民"喜欢自己的小区"和"在小区有家的感觉"是衡量社区居民是否具有社区认同感和归属感的重要表现。根据问卷中这两个题目从1—10分进行打分,分数越高表示越符合情况,选择7分及以上的记为"有认同感"和"有归属感",7分以下的记为"无认同感"和"无归属感"。

从表8—12和表8—13中可以看到城市四种类型社区居民"认同感"平均值为79.14%;四种类型社区居民"归属感"平均值为78.98%,总体水平上来说,城市居民的社区"归属感"和"认同感"都较强。

城市行政主导型社区居民选择"有认同感"和"有归属感"分别为70.96%和70.80%,低于平均水平;而城市多元共治型社区居民"有认同感"和"有归属感"的比例最高,分别为89.95%和83.92%。

同样,根据居民参与问卷题目,将农村居民"喜欢我的村庄"和"在村庄有家的感觉"的程度作为衡量农村居民认同感和归属感的标准。依题意分数越高表示越符合情况,选择7分及以上的记为"有认同感"和"有归属感",7分以下的记为"无认同感"和"无归属感"。

从表8—12和表8—13中可以看到四种类型社区居民"认同感"平均值为76.63%;四种类型社区居民"归属感"平均值为83.83%。总体水平上来说,农村居民的社区"归属感"和"认同感"都较强。

农村行政引导型社区居民选择"有认同感"和"有归属感"分别为

77.72%和83.25%,都分别低于平均水平,而农村多元共治型社区居民"有认同感"和"有归属感"的比例最高,分别为88.89%和100%。

表8—12　　　　　社区居民认同感与社区类型的城乡差异　　　　　单位:个

社区类型 \ 是否认同	城市			农村		
	有认同感	无认同感	合计	有认同感	无认同感	合计
行政主导型	435 (70.96%)	178 (29.04%)	613 (100%)	487 (86.65%)	75 (13.35%)	562 (100%)
行政引导型	2160 (80.42%)	526 (19.58%)	2686 (100%)	1772 (77.72%)	508 (22.28%)	2280 (100%)
行政吸纳型	330 (77.83%)	94 (22.17%)	424 (100%)	/	/	/
多元共治型	179 (89.95%)	20 (10.05%)	199 (100%)	24 (88.89%)	3 (11.11%)	27 (100%)
平均值	3104 (79.14%)	818 (20.86%)	3922 (100%)	2283 (76.63%)	586 (20.37%)	2869 (100%)

注:卡方检验之城市:皮尔森卡方=42.0151,自由度=3,显著性(双侧)=0.000。
卡方检验之农村:皮尔森卡方=23.6030,自由度=2,显著性(双侧)=0.000。

表8—13　　　　　社区居民归属感与社区类型的城乡差异　　　　　单位:个

社区类型 \ 是否有归属感	城市			农村		
	有归属感	无归属感	合计	有归属感	无归属感	合计
行政主导型	434 (70.80%)	179 (29.20%)	613 (100%)	480 (85.41%)	82 (14.59%)	562 (100%)
行政引导型	2161 (80.51%)	523 (19.49%)	2684 (100%)	1898 (83.25%)	382 (16.75%)	2280 (100%)
行政吸纳型	335 (78.82%)	90 (21.18%)	425 (100%)	/	/	/

续表

是否有归属感 社区类型	城市			农村		
	有归属感	无归属感	合计	有归属感	无归属感	合计
多元共治型	167 (83.92%)	32 (16.08%)	199 (100%)	27 (100%)	0 (0%)	27 (100%)
平均值	3097 (78.98%)	824 (21.02%)	3921 (100%)	2405 (83.83%)	464 (16.17%)	2869 (100%)

注：卡方检验之城市：皮尔森卡方＝31.4523，自由度＝3，显著性（双侧）＝0.000。
卡方检验之农村：皮尔森卡方＝6.8150，自由度＝2，显著性（双侧）＝0.033。

因此，从行政主导型、行政引导型、行政吸纳型和多元共治型四种类型社区居民的归属感和认同感分析来看：

第一，在城市四种类型社区中，城市居民的社区"归属感"和"认同感"都较强。相比较而言，行政主导型社区居民认同感和归属感最低，多元共治型社区居民认同感和归属感最高。

第二，在农村四种类型社区中，农村居民的社区"归属感"和"认同感"都较强。相比较而言，行政引导型社区居民认同感和归属感最低，多元共治型社区居民认同感和归属感最高。

二 不同区域社区的治理和服务

从我国社区空间发展的形态来看，存在有城市社区、村改居社区和农村社区三种形态，通过比较能进一步发现社区治理和服务方面存在的问题。

（一）三种类型社区特征的比较

1. 协商活动方面

社区居民参与社区公共事务是体现居民协商自治的一个重要方面，三种类型社区的居民参与社区公共事务的平均值为21.26%，农村居民参与社区公共事务的比例最高，参加居民人数占到该类型社区调查居民总数的25.21%，高于平均水平，而城市社区和村改居社区参与人数占比则低于平均水平，分别为19.11%和16.68%（见表8—14）。

表8—14　　　社区居民参与社区公共事务活动情况的类型差异　　　单位：人

社区类型 是否参加	城市社区	村改居社区	农村社区	平均值
参加	549 (19.11%)	194 (16.68%)	735 (25.21%)	1478 (21.26%)
不参加	2324 (80.89%)	969 (83.32%)	2180 (74.79%)	5473 (78.74%)
合计	2873 (100%)	1163 (100%)	2915 (100%)	6951 (100%)

注：卡方检验：皮尔森卡方=49.7322，自由度=2，显著性（双侧）=0.000。

2. 公益活动方面

在三种类型社区中，从近三年居民参与社区公益活动的情况来看（见表8—15），社区居民参与社区公益活动的平均比例为34.36%。村改居社区和农村社区居民参与社区公益活动的比例低于平均值，分别占该类社区调查居民总数的30.06%和25.86%。而城市社区居民参与公益活动的比例则高于平均值，达到44.73%。

表8—15　　　社区居民参与社区公益活动情况的类型差异　　　单位：人

社区类型 是否参与	城市社区	村改居社区	农村社区	平均值
参加	1285 (44.73%)	349 (30.06%)	754 (25.86%)	2388 (34.36%)
不参加	1588 (55.27%)	812 (69.94%)	2162 (74.14%)	4562 (65.64%)
合计	2873 (100%)	1161 (100%)	2916 (100%)	6950 (100%)

注：卡方检验：皮尔森卡方=239.8875，自由度=2，显著性（双侧）=0.000。

3. 网格化管理措施建设情况

从三种类型社区网格化管理措施的实施情况来看（见表8—16），已经实施了网格化管理措施的社区平均值为67.87%。有82.80%的城市社区已经实施网格化管理，有9.08%的社区正在建设，只有总共不到10%的社区表示还没有实施或没有听说过网格化管理。村改居社区中已经实施了网格化管理的社区占该类型社区总数的68.53%，比城市社区低14.27%。

农村中已经实施网格化管理的社区最少，在调查社区中，只有49.26%的社区实施网格化管理，其不论是与城市社区相比还是与村改居社区相比都有较大差距，且还有35%左右的农村社区表示没有实施或没有听说过网格化管理。

表8—16　　社区网格化管理措施实施情况的类型差异　　单位：人

社区类型 是否实施	城市社区	村改居社区	农村社区	平均值
已经实施	1651 (82.80%)	575 (68.53%)	803 (49.26%)	3029 (67.87%)
正在建设	181 (9.08%)	94 (11.20%)	250 (15.34%)	525 (11.76%)
没有实施	118 (5.92%)	110 (13.11%)	357 (21.90%)	585 (13.11%)
没有听说过	44 (2.21%)	60 (7.15%)	220 (13.50%)	324 (7.26%)
合计	1994 100%	839 100%	1630 100%	4463 100%

注：卡方检验：皮尔森卡方=511.1342，自由度=6，显著性（双侧）=0.000。

4. 社区"一站式"行政服务设施建设情况

从三种类型社区实施"一站式"服务的情况来看（见表8—17），社区"一站式"行政服务设施建设的平均水平为55.44%。城市中有66.83%的社区已经建设了"一站式"行政服务设施，明显高于平均水平国；而村改居社区和农村社区中已经建设该设施的社区分别占各自类型社区总数的55.36%和41.57%,低于平均水平。

在农村中,有49.42%的社区完全没有建立该设施,而这一比例在城市社区和村改居社区中则分别为25.09%和35.12%。总体来看,城市社区情况好于村改居社区,而村改居社区又好于农村社区。

表8—17　　　社区"一站式"行政服务设施建设情况的类型差异　　　单位:人

社区类型 是否实施	城市社区	村改居社区	农村社区	平均值
已经建设	1332 (66.83%)	465 (55.36%)	678 (41.57%)	2475 (55.44%)
规划建设中	161 (8.08%)	80 (9.52%)	147 (9.01%)	388 (8.69%)
未建设	500 (25.09%)	295 (35.12%)	806 (49.42%)	1601 (35.86%)
合　计	1993 (100%)	840 (100%)	1631 (100%)	4464 (100%)

注:卡方检验:皮尔森卡方=253.1891,自由度=4,显著性(双侧)=0.000。

5. 社区信息化建设情况

从三种类型社区计算机网络信息管理平台使用情况来看(见表8—18),计算机网络信息平台使用的平均值为69.17%,城市实现了86.26%的社区使用了计算机网络信息管理平台,明显高于平均水平;而在村改居和农村,这一比例分别为67.54%和49.11%,低于平均水平。可见,城市社区在社区信息化建设方面领先于村改居社区和农村社区,而农村社区在信息化建设方面仍有较大改进空间。

6. 社会组织和社工建设情况

社会组织和社工的引入对于提升社区治理和服务的专业化水平,打造多元共治的社区治理格局具有重要意义。在社会组织的建设方面,有61.27%的城市社区拥有社会组织,显著高于43.67%的平均水平;而在村改居社区和农村社区中,分别有43.20%和22.39%的社区拥有社会组织,低于平均水平。农村社区中拥有社会组织的社区在各类型社区总数中所占的比例最小(见表8—19)。

表8—18　　　　　　社区计算机网络信息管理平台
　　　　　　　　　　使用情况的类别差异　　　　　　　　　　单位:人

社区类型 是否使用	城市社区	村改居社区	农村社区	平均值
同时使用多个	1377 (69.06%)	451 (53.82%)	466 (28.61%)	2294 (51.42%)
只使用一个	343 (17.20%)	115 (13.72%)	334 (20.50%)	792 (17.75%)
合计使用	1720 (86.26%)	566 (67.54%)	800 (49.11%)	3086 (69.17%)

注:卡方检验:皮尔森卡方=703.6922,自由度=4,显著性(双侧)=0.000。

在社工建设方面,也呈现出同样的发展形态,城市社区拥有专业社工的比例为24.76%,村改居为10.24%,而农村社区拥有专业社工的比例仅为2.76%,即在农村社区中几乎没有专业社工(见表8—20)。

因此,从社会组织和社工的方面看,城市社区情况最好,村改居社区次之,农村社区情况最差。显现出农村地区在社区治理和服务提供的专业化方面仍然较为落后;而村改居社区尽管已经从社区形态上城市化,但是从三社建设来看仍然与城市社区的建设水平有较大差距。

通过对城市社区、村改居社区和农村社区三种类型社区主要特征的比较,得出的结论是:

第一,农村社区居民参与社区协商自治的要比城市社区居民积极性高;而城市社区居民参加社区公益活动要比农村社区居民积极性高。

第二,城市社区在网格化管理措施建设、社区"一站式"行政服务设施建设、社区信息化建设、社会组织和社工建设方面,明显强于村改居和农村社区。农村社区在服务设施和服务能力方面都明显滞后于城市社区。

表 8—19　　　　　社区社会组织建设情况的类别差异　　　　　单位：人

社区类型 是否有 社会组织	城市社区	村改居社区	农村社区	平均值
有	1212 （61.27%）	359 （43.20%）	362 （22.39%）	1933 （43.67%）
没有	766 （38.73%）	472 （56.80%）	1255 （77.61%）	2493 （56.33%）
合计	1978 （100%）	831 （100%）	1617 （100%）	4426 （100%）

注：卡方检验：皮尔森卡方 = 546.9984，自由度 = 2，显著性（双侧） = 0.000。

表 8—20　　　　　社区社工建设情况的类别差异　　　　　单位：人

社区类型 是否有 专业社工	城市社区	村改居社区	农村社区	平均值
有	493 （24.76%）	86 （10.24%）	45 （2.76%）	624 （13.99%）
没有	1498 （75.24%）	754 （89.76%）	1585 （97.24%）	3837 （86.01%）
合计	1991 （100%）	840 （100%）	1630 （100%）	4461 （100%）

注：卡方检验：皮尔森卡方 = 372.6657，自由度 = 2，显著性（双侧） = 0.000。

（二）三种类型社区主要服务的满意度分析

从三种类型社区居民对社区医疗卫生服务的满意度来看，满意度平均值为 75.67%，村改居社区居民对社区医疗卫生服务的满意度最高，而城市社区和农村社区的满意度都低于平均水平，选择满意的人数分别占各自类型社区总人数的 73.11% 和 75.48%。

表 8—21　　　　　社区医疗卫生服务满意度的类别差异　　　　　单位：人

社区类型 是否满意	城市社区	村改居社区	农村社区	平均值
满意	1210 (73.11%)	512 (83.25%)	1687 (75.48%)	3409 (75.67%)
不满意	445 (26.89%)	103 (16.75%)	548 (24.52%)	1096 (24.33%)
合计	1655 (100%)	615 (100%)	2235 (100%)	4505 (100%)

注：卡方检验：皮尔森卡方 = 25.1310，自由度 = 2，显著性（双侧） = 0.000。

（三）社区居民认同感和归属感

以居民"喜欢自己的小区（村庄）"和"在小区（村庄）有家的感觉"作为衡量认同感与归属感的指标，根据问卷中这两个题目从 1—10 分进行打分，分数越高表示越符合情况，选择 7 分及以上记为"有认同感"和"有归属感"，7 分以下为"无认同感"和"无归属感"。

从三种类型社区居民的认同感和归属感来看，村改居社区和农村社区居民的认同感和归属感比城市社区居民的认同感和归属感更强（见表 8—22、表 8—23）。

（四）社区治理和服务的影响因素分析

1. 社区居民参与社区公共事务的影响因素分析

社区居民参与社区公共事务是社区协商的主要途径，是社区共治的重要内容。为分析三种类型社区居民参与社区公共事务的影响因素，将参与公共事务类作为因变量，设为二分虚拟变量，其中参与 = 1，不参与 = 0。采用二元 logistic 回归模型，其模型结构如下所示：

$$P_i = F\left(a + \sum_{j=1}^{m} \beta_j X_{ij} + U\right) = 1 / \left\{1 + \exp\left[-\left(a + \sum_{j=1}^{m} \beta_j X_{ij} + U\right)\right]\right\}$$

表8—22　　　　　社区居民（村民）认同感的类别差异　　　　　单位：人

是否有认同感＼社区类型	城市社区	村改居社区	农村社区	平均值
有认同感	2188 (76.21%)	986 (84.64%)	2428 (83.78%)	5602 (80.79%)
无认同感	683 (23.79%)	179 (15.36%)	470 (16.22%)	1332 (19.21%)
合计	2871 (100%)	1165 (100%)	2898 (100%)	6934 (100%)

注：卡方检验：皮尔森卡方＝66.6127，自由度＝2，显著性（双侧）＝0.000。

表8—23　　　　　社区居民（村民）归属感的类别差异　　　　　单位：人

是否有归属感＼社区类型	城市社区	村改居社区	农村社区	平均值
有归属感	2186 (76.14%)	972 (83.58%)	2293 (79.56%)	5451 (78.82%)
无归属感	685 (23.86%)	191 (16.42%)	589 (20.44%)	1465 (21.18%)
合计	2871 (100%)	1163 (100%)	2882 (100%)	6916 (100%)

注：卡方检验：皮尔森卡方＝29.0595，自由度＝2，显著性（双侧）＝0.000。

其中，P_i 表示社区居民参与公共事务的概率；i 表示社区居民的编号；β_j 表示影响因素的偏回归系数；j 为影响因素的编号；m 为影响因素的个数；X_{ij} 为自变量，表示第 i 个样本的第 j 种影响因素；a 为截距；U 为误差项。表8—24列出了影响社区居民参与社区公共事务的自变量和常数的偏回归系数以及显著性水平。

表 8—24　影响社区居民参与公共事务的 logistic 回归系数结果

因变量：参与公共事务 自变量	模型 1 全体样本	模型 2 城市社区	模型 3 村改居社区	模型 4 农村社区
性别（女性）	0.161** (0.063)	-0.227** (0.103)	0.532*** (0.190)	0.348*** (0.094)
年龄	0.092*** (0.020)	0.070** (0.032)	0.331*** (0.071)	0.070** (0.029)
年龄的平方	-0.001*** (0.000)	-0.001* (0.000)	-0.003*** (0.001)	-0.001** (0.000)
中等收入阶层 （中上及富裕阶层）	0.293* (0.171)	-0.061 (0.242)	0.375 (0.416)	0.695** (0.325)
中下及贫困阶层 （中上及富裕阶层）	0.162 (0.170)	-0.255 (0.244)	0.221 (0.418)	0.650** (0.323)
婚姻状况（不在婚）	0.170* (0.103)	-0.004 (0.149)	0.293 (0.330)	0.222 (0.164)
文化程度 （初中及以下）	0.220*** (0.072)	0.440*** (0.109)	0.487** (0.208)	0.219 (0.133)
政治面貌 （非中共党员）	0.965*** (0.084)	0.778*** (0.125)	1.285*** (0.230)	1.256*** (0.143)
户口所在地 （非本社区）	0.436*** (0.111)	0.217 (0.138)	0.485 (0.369)	0.432* (0.248)
是否有归属感 （没有）	0.185* (0.104)	0.132 (0.174)	1.056** (0.447)	0.285* (0.146)
是否有认同感 （没有）	0.461*** (0.112)	0.297* (0.175)	1.130** (0.479)	0.488*** (0.168)
基层政府是否引导社区自治（否）	0.105 (0.086)	-0.094 (0.155)	-0.457** (0.225)	0.283** (0.135)
党组织成员与居委会成员交叉任职人数	-0.046*** (0.016)	-0.051** (0.025)	-0.058 (0.050)	-0.025 (0.027)

续表

因变量：参与公共事务 \ 自变量	模型1 全体样本	模型2 城市社区	模型3 村改居社区	模型4 农村社区
党组织角色：参与社区服务提供（领导社区服务工作）	-0.105	-0.254**	-0.553**	0.047
	(0.069)	(0.114)	(0.244)	(0.105)
党组织角色：社区服务是居委会的事（领导社区服务工作）	0.436***	0.157	0.520	0.558***
	(0.123)	(0.256)	(0.888)	(0.156)
居务公开是否包括居民会议讨论决定的事项执行情况（否）	0.096	0.033	0.522	0.325**
	(0.090)	(0.163)	(0.389)	(0.131)
居民是否通过居民会议参与社区事务（否）	-0.011	-0.676***	1.944***	0.342**
	(0.116)	(0.189)	(0.754)	(0.172)
社区是否有居民调解室（否）	-0.132	0.091	0.774	-0.313***
	(0.087)	(0.167)	(0.581)	(0.117)
常数项	-5.067***	-3.373***	-15.418***	-5.550***
	(0.522)	(0.829)	(2.012)	(0.802)
观测值	6774	2817	1123	2834
R^2	0.0507	0.0521	0.1711	0.0642

注：括号内为自变量参照组。$* p<0.1$，$** p<0.05$，$*** p<0.01$。

（1）从模型1全体样本中可以看出，居民个人特征、对社区的认同感和归属感以及社区党组织特征都对居民参与社区公共事务产生影响。

第一，从个人特征来看，男性、中等收入者、已婚者、文化程度较高者、党员以及户口为本社区者参与社区事务的比例较高，而伴随着年龄的增长，居民参与社区事务的比例呈现先上升后下降的趋势。

第二，居民对社区的认同感和归属感对于其参与社区公共事务具有显著影响，与缺乏认同感的居民相比，有认同感的居民参与公共事务的比例增加了59%（exp(B)=1.59）；与缺乏归属感的居民相比，有归属感的居民参与公共事务的比例增加了20%（exp(B)=1.20）。

第三，从社区党组织的特征来看，党组织成员与居委会成员交叉任职人数越多，居民参与公共事务的比例越低。在社区服务方面，与党组织领导社区服务工作相比，居委会提供社区服务更能激发居民参与公共事务的热情。

（2）从模型2城市社区样本中可以看出，居民个人特征、对社区的认同感、社区党组织特征以及居民是否通过居民会议参与社区事务对居民参与公共事务产生显著影响。

第一，从个人特征来看，与全体样本情况不同，男性参与社区公共事务的比例比女性低25%（exp（B）=1.25）。而随着年龄的增长，居民参与社区事务的比例呈现先上升后下降的趋势。同时，文化程度高、具有党员身份对参与公共事务有正向影响。

第二，城市社区居民对社区的认同感对于其参与社区公共事务具有显著影响，与缺乏认同感的居民相比，有认同感的居民参与公共事务的比例增加了35%（exp（B）=1.35）。

第三，从城市社区党组织的特征来看，党组织成员与居委会成员交叉任职人数越多，居民参与公共事务的比例越低。在社区服务方面，与党组织仅仅是参与社区服务提供相比，党组织领导社区服务工作更能激发居民参与公共事务的热情。

第四，从居民是否通过居民会议参与社区事务指标来看，通过居民会议反而对居民参与社区公共事务产生了负面影响，这说明城市社区居民会议可能存在空转现象。

（3）从模型3村改居社区样本中可以看出，居民个人特征、对社区的认同感和归属感、社区基层政府是否引导社区自治、党组织特征和居民是否通过居民会议参与社区事务对居民参与公共事务产生显著影响。

第一，从居民个人特征来看，男性、文化程度较高者和党员参与社区公共事务的比例较高，而随着年龄的增长，居民参与社区事务的比例呈现先上升后下降的趋势。

第二，村改居社区居民对社区的认同感和归属感对于其参与社区公共事务有显著影响，且影响要大于全体样本和城市社区样本。与缺乏认同感的居民相比，有认同感的居民参与公共事务的比例增加了210%（exp（B）=3.10）；与缺乏归属感的居民相比，有归属感的居民参与公共事务的比例增加了187%（exp（B）=2.87）。

第三，社区基层政府引导社区自治反而对居民参与社区公共事务产生了负面影响，这可能说明，在从农村向城市转型的过程中，基层政府还没有发挥很好的作用或对社区事务干预过多。

第四，从村改居社区党组织特征来看，与城市社区相同，在社区服务方面，与党组织仅仅是参与社区服务提供相比，党组织领导社区服务工作更能激发居民参与公共事务的热情。

第五，从居民是否通过居民会议参与社区事务指标来看，与城市社区形成鲜明对比，通过居民会议对居民参与社区公共事务产生了显著的正向影响，与不通过居民会议参与的居民相比，参与公共事务的比例增加了599%（exp（B）=6.99）。

（4）从模型4农村社区样本中可以看出，居民个人特征、对社区的认同感和归属感、社区基层政府是否引导社区自治、党组织特征、居务公开是否包括居民会议讨论决定的事项、居民是否通过居民会议参与社区事务以及社区是否有居民调解室对居民参与公共事务产生显著影响。

第一，从个人特征来看，男性、中等收入和中下收入者、党员以及户口为本村者参与社区事务的比例较高，而伴随着年龄的增长，居民参与社区事务的比例呈现先上升后下降的趋势。

第二，居民对社区的认同感和归属感对于其参与社区公共事务具有显著影响。与缺乏认同感的居民相比，有认同感的居民参与公共事务的比例增加了63%（exp（B）=1.63）；与缺乏归属感的居民相比，有归属感的居民参与公共事务的比例增加了33%（exp（B）=1.33）。

第三，社区基层政府引导社区自治、居务公开和居民通过居民会议参与社区事务对农村社区居民参与社区公共事务产生显著正面影响，但是居民调解室的存在却存在显著负面影响，说明居民调解室在农村社区未发挥理想作用。

第四，从社区党组织的特征来看，在社区服务方面，与党组织领导社区服务工作相比，居委会提供社区服务更能激发居民参与公共事务的热情。

2. 社区居民对社区的认同感影响因素分析

社区居民对社区的认同感是社区共享的重要内容，为分析三种类型社区居民对社区认同感的影响因素，将认同感①作为因变量，设为二分虚拟变量，其中有认同感=1，无认同感=0，采用二元 logistic 回归模型进行分析。

表 8—25 列出了影响社区居民认同感的自变量和常数的偏回归系数以及显著性水平。

表 8—25　影响社区居民认同感的 logistic 回归系数结果

因变量：认同感 自变量	模型 1 全体样本	模型 2 城市社区	模型 3 村改居社区	模型 4 农村社区
社区内是否有政府 购买服务（否）	0.177** (0.070)	0.120 (0.106)	0.227 (0.270)	0.054 (0.115)
户口所在地 （非本社区）	0.428*** (0.092)	0.185 (0.117)	0.690*** (0.246)	0.620*** (0.235)
政治面貌 （非中共党员）	0.509*** (0.112)	0.488*** (0.143)	0.683** (0.317)	0.677*** (0.240)
年龄	0.013*** (0.003)	0.012*** (0.004)	0.022*** (0.008)	0.018*** (0.004)
性别	−0.039 (0.065)	−0.134 (0.095)	−0.112 (0.178)	−0.051 (0.108)
婚姻状况（不在婚）	0.031 (0.090)	−0.039 (0.124)	−0.113 (0.246)	0.088 (0.164)
文化程度 （初中及以下）	−0.182** (0.078)	−0.143 (0.104)	−0.199 (0.227)	0.216 (0.170)
中等收入阶层 （中上及富裕阶层）	−0.235 (0.213)	−0.678** (0.332)	0.378 (0.412)	0.064 (0.421)
中下及贫困阶层 （中上及富裕阶层）	−0.805*** (0.210)	−1.048*** (0.330)	−0.533 (0.405)	−0.682* (0.411)
是否提供居家养老服务 （否）	0.009 (0.080)	0.197* (0.107)	−0.229 (0.245)	0.320 (0.199)

---

① 根据社区居民参与问卷中居民"喜欢自己的小区"这个题目来衡量社区居民是否具有社区认同感，居民 1—10 分进行打分，分数越高表示越符合情况，选择 7 分及以上记为"有认同感"，7 分以下记为"无认同感"。

续表

因变量：认同感＼自变量	模型1 全体样本	模型2 城市社区	模型3 村改居社区	模型4 农村社区
是否提供社区医疗服务（否）	0.122* (0.071)	0.096 (0.105)	0.185 (0.225)	0.303** (0.132)
是否提供就业技能培训（否）	0.041 (0.079)	-0.172 (0.130)	0.178 (0.238)	0.073 (0.136)
是否提供儿童保护（否）	0.374*** (0.092)	0.185 (0.133)	0.685** (0.322)	0.481*** (0.165)
是否提供青少年服务（否）	-0.182* (0.098)	0.292** (0.144)	-0.009 (0.407)	-0.351* (0.201)
是否提供妇女权益保护（否）	-0.028 (0.095)	-0.136 (0.200)	-0.663*** (0.234)	0.521*** (0.157)
是否提供法律援助（否）	-0.522*** (0.090)	-0.873*** (0.205)	-0.389 (0.250)	-0.429*** (0.133)
是否提供家政中介服务（否）	-0.036 (0.092)	0.023 (0.113)	1.237*** (0.330)	-0.567** (0.265)
是否提供邻里调解服务（否）	0.020 (0.129)	-0.009 (0.205)	0.922 (0.873)	-0.203 (0.182)
是否提供社区环境维护（否）	0.288*** (0.111)	0.303 (0.191)	0.345 (0.703)	0.338** (0.162)
是否提供社区安保（否）	-0.214** (0.086)	-0.072 (0.130)	-0.334 (0.279)	-0.391*** (0.137)
常数项	0.947*** (0.289)	1.505*** (0.448)	-0.538 (0.897)	0.294 (0.545)
观测值	6777	2821	1157	2799
R^2	0.0415	0.0446	0.0985	0.0510

注：括号内为自变量参照组。* $p<0.1$，** $p<0.05$，*** $p<0.01$。

（1）从模型1全体样本中可以看出，居民个人特征、一些社区服务的提供和政府购买服务对居民的社区认同感产生显著影响。

第一，从个人特征来看，户口为本社区、党员身份对社区居民的认同感有正向影响；且随着年龄的增长，社区居民的社区认同感也随之增长；但是文化程度较高者对社区的认同感反而更弱；且与中上及富裕阶层相比，中下及贫困收入阶层缺乏社区认同感。

第二，从社区服务的提供来看，社区医疗服务、儿童保护服务和社区环境维护服务的提供对社区居民的认同感有显著正向影响，与没有提供这些社区服务的社区相比，提供社区医疗服务的社区的居民的认同感上升了13%（exp（B）=1.13），提供儿童保护服务的社区的居民的认同感上升了45%（exp（B）=1.45），提供社区环境维护服务的社区的居民的认同感上升了33%（exp（B）=1.33）。而青少年服务、法律援助服务和社区安保服务的提供反而对社区居民的认同感产生了负面影响，说明这几项服务要予以重点关注。

第三，从社区内是否有政府购买服务来看，有购买服务的社区居民的认同感比没有购买服务的社区的居民的认同感高出19%（exp（B）=1.19），说明购买服务显著提高了社区服务的提供效率，提高了社区居民对社区的认同感。

（2）从模型2城市社区样本中可以看出，居民个人特征、一些社区服务的提供对居民的社区认同感产生显著影响，而政府购买服务则对居民的社区认同感没有明显影响。

第一，从个人特征来看，党员身份对城市社区居民对认同感有正向影响；且随着年龄的增长，社区居民的社区认同感也随之增长；与中上及富裕阶层相比，中等收入阶层和中下及贫困收入阶层缺乏社区认同感，中下及贫困收入阶层的社区认同感最弱。

第二，从城市社区服务的提供来看，社区居家养老服务、青少年服务的提供对社区居民的认同感有显著正向影响，与没有提供这两项社区服务的社区相比，提供居家养老服务的社区的居民的认同感上升了22%（exp（B）=1.22），提供青少年服务的社区的居民的认同感上升了34%（exp（B）=1.34）。而法律援助服务的提供反而对社区居民的认同感产生了负面影响，应予以重点关注。

（3）从模型3村改居社区样本中可以看出，居民个人特征、一些社区服务的提供对居民的社区认同感产生显著影响，而政府购买服务则对居民的社区认同感没有明显影响。

第一，从个人特征来看，户口为本社区、党员身份对村改居社区居民的认同感有正向影响;且随着年龄的增长,社区居民的社区认同感也随之增长。

第二,从村改居社区服务的提供来看,儿童保护服务、家政中介服务的提供对社区居民的认同感有显著正向影响,与没有提供这两项社区服务的社区相比,提供儿童保护服务的社区居民的认同感上升了98%(exp(B)=1.98),提供家政中介服务的社区居民的认同感上升了245%(exp(B)=3.45)。而妇女权益保护服务的提供反而对村改居社区居民的认同感产生了负面影响,应予以重点关注。

(4)从模型4农村社区样本中可以看出,居民个人特征、一些社区服务的提供对居民的社区认同感产生显著影响,而政府购买服务则对居民的社区认同感没有明显影响。

第一,从个人特征来看,户口为本社区、党员身份对社区居民的认同感有正向影响;且随着年龄的增长,社区居民的社区认同感也随之增长;与中上及富裕阶层相比,农村中下及贫困收入阶层缺乏社区认同感。

第二,从农村社区服务的提供来看,社区医疗服务、儿童保护服务、妇女权益保护服务和社区环境维护服务的提供对于社区居民的认同感有显著正向影响,与没有提供这些社区服务的社区相比,提供社区医疗服务的社区居民的认同感上升了35%(exp(B)=1.35),提供儿童保护服务的社区居民的认同感上升了62%(exp(B)=1.62),提供妇女权益保护服务的社区居民的认同感上升了68%(exp(B)=1.68),提供社区环境维护服务的社区居民的认同感上升了40%(exp(B)=1.40)。而青少年服务、法律援助服务、家政中介服务和社区安保服务的提供反而对农村居民的社区认同感产生了负面影响,应予以重点关注。

三 社区治理和服务的发展思路

(一)确立社区治理和服务的发展观

1. 确立社区治理和服务的人本观

从中国的国情出发,社会主义民主政治发展的内在规定性决定了必须坚持"以人民为中心"的思想。在社区中,通过"一切为了居民,为了一切居民,为了居民的一切"来实现居民在社区治理和服务中的主体地位，并成为社区治理和服务的起点和终点。

社区居民是社区治理和服务的共同参与者、建设者和享有者，社区治理和服务的各项工作都要始终围绕社区居民的根本利益和意愿展开，使他们乐心乐意、乐居乐治。明确居民在社区治理和服务中的主体地位，就必须通过制度化的手段，大力开展基层民主法治建设，不断创新居民参与的社区平台，使居民在参与社区治理和服务的实践中，体现出主人翁地位和行为，最大限度激发他们在社区治理和服务中的活力，并以社区居民的归属感和获得感来评价社区治理和服务的效果。注重用共同需求、共同利益来调动社区居民广泛参与的积极性，坚持互利互惠、成果共享原则，在共治中共享，在共享中共治。

2. 确立社区治理和服务的系统观

党的十八届三中全会提出了社会治理要坚持"系统治理""依法治理""综合治理""源头治理"的系统治理观。坚持系统治理，即加强党委领导，发挥政府主导作用，鼓励和支持社会各方面参与，确立多元主体，共建共治。坚持依法治理，即加强法治保障，运用法治思维和法治方式化解社会矛盾。坚持综合治理，即强化道德约束，规范社会行为，刚柔并济，礼法并施。调节利益关系，协调社会关系，解决社会问题。坚持源头治理，标本兼治、重在治本，以社会化服务为方向，以基层综合服务管理为平台，及时反映和协调社区居民各方面利益诉求。总之，以源头治理掌握社区治理和服务的主动权，以系统治理实现社区治理和服务的多元共治，以依法治理和综合施策全面提升社区居民的归属感和获得感。

在社区治理和服务过程中，多元共治共享更要自觉地坚持和应用系统治理观，既要将社区治理和服务纳入到社会发展的整体战略中予以规划定位，又要把社区治理和服务看作是由一个个子系统构成的整体来考量。从当前社区治理和服务的内容来看，社区治理涉及多领域、多方面的工作，因而社区治理与服务具有相对独立的价值取向、要素构成、制度安排和运转逻辑。同时，受制于全面深化改革的时代背景和社会转型的发展特征，我国的社区治理与服务体系还没有定型，因此，需要系统观来谋划社区治理和服务的发展规划。

3. 确立社区治理和服务的问题导向、基层导向和目标导向

在社区治理和服务中，善于运用各种综合性手段，从源头上主动发现和及时回应社区居民需求，敢于面对社区发展中出现的问题，这是保证基层服务和管理精准有效的前提。把资源、服务、管理放到基层，围绕民生难题，打通社区居民的"最后一公里"。通过盘活治理资源，把社会治理的关口前移，不断增强社区治理和服务工作的前瞻性、主动性和有效性。

社区治理和服务，其目标在于提供优质服务、促进居民自治与参与。要实现这些目标，需要进一步理顺政府与社区的职能边界，通过制度化的方式确定社区事务的准入和退出。注重"增权"与"放权"，一方面是为社区增权，将各类资源整合到社区，为社区独立性的增强提供物质基础；另一方面是政府放权，鼓励多元主体参与社区治理。通过改革，逐步建立起政府、居民、社会组织、市场组织等多元主体共同参与的社区治理机制，在协同协作、互动合作、相互促进中实现社区治理的创新和优化，真正造福于社区居民。把社区治理和服务发展同社区居民意愿紧密结合起来。在社区治理和服务中，以社区居民利益和社区居民期待来倒逼社区治理和服务发展的改革，倒逼社区治理和服务体制和机制的创新。

（二）社区治理和服务发展路径

1. 以多元共治为目标，完善社区治理结构，促进社区治理主体建设和社区治理过程的转变

在推进城乡社区发展中，以多元共治为目标，以"建立现代社区治理体系"和"构建社区良性社会生态"为主要内容，形成以"多元主体、多元平台、多元服务"为基本架构的多元共治社区治理体系。

（1）确立社区治理结构的首要目标——培育多元主体。城乡社区多元主体包含社区综合党委、社区居委会、社区工作站、辖区单位、社会组织、社区居民等"六类主体"，加强基层政府、社区组织、市场主体和社会力量在社区治理过程中平等协作，促进行政机制、自治机制和协同机制在社区层面有效衔接，整合社区各种积极力量共同参与社区治理和服务。

（2）完善社区治理结构的核心任务——增强社会活力，提供优质服务。通过强化各类组织在社区治理和服务中的职责，建立健全社区社会组织机构孵化、能力提升、购买服务和项目监管机制，最大限度激发和增强社区活力。通过议事决策、服务执行、评议监督、矛盾调处、信息网络等多元平台，使社区各类事务都有处置的渠道；通过社区行政服务、社区基本公共服务、社区公益服务和社区便民服务等"四项服务"，让社区居民享受到丰富便捷的服务。

（3）促进社区治理主体的建设。一是加强和改进党对社区治理的领导，建立健全党员领导干部直接联系群众制度，大力推进服务型社区党组织建设。二是发挥居民在社区治理中的主体作用，推动在城乡社区广泛开展平等对话、相互协商、规劝疏导等协商活动，推进基层民主协商制度化、规范化和程序化。三是强化社会力量参与社区治理，充分发挥居民主人翁作用，大力培育社区社会组织，发挥社会力量在社区治理中的参与作用，按照"政府扶持、社会运营、专业发展、项目合作"的思路，积极探索"社区、社团、社工"三社联动，推动建立以社区为平台、社会组织为载体、社会工作专业人才队伍为支撑的社区服务管理新机制。在城市社区，建立健全以社区党组织为领导核心，居委会为主导，居民为主体，业委会、物业公司、驻区单位、社会组织等共同参与的治理结构。在农村社区，建立村务监督委员会，加强党组织领导下的村委会、村集体经济组织、村务监督机构的村级治理组织体系建设。

（4）促进社区治理过程的转变。强化服务型政府理念，由权威服从向更多的民主协商方式转变。在社区中开展协商民主，按"民事民议民决"原则来实施。在社区治理中，主要是针对社区的公共设施建设、环境卫生管理、公共秩序维护以及涉及公共安全的矛盾冲突等各项公共事务，由村（居）民尤其是利益相关者作为协商主体，参与到协商事务的讨论、决策、实施以及管理的各个环节。使社区居民通过基层协商民主，能够拥有进行自我管理、自我监督以及民主决策的权利。

2. 构建社区共治和共享的体制机制，发挥多元主体的优势和合力，实现社区治理和服务的精细化

构建社区共治和共享的体制和机制，通过整合社区资源，增强社会参与，构筑与社会主义市场经济相适应，与社会现实要求和社区居民需

求相适应的新型社区治理模式。形成政府调控机制与社会协同机制互联，政府行政功能与社区自治功能互补，政府行政力量与社会协同力量互动的社区治理体制和运行机制，提升社区治理和服务的效果。充分发挥多元主体在社区治理中的协同协作、互动互补、相辅相成作用，健全以社区党组织为核心、社区自治组织为主导、社区居民为主体、社区社会组织和驻区单位共同参与的社区治理体制机制。

（1）加强和改进社区党组织的领导核心作用。在新型社区治理体系中，社区党组织不仅应该发挥而且必须适应新形势发挥领导核心作用。需要进一步优化社区党组织设置，实现社区党组织全覆盖，推动形成区域化党建新格局，同时需要按照党的领导和社区居民当家做主与依法治理社区相统一的原则，积极探索党组织的主张通过法定程序和广大党员的先锋模范作用成为社区决策和行动的有效途径。

（2）强化和改进基层政府组织在社区治理中的主导功能。基层政府组织特别是街道办事处和乡镇政府在社区治理中发挥主导作用，加快转变基层政府职能，增强面向社区治理和服务的能力，规范街道设置，优化街道管辖规模，整合街道内设机构，增强街道对基层政府职能部门的协调监督职能，解决街道责权失衡问题，探索构建以街道为主导的属地化社区治理体系。同时需要进一步加强和改进乡镇政权建设工作，增强乡镇政府的管理服务能力，赋予那些吸纳人口较多、经济实力较强的镇更多的管理权。

（3）健全社区居民自治机制，发展社区民主协商机制。中国特色的"社区自治"，就现阶段的情况而言，它有三种主要表现形式：一是以居（村）民委员会为组织载体的居（村）民自治；二是以业主大会、业主代表会、业主委员会为组织载体的社区业主自治；三是以基层社会团体为组织载体的社区社团自治。这三种群众性自治不能相互替代，但可以功能互补。首先需要建立健全居（村）民委员会组织体系，开展多层次、多样化的社区居（村）民自治活动。其次需要培育发展城乡社区社会组织，引导它们着力开展社区成员所需服务项目，推进社区社团自治，把社区群众性自治空间从单一的地缘群体拓展到多元群体。再次需要建立健全社区业主组织，推进社区业主自治，完善社区党组织、居（村）委会、业委会和物业服务企业的协调共管机制。

总之，动员组织社区成员广泛有序参与社区治理和服务是社区建设的突出任务之一。注重用共同需求、共同利益来调动社区成员广泛参与的积极性，坚持互利互惠、成果共享原则，在共治中共享，在共享中共治。

3. 拓展社区公共空间，增强社区的政社互动，实施"三社"联动，提高社区治理和服务能力，增强社区居民的认同感和归属感

在社区公共空间拓展上，通过协商、合作、互动、共建，形成社区发展的共同目标和社区凝聚力。以社区居民需求为导向，以项目化运作为手段。一是通过政府购买服务；二是通过社会组织引入外部资源和社会力量；三是通过社工提供专业化、针对性服务等方式，激发各方参与主体的活力和积极性，实现政府管理与社会自我调节、居民自治的良性互动。

把培育和发展社区社会组织作为增强社区政社互动的"牛鼻子"，积极培育社区服务性、公益性、互助性社会组织，对不具备登记条件的社区社会组织办理备案手续。要积极协调有关部门制定完善培育发展社区社会组织的资金支持、税收优惠、银行信贷、人才引进等优惠政策。建立健全社区社会组织孵化机制，依托社区综合服务设施建设社区社会组织孵化基地，为新建社区社会组织提供组织运作、办公场地、服务场所、启动资金等必要支持，为社区社会组织发挥作用搭建平台、提供舞台。加快建立政府向社区社会组织购买服务机制，逐步扩大购买服务资金来源和数量，拓展购买服务领域和范围，规范购买服务程序和方式，优先支持服务老年人、妇女、儿童、残疾人、失业人员、农民工等特殊群体的社区社会组织。逐步构建多元参与、多元治理、多元服务的社区治理新格局，促进居民参与解决自己的问题，提高社区居民的社会意识。

拓展社区公共空间，培育社区居民的公共精神，发掘社区居民中的"能人"和"热心人"为社区增能；培养互相关怀、彼此互济的美德，营造团结友爱、和谐共处的文化，全面增强社区认同感和归属感。

（三）社区治理和服务的发展对策

1. 加强对社区发展的规划，通过实施社区升级转型计划，提高对社区发展现代化的战略引导能力

我国幅员辽阔，由于经济社会发展水平的差异，城乡社区发展存在

较大的差异。从本部分分析结果来看，不同区域、不同类型社区发展差别较大，建议政府通过科学编制社区发展的建设规划，明确各类社区设施设置原则和配建标准，统筹规划社区建设的基础设施和公共服务。特别是针对目前各类社区发展中存在的主要问题，实施社区升级转型辅导方案，推动社区发展的转型升级。

（1）加大公共财政对社区的投入，建立中央和地方相结合的社区投资机制。将社区设施建设纳入专项规划，发挥财政资金在社区治理和服务建设中的兜底作用。鼓励在社区中探索政府和社会资本合作模式（PPP），以政府财政投入作为"种子资金"，吸引社会资本和市场资本共同投入社区；鼓励探索建立社区基金会等形式，吸纳政府投入、社会捐赠和企业资金，构建起政府投入、居民筹集、多方融资互联互补的社区治理和服务资金保障机制。

（2）推动公共资源向社区下沉，切实加大基础设施投入力度。我国社区建设起步晚，尤其在社区基础设施等方面明显不足，规划好配套服务设施，加大公共服务设施建设，建成以社区综合服务设施为主体、各类专项服务设施相配套的综合性、多功能的社区服务设施网络。在农村社区重点提高社区基础设施硬件水平，在城市社区注重社区的提升改造。加快社区基础服务设施全面达标以及提档升级步伐，引导做强、做优乡镇（街道）便民服务中心以及城乡社区公共服务中心，提升城乡社区综合服务的功能。

（3）大力推动社区营造。建议在全国范围内，分阶段、分类型对城乡社区开展"社区营造"工程，以提升社区治理和服务能力为出发点，核心是帮助社区居民和社区组织提高解决社会事务的能力，激发社区自治活力，创新社区治理和服务的体制和机制，改善社区环境，增强社区居民的认同感和归属感。

2. 加强社区治理与服务发展的专业化、标准化、信息化建设

（1）在专业化建设方面，加强社会工作及人才队伍建设，大力培育发展社区社会组织，推动社区社会工作实务开展，为社区居民提供专业、优质、差异化的社会服务。在城乡社区注重配备和使用社会工作专业人才，积极开发社会工作专业岗位，着力推进社区服务专业化和社会化。

在社区治理和服务中，从理念到工作守则，从制度设计到档案管理，

从文案写作到计划执行，从居民需求调查到清晰的服务日程，形成规范化的制度建构和服务流程，以确保社区治理和服务的专业化水平和质量。

在社区治理和服务中，采用"政府购买，社会运作"方式，采取优胜劣汰的良性竞争机制，将社区治理和服务中可以委托的工作，交给专业社会机构运营，用专业化的方式提升社区治理和服务水平。

（2）在信息化建设方面，推动社区信息化建设从"管理型"走向"服务型"，进一步发展成为"融合型"。促进社区服务信息化建设全面展开，建设社区综合服务信息平台，逐步提高社区信息装备条件和社区服务的信息化水平。积极推进社区网格化、智能化建设，建立上下联动、多网合一、便捷高效的网格化服务管理体系。

将信息化建设作为推动社区治理和创新的有力"引擎"，依托社区公共服务综合信息平台整合服务功能、优化服务流程、共享信息资源、扩大信息应用，提供便民和利民的各类服务。积极借鉴"互联网+"思维，在"三社"联动的基础上，打造"社区+"平台，融合"三社"等资源，打破服务资源和服务需求之间的信息不对称，将社区服务的提供由政府主导转变为以社区居民实际需求为导向，使资源投向最需要的地方，使服务效能得以较大提升。

积极探索社区养老、医疗、教育、物业服务的数字化、智能化、在线化改造，构建线上线下相结合的社区服务新模式，逐步建设信息技术与社区治理深度融合的智慧社区。扩大社区治理和服务平台建设的优势，拓宽服务途径，让居民享受到更加便捷、丰富、均衡的社区服务，增强对居民的回应性，实现"整合、联动、增效、为民"的社区融合发展新态势。

（3）在标准化方面，社区治理和服务的标准化可以使社区治理更加规范，工作职责更加明确，各项保障更加具体，提供服务更加到位，考核体系更加全面，管理成本降低。社区标准化是实现社区"服务质量目标化、服务方法规范化、服务过程程序化"的重要途径。

建立健全社区标准体系。标准体系建设是社区标准化的重要内容，它包括通用基础标准、服务保障标准和服务提供标准子体系，并根据标准体系框架形成社区服务标准体系标准明细表。社区评价标准是社区建设的核心，可以整体指导社区建设。由于目前国家、行业层面还没有出台全国性的指导标准，因此可以从制定社区人员要求、设备设施、信息化建设、社区评价等重点领域标准开始进行探索，在3—5年内全面建立健全社区标准体系。

加强农村社区标准化研究。目前社区领域的标准主要适用于城市社区的建设与服务，农村社区标准化工作还是空白。相对于城市社区，农村社区基础设施建设、人员要求、信息化建设等方面存在较大的差距，城市社区的标准只能为农村社区的标准提供一定的借鉴，但不能通用。因此需要加强农村社区的标准化研究工作，搭建农村社区标准体系，然后逐步完善相关标准。

着手开展社区标准化试点。社区标准化试点是推进社区标准化工作的突破点，是有效实施社区标准化的重要手段。通过积极引导有条件的社区开展社区服务标准化试点工作，有效促进社区服务标准的推广和普及工作，并通过试点的辐射和引领作用，在更大范围、更深层次推进社区服务标准化工作。

3. 建立健全社区治理和服务监督和评估制度，建立以居（村）民群众满意度评价为主的考核评估体系

在社区治理和服务监督方面，进一步完善社区党务、居务、财务、服务等信息公开制度，健全社区信息公开的目录，及时将社区工作的办事流程、工作进度、执行效果、经费收支等情况用不同的手段和方式公开，并制度化和常规化。有序开展社区居民对基层政府及其派出机构工作情况的评议，对物业服务情况的监督，维护居民民主权利与合法权益。

建立和完善政府购买社区服务的资金管理办法。加强区、街两级对社区平台购买社会服务资金的监管，严格规范政府资金使用，完善资金监管制度。确保政府购买社区服务公开、透明、规范、高效。街道、社区加强对购买服务项目运行的监管，对社会组织、志愿服务组织及其他社会主体的服务情况及时进行跟踪监督，保障服务水平和服务质量。

在社区治理和服务评估方面，建立第三方负责、有社区居委会和居（村）民居民代表参与的社区治理和服务评估体系，特别是要推广建立以居（村）民群众满意度评价意见为主的考核评估体系，作为提升社区居民认同感和归属感的突破口，推动社区建设迈向更高水平。

第三篇

改革创新

第九章

社会服务的供给侧改革

一 基本社会服务供给分析[①]

我国已初步建立起覆盖全民的基本公共服务体系。由民政部门所担负的基本社会服务是基本公共服务的主要构成,其供给状况直接影响到人民群众的获得感。从我国基本公共服务政府职能划分来看,经过新一轮国务院机构改革方案的出台,目前基本社会服务成为民政部的主要职能。在2019年1月中共中央办公厅、国务院办公厅印发的《民政部职能配置、内设机构和人员编制规定》通知中,提出了"基本社会服务",民政部把职能定位在"最底线的民生保障、最基本的社会服务、最基础的社会治理和专项行政管理职责"("三最一专")。这表明由民政部门负责"基本社会服务"范围更加清晰,工作内容更加集中。从服务对象来看,当前民政部门负责的基本社会服务主要分为两部分:第一,弱势群体救助,这部分工作是民生保障中的兜底工作,包括解决困难群众的基本生活问题,完善社会救助体系;完善儿童、妇女与老年人服务体系;完善各项残疾人保障等。这类基本社会服务的对象是社会成员中的弱势群体,对弱势人群提供服务有利于充分发挥民政在保障和改善民生中的兜底作用,为这类群体成员提供维系基本生活的安全网。第二,面向全体社会成员的相关基本社会服务,包括优化行政区划设置、加强婚姻管理与服务、规范殡葬活动等。这类服务能够满足全体社会成员对美好生活的需要,提高了社会成员所接受的社

[①] 参见霍萱、林闽钢《政府基本社会服务供给现状与影响因素研究》,《社会工作与管理》2019年第2期。

会服务的质量，进而提高了社会成员的生活质量。

因而本部分以民政部门提供的基本社会服务为研究对象，从供给—需求匹配的视角分析基本社会服务的供给问题和供需匹配现状，并进一步研究影响基本社会服务发展的因素。从目前对基本公共服务的研究来看，已有研究主要集中在服务供给主体、供给模式、供给效率、基本公共服务均等化、标准化与质量评估方面。总体来看，现有研究存在以下三点不足：第一，从研究视角来看，对服务的供给侧关注较多，多从"自上而下"和"单向投入"的视角对基本公共服务的提供现状进行分析，而对需求侧的研究较少，并未充分将民众的需求考虑在内，从供需匹配的角度来分析则更少，而供需是否匹配直接衡量了基本公共服务的质量。第二，从研究内容来看，缺少对基本社会服务的研究。当前学术界对基本公共服务的概念、内涵、特性、范围、供给主体、实现机制等问题的研究成果较多，研究对象多为基本卫生公共服务、基本社会保障公共服务，缺少对基本社会服务尤其是针对弱势群体的基本社会服务的关注。第三，从研究方法来看，缺乏对基本社会服务的实证研究，尤其是对影响服务提供要素和服务满意度的系统性研究，而满意度逐渐成为衡量服务提供质量和供需匹配度的重要指标。

因而，本部分试图构建一个综合的分析框架以弥补以上不足。从研究内容来看，既避开了对基本公共服务总体的笼统分析，也避免了对某一类具体服务项目的分析，而是选择了目前最受关注的基本公共服务子体系——基本社会服务——进行分析。从研究视角来看，首先是承接已有研究，借鉴国际上评价基本公共服务的标准，[1] 从宏观层面对基本社会服务供给现状从投入、产出和收益三个维度进行全面分析，通过合成综合指数来考察基本社会服务随着时间的发展趋势及省际发展差异和均等化水平。其次通过全国层面的微观调查数据库，考察目前居民对于主要基本社会服务的需求以及供需匹配情况，以弥补现有研究不足。最后，

---

[1] Boyne, G., Day, P. and Walker, R., "The Evaluation of Public Service Inspection: A Theoretical Framework", *Urban Studies*, Vol. 39, No. 7, 2002, pp. 1197 – 1212; Boyne, G. A., "Sources of Public Service Improvement: A Critical Review and Research Agenda", *Journal of Public Administration Research and Theory: J-PART*, Vol. 13, No. 3, 2003, pp. 367 – 394.

在描述性分析的基础上进一步运用计量分析技术,考察宏观层面影响基本社会服务发展的因素以及微观层面影响居民服务满意度的因素。从研究方法来看,则在规范分析的基础上增加了实证分析。

(一)基本社会服务供需现状

为了厘清基本社会服务体系所包含的具体内容,本部分主要参考了2017年国务院印发的《"十三五"推进基本公共服务均等化规划》和《民政事业十三五规划》,同时,根据新一轮国务院机构改革方案的政府职能划分进行调整,最终,由民政部门承担主要责任的基本社会服务可以分为以下七类:社会救助、儿童保护、老年保障、殡葬服务、残疾人帮扶、婚姻服务和地名与行政区划管理。每一类下面又包含若干子项目,如在社会救助中包括最低生活保障、特困人员救助供养、临时救助、流浪乞讨人员救助,儿童保护包括孤儿养育和收养、困境儿童保障、农村留守儿童关爱保护、未成年人保护,老年保障包括养老服务、经济困难老年人养老服务补贴、高龄津贴和护理补贴制度,殡葬服务包括惠民殡葬政策,残疾人帮扶包括困难残疾人生活补贴和重度残疾人护理补贴制度、精神障碍社区康复等。

1. 基本社会服务供给分析

从社会服务事业费支出总额来看,从2002年的143.1亿元增加到2016年的3556.4亿元,增长接近30倍(见图9—1)。目前社会服务事业费支出增长率稳定在10%左右。

从供给项目和省际供给差异两个方面对基本社会服务的供给结构进行分析,选取指标兼顾基本社会服务的投入、产出和收益方面,作为衡量投入效率的结果,重点关注产出和收益。

笔者对选取指标进行了无量纲化处理,为了简明起见,通过计算算数平均数的方式,得到每个项目的指标得分,在此基础上,对每个项目在类别内计算算数平均数,最后采取等权重的方式,对各个类别的得分进行加总求平均。有一些服务类别的数据难以获得或无法找到适合的可以量化的指标,如婚姻服务和地名与行政区规划等社会事务方面的服务,因而不予考察。本部分主要考察五大类服务项目,最终形成的指标体系如表9—1所示。同时,根据民政基本社会服务的发展阶段,并兼顾数据的可得性,考察的时期主要是"十二五"以来的状况,即2011—2016

年，数据来源主要有《中国民政统计年鉴》、各省的《民政统计年鉴》以及全国和各省的民政事业发展统计公报。

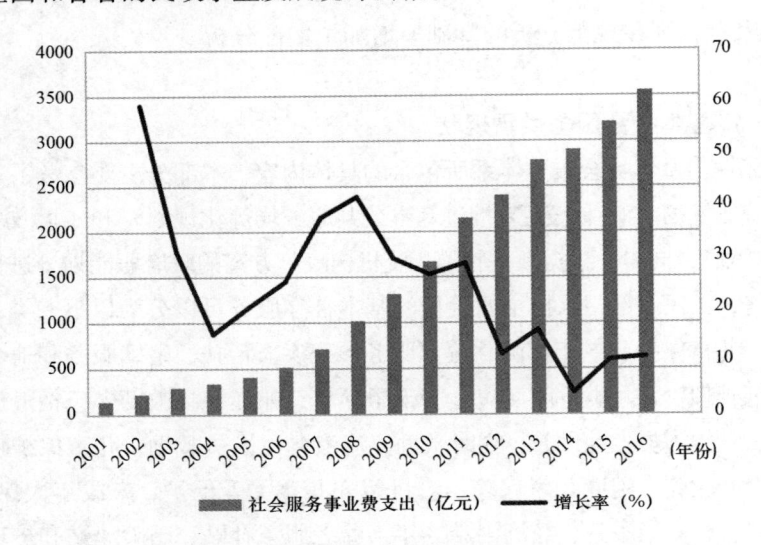

图9—1　社会服务事业费支出总额及增长率变化

注：本部分关注的时间段主要是民政基本社会服务发展的第三个阶段期，同时基于最新数据的可得性，即从2002年到2016年。由于2018年3月出台了国务院机构改革方案，将医疗救助、退役军人优抚安置、救灾三块职能移交出民政部门，因而在考察历年社会服务事业费支出情况时，将这三项费用减去。

表9—1　基本社会服务供给测量指标

服务类别	服务项目	指标
社会救助	最低生活保障	1. 城乡低保支出占财政总支出比重 2. 城市低保人数占城市常住人口比重 3. 农村低保人数占农村常住人口比重 4. 城市平均低保标准占人均消费支出比值 5. 农村平均低保标准占人均消费支出比值
	特困人员救助供养	1. 城市特困人员救助供养补助水平 2. 农村特困人员救助供养补助水平
	临时救助	临时救助户次补助水平
	流浪乞讨人员救助	1. 每万人流浪救助人次数 2. 救助流浪乞讨人均每次补助水平

续表

服务类别	服务项目	指标
儿童保护	——	1. 孤儿补助水平 2. 儿童福利院在院人员生活费补助水平 3. 困境儿童集中供养标准 4. 困境儿童分散供养标准
老年保障	——	1. 每千名老年人口养老床位数 2. 享受高龄补贴老年人数 3. 享受护理补贴老年人数 4. 享受养老服务补贴老年人数
殡葬服务	——	1. 殡仪馆县覆盖率 2. 节地生态安葬率
残疾人帮扶	——	1. 困难残疾人生活补贴标准 2. 重度残疾人护理补贴标准

具体分析之前对每一个指标进行标准化处理，在标准化过程中，还需要关注的一个问题是要保证省际和年度之间的指标具有可比性。具体计算过程如下。[①]

如果该指标与基本社会服务发展水平呈正向关系，则按照第一个公式：

第 i 个指标得分 $= \dfrac{S_{i(t)} - S_{i\min(0)}}{S_{\max} - S_{\min}} \times 10$，其中，$S_{max}$ 是所有省份各年中该指标对应原始数据中最大的一个，S_{min} 为最小的一个。

如果该指标数值与基本社会服务发展水平呈负向关系，则按照第二个公式：

第 i 个指标得分 $= \dfrac{S_{i\max(0)} - S_{i(t)}}{S_{\max} - S_{\min}} \times 10$

上述标准化处理方式可以消除量纲的影响，使得不同省份的单项指

---

① 卢洪友：《中国基本公共服务均等化进程报告》，人民出版社2012年版，第50页。

标可以求平均和加总，同时各年度的得分也可以进行纵向比较。通过上述处理方式，各单项指标的得分、各类指标的得分以及各个省份的总得分都与基本社会服务发展和保障程度正相关。经过上述方式处理后，各个省份基年，即 2011 年的得分处于 0.1 到 0.41 的区间内，以后各年份得分视具体情况来说进一步提高或降低，全国各年度平均得分由各个省份当年得分求平均获得（见图 9—2），而各年度的标准差与变异系数也根据当年各个省份得分求得（见表 9—2）。

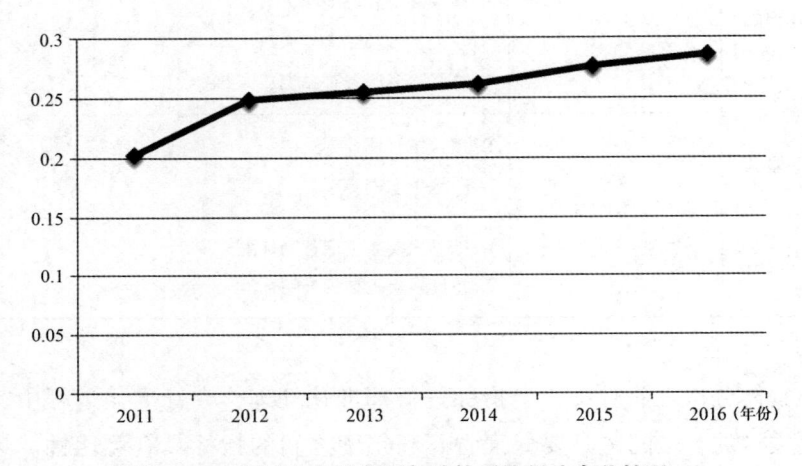

图 9—2　全国基本社会服务总体平均得分变化情况

由图 9—2 可知，从 2011 年到 2016 年，各省份基本社会服务总体平均得分稳步增长，从 2011 年的 0.2 上升到 2016 年的 0.29。但是可以看出，该得分上升速度非常慢。为了在总量分析的基础上，进一步考察从 2011 年至今，省际基本社会服务均等化状况及其动态变化，计算了 31 个省份各年度基本社会服务发展得分的标准差和变异系数。由表 9—2 可知，2011 年到 2016 年中的前三年，基本社会服务发展差距变化不大，但从 2014 年起，不论从标准差来看，还是从变异系数来看，各省之间社会服务发展差距变大，2016 年，标准差和变异系数分别达到 0.089 和 0.442。

表 9—2　　省际基本社会服务发展均等化状况及其动态变化

年份	标准差	变异系数
2011	0.081	0.293
2012	0.082	0.287
2013	0.080	0.316
2014	0.085	0.327
2015	0.086	0.345
2016	0.089	0.442

为了进一步考察基本社会服务发展水平的变化和差距来源，将分别计算 2011—2016 年，东部、中部、西部和东北地区基本社会服务得分的变化情况。由图 9—3 可知，2011 年，东部地区基本社会服务水平明显高于中部、西部和东北部地区，此后，东北部地区基本社会服务发展水平迅速上升，随后，西部地区也呈现出较快的发展，中部地区则发展较慢，2016 年已经基本与西部地区持平，可以预测，西部地区基本社会服务的发展水平很可能会超过中部地区。通过对表 9—2 和图 9—3 进行综合分析也可以得出，除了区域之间，区域内部各省份的差距有扩大的趋势，需要进一步关注。

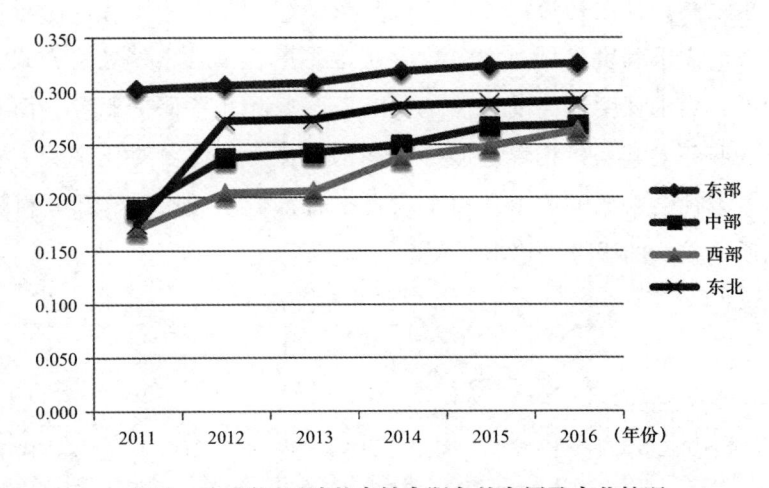

图 9—3　不同区域基本社会服务的发展及变化情况

2. 基本社会服务需求分析

本部分使用的数据来源为 2016 年 "社区治理动态监测平台及深度观察点网络建设"项目调查，该调查由民政部政策研究中心委托北京大学中国社会科学调查中心（Institute of Social Science Survey, ISSS）进行，其调查对象是 2015 年城乡居民、社区、社工和社会组织的相关内容，抽样范围涉及全国 29 个省（市、自治区）。利用城乡社区调查问卷，考察社区居民及其社区相关负责人对基本社会服务的需求情况，从而分析城乡和不同区域居民对主要基本社会服务的需求现状以及供需匹配状况，经过对缺失值的处理，共得到城市样本 2169 个，农村样本 1235 个。①

根据调查内容，城乡共同关注的服务项目为居家养老服务、机构养老服务、残疾人服务、儿童保护服务，而在城市，还包括流动人口帮扶与救助服务。具体来说，根据是否有服务供给和是否有服务需求两个维度分为四种情况：既有供给又有需求，有供给没有需求，有需求没有供给以及既没有供给也没有需求。

由表 9—3 可知，城乡居民对基本社会服务的需求程度都较高，但项目之间和城乡之间存在差异。在城市内部，对残疾人服务和儿童保护服务的需求最高，其次是流动人口帮扶与救助和居家养老服务，而对机构养老服务的需求程度最低，大多数人还是愿意选择居家养老的方式。在农村内部，需求程度最高的依然是残疾人服务和儿童保护服务，而农村对于养老服务尤其是机构养老服务的需求较低。从城乡对比来看，农村地区对基本社会服务的需求从每个项目来看都低于城市，这和农村地区传统和质量较低的服务供给不无关系。

---

① 调查省份包括北京市、天津市、河北省、山西省、内蒙古自治区、辽宁省、吉林省、黑龙江省、上海市、江苏省、浙江省、安徽省、福建省、江西省、山东省、河南省、湖北省、湖南省、广东省、广西壮族自治区、海南省、重庆市、四川省、贵州省、云南省、陕西省、甘肃省、青海省、宁夏回族自治区。

表9—3　　　　　　　城乡基本社会服务需求现状分析　　　　　　单位：个

服务项目	城市		农村	
	需要	不需要	需要	不需要
居家养老服务	1971 (90.87%)	198 (9.13%)	989 (80.08%)	246 (19.92%)
机构养老服务	1794 (82.86%)	371 (17.14%)	928 (75.14%)	307 (24.96%)
残疾人服务	2048 (94.46%)	120 (5.54%)	1114 (90.2%)	121 (9.8%)
儿童保护服务	2040 (94.05%)	129 (5.59%)	1103 (89.31%)	132 (10.69%)
流动人口帮扶与救助	2010 (92.71%)	158 (7.29%)		

由表9—4可知，整体来看，东部和东北部基本社会服务的需求程度最低，尤其是在养老服务方面，中部地区最高，西部居中。中西部地区亟须提高基本社会服务供给的数量和质量，而东部发达地区则需要通过进一步提高服务质量，提供更优质的服务来拉动需求的提高。从全国来看，机构养老服务的需求度都是最低的，其次是居家养老服务，对残疾人服务的需求最高。

表9—4　　　　　　　不同区域基本社会服务需求现状分析　　　　　　单位：人

服务项目	东部		中部		西部		东北部	
	需要	不需要	需要	不需要	需要	不需要	需要	不需要
居家养老服务	1389 (87.19%)	204 (12.81%)	849 (87.62%)	120 (12.38%)	528 (86.27%)	84 (13.73%)	194 (84.35%)	36 (15.65%)
机构养老服务	1220 (76.78%)	369 (23.22%)	825 (85.14%)	144 (14.86%)	507 (82.84%)	105 (17.16%)	170 (73.91%)	60 (26.09%)
残疾人服务	1459 (91.65%)	133 (8.35%)	923 (95.25%)	46 (4.75%)	574 (93.79%)	38 (6.21%)	206 (89.57%)	24 (10.43%)
儿童保护服务	1461 (91.71%)	132 (8.29%)	916 (94.53%)	53 (5.47%)	567 (92.65%)	45 (7.35%)	199 (86.52%)	31 (13.48%)

续表

服务项目	东部		中部		西部		东北部	
	需要	不需要	需要	不需要	需要	不需要	需要	不需要
流动人口帮扶与救助	1002 (90.84%)	101 (9.16%)	545 (95.11%)	28 (4.89%)	318 (95.21%)	16 (4.79%)	145 (91.77%)	13 (8.23%)

注：该服务项目内容只包括城市样本。

由表9—5可见，从城乡居民基本社会服务供需匹配分析来看，尽管对机构养老服务的需求相对较低，但是不论在城市还是农村，都有超过65%的调查对象表示服务需求没有被满足。除了机构养老服务以外，在城市地区基本社会服务需求匹配状况由好到差依次是居家养老服务、儿童保护服务和残疾人服务，在农村也依次是居家养老服务、儿童保护服务和残疾人服务。然而，在农村，供需矛盾要严重得多，这三项服务有需求但未得到满足的比例依次是64.37%、60.32%和55.22%，远大于城市的44.86%、40.84%和31.93%。可见，农村基本社会服务发展依然远远落后于城市，相当大比例的服务需求没有得到满足。同时，不论在城市还是农村，表示基本服务供需恰好匹配的比重偏低，而总体来说，农村也远滞后于城市。

表9—5　　　　　城乡基本社会服务供需匹配分析　　　　　单位：人

	城市			
	既有供给又有需求	有供给没有需求	有需求没有供给	既没有供给也没有需求
居家养老服务	998 (46.01%)	33 (1.52%)	973 (44.86%)	165 (7.61%)
机构养老服务	366 (16.91%)	12 (0.55%)	1427 (65.94%)	359 (16.59%)
残疾人服务	1355 (62.53%)	21 (0.97%)	692 (31.93%)	99 (4.57%)
儿童保护服务	1153 (53.21%)	18 (0.83%)	885 (40.84%)	111 (5.21%)

续表

	\<城市\>			
	既有供给又有需求	有供给没有需求	有需求没有供给	既没有供给也没有需求
流动人口帮扶与救助	1652 (76.23%)	43 (1.98%)	357 (16.47%)	115 (5.31%)

	\<农村\>			
	既有供给又有需求	有供给没有需求	有需求没有供给	既没有供给也没有需求
居家养老服务	194 (15.71%)	12 (0.97%)	795 (64.37%)	234 (18.95%)
机构养老服务	108 (8.74%)	9 (0.73%)	820 (66.40%)	298 (24.13%)
残疾人服务	432 (34.98%)	24 (1.94%)	682 (55.22%)	97 (7.85%)
儿童保护服务	358 (28.99%)	13 (1.05%)	745 (60.32%)	119 (9.64%)

通过对表9—6不同区域基本社会服务方面的考察，东部和东北部地区供需匹配度都是最高的，中部与西部总体情况相似，但是在服务需求满足和供需匹配方面，中部略差于西部。在残疾人服务方面，从需求满足和供需匹配来看，东北部地区最好，东部和西部地区类似。而在儿童保护和流动人口帮扶和救助方面，反而是西部地区情况最好，但总体来说，在这两项服务的需求满足和供需匹配方面四个区域差距不大。由此可以看出，在供需匹配方面，区域差距不像城乡那么大，说明这几年推动区域基本公共服务均等化尤其是对西部地区的公共服务投入较有成效，但同时看到，出现了"中部塌陷"的问题。

表9—6　　　　　　不同区域基本社会服务供需匹配分析　　　　　　单位：个

	东部	中部	西部	东北部
居家养老服务				
既有供给又有需求	696 (43.69%)	194 (20.84%)	122 (21.44%)	90 (40.72%)
有供给没有需求	22 (1.38%)	4 (0.43%)	13 (2.28%)	6 (2.71%)
有需求没有供给	693 (43.50%)	617 (66.27%)	363 (63.80%)	95 (42.99%)
既没有供给也没有需求	182 (11.42%)	116 (12.46%)	71 (12.48%)	30 (13.57%)
机构养老服务				
既有供给又有需求	225 (14.17%)	100 (10.67%)	54 (9.34%)	28 (12.23%)
有供给没有需求	6 (0.38%)	5 (0.53%)	7 (1.21%)	3 (1.31%)
有需求没有供给	994 (62.59%)	693 (73.96%)	419 (72.49%)	141 (61.57%)
既没有供给也没有需求	363 (22.86%)	139 (14.83%)	98 (16.96%)	57 (24.89%)
残疾人服务				
既有供给又有需求	846 (53.17%)	464 (47.88%)	337 (55.07%)	140 (60.87%)
有供给没有需求	20 (1.26%)	7 (0.72%)	13 (2.12%)	5 (2.17%)
有需求没有供给	612 (38.47%)	459 (47.37%)	237 (38.73%)	66 (28.70%)
既没有供给也没有需求	113 (7.10%)	39 (4.02%)	25 (4.08%)	19 (8.26%)
儿童保护服务				
既有供给又有需求	709 (44.56%)	418 (43.14%)	282 (46.08%)	102 (44.35%)

续表

	儿童保护服务			
	东部	中部	西部	东北部
有供给没有需求	12 (0.75%)	7 (0.72%)	8 (1.31%)	4 (1.74%)
有需求没有供给	750 (47.14%)	498 (51.39%)	285 (46.57%)	97 (42.17%)
既没有供给也没有需求	120 (7.54%)	46 (4.75%)	37 (6.05%)	27 (11.74%)
	流动人口帮扶与救助			
既有供给又有需求	816 (74.05%)	448 (78.18%)	264 (79.04%)	124 (78.48%)
有供给没有需求	25 (2.27%)	8 (1.40%)	8 (2.40%)	2 (1.27%)
有需求没有供给	185 (16.79%)	97 (16.93%)	54 (16.17%)	21 (13.29%)
既没有供给也没有需求	76 (6.90%)	20 (3.49%)	8 (2.40%)	11 (6.96%)

（二）影响基本社会服务发展的因素分析

1. 基本社会服务发展影响因素分析

为从总体上考察影响各地区基本社会服务发展的因素，本部分构造了从 2011 年到 2016 年来自全国 31 个省（市、自治区）的面板数据，因变量为根据指标算得的各省份基本社会服务得分，自变量主要为政府供给能力和地区需求状况两个方面。其中，政府供给能力包括地区经济发展水平和财政水平，具体来说，包括人均 GDP、人均公共财政支出和财政自主性三个指标。[1] 用财政收支指标作为标准，即财政支出自主性为一般公共预算收入与一般公共预算支出的比值。如果比值小于 1，则意味着地方财政收入无法满足支出需求，需要中央财政弥补。地区需求状况主

---

[1] 陈硕：《分税制改革、地方财政自主权与公共品供给》，《经济学》2010 年第 4 期。

要包括城镇化率、老年人口抚养比①和儿童抚养比②。模型主要选用静态面板数据中的固定效应模型和随机效应模型,并用 Hausman 检验以甄别出最佳模型。具体分析结果如表 9—7 所示。

表 9—7　　　　2011—2016 年基本社会服务发展影响因素分析

	固定效应模型	随机效应模型
人均 GDP	0.000 (0.000)	0.000 (0.000)
人均公共财政支出	0.001 * (0.000)	0.001 (0.000)
财政自主性	0.300 ** (0.131)	0.348 *** (0.083)
城镇化率	0.895 *** (0.247)	0.456 *** (0.161)
儿童抚养比	−0.715 (0.374)	−0.640 *** (0.206)
老年人口抚养比	0.476 *** (0.444)	0.130 *** (0.274)
系数	0.700 *** (0.160)	0.421 *** (0.100)
样本量	186	180
R^2	0.166	

注：* $p<0.1$，** $p<0.05$，*** $p<0.01$。括号中的数值为标准误。

通过 Hausman 检验证明固定效应模型更适合用于分析。从回归分析结果来看,影响基本社会服务发展的政府供给能力因素中,作为经济发展主要衡量指标的人均 GDP 虽然有正向影响但不显著,真正影响基本社会服务的因素是地方政府的财政能力,表现在人均公共财政支出和财政

---

① 统计年鉴中老年人口抚养比是指某一人口中老年人口数与劳动年龄人口数之比。其中老年人口定义为 65 岁及以上人口,劳动年龄人口定义为 15—64 岁人口。

② 统计年鉴中儿童抚养比是指某一人口中儿童人口数与劳动年龄人口数之比。其中儿童定义为 0—14 岁人口,劳动年龄人口定义为 15—64 岁人口。

自主性这两个变量对因变量都有显著影响。从地区需求状况来看，城镇化率越高的地方，基本社会服务发展越完善，表明我国各地区间城市化进程的不同是导致服务发展水平不同的原因之一，也印证了我国城乡二元结构导致的服务差别的存在。而老龄化越严重的地方，发展水平也相对较好。可见，基本社会服务的发展受供需双方的双向影响。

2. 以满意度为导向的基本社会服务分析

通过将2016年"社区治理动态监测平台及深度观察点网络建设"调查项目城乡居民数据库和城乡社区数据库进行匹配，最终得到3915个居民样本。

限于数据的可获得性，主要考察养老服务、儿童保护服务和社会救助三项主要基本社会服务的满意度，该满意度主要是通过主观评价的方式进行测量，从1到5依次是非常满意、比较满意、一般、不太满意和很不满意，数字越小表示满意度越高。微观个体层面的变量包括被调查对象的性别、年龄、教育程度、政治身份、婚姻状况、收入情况、户口所在地等；基于对已有相关研究的借鉴和比较分析，宏观层面指标包括人均GDP、人口密度、老龄化水平、城镇化率、地方财政自主性和人均公共服务投入；同时，根据当前政策导向，还考察了社区或基层政府设施建设情况、政府购买服务情况、多元主体参与情况等。在模型设置方面，由于因变量满意度是一个次序变量，所以本部分选择logit模型进行分析。不同的服务类型所考察的影响因素变量略有不同，会在模型中做调整，如在宏观层面的变量上，分析养老服务满意度时，还增加了老年人口抚养比；在个体微观变量上，在分析社会救助服务时，考察了该家庭是否接受过社会救助服务。

由表9—8可知，从养老服务满意度来看，个体层面只有收入水平对养老服务满意度有影响，表现为收入水平越高，满意度越高，这可能是因为较高的收入水平可以获得更高质量的服务。在宏观地区层次变量上，调查对象所在省份人均GDP越高，人均可支配收入越高，则对养老服务的满意度越高，说明经济发展对于养老服务建设具有明显的促进作用。而与预期相反，人均财政支出和地方财政自主性反而对养老服务满意度有反向影响，这与国内一些研究结论一致，① 认为财政自主性并不能增进地方政府对基本公共服务的投入，反而可能促进对基础设施建设等的投资而对基本公共服务的投入产生资源挤占，也反映出可能尽管近年不断加大对基本公共服务的投入，但由于采取由上到下的供给主导模式，并没有很好地考察居民真正的服务需求。人口密度越高的省份，人们对养老服务的满意度越高；城镇化水平越高，对养老服务的满意度越低。前者可能由服务提供的规模效应引起，而后者与基本社会服务的不均等化有关，基本社会服务的均等化速度慢于城镇化速度导致城市非户籍人口无法享受服务，降低了满意度。而在服务提供主体方面，与政府直接提供相比，专业社工机构提供的服务满意度较高，有社工参与服务提供的满意度较高，表明社工介入有利于提高养老服务的专业化水平从而提高人们的满意度。

在儿童保护服务方面，从个体层次来看，年龄越大、教育程度较高、具有党员身份的被调查对象对儿童保护服务的满意度较高，而已婚群体满意度较低。从宏观地区层次来看，经济发展水平越高，人们对儿童保护服务的满意度越高，表现为人均 GDP 越高、人均可支配收入越高的省份，被调查对象对儿童保护服务的满意度越高，表明经济发展水平依然是影响服务供给数量和质量的最重要因素。而人均财政支出、财政自主性和城市化水平对满意度依然有负面影响。人口密度越高，则满意度越高，这与以上对养老服务的分析情况基本一致。农村地区对儿童保护服务的满意度甚至高于城市，这一方面与预期较低有关，另一方面也与乡村邻里社会有关。而专业社工的介入和所在村有儿童保护中心由于提高了服务提供的专业化水平和可得性，也对满意度的提高有促进作用。

在社会救助服务方面，从个体层次来看，年龄越大、受教育程度越高、具有党员身份的被调查对象对社会救助服务满意度较高，收入水平越高满意度也越高。从宏观层次变量来看，经济发展水平对于社会救助服务满意度有促进作用。而人均财政支出和财政自主性的影响变得很小

---

① 傅勇：《财政分权、政府治理与非经济性公共物品供给》，《经济研究》2010 年第 8 期；贾智莲、卢洪友：《财政分权与教育及民生类公共品供给的有效性——基于中国省级面板数据的实证分析》，《数量经济技术经济研究》2010 年第 6 期。

甚至不显著。城镇化水平越高，对社会救助服务越不满意，而城市地区的满意度明显高于农村。享受社会救助的对象由于对服务提供有亲身体会而满意度较高。

表 9—8　　　　　主要基本社会服务满意度影响因素分析

	模型 1 养老服务	模型 2 儿童保护服务	模型 3 社会救助服务
性别（女性=0）	-0.076 (0.143)	-0.118 (0.116)	-0.024 (0.077)
年龄	-0.001 (0.007)	-0.011 ** (0.005)	-0.010 *** (0.003)
受教育水平（初中及以下=0）			
高中/中专	0.213 (0.166)	0.064 (0.136)	-0.140 (0.096)
大专	-0.160 (0.238)	-0.347 * (0.195)	-0.382 *** (0.146)
本科及其以上	0.026 (0.305)	-0.132 (0.267)	-0.282 (0.202)
政治身份（非党员=0）	0.018 (0.183)	-0.273 * (0.151)	-0.469 *** (0.106)
婚姻状况（不在婚=0）	0.091 (0.194)	0.479 *** (0.160)	0.167 (0.113)
收入水平	-0.071 * (0.038)	-0.112 *** (0.030)	-0.108 *** (0.020)
户口是否在本社区 （非本社区=0）	0.142 (0.165)	-0.040 (0.140)	-0.053 (0.105)
人均 GDP	-0.001 *** (0.000)	-0.001 *** (0.000)	-0.001 * (0.000)
人均可支配收入	-0.001 (0.000)	-0.001 (0.000)	-0.001 ** (0.000)
人均财政支出	0.001 *** (0.000)	0.001 *** (0.000)	0.001 *** (0.000)

续表

	模型 1 养老服务	模型 2 儿童保护服务	模型 3 社会救助服务
地方财政自主性	9.421*** (1.901)	7.982*** (1.395)	0.940 (0.763)
人口密度	-0.001*** (0.000)	-0.001*** (0.000)	-0.001 (0.000)
城镇化水平	8.689** (3.437)	5.791** (2.369)	3.303** (1.366)
城乡（农村=0）	-0.278 (0.245)	2.746*** (0.521)	-0.425*** (0.094)
老年人口抚养比	6.871 (4.673)		
所在社区/村是否有日间照料中心（没有=0）	0.409 (0.147)		
是否有专业社工介入（没有=0）	0.010 (0.214)	-0.252* (0.142)	-0.107 (0.117)
养老服务主要提供方（政府=0）			
居委会	-0.154 (0.147)		
非营利组织（除社工机构外）	-0.303 (0.436)		
专业社工机构	-1.894*** (0.576)		
营利性企业	0.575 (0.410)		
所在社区/村是否有儿童保护中心		-0.220* (0.126)	
儿童保护服务主要提供方（政府=0）			
居委会		0.129 (0.124)	
非营利组织（除社工机构外）		1.227 (0.418)	

续表

	模型 1 养老服务	模型 2 儿童保护服务	模型 3 社会救助服务
社区/村是否有"一站式"行政服务设施			0.156 (0.086)
受否接受社会救助服务（否＝0）			-0.607*** (0.102)
分割点 1	5.018*** (1.939)	5.012*** (1.029)	-0.902 (0.551)
分割点 2	6.550*** (1.945)	6.840*** (1.037)	0.567 (0.551)
分割点 3	8.521*** (1.954)	9.173*** (1.049)	2.220*** (0.553)
分割点 4	9.644*** (1.963)	10.846*** (1.087)	3.220*** (0.558)
样本量	818	1207	2571
pseudo R^2	0.037	0.050	0.025

注：* $p<0.1$，** $p<0.05$，*** $p<0.01$。括号中的数值为标准误。

由上述分析可知：第一，影响不同基本社会服务项目满意度的因素并不完全相同，但经济发展对于提高服务满意度的作用不论在哪一项服务中都表现明显；第二，目前地方财政投入的不断增大并没有显著促进满意度的提高，其他项目对财政资源的挤占和供需不匹配是主要原因；第三，社会组织和专业化社工的介入对于提高基本社会服务满意度具有显著促进作用，应在以后进一步加强；第四，基本社会服务的不均等供给影响了服务满意度，导致满意度较低。

二 基本社会服务供给制度改革

（一）基本社会服务的发展目标

从国家《"十三五"推进基本公共服务均等化规划》出发，结合国家关于"2020 年基本公共服务体系更加完善，体制机制更加健全，基本公共服务均等化总体实现"的总目标，紧扣基本社会服务供给数量不充分、供给需求结构匹配度低以及区域城乡服务供给发展不均衡的主要问题，将基本社会服务的总体发展目标设定为：实现基本公共服务在城乡区域及人群的均等化，同时基本公共服务可及性和可得性得到显著提高，贫困地区努力实现基本社会服务达到国家"十三五"基本公共服务领域的主要发展指标，形成基本社会服务的新型管理体制和运行机制。

1. 提高基本社会服务供给总量和供需匹配度

提高基本社会服务供给总量和供需匹配度是解决服务供给不充分不平衡问题的首要目标，有助于实现机会均等的基本社会服务公平和可及。

第一，从供给侧结构改革出发，提高基本社会服务供给总量。在基本社会服务领域，需求一侧是人民的生活需要和发展追求，在不同时期体现不同的特点。供给侧结构性改革是基本社会服务改革的必由之路。在共享发展理念的指引下，应从以下几个方面把握基本社会服务供给侧改革的关键点。一是扩大基本社会服务的财政投入总量。提高各级政府向社会服务事业的财政投入总额，加大各级政府向基本社会服务的转移支付比例，促进人均相关基本服务公共财政支出增长，保证基本社会服务供给的增量发展需要。各级政府针对当地基本社会服务薄弱项目、急需项目建立专项财政资金，提高市县政府的基本社会服务能力，优先保证对贫困地区转移支付力度，逐步缩小城乡差异。二是进一步拓宽筹资渠道，积极采取税费减免、以奖代补、贴息等方式，鼓励和引导社会、企业和个人投入。三是实现基本社会服务供给主体的多元化，提高服务供给规模和多样性。核心是加快服务业市场开放，鼓励社会资本进入，提供基本社会服务；大力发展社会组织，发挥社会组织在基本社会服务供给中的重要作用；加大政府向各类主体购买公共服务的力度。只要符合条件的企业、社会组织、事业单位等都可以公平参与基本社会服务购买竞标。

第二，建立基本社会服务的需求发现机制和表达参与机制，提升服务的供需匹配度。长期以来在基本社会服务领域采用的是"单向投入型"服务供给模式，过多依赖投入任务指标、规模效应、责任考核等驱动各级政府履行供给责任，忽略了需求调查和政策执行中的公众需求回应，从而导致有些基本社会服务供给与服务需求错位，出现供需失衡的问题。

因此，应改变惯有的"单向投入型"服务供给机制，构建以需求为导向的"双向互动型"供给机制，全面提高基本社会服务供给与需求的匹配性。一是建立需求调查机制。通过大数据分析、信息挖掘、民意调查等实时收集社会公众对基本社会服务供给的需求情况，并通过需求信息分析研判变迁规律与趋势，为基本社会服务的政策议程与规划制定等提供信息参考。二是建立需求回应机制。根据服务对象需求动态调整国家和地方基本社会服务供给的范围、标准、方式等。修正国家标准"一刀切"的现象，在坚守国家基线基础上，根据区域经济社会发展状况与公众需求，分类形成梯度标准。三是建立公众参与机制。拓展基本社会服务供给中公众参与的路径与渠道，推行政策听证、民主恳谈、公民议事会等方式，构建需求表达机制；通过政府购买，鼓励社会力量参与基本社会服务供给，赋予公众对基本社会服务供给过程的监督权；通过基本社会服务供给的社会化与市场化，赋予公众对公共产品的选择权；通过满意度调查等反馈公众对政府基本社会服务供给结果的认同状况，从而进行动态调整，确保基本社会服务供给能借助民力、赢得民心。

2. 促进基本社会服务均衡发展

促进基本社会服务均衡发展是基本公共服务均等化的应有之义，体现了基本公共服务促进社会公平正义的价值理念。基本社会服务均衡发展主要问题在城乡之间，还在经济和社会发展水平差异较大的区域之间。

第一，统筹城乡基本社会服务发展。分别制定省级城乡基本社会服务发展规划，对基本社会服务分阶段、分步骤实现城乡一体化，从政策制度、资源投入、项目设置、设施建设等方面进行统筹管理，加快缩小城乡基本公共服务差距。对于城乡相同的服务，统一城乡服务标准；对于有差异的服务，推动城乡服务内容相衔接。鼓励和引导公共资源向农村基本社会服务延伸。

第二，推进区域基本社会服务均等化。基于《"十三五"国家基本公共服务清单》，在各省级层面建立基本社会服务区域发展战略，加强省级跨区域统筹合作，在服务项目和服务标准方面进行衔接。对于中西部地区，中央政府给予政策上和财政转移支付上的扶持外，需要东部发达省份予以对口支援，在促进经济发展水平的基础上，提高中西部地区的基本社会服务的供给能力。

3. 建立新型基本社会服务的机制

第一，推动建立基本社会服务的多元合作机制建立。从多方资源整合出发，实现基层服务设施投资多元化，运作市场化，经营企业化，发展产业化；将符合市场运作的社会服务项目交给市场去做；通过政策扶持、购买服务、委托管理等办法，将社会服务项目，委托给社会组织运作。在此过程中，实现从主要依靠行政手段管理向依法行政、市场运作、项目带动相结合的管理方式方法转变，充分发挥市场经济杠杆作用和项目带动作用，聚集社会力量和各种资源，补足基层服务能力的短板。

第二，改革基本社会服务激励机制。将基本社会服务的投入产出指标以合理的权重纳入地方政府绩效考核指标体系；通过税收优惠、项目倾斜、设立公共服务质量奖等政策激励社会组织积极参与服务供给；提高服务提供方对人民群众需求的回应性，增加公众满意度考核指标，鼓励人民群众参与以需求为导向的服务供给决策以及外部监督和服务改进。

第三，完善监督评估机制。以目标为导向，对基本社会服务的供给和管理进行监督和评估。在服务监督方面，规范政府购买服务选择程序和资金管理办法，加强资金使用监管，通过基层组织和服务对象对服务项目运行和服务质量进行监督。在评估方面，对政府部门和社会组织服务提供情况进行定期评估。由社会组织、第三方机构以及服务对象对政府部门进行评估，由政府部门、第三方机构和服务对象对社会组织进行评估。评估内容包括硬件评估、软件评估和公众满意度调查。

（二）完善基本社会服务的体系架构

经过"十二五"期间基本公共服务体系的建设，我国已经初步构建起覆盖全民的基本公共服务的制度体系，但是仍然存在基本社会服务供给规模不足、结构不合理、质量不高以及发展不均衡的问题。基于目前基本社会服务项目发展主要问题，需要从以下几个方面来解决新时代基本社会服务的体系架构建设问题。

1. 建立省级基本社会服务清单制度

以"十二五"国家基本公共服务体系和"十三五"国家基本公共服务制度框架为基础，针对各地服务供给能力和群众需求，健全基本社会服务项目。其中针对基本社会服务执行中存在的问题，建立省级基本社会服务清单制度。特别是针对最低生活保障、特困人员救助供养、临时救助、流浪乞讨人员救助、孤儿养育、困境儿童保障、农村留守儿童关爱保护、老年人福利补贴、基本殡葬服务、残疾人基本公共服务等，列出服务对象、服务内容和保障标准，向全社会公布，便于监督和落实。

2. 健全基本社会服务标准

标准化在推进基本社会服务方面具有基础性作用，是提升服务能力的重要手段。通过基本社会服务标准化建设，从服务事项、服务提供、能力要求、服务行为、服务流程、服务要素、服务监督、服务绩效、服务评价等方面，积极探索和实践标准化管理，确保行政服务质量和效能。建议从国家层面要建立基础性、综合性的服务标准体系，各省则结合当地情况，对各项基本社会服务形成具体可操作的质量标准。

（三）基本社会服务的发展路径

基本社会服务不充分不平衡的根本原因在于基本社会服务供给能力较弱、监督评估机制不健全以及法制化和信息化发展滞后。因此，为了实现基本社会服务从缺失到完备、从数量到质量、从粗放到精准、从差异到均衡的发展转变，需要从以下三条路径予以推动。

1. 突出基本社会服务品牌建设

在基本社会服务品牌建设方面，实现由聚集到聚焦，从大而全、小而全向集中优势行业品牌特色转变，坚持创新型服务和发展新生支点并重，重点发展具有政府重视、社会关注、群众受益、影响力强、效益性好的基本社会服务品牌，使基本社会服务建设走上重质量、重效果的快速发展轨道。

2. 引入服务第三方评估，助推服务质量的提高

基本社会服务质量的提高要从服务购买方、提供方和接受方各个主体，以及服务购买、生产、输送、评估和改进各个环节展开。引入第三方评估，借助其独立和专业的优势，对基本社会服务进行源头评估、过程评估和结果评估，可以有效地弥补政府或者社会组织自评的缺陷。评估过程结束后，将评估结果与相关政府部门和社会组织进行沟通讨论，找到共同的、可行的改进措施，保证基本社会服务质量持续改进。

3. 以法制化和信息化为手段，实现基本社会服务现代化

基本社会服务的现代化离不开法律制度的规范和信息技术的应用。基本社会服务工作政策性、法规性较强，涉及的法律法规和规范性文件有近百部，且每一项都与群众的利益息息相关。加强法治建设，依法行政、依法办事，在法治的框架下来履行民政职责，是基本社会服务工作开展的核心理念。实现以法治思维来谋划基本社会服务工作改革，以法治规范来推进基本社会服务各项工作。通过填补法律法规的空白，完善现有政策法规，解决政策碎片化问题，保证各项政策衔接顺畅，为基本社会服务顺利推进提供法律保障。

要把信息化建设作为改进管理方式方法的前提和基础，以信息技术创新带动管理观念、方法创新，整合基本社会服务数据资源，建立全国基本社会服务信息共享平台，积极推动互联网基本社会服务业务深度融合发展，全面提高基本社会服务的效率。

三 政府购买服务机制的转变[①]

20世纪80年代以来，西方发达国家先后掀起了以公共服务购买取代传统的公共服务垄断供给的政府改革浪潮。到20世纪90年代，政府购买服务已成为发达国家政府最基本的政策工具。近年来，我国大力推动政府向社会力量购买公共服务，力图通过这一政策工具的实施来弥补政府公共服务的不足，提高服务的质量和效率，从而实现政事、政社分开，促进政府职能转变，由此成为撬动政府改革的新支点。

基本公共服务是指建立在一定社会共识基础上，根据一国经济社会发展阶段和总体水平，为维持本国经济社会的稳定、基本的社会正义和凝聚力，保护个人最基本的生存权和发展权，为实现人的全面发展所需要的基本社会条件。义务教育、公共卫生和基本医疗、基本社会保障、公共文化服务，是广大城乡居民最关心、最迫切的公共服务，是建立社会安全网、保障全体社会成员基本生存权和发展权必须提供的公共服务，

[①] 参见林闽钢、周正《政府购买社会服务：何以可能与何以可为》，《江苏社会科学》2014年第3期。

成为现阶段我国基本公共服务的主要内容。

社会服务作为公共服务的一部分,主要包括养老服务、社会救助服务、灾害救援服务、优抚安置服务、教育服务、医疗服务、住房服务、文体服务和就业服务等内容。从我国最先开展政府购买社会服务试点的深圳、上海等地来看,政府购买社会服务已从初期的购买社会服务岗位,到现在向购买社会服务项目转变。[①] 所以,我国政府购买社会服务还明显处在探索阶段。

为此,本部分通过对国内外政府购买服务的理论和经验的分析,梳理出政府购买服务核心是引入竞争这一主线,结合政府购买服务的模式和路径,探讨在各种购买模式和不同路径下购买工具的适用性,围绕如何让竞争发挥作用,提出政府购买服务的机制。

(一)政府购买服务的核心是引入竞争

1. 政府购买服务的前提是公共物品和服务"提供"和"生产"的相对分离

长期以来,政府垄断服务的提供和生产。20世纪60年代,多中心理论的创立者奥斯特罗姆夫妇(Elinor Ostrom and Vincent Ostrom)为此提出了区分服务的"提供"和"生产"。其中,提供是指"征税和支出的政策,决定适当类型的服务及其供给水平,并安排生产和监督生产";生产是指"把投入转化成产出"。同时,作为提供服务的政府组织并不一定生产该项服务,可以从生产者中购买服务[②]。公共物品提供和生产相对分离理论意味着要结束政府对服务的垄断,通过公共物品供给多元化,实现高效和低成本的服务供给。

奥斯本(David Osborne)和盖布勒(Ted Gaebler)进一步提出了政府的职能应该是"掌舵"而不是"划桨"。[③] 由于社会组织对需求的反应

[①] 杨君、徐永祥:《新社会服务体系:经验反思与路径建构——基于沪深两地政府购买服务的比较研究》,《学习与实践》2013年第8期。

[②] [美]迈克尔·麦金尼斯主编:《多中心体制与地方公共经济》,毛寿龙译,上海三联书店2000年版,第423页。

[③] [美]戴维·奥斯本、特德·盖布勒:《改革政府:企业家精神如何改革着公共部门》,周敦仁等译,上海译文出版社1996年版,第1页。

更加灵敏、效率更高等方面的比较优势，政府与社会组织合作提供服务就形成了一种第三方参与治理的状态，使得政府在规模和相关投入不变的情况下，可以提高服务的供给能力。因此，从垄断性地提供服务到与社会组织合作提供服务，是政府职能转变的一次全新尝试。

在实践上，1998年，英国率先由首相代表国家签署了《英格兰和威尔士地区政府与志愿及社区部门关系协定》（COMPACT），将政府与民间的伙伴关系作为一项国家的政策确立了下来。其后，苏格兰地区，以及加拿大、新加坡等诸多国家都做出响应。[①] 由此引发了一场世界范围内的以降低政府成本，提高公共服务质量和效率，打破服务供给垄断地位为目的的公共服务改革运动。在公共服务领域中，政府不再是服务唯一的供给主体，逐渐与企业或社会组织形成平等的合作关系。

2. 竞争被认为是提高服务供给效率和降低服务成本的关键

新公共管理强调政府管理应广泛引进竞争机制，取消服务供给的垄断性，让更多的私营部门参与服务的供给，通过将竞争机制引入到政府购买社会服务中来，从而提高服务供给的质量和效率。

奥斯本和盖布勒认为，竞争最明显的好处是提高效率：投入少产出多；竞争迫使公营的（或私营的）垄断组织对顾客的需要作出反应。[②] 萨瓦斯也认为，竞争是民营化成功的关键，在缺乏竞争的情况下，政府活动是由垄断者实施的，它们缺乏有效利用资源和节约的动力，且不会因绩效不佳受到惩罚。[③]

总之，从理论上分析，政府购买社会服务的核心是引入竞争。但在政府购买社会服务的实践中，凯特尔通过自己的研究发现，"并不总是那么容易发展或促进竞争"[④]。在笔者看来，竞争机制及其开放要素是嵌入在不同的购买模式和路径之中的，因此，要从我国的经济和社会发展条

---

① 贾西津：《公共治理中的伙伴关系：英国COMPACT的实例》，《社团管理研究》2007年第1期。

② [美] 戴维·奥斯本、特德·盖布勒：《改革政府：企业家精神如何改革着公共部门》，周敦仁等译，上海译文出版社1996年版，第58—60页。

③ [美] E. S. 萨瓦斯：《民营化与公私部门的伙伴关系》，周志忍等译，中国人民大学出版社2002年版，第116页。

④ [美] 唐纳德·凯特尔：《权力共享：公共治理与私人市场》，孙迎春译，北京大学出版社2009年版，第131页。

件出发，结合不同的购买模式和路径进行分析。

（二）政府购买服务的模式

1. 在国外政府购买服务实践中，竞争购买模式作为多种购买模式之一，也受到挑战

在发达国家，政府购买社会服务主要通过合同外包的形式进行，德瑚（R. H. Dehoog）总结出将合同外包划分为三种基本模式（见表9—9）。

表9—9　　　　　　　　合同外包的三种基本模式

购买模式＼特征	供应商数量	购买方组织资源水平	不确定性和复杂性
竞争	多	低	低
谈判	较少	较高	较高
合作	少或唯一	高	高

资料来源：R. H. DeHoog, "Competition, Negotiation, or Cooperation: Three Models for Service Contracting", *Administration and Society*, Vol. 22, 1990, pp. 317–340.

第一，竞争模式。该种形式的购买以可被完全界定的服务、可实施广泛的宣传和邀约、可做出客观的奖励决定，以及客观的成本和绩效监控过程为前提。但德瑚认为，这些条件在现实中难以具备，而且竞争式购买并不适用于人类服务、专业服务或研究与发展领域。第二，谈判模式。该模式适用于供应商较少的领域，能包容不确定性和复杂性。第三，合作模式。合作则是一种适用于资源缺乏、政府经验不足、高不确定性和复杂性条件下的政府购买模式。这种购买中往往只有一个供应商，合作基于相互信任，合同灵活可变，供应商与政府间关系平等。合作购买通常以前期通过竞争或谈判模式形成的购买关系为基础，它能够杜绝为获得合同而产生的机会主义，也能够发挥供应方的专业优势，能够实现政府与社会合作谋求长远利益的目的，因而也是澳大利亚等国较多使用的购买方式。

德瑚的研究不但证实了政府购买服务竞争的缺乏，而且表明任何一

种购买模式都面临风险。她认为,即使是在竞争模式中,也容易出现投机取巧和非法行为,甚至可能出现购买成本高于政府生产的情况。谈判模式适用于供应商较少的领域,能包容不确定性和复杂性,但可能出现政府主导谈判、内幕交易、关注过程而非结果、不透明等问题。合作模式则是一种基于相互信任,以竞争或谈判模式形成的购买关系为基础的政府购买模式,它能够发挥供应方的优势,能够实现政府与社会合作谋求长远利益的目的,但是,却隐含着双方由合同关系转化为依赖关系,甚至政府将受制于供应商的风险。①

2. 在国内,政府购买社会服务模式多样化

最早进行划分的是王名和乐园,他们在竞争性维度之外,引入了政社关系的维度,这是由我国社会组织发育不完善、对政府的依赖性大等因素决定的,进而提出依据把承接社会服务的社会组织相对于作为购买方的政府部门是否具有独立性,分为独立性服务购买与依赖性服务购买;依据购买程序是否具有竞争性,分为竞争性购买与非竞争性购买(见表9—10)。② 王浦劬对此进一步进行了归纳和说明,同时也认为在中国较少见到依赖关系竞争性购买模式。③

从我国政府购买社会服务实践来看,依赖关系非竞争性购买被认为占大多数。但依赖关系非竞争性购买偏离了政府购买社会组织服务关键是要引入竞争这个核心。这一模式被认为侵害了政府购买的内涵与原则;合同通常不是量化与具体化的;甚至连购买的经费也不能确定;政府系统与非政府组织之间的合作基础薄弱;面对强大的政府及与政府合作的利益诱惑,一些组织并没有完全保持自己的宗旨和坚守组织的专业优势;等等④。

---

① R. H. DeHoog, "Competition, Negotiation, or Cooperation: Three Models for Service Contracting", *Administration and Society*, Vol. 22, 1990, pp. 317–340.

② 王名、乐园:《中国民间组织参与公共服务购买的模式分析》,《中共浙江省委党校学报》2008年第4期。

③ 王浦劬、[美]莱斯特·M. 萨拉蒙:《政府向社会组织购买公共服务研究:中国与全球经验分析》,北京大学出版社2010年版,第19页。

④ 王名、乐园:《中国民间组织参与公共服务购买的模式分析》,《中共浙江省委党校学报》2008年第4期。

表 9—10　　　　　　　　　政府购买服务类型

		社会组织与政府之间的关系	
		独立性服务购买	依赖性服务购买
购买程序	竞争性购买	独立关系竞争性购买	依赖关系竞争性购买
	非竞争性购买	独立关系非竞争性购买	依赖关系非竞争性购买

资料来源：王名、乐园：《中国民间组织参与公共服务购买的模式分析》，《中共浙江省委党校学报》2008 年第 4 期。

从购买模式上看，我国事业单位所提供的服务，可以看作是政府对事业单位的依赖关系非竞争性购买，也可以称为形式性购买。长期以来，在中国，"几乎所有的公共服务提供者都是事业单位"[1]，它广泛地分布在文教科卫、基础设施、社会管理等基本的公共产品和公共服务领域。因此，按服务供给主体多元化和服务运行市场化的目标，要逐步打破政府向事业单位按人头财政拨款的制度，改变按在编人员安排工资福利和公用经费的管理方式，实行"以事定费"，逐步过渡到独立关系非竞争性购买或独立关系竞争性购买。由此通过政府购买事业单位所提供的服务方式，倒逼事业单位的改革，形成事业单位改革的新动力。其次，随着社会组织力量的增强，鼓励社会组织进入到事业单位所承担的服务领域中开展服务竞争，形成"鲇鱼效应"，从而通过竞争机制来提高服务效率、降低服务成本。总之，通过政府购买社会服务，可以深化事业单位的改革，构建新型社会服务体系。

3. 不断探索适合国情的政府购买社会服务模式

从目前各地实践来看，基于社会组织发展相对滞后，在数量、规模、专业化和社会公信力方面都存在突出的问题，独立关系非竞争性购买模式被广泛使用，独立关系非竞争性模式最大的问题是会造成购买行为的"内部化"。[2]

因此，可以在目前广泛采用的独立关系非竞争性这一委托购买模式

---

[1] 世界银行东亚和太平洋地区减贫与经济管理局：《中国：深化事业单位改革，改善公共服务提供》，中信出版社 2005 年版，第 49 页。

[2] 王浦劬、[美] 莱斯特·M. 萨拉蒙：《政府向社会组织购买公共服务研究：中国与全球经验分析》，北京大学出版社 2010 年版，第 27—28 页。

基础上，集成竞争机制及其开放要素：一是注意在独立关系非竞争性中增加竞争性谈判；二是强化开放的招投标网络平台使用；三是增加多方监管和社会评估机制，从而使独立关系非竞争性这样一种委托购买模式进一步升级为适合我国国情的"开放合作购买模式"。这种政府购买社会服务模式，可以复合竞争机制和开放要素。在实践中，可以具体化和操作化为：项目划定、政府筹资、平台公开、合同管理、双向委托、评估兑现、多方监督、合作发展。

（三）政府购买服务的路径

1. 政府购买服务的路径：补供方和补需方

所谓"补供方"，也称为生产方补助，这种购买路径是政府针对服务生产方提供补助，再由他们将服务提供给消费者。"补需方"，也称消费方补助，此种购买路径是政府将某种形式的支付或报销直接提供给服务的消费者，让消费者自行选择服务的生产者。

"补供方"的购买路径为服务的生产者提供补助，这样有助于保障服务的生产——无论政府需要何种服务，都会有人提供。但由政府通过直接拨款或公开招标方式确定服务生产方，限制了消费者对于服务生产方的选择，消费者只有被动接受政府选定的服务生产方提供的服务，为寻租和腐败提供了可能。

"补需方"的购买路径为将资金提供给消费者，让消费者在服务生产者之间进行自由选择，给消费者更多的选择权。"补需方"最终间接地"补供方"，服务的生产者最终还是会得到与其所提供的服务质量和数量相对应的报酬。

比较政府购买社会服务中"补供方"和"补需方"路径，"补需方"由于在消费者选择空间上比较大，有利于促进多个服务生产者之间的竞争，有利于服务效率和质量的提高，因此，通常认为"补需方"在竞争性方面要好于"补供方"。从世界范围来看，政府购买社会组织服务的总体趋势是从提供者补助转向消费者补助。[①]

---

① 王浦劬、[美]莱斯特·M.萨拉蒙：《政府向社会组织购买公共服务研究：中国与全球经验分析》，北京大学出版社 2010 年版，第 214 页。

2. 不同路径下政府购买社会服务的工具

从补助方向和导向程度两个维度，政府购买社会服务常用的工具可以划分为如下类型（见表9—11）。

表9—11　　　不同路径下政府购买服务的工具类型举例

导向程度	补助方向	
	补供方	补需方
高	直接由政府机构提供	
中	合同	服务消费券 税收优惠
低	分类资助 整笔资助 整笔拨款	贷款担保

资料来源：王浦劬、[美] 莱斯特·M. 萨拉蒙：《政府向社会组织购买公共服务研究：中国与全球经验分析》，北京大学出版社2010年版，第211页。有修改。

其中，服务消费券，又称为凭单、有价证券、消费代金券等，被认为是最具有竞争性和开放性的工具。它是政府部门给予有资格消费某种物品或服务的个体发放的优惠券。有资格接受服务消费券的个体在特定的服务生产组织中"消费"他们手中的票券，然后政府用现金兑换各组织接受的票券。服务消费券有三个层次的内涵：它是围绕特定物品而对特定消费者群体实施的补贴；直接补贴消费者而非生产者；通常采用代金券的方式而非现金。[①]

在我国政府购买社会服务中，北京市实施的居家养老（助残）券服务制度最为典型。2008年起，北京市在东城、西城、崇文等10个区以政府购买社会服务形式进行居家养老服务试点工作。其中最主要的措施，就是针对特殊老年人推行以服务券为主要形式的补贴制度。2010年，北京市全面建立居家养老（助残）券服务制度，以政府购买服务的方式，为老年人（残疾人）提供多种方式的养老（助残）服务，以满足老年人

---

① 陈振明：《政府工具导论》，北京大学出版社2009年版，第158页。

和残疾人在生活照料、家政服务、康复护理等方面的基本生活服务需求。北京市政府购买的居家养老服务，包括生活照料、家政服务、康复护理、精神慰藉、老年教育等六大类共110项服务。2012年，北京市政府向52万名符合条件的老年人（残疾人）每人每月发放100元养老（助残）券，全年共发放5.9亿元。① 比较"补供方"和"补需方"两种购买路径的运作机制、优势、风险和适用条件，可以看到不同的购买路径和工具，各有其优势与风险。

在"补供方"购买路径下，若通过指定的方式选择生产者，能够直接挑选政府满意的生产者，并可以在购买过程中随时沟通随时修正计划；但存在"暗箱操作"、腐败寻租和长期垄断的可能。若通过公开竞标、合同外包的方式选择生产者，竞争的存在有助于选出更合格的服务生产者，且公开透明的程序有利于公众监督。但其风险表现在：一方面在于限制了政府应付紧急情况的灵活性；另一方面在于竞标与合同依赖明细的竞争规则和合同文本，政府面临很多影响购买效果的技术性问题。此外监督控制成本也较高。

"补需方"购买路径内在植入竞争机制，消费者以"用脚投票"的方式降低政府监督成本，资金使用高效，较少腐败。但"消费券"具有福利刚性的特征，需要政府持续投入，并存在"撇脂"现象（指在服务过程中，提供者倾向选择最好的或唾手可得的服务对象的倾向）、信息不对称和"欺骗行为"的风险。

总之，在我国目前条件下，还没有完美的购买路径和工具。不同的购买路径和工具有不同的适应条件。一般来看，"补供方"路径下政府指定服务生产者的方式，适用于符合资质的服务生产者极少、服务生产者弱小的情况，政府的直接指定和定向购买，在向公众提供社会服务的同时，也起到资助和扶持服务生产者的作用。"补供方"路径下竞标和合同外包的方式，适用于服务内容容易界定、分割和评估，服务生产者数量足够竞争，政府能够监测生产者的工作绩效的环境。而"补需方"购买路径得以实施的条件则更为严格：首先，消费者在该服务上偏好不同，有消费积极性；其次，存在多个生产者，进入成本低；再次，服务消费

---

① 童曙泉：《去年本市给老人发6.3亿"零花钱"》，《北京日报》2013年1月14日。

者掌握较完全的服务信息,能够评判服务质量;最后,服务购买较频繁等。

(四) 政府购买服务的机制

在凯特尔看来政府要成为"精明的买主"需要解决的问题还有许多。① 但从我国处在政府购买社会服务初期情况出发,主要是要解决竞争机制及其开放要素在政府购买社会服务中的实现问题,为此,迫切需要建立和健全政府购买社会服务的社会监督机制和社会评估机制。

1. 强化社会监督机制,让政府购买社会服务信息透明化

第一,积极调动社会公众、大众媒体的监督力量。社会公众通过服务感受直接反映和监督社会服务的效果,大众媒体则能够通过搭建平台,帮助反馈公众对社会服务的意见,同时还可以帮助公开购买社会服务相关信息。第二,建立社会组织信息披露制度,承接服务的社会组织必须公开自身的相关信息,诸如组织机构代码、证书、服务项目、服务方式,等等。第三,运用电子政务方式,建立政府购买社会服务的网络平台,公开政府购买社会服务的活动,并能实时查询相关信息。

2. 完善社会评估机制,让政府购买社会服务竞争合理化

第一,引入独立的第三方机构。如会计事务所、审计事务所、法律事务所、专业调查公司等机构。这些独立的第三方机构拥有专业技术和人才,它们对资金使用效率、服务质量的评估更加公正和合理。第二,对承接购买服务的社会组织推行财务报告公开制度,并由第三方进行审计。第三,建立服务信用评价体系,对社会组织在社会服务领域的表现进行统一评价,为政府购买社会服务决策提供依据和参考。第四,建立政府购买社会服务的绩效指标,构建科学合理的政府购买社会服务绩效评估体系。健全由购买主体、服务对象及第三方组成的综合性评审机制,对购买服务项目数量、质量和资金使用绩效等进行考核评价。评价结果向社会公布,并作为以后年度编制政府购买社会服务预算和选择政府购买社会服务承接主体的重要参考依据。

---

① [美] 唐纳德·凯特尔:《权力共享:公共治理与私人市场》,孙迎春译,北京大学出版社 2009 年版,第 145 页。

第十章

以需求为导向的社区服务管理

一 "服务吸纳行政"的多元化服务模式①

"社区服务"的概念首先是民政部在1987年武汉的"全国社区服务工作座谈会"上提出并使用的。在明确社区服务的概念后,民政部、国家计委等14个部门在1993年8月联合颁布了《关于加快发展社区服务业的意见》。

自2000年全面推进城市社区建设以来,社区作为加强社会管理和提供服务的新平台,发挥着越来越重要的作用。2006年4月,国务院颁布了《国务院关于加强和改进社区服务工作的意见》,提出大力推进公共服务体系建设,使政府公共服务覆盖到社区。2007年5月,国家发展改革委、民政部联合印发《"十一五"社区服务体系发展规划》,该规划是国家就社区服务问题制定的第一个发展规划。2011年,民政部在"十一五"期间社区工作成果的基础上,发布了《城乡社区服务体系建设"十二五"规划》,提出逐步建立面向全体社区居民、主体多元、设施配套、功能完善、内容丰富、队伍健全、机制合理的社区服务体系。

从社区服务模式改革来看,社区服务是面向公共目标的社区服务转型的结果,随着社区成为服务提供、生产与消费的基本单元,为了满足社区居民日益增长的服务需求,需要建立以政府为主、非政府力量为重

---

① 参见林闽钢《我国社会服务管理体制和机制研究》,《华中师范大学学报》(人文社会科学版)2013年第3期;李凤琴、林闽钢《中国城市社区公共服务模式的转变》,《河海大学学报》2011年第2期。

要辅助的多元化提供模式成为共识。针对目前社区服务"单中心"模式存在的弊端,我国社区服务要引入契约、委托代理机制,已成为当今社区服务提供和生产的首要选择。在改革措施上,一方面是要进行行政管理体制改革,政事、政社分开。① 另一方面,则要创建以需求为导向,以项目为载体的服务模式。②

从社区服务管理体制来看,目前我国发达地区社区服务模式可以归纳为:体制吸纳型。体制吸纳型社区服务是以政府为核心,通过一定的吸纳渠道(服务方式)、吸纳机制和吸纳平台开始将服务的提供职能与生产职能相分离,实现服务的政府、市场与社会的有效分工与合作,提供面向居民、可选择的服务。体制吸纳的本质是"公共私营合作制"(Public Private Partnership),而伙伴关系的核心又是政府、社区社会组织、驻区企业(单位)、家庭和居民等多方合作。③

目前,我国社区服务管理体制改革面临的主要问题是:以居民服务需求为导向,在各种社区管理模式下,如何对社区各类服务载体进行优化和整合研究。从城市社区来看,各类服务的载体有社区工作站、社区服务站、社区居民事务办理站、社区服务中心、社区服务站、社区公共服务协会等机构,被认为是承接社区服务的主要载体。因此,在社区不同的层级中,基于服务平台的功能和定位,可以组合出多样性的社区服务形式。

从目前我国社区服务实践探索来看,可以划分为:分设模式、下属模式、条属模式和专干模式。第一种,分设模式以深圳市为代表,新设立的社区工作站成为街道办事处的派出机构,完全独立于社区居委会,社区工作站和社区居委会是并行的组织系统,担负不同的职能。社区工作站主要承接来自政府系统的带有行政性的公共服务,而社区居委会则主要是自发组织的群众性、社区内部的服务活动。第二种,下属模式以北京市西城区为代表,社区工作站接受街道办的工作指导,在社区党组

---

① 张洪武:《社区公共服务中的多中心秩序》,《学理论》2008年第12期。
② 孙燕:《创建以需求为导向,以项目为载体的公共服务供给模式》,《学会》2010年第8期。
③ 李凤琴、林闽钢:《中国城市社区公共服务模式的转变》,《河海大学学报》2011年第2期。

织和社区居委会的领导下开展社区服务工作。社区工作站站长（主任）和社区专干等实行任期岗位工资制，其职位对社会公开竞聘上岗。第三种，条属模式则以社区警务站和社区卫生站为典型。2002年8月，公安部、民政部联合下发《关于加强社区警务建设的意见》，要求各地根据城市社区建设进程统筹社区警务工作，基本实行一社区一警制。与此同时，卫生部、民政部等部门也联合下发《关于加快发展城市社区卫生服务的意见的通知》，要求在社区设置卫生服务站，做到一社区一卫生站（室）。此种模式下社区工作站人员、经费、考核等都由派出单位负责，同时接受社区居委会的指导和监督。第四种，专干模式以宁波海曙区、南京市白下区为代表，社区居委会成员从社区居民中差额直选产生，社区居委会下设办公室，工作人员由专职社区工作者组成。专职社区工作者是由社区居委会根据工作需要，自主招聘3—5名专业化和职业化的社区工作者。①

（一）"行政吸纳服务"的一元化服务模式

随着我国从计划经济向市场经济的转变，原有单位制开始解体，"单位办社会"所负担的多元化职能回归社区。同大多数国家一样，我国城市社区成了国家与社会的临界地带和接口，城市社区服务成为政府服务在社区的延伸。当前，人口结构的老龄化、家庭结构的小型化、居民需要的多样化和人口流动的频繁化，给城市社区服务带来了新的挑战。同时，居民物质生活水平的提高，对提高社区服务的质量提出了新的要求。我国城市社区服务已成为理论界和实际部门关注的焦点，我国城市服务面临新体制和机制的探索，城市服务模式面临全面的转型。

本部分聚焦我国社区服务模式中体制和机制的变化，探讨如何从原有的模式向适应市场经济的新模式转变的可能和路径。

1949年以后，为了巩固新政权以及在经济资源匮乏的情况下实现国家工业化目标，国家对经济资源进行强力提取和再分配，为此，国家继续沿用根据地时期的单位管理模式，并将社会功能和公共职能交托给企业单位，赋予其全能性。单位体制的等级体制实现了资源有效配置，改

---

① 李春：《城市社区公共服务多元协作组织研究》，《理论月刊》2012年第3期。

变了社会分散零乱的格局。同时，作为国家政权的一部分，单位直接承担着聚集资源和提供公共产品的功能，因此，以单位控制为核心的行政吸纳服务模式应运而生。

在计划经济时期，国家与社会的关系是典型的"国家一元化结构"，最突出的特点就是政府垄断权力和资源，自上而下地建立起自己的"单位"，形成垂直式的、依附性的权利关系结构，依靠单一的行政机制来协调各方行为。① 国家与社会关系被解释为"行政吸纳社会"②"行政吸纳服务"③。而本部分采用"行政吸纳服务"来特指在服务的提供中，国家或政府，通过一系列的行政资源控制和垄断服务所形成的体制和机制。

1. 单位制："行政吸纳服务"的体制

中华人民共和国成立后，随着全国范围的社会主义改造的基本完成和公有制的确立，国家对城市各种组织进行了大规模的调整，几乎所有的城市组织均被纳入政府的行政管理系统。单位制是当时形成并延续至改革开放前后的一种社会组织和管理体制，是计划经济条件下国家进行社会资源分配和实现社会控制的主要工具。公有制企业、党政机关和事业单位是我国城市单位的三种类型。

单位制是维持单位内外部权利关系、配置资源和权力、分配社会福利的各种规则，而各种单位则是运作这些制度的主要角色。对单位体制内的成员，国家采取条块分割的办法来对隶属不同的单位进行管理，统管辖内的居民需求，政府将所控制的资源直接分配给各单位，再由单位为其成员及其家属提供了教育、就业、住房、医疗、福利和娱乐等各项社会服务。在这种管理模式下，政府不仅直接参与企业的经营和管理，企业的生产经营还直接纳入政府行政管理系统，整个国家变成一个"超大型企业"，各级政府成为企业的资产所有者、管理者。政府还更是一个"超大型保姆"，包揽大量的社会服务职能，诸如学校、食堂、医院、文

---

① 陈伟东：《社区自治—自组织网络与制度建设》，中国社会科学出版社2004年版，第48—54页。

② 康晓光、卢宪英、韩恒：《改革时代的国家与社会关系——行政吸纳社会》，载王名《中国民间组织30年——走向公民社会》，社会科学文献出版社2008年版，第287—337页。

③ 唐文玉：《行政吸纳服务：中国大陆国家与社会关系的一种新诠释》，《公共管理学报》2010年第1期。

化娱乐设施甚至居民生老病死、家庭纠纷等各种社会问题。①"大包大揽"是计划经济时期社会管理和公共服务最为突出的特点。

2. 垄断控制：一元化机制

在服务的提供上，这种"垄断控制"表现为一元化的行政提供机制。而这种一元化的行政机制，首先，最突出的表现就是政府既是服务的提供者，又是服务的生产者，政府在服务的种类、供给方式等方面起着决定性作用，单位成为政府的附属机构，单位承担了其成员的所有服务职能，这种"单位办社会"大而全的服务模式使得服务只有单向性，缺乏回应性。

这一时期，国家与社会的关系表现为"强国家、弱社会"，国家与政府的力量渗透到社会生活的方方面面，单位和社区在城市的地理空间被分离，各种社会组织自身应有的特性及发育受到了强有力的抑制，单位人现象消磨了社会成员的社会意识和社区居民意识，社区和社会服务机构的内在价值与功能被忽略、被严重低估。单位也成为一个压缩的"微型国家"和"微型社会"。②街道和居委会依靠行政资源管理社区事务，只对在单位以外的社会弱势群体或边缘群体提供生活救济或互助合作，虽然也属于服务提供，但是完全被"边缘化"只是起"拾遗补阙"的辅助性作用。长期以来，这种一元化的由政府和企事业单位统包统揽的服务模式，其结果使政府背上了沉重的负担。

其次，服务条块分割、封闭运行。计划经济时期，城市的国家机关和企事业单位以本单位职工为服务对象，主要提供包括劳动保险、生活服务、文化娱乐和福利补贴等方面的单位服务。这一时期，单位服务具有如下特点：第一，单位设施的举办和服务项目的安排是各单位在国家统一规定下自行操办，各单位之间由于性质和经济状况不同，服务待遇标准有较大差异；第二，单位服务建立在职工与单位的这种依附关系的基础之上，只有本单位的职工才能享受到本单位的服务，脱离了此单位

---

① 陈伟东：《社区自治：自组织网络与制度建设》，中国社会科学出版社2004年版，第100页。
② 徐永祥：《政社分工与合作：社区建设体制改革与创新研究》，《东南学术》2006年第6期。

后，相应的服务也随之消失；第三，单位的服务项目和设施只面向本单位内部，不管单位规模如何，都具有"小而全""大而全"的特征。

各级政府和民政部门提供和管理的对象是以城镇无经济收入和生活无人照料的老年人、残疾人和孤儿等特殊群体的民政服务，包括生活供养、疾病康复和文化教育等。城市的国家机关和企事业单位和各级政府和民政部门各自提供服务，这是两个独立运行的部分，它们之间少有交叉。

（二）"服务吸纳行政"的多元化服务模式

改革开放以来，随着社会的急剧转型与经济体制改革，原有单位体制开始解体，单位体制外市场空间的形成以及单位自身向市场主体的转化，单位体制内的一元服务模式趋于失效。同时，城市化进程的加快和城市人口增长、人口老龄化严重、家庭结构小型化和社区居民对社会服务的数量和质量提出了更高的要求，需要转变原有的政府包办的行政吸纳服务模式。具体表现在：

第一，社会转型与城市化进程的加快要求转变社区服务模式。一是随着城市化的迅猛发展，城市外来人口流动加剧，改变了城市人口的结构，增加了城市管理的难度。二是随着政企分开、政社分开，政府、企事业单位等把原先全部承担的社会服务职能剥离出来，客观上要求建立一个独立于企事业之外的载体来承接其剥离出来的社会管理职能和社会服务。三是无单位人员的增加给社区控制增加了新的难题。四是随着住房、医疗、养老、就业等制度的改革，城市居民对社区就业服务、居住环境服务、医疗卫生服务、养老服务等方面提出多层次、多样化的需求。随着各种社会问题不断向社区聚集，弱小的社区服务功能已经难以满足居民的多样化需求，迫切需要找到一种全新的社区服务模式来有效地解决社区服务严重短缺的各种问题。

第二，作为城市社会基层自治组织的居民委员会的功能日益不能适应新形势的发展需要，政府面临着转变职能的艰巨任务，政府再也没有能力也没有必要包办社区所有服务。经济体制改革总体上带来了社区居民的物质生活水平的提高，同时也加速了社会阶层的分化和利益的多元化，居民对社区服务的需求从基本生活领域扩大到广泛的物质和精神领域，原有"行政吸纳服务"的一元化服务模式已经不能满足多样化、个性化的社区服务需求，客观上要求社区服务模式革故鼎新。

1. 社区制——"服务吸纳行政"的体制

社区制，也称社区管理体制，是指各种组织在社区管理与服务中权力和资源的配置结构。①"服务吸纳行政"是与"行政吸纳服务"相对应的概念。服务吸纳行政是指社区中的正式组织和非正式组织围绕社区服务的提供，所达成的伙伴关系。一方面，在这一过程中，政府还处于主导性的地位，但"要在服务中实施行政，在行政中体现服务"；另一方面，围绕社区服务的提供，政府、市场与社区进行合理分工和有效合作，进而促成社区服务有效提供的制度安排。"服务吸纳行政"这一发展态势表明，国家或政府不再是社区服务的唯一提供者，服务体制和机制的改革也就成为当下我国城市社区管理体制改革的重中之重。

为了积极推进城市社区建设，许多城市开始探索社区服务体制和机制改革，力图以社区服务体制和机制改革来推动社区管理体制改革和社区建设，先后出现了各具特色的城市社区服务模式，如上海模式、北京模式、江汉模式、南京模式、青岛模式以及盐田模式等。例如，北京、上海等地以街道作为社区地域范围，建立"两级政府、三级管理、四级网络"的模式，分别在各城区设立社区工作站、社区公共服务社、社区服务中心等公共服务设施作为在社区提供公共服务的平台。江汉模式提出了"政府依法行政与社区依法自治结合、政府行政功能与社区自治功能互补、政府行政资源与社区民间资源整合、政府行政力量与社区自治力量互动"的改革理念和发展取向，在实践中取得了初步成效。南京、青岛以城区为社区地域范围，建立"以社区服务为社区建设的龙头，发展社区经济，拓展社区建设项目"的模式。沈阳将调整后的社区居委会作为社区地域范围，建立"社区定位，划分新的社区，建立新型社区组织体系"的模式等。以上模式尽管各有所侧重，但从服务提供上来看，都是依托一定的公共服务设施和建立相应的组织形成一

---

① 陈伟东、江立华、李雪萍等：《加快社区公共服务体系建设，实现政府公共服务覆盖到社区的有效措施》，载民政部基层政权和社区建设司《全国和谐社区建设理论与实践：社区服务创新》，中国社会出版社2009年版，第13页。

定的互动关系的一种制度安排。有学者把其统称为"社区工作站模式"，社区工作站模式也可称政府职能社区化模式。社区工作站是为实现政府职能社区化，在社区设置承接社区行政事务和社区公共服务专门组织的制度安排。①

社区工作站模式以社区工作站为核心，根据社区工作站与社会中介组织、社区居委会、区街政府部门等的关系不同，政府职能社区化的程度也会有所不同，提供的服务效果也会有差异。但是，通过社区工作站这一公共服务平台，政府在社区将各种正式的或非正式的组织以及个人提供的服务整合进来，促进了社区服务的发展，同时也为社区管理体制改革找到了突破口。

2. 合作共治——多元化机制

从我国目前社区服务管理改革来看，采取多种体制来促进多元化机制的建设。

政府购买服务就是最典型的一种政府与社会组织"合作共治"的多元化机制的具体体现。也就是说，在公共物品和服务的提供上，除了政府提供外，还包括很多社会组织可以提供，并且由此形成政府与社会组织合作提供服务的新型伙伴关系，这种伙伴关系其实质是服务不同提供机制的结合。在这种"合作共治"的多元化机制中，政府向社会组织购买服务模式得到迅速发展。政府向社会组织购买服务其实质是服务的提供与生产分开，这就意味着服务提供的多元化，这种多元化并不代表政府在提供服务方面责任的让渡或放弃，而是政府职能从"掌舵"到"划桨"的转变，转变的目的是为了更有效地提供服务。

从我国政府向社会组织购买服务的实践来看，2000年以来，上海、北京、南京、无锡、深圳、重庆、青岛和杭州等城市进行了政府向社会组织购买服务的探索与实践。2000年，上海市卢湾区等12个街道开展了依托养老机构开展居家养老的试点工作。2004年，在上海市政府的主导和推动下，3家民办非企业性质的社团组织——"自强社会服务总社""新航社区服务总站""阳光社区青少年事务中心"正式挂牌成立。上海的禁毒、社区矫正、青少年事务的管理和服务事项，通过政府购买机制，

---

① 詹成付：《社区建设工作进展报告》，中国社会出版社2005年版，第491—498页。

由这 3 家社团聘用社会工作者来承担。① 浦东新区更是把转变政府职能作为改革重点,把推进政社合作互动作为重要突破口,逐步建立了"政府承担、定向委托、合同管理、评估兑现"的购买服务模式。② 南京鼓楼区从 2003 年推出政府购买"居家养老服务网"工程,由心贴心老年人服务中心为独居老人提供居家养老服务。之后,每年政府都加大购买力度基本解决独居老人养老难题。③ 深圳、广州、无锡等城市积极探索向社会组织购买社区医疗卫生服务、人口计生与外来务工人员服务、社区就业服务等领域的试点,通过"政府主导,民间组织运作"的服务模式推进社会管理与服务创新并取得了积极成效。

政府向社会组织购买服务,通过政府将社会组织"吸纳"到提供服务上来,引导社会组织按照政府意愿、社会公共需求提供服务,不仅规范了政府与社会组织的关系,促进了政府职能的转变,同时也有利于完善服务提供机制,提高服务水平,满足多元化、多层次的服务需求。通过这种"合作共治"也有利于培育社会组织,充分发挥社会组织在社区建设与服务提供中的积极作用。

总之,服务吸纳行政的社区服务多元模式,倡导政府、市场与社区合理的分工和有效合作提供服务;通过构建国家与公民社会合作、政府与非政府合作、公共机构与私人机构合作、强制与自愿合作,进而促成社区服务的有效提供。

把不同时期城市社区的服务模式——行政吸纳服务模式与服务吸纳行政模式做比较(见表 10—1)。从表 10—1 可以发现行政吸纳服务模式与服务吸纳行政模式存在明显的差别。行政吸纳服务模式是国家通过单位控制个人,个人依附于单位;其核心互动机制不是利益表达与整合,而是垄断与控制,具有明显的权威主义色彩;在国家与社会的权力分配格局中,国家(政府)占据主导地位,社会从属于国家;该模式的主要

---

① 王名、乐园:《中国民间组织参与公共服务购买的模式分析》,《中共浙江省委党校学报》2008 年第 4 期。

② 曾永和:《城市政府购买服务与新型政社关系的构建——以上海政府购买民间组织服务的实践与探索为例》,《上海城市管理职业技术学院学报》2008 年第 1 期。

③ 范炜烽、祁静、薛明蓉、郑庆、甘筱敏:《政府购买公民社会组织居家养老服务研究——以南京市鼓楼区为例》,《科学决策》2010 年第 4 期。

发展动力是工业化。而服务吸纳行政模式则是实现社区治理主体由单一转变为多元；其核心互动机制是合作与共治，政府通过培育和支持社会组织的发展，动员和整合社会资源，使社会组织在自身发展的同时，与政府达成伙伴关系；服务吸纳行政模式主要发展动力是市场化，通过提供有效服务从而达到增强政府服务能力、提升政府的公共治理绩效与满足社区居民服务需求的目的。

表10—1　　　　　　　　不同时期城市社区服务模式比较

比较维度	行政吸纳服务模式	服务吸纳行政模式
运行体制	单位制	社区制
互动机制	垄断与控制	合作与共治
管理格局	政府主导	多元共治
主要动力	工业化	市场化

二　社区服务管理的"天宁之路"[①]

天宁区位居江苏省常州市中心区域，因1300多年历史的"东南第一丛林"天宁禅寺坐落其间而得名。2015年，新一轮行政区划调整后，全区总面积154平方公里，常住人口64万。改革开放以来，天宁经济社会取得跨越式发展，成为常州对外门户和城市核心区。到"十二五"期末，全区地区生产总值635亿元，一般预算收入44.8亿元；产业结构调整实现新跨越，服务业占比达68%；城乡居民收入大幅增长，人均GDP超过1.6万美元。

2014年，常州天宁区申报成为民政部第二批"全国社区服务管理创新实验区"，提出了"构建以群众需求为导向和高效灵活适用的三社联动机制，增强社区服务力，提高群众满意度"的实验主题。把满足居民需

---

① 参见林闽钢、马彦、陈自满、勾兆强、高洁、胡姝娟、霍萱、尹航、李昱呈《中国社区治理与服务实验区——常州天宁区评估报告》。林闽钢《社区治理和服务创新的"天宁之路"》，《中国民政》2017年第1期。

求作为社区服务创新的出发点和落脚点,坚持顶层设计和基层探索相结合,着力在创新体制机制上求突破,形成了社区服务管理创新的"天宁模式"。

(一) 社区服务管理体制创新

天宁区在社区服务管理体制上,成立了区委社区工作委员会(简称"社工委"),加强对社区服务的组织领导。全面形成了以社工委为核心,部门、街道的常态化联动,实现区委统筹谋划、各部协同参与、街道具体实施的新管理格局,合力助推社区建设。通过政府的规划与引领,激发了社区、社工、社会组织、社区居民的活力,横向与纵向互动增加,整合多方资源,共同参与社区治理,建构了政府主导、多元互动的社会治理体制,形成"政府拉动、多元互动、创新驱动"的良性循环,助推社会治理和服务的可持续发展。

1. 政府主导

政府主导表现为两个方面。一方面,政府规范引领促社区治理。社工委下辖社区工作办公室(简称"社工委办"),依托社会治理联动指挥平台的信息支持,以满足居民需求为核心,统筹谋划社区建设考核指标体系。以居民需求导向为出发点,通过政府主导规划引领,公共利益成为社区居民与政府协商形成的一种共识,而不是由行政主体单方面断定。另一方面,政府多方增效促社区治理。社工委组织职能部门对街道社区建设进行考核,敦促街道切实以指标为导引,完善社区建设,以绩效管理促街道行政效能。行政主体主动、积极、程序化、制度化地对居民需求做出有效回应,最大限度满足居民需求。经过多年的发展,天宁区社会治理和服务中,政府主导机制创新表现如下。

(1) 考核拉动

在街道考核体系方面,以区委领导挂帅的社工委下设社工委办,依托大数据平台优势,了解民情、分析民意。坚持以居民满意度为核心,对比上一年度各街道社区建设考核指标完成情况,秉持"守住老阵地、迈向新领域"的考核指标优化原则,与时俱进,不断优选标准,合理制定街道考核新指标,做到考核体系科学化、精细化。以考核体系为纽带,通过每月一次例会,组织各职能部门和街道定期会议传达新指标,共谋社区建设新举措。以考核体系为导向，督促职能部门每年进行街道社区建设的常态考核，依据考核结果奖优罚劣，推动社区建设持续推进。

在社工管理体系方面，首先，在准入与退出方面，注重人才培育与队伍建设，出台《天宁区社区专职工作者管理办法》，在制度建设、社工素养、网格化管理、考核激励等方面提出规范化要求。其次，在能力提升方面，出台《天宁区社工领军型人才培训方案》，建立区、街道两级社工培训实践基地，通过"菜单式"课程培训提升社工素质。举办"社工嘉年华"系列活动，通过社工成长营、社工才艺坊等板块促进社工成长。

（2）精细管理

在街道效能评估上，天宁区各职能部门主要领导作为社工委成员，参与每月例会共谋社区建设。同时，依据社工委制定的考核指标体系，根据部门业务情况，参与对街道社区建设情况的精细考核，合力促进街道工作效率提高。在社工管理评估方面，以《天宁区社区专职工作者管理办法》《社区专职工作者日常行为规范》为依据，落实社工选拔、提升与退出制度，对社工实行年度绩效考核，引入第三方测评机制，将社工的绩效与居民满意度挂钩，将考核结果报备社工委办，加大奖惩力度，实行末位淘汰，促进社工专业化。

2. 多元互动

天宁区通过制定《社会组织发展三年行动计划》《关于在天宁区推行"政社互动"推动社会治理创新的指导意见》等文件，在政策、资金、场地等方面加大扶持力度，社会服务型、公益性、互助性社会组织得到长足发展，政社互动全面形成。同时，启动社区和谐促进行动计划，采取建立多种社区自治团体，吸纳社区居民成为网格志愿者，增强居民互助，提升社区自治水平，通过这些措施逐步形成多元互动的良性格局。

（1）"多载体"畅通政社互动

首先，天宁区建立"四级联动"服务体系，建设基础信息数据库及内部工作平台，集成拓展部门信息系统，提供面向居民的基本服务，初步实现各类服务项目"一站式"咨询、受理、回复处理。其次，立足于"实验区"主题，建立"天宁区社会治理联动指挥平台"，紧扣区、街道、社区三个层面，平台用户覆盖天宁区上下，按照区、街道、社区三级纵向分工和部门之间的业务分工确定承办单位，承办结果由社区向居民反馈，全面贯通社会治理中政府与群众、部门与社区、部门与部门三个层面的循环互动，以解决服务社区居民"最后一公里"的问题。

（2）"多参与"促进政社互动

通过培育服务类社会组织，鼓励它们积极参与政社互动。首先，天宁区起草并出台《关于推进政府购买公共服务工作的实施意见》《天宁区政府购买公共服务操作办法》等文件推进政府购买公共服务工作，拓展社会组织成长空间。其次，制定《天宁区社会组织三年行动计划（2014—2016）》规划与扶持社会组织发展。最后，通过建立社会组织发展中心，采取"专业团队管理、政府公众监督、社会民众受益"的运营模式，打造成天宁区培育社会服务类、群众生活类、公益慈善类社会组织的基地，实现了社会组织孵化培育、社会组织能力建设、社会组织评估、社会组织监督、社会组织政策咨询、社会组织成果展示、公益资源共享、公益理念宣传等功能。在培育扶持社会组织过程中，政府积极主动，激发社会组织与民众活力，促进政社互动。

3. 社区自治

天宁区通过搭建自治平台，发挥广大党员、社区群众骨干带头示范效应，引导和动员居民自觉参与小区管理、社区文化和志愿服务等活动，充分彰显基层群众自治的活力和能量。

天宁区探索成立"社区和谐促进会"，引导"和谐促进员"共同商讨社区管理合约，激发居民自治活力；试点街道"四位一体"管理模式，促进社区管理、城管监督、志愿参与、物业服务的有机结合；推行"社区网格志愿者"，建立"片长+志愿者"的服务模式，配合网格社工实现社会服务无缝覆盖。

充分发挥基层党组织领导核心作用，建立社区居委会、业主（业委会）和物业服务企业沟通协商的"三合一"管理服务模式；探索建立业委会后备人才库，社区两委组织推荐的业委会委员候选人占总候选人比例不低于60%；推行社区矛盾调解联席会议制度，探索建立网格、社区、街道多层次的纠纷协调对话平台。

（二）社区服务管理机制创新

天宁区在社区服务创新工作中，围绕"构建群众需求导向的社会服务体系和高效灵活适用的三社联动机制,增强社区服务力,提高群众满意度,夯实基础、彰显特色、塑造品牌"的主题,通过加强领导、创新机制、完善服务,构建基层社会治理和服务创新的长效机制,逐步走出了一条具有天宁特色的社区发展道路。

1. 需求导向的定位机制

随着经济社会的迅猛发展,以及社会分化与重组的速度进一步加快,社区已成为各种社会群体的聚集点。社区居民的组成复杂、内部多样化和异质性特征十分突出,这表现在年龄差异、收入状况、受教育状况、职业身份和社会地位等多个方面。在城市社区中,居民的服务需求也开始多元化,单一和僵化的社区服务已不适应这种变化。如果居民生活中的实际问题与矛盾得不到有效解决,社区的凝聚力、向心力将减弱,社区居民的归属感和认同感也将随之降低。从根本上说,社区无法成为社区居民的生活共同体。因此,社区居民分化的多样性和需求的差异性是提供社区服务过程中必须面对的客观现实,社区居民不断增长的服务需求正在呈现多元化、多层次的特征。

天宁区确立了以群众需求为导向的社区服务管理定位机制,加强社区居民需求调查,建立并定期更新需求信息库,认真分析本社区成员的实际构成,针对性地向社区成员提供社区服务。社区服务政策与内容上可承接社区服务,下可延伸至社区内部自治性服务,社区服务的包容性、现实适用性大大增强。所开展的社区服务:一是面向全体社区居民展开,二是区分人群服务需求进行,三是差别化地提供服务。

天宁区社区服务管理实现了从政府供给本位向需求本位的成功转型,更多地考虑到社区各类人群的现实服务需求,特别重视社区服务对象与服务内容的差别化,因地制宜地面向社区各类人群开展多样化、多层次、全方位的服务,充分体现出社区服务的现实针对性,充分展现出社区服务的包容性,取得了精细化、高质量的效果。

2. 跨部门整合的协作机制

社区服务管理涉及党委政府各相关部门,如在开展过程中,由于职能部门与街道、社区属地之间,以及职能部门相互之间的条块分割,社区服务资源的所有权、管理权、使用权不统一,各部门间协作不力,社区服务的硬件、软件资源就难以得到有效整合,将会造成服务资源体制性浪费，并影响社区服务功能的发挥和服务效能的水平。

为了理顺社区服务管理中的条块关系，促进条块协作，推动社区服务资源的共享和整合，保证社区服务管理的质量与水平，天宁区抓好统筹规划和整体部署，建立了覆盖天宁区，上下联动、各方协调的社区建设组织体系。其中最为核心的是成立了天宁区委社工委，为社区建设配置高规格的领导体系，由区委副书记任社工委书记，民政、人社、财政等多个职能部门领导为成员，强化综合决策、统筹协调，实现了部门、街道的社区建设常态化联动，确立了跨部门整合的协作机制。

天宁区社工委充分当好"设计员"和"参谋员"，通过开展社区服务管理的顶层设计、体制机制创新等工作，谋划推进解决单一职能部门难以解决的事情，从政策层面动员和整合社区服务管理的各方力量。另外，天宁区社工委更要当好"服务员"和"指导员"，在社区服务管理各相关部门间做好联动工作，加强社区服务条块之间的协作，整合社区服务资源，优化社区服务工作的效果。天宁区善于利用信息化手段来打破社区服务管理上的条块分割状态，建立了"天宁区社会治理联动指挥平台"，充分利用信息网络技术来促进部门间的协作。该联动指挥平台成员分为网格社工、区指挥中心、区各部门（街道）、区四套班子共四个层面，覆盖59个区部门、6个街道，全面贯通社会服务管理中部门与社区、部门与部门的循环互动，实现了统筹协作无缝隙。

3. 即时响应的干预机制

当前社区问题和矛盾具有多发性与复杂性、突发性与群体性等特征，如果化解机制不能及时而且恰当地化解，则问题和矛盾容易由小变大，社区内成员也容易对社区管理组织产生不满，进而影响社区凝聚力和社区和谐发展。

天宁区依托社会治理联动平台，创新性地形成即时响应的问题干预工作机制，即"线上即时响应，线下联动处置"。在即时响应的干预机制中，涉及问题处理责任者三类：网格社工、联动平台处理人员和各职能部门，这三类人员协作互动、迅速响应社区居民的需求。网格社工通过上门走访、社区巡查和居民告知等方式收集信息。一类为"民情日记"，即日常随访和自行能快速处理的事务；另一类为"任务信息"，即当事人有需求且社区无法协调解决的事务。当上报"任务信息"时，网格社工根据事情紧急程度、涉及人数及导致结果等因素综合评定"一、二、三"等级。一级事件处理，区各部门（街道）签收与办结的时间间隔不超过 1 个工作日；二级事件处理，不超过 3 个工作日；三级事件处理，不超过 5 个工作日。联动平台处理人员负责接收社工上报的任务信息，按照问题类别转发至相关职能部门。各职能部门接收到任务信息后根据事件等级安排工作人员即时线下处理，并在处理完成后进入联动平台登记办结。通过即时响应的干预机制，实时巡查、及时报知、快速处理，改变了过去回避性、拖延性的行为方式，以秒的速度真正做到了"有呼必有应，问题处置有始必有终"，天宁区解决社区民情和服务需求驶入了"快车道"。

4. 全方位监测的评估机制

天宁区在推进社区服务发展的过程中，以群众满意为出发点，以社区百分制考核、社工百分制考核、区各部门（街道）服务效能评估、社会组织评估、社会治理联动指挥中心服务效能评估为核心，建立了一套全方位监测的社区服务评估机制。

社区专职工作者是联系社区居民与管理部门的关键纽带，天宁区建立了社工工作效能监督管理体系，从德、能、勤、绩、廉等方面，通过社区内部考评、条线工作考核、责任片区测评，以月度、半年度、年度考核相结合的方式进行，实行末位淘汰。同时根据考核结果调整完善社工培训发展体系，实现社工专业水平的不断提高和服务水平的不断提升。

天宁区各职能部门和街道以《天宁区社区建设考评细则》为准进行服务效能评估，从"加强组织建设和党风廉政建设、完善基础设施、提升队伍素能、提高服务水平、发展社会组织、化解社会矛盾、丰富社区文化、开展社区治理实验"共八大指标体系进行百分制考核。社会组织监督管理体系以信息公开为基础，形成社会组织诚信体系，将管理工作纳入法治化、规范化轨道，建立了第三方评估机制，着重提高评估工作的规范化水平和公信力。

作为社会治理和服务的信息化枢纽，社会治理联动指挥平台运行至今发挥了重要的作用。为了更好地推动指挥平台良性运行，天宁区委区政府设立了指挥中心服务效能评估体系，评估对象分别为网格社工、区指挥中心和区各部门（街道）。按评估对象职责分工实施分类评估，评估内容分为"基础百分指标"和"加减分指标",评估方式由查阅平台信息、电话抽查、系统自动比对组成,以季度为评估周期,并予以公开公示。天宁区依托全方位监测的评估机制,将社区服务管理工作不断向前推进,增强了社区服务力,提高了社区居民的满意度,增强了社区服务管理的实际效果。

三 社区服务管理创新的主要途径

社区是社会治理的基础平台,是各种政策的落实点、各种利益的交汇点、各类组织的落脚点、各种矛盾的集聚点,是创新服务管理的重要突破口。但多元化的社会发展趋势依然使传统的社区发展模式受到严峻挑战。一方面,社区治理主体职责不清,政府与社会边界模糊、社区服务行政化特点明显,社区治理的系统性、回应性、协同性不足;另一方面,社区自治机制不健全、社会参与不足、社会组织发展相对滞后、社区居民缺乏归属感,由此影响了社区活力的激发、居民福祉的增进。

在目标上,加快转变治理方式,从由政府单一主体向政府、社区居民和社会组织等多元主体转变,从政府管理社会向政府调控、引导社会转变,探索建立多元共治共享的社区服务管理新模式。在手段上,推进系统治理、依法治理、综合治理和源头治理,不断创新社会治理方式。以源头治理掌握主动权,以系统治理实现多元共治。

首先,坚持问题导向和目标导向,从基层实际出发,把解决基层难题、服务社区居民、增进居民获得感、提升居民满意度作为根本出发点和落脚点。树立关口前移、源头治理的理念,坚持问题导向和目标导向,善于运用各种综合性手段,从源头上主动发现和及时回应社区居民需求,敢于面对问题,积极化解矛盾,把社会治理的关口前移,不断增强社区服务管理工作的前瞻性、主动性和有效性。同时,坚持把社区居民的满意度作为社会治理创新的出发点和落脚点,把社会治理创新同社区居民意愿紧密结合起来。在社区服务管理中,以社区居民利益和社区居民期待来倒逼社区服务管理的改革,倒逼社区服务管理体制和机制的创新,寓管理于服务之中,努力实现管理与服务的有机统一。

其次,推进社会协同,优化治理结构,实现社区治理机制的创新,构建社区多元共治共享格局。注重强化基层党组织作用，坚持社区党组织在基层社区各类组织和各项工作中的领导核心地位，发挥其引领、统筹、协调的功能，协调多元利益关系、化解重大矛盾纠纷、引领社区居民自治、统筹调配社区各类资源，及时获得和回应群众呼声，解决群众需求。大力培育和提升居委会自治能力，为具有不同特长和资源动员能力的居民充分参与社区事务提供参与渠道，促使社区事务的协商解决走向精细化、专业化。大力培育和发展社区社会组织，为社会组织提供组织培育、人才培养、项目发展、标准建设、保障服务、资源对接等综合服务。建立居民生活共同体，逐步培育自治氛围，增进社区信任，营造温馨社区大家庭。通过多种参与渠道引导居民关心和参与社区公共事务，形成牢固的社区认同和归属感。

通过构建在党委领导、政府主导下的现代社区治理体系，社区治理效能得到优化，社区治理主体的职能发挥与力量整合实现最优化，各个主体各归其位、各尽其责、相互补充，共同推进社区的良性发展；培育和引入社会组织等社会力量提供专业化社区服务，推动了政府职能转变，实现了"政社分开"，培育了平等协商、互动参与、契约信用等现代治理意识和公民意识，激发了社会各方参与的活力，实现政府管理与社会自我调节、居民自治的良性互动，促进了社区服务管理效能的全面提升，促进了社区多元共治共享良性社会生态的有效建设。

最后，打造社区平台集聚服务资源，着力建立现代社区服务体系，激发社会活力，增强服务效能，实现社区融合发展，走向社区善治。需要重视社区服务管理平台建设，积极借鉴"互联网+"思维，在"三社联动"的基础上，打造"社区+"平台，融合"三社"等资源，打破了服务资源和服务需求之间的信息不对称，将社区服务的提供由政府主导转变为以居民实际需求为导向，使资源投向最需要的地方，服务效能得到较大提升。同时拓展了社区服务管理平台建设的优势，拓宽了服务途径，让居民享受到更加便捷、丰富、均衡的社区服务，也使服务形式和内容更为多样，增强了对居民的回应性，实现"整合、联动、增效、为民"的社区融合发展新态势。总之，通过以需求为导向的社区服务管理创新，社区发展更具活力，社区发展更加包容，社区发展更加和谐。

第十一章

社会服务关键领域的创新

一 公办养老机构"一院两制"改革创新①

(一) PPP 视角下的公办养老机构改革

20 世纪 70 年代开始的西方新公共管理运动,促进了公私合作伙伴关系的大发展,而现代意义上的 PPP(Public-Private Partnership)肇始于 20 世纪 90 年代英国在公共服务领域开展的私人融资计划(Private Financing Initiative,PFI)。由于 PPP 相对于完全由公共部门提供公共产品的传统模式有很多优点,比如更合理的风险分配、更低的生命周期成本、更方便的合同管理、更高效的项目管理、更具创新性的服务,还可以为公共和私人部门带来更多的附加价值,②因此受到许多国家的重视,并被广泛应用于供水、公共交通、通信、能源、环保、医疗卫生等领域。③

近年来,美国、日本、澳大利亚等国在养老项目中广泛运用 PPP,吸引民间资本投入养老机构建设和运营。④ 美国养老机构以特许经营类 PPP 最为常见,此外,美国政府还采取资金支持、技术帮助和政策优惠等多

---

① 参见林闽钢、勾兆强《PPP 视角下公办养老机构"一院两制"改革研究》,《社会科学研究》2018 年第 5 期。
② Bult-Spiering, M. and Dewulf, G., *Strategic issues in public-private partnerships: an international perspective*, Oxford: Blackwell Publishing Ltd., 2006, p. 16.
③ 北京英舜律师事务所:《PPP 政策解读及案例分析》,法律出版社 2015 年版,第 7 页。
④ 黄佳:《PPP 模式建设养老机构的国际经验与对策研究》,《改革与开放》2016 年第 19 期。

种措施鼓励社会力量举办各种形式的养老机构。① 在日本，很多养老机构都采用了委托运营类 PPP，日本各都道府县、政令指定都市和市区町村所实施的包括养老机构在内的民间委托平均比率分别达到 88.5%、90.6% 和 79.1%。② 澳大利亚则采用政府购买服务类 PPP，将大部分养老机构都交由非政府部门运营，政府财政是购买机构养老服务的主要资金来源，在国家养老基金承担基本养老服务费用的基础上，联邦政府和州政府还承担了养老机构 30% 的运营费用，并通过各种筹资渠道给予养老机构其他补贴。③

近年来，我国养老服务业处在快速发展的进程中，在产业的优惠政策及广阔市场前景的吸引下，社会各界积极参与建设、运营养老机构和设施，养老床位数量持续增长。但目前存在的主要问题是：养老机构的入住率参差不齐，"一床难求"与床位空置率高的现象同时存在，究其主要原因是公办养老机构和民办养老机构双轨运行，政府差异化的投资运营政策导致两者不公平竞争。

为此，从 2011 年以来，政府把深化公办养老机构改革作为主要方向。在 2011 年《社会养老服务体系建设规划（2011—2015 年）》中提出，要开放社会养老服务市场，采取公建民营、民办公助、政府购买服务、补助贴息等多种模式，引导和支持社会力量兴办各类养老服务设施，按照管办分离、政事政企分开的原则，统筹推进公办养老服务机构改革。2013 年 9 月，国务院在《关于加快发展养老服务业的若干意见》中强调，要开展公办养老机构改制试点，政府投资兴办的养老床位应逐步通过公建民营等方式管理运营，积极鼓励民间资本通过委托管理等方式，运营公有产权的养老服务设施。2013 年 12 月，民政部正式启动公办养老机构改革试点，明确提出要推行公办养老机构公建民营，公办养老机构特别是新建机构应当逐步通过公建民营等方式，鼓励社会力量运营，政府要通过运营补贴、购买服务等方式，支持公建民营机构发展。2016 年 9 月，

---

① 程启智、罗飞：《中国公办养老机构改革改制路径选择》，《河北经贸大学学报》2016 年第 2 期。

② 俞祖成：《日本政府购买服务制度及启示》，《国家行政学院学报》2016 年第 1 期。

③ 邸凯英：《我国养老机构应用 PPP 模式建设与管理研究》，《价格理论与实践》2015 年第 10 期。

在全国首批126家公建民营试点单位的基础上，民政部、国家发改委决定以公建民营为重点，继续开展第二批公办养老机构改革试点工作，公建民营已成为我国公办养老机构的主要改革方向。

政府在大力推进公办养老机构公建民营改革的同时，2014年5月，财政部政府和社会资本合作（PPP）工作领导小组正式设立，标志着PPP的发展进入了政府主导推广的全面发展阶段。2014年9月，财政部在《关于推广运用政府和社会资本合作模式有关问题的通知》中提出，要"尽快形成有利于促进政府和社会资本合作模式发展的制度体系"。2014年12月，国家发改委发布《关于开展政府和社会资本合作的指导意见》，鼓励各类社会资本通过特许经营、合同承包、股权合作等多种方式积极参与基础设施建设和运营。因此，公办养老机构开展的公建民营改革同时纳入全面推开的PPP发展轨道。

PPP最初应用于城市基础设施的融资、建设、运营和维护，典型的PPP（如BOT）是一种私人出资并递送服务的全过程合作机制，典型的PPP项目融基础设施建设和服务提供为一体。结合养老机构的双重属性，在广义层面，PPP在养老机构领域的适用环节主要有以下四类：第一，养老机构的建设，包括DB（设计—建设）、DBMM（设计—建设—主要维护）、DBF（设计—建设—融资）、DBT（设计—建设—移交）等形式；第二，养老机构的运营，包括MC（管理外包）、SC（服务外包）、LUOT（租赁—更新—运营—移交）、TOT（移交—运营—移交）、凭单制等形式；第三，养老机构建设和运营全过程即"建设—运营"，包括LBO（租赁—建设—经营）、BOT（建设—运营—移交）、BTO（建设—移交—运营）、BOOT（建设—拥有—运营—移交）、BOO（建设—拥有—运营）、DBFO（设计—建设—融资—运营）、DBO（设计—建设—运营）、BLOT（建设—租赁—运营—移交）等形式；第四，养老机构转制，包括PUO（购买—更新—经营）、所有权转让等（见表11—1）。

在我国养老机构领域，公建民营、民办公助、项目购买、公办养老机构改制、"公私共建＋委托经营"等运作形式均有公私合作属性，属于广义上的PPP，在养老机构运营、养老机构建设—运营、养老机构转制中都有体现。

表 11—1　　　　　PPP 在中国养老机构中的应用形式

适用环节	PPP 形式	应用形式
建设	DB、DBMM、DBF、DBT 等	使用不多
运营	MC、SC、LUOT、TOT、凭单制等	公建民营、项目购买
建设—运营	LBO、BOT、BTO、BOOT、BOO、DBFO、DBO、BLOT 等	民办公助、公私共建+委托经营
机构转制	PUO、所有权转让等	公办养老机构改制

资料来源：笔者自制。

(二) "一院两制"作为公建民营创新形式

从全国各地公办养老机构改革实践看，"一院两制"作为公建民营创新形式得到了大部分公办养老机构和社会资本的普遍认同，成为合作双方的选择。"一院两制"是公办养老机构通过招标的方式将部分场所和设施租赁给民间力量进行市场化经营，从而使公办养老机构内部同时存在两种经营主体——公共部门和民间部门，以及相对应的两种经营方式——公共部门直接经营管理的公营机制和民间部门采用市场化方式运作的民营机制，是具有中国特色的公办养老机构改革路径。

在"一院两制"下，公办养老机构整体的国有资产属性保持不变，民间部门只拥有其中一部分场所和设施的经营管理权，公办养老机构使供养老人与自费老人分区入住，并通过对外租赁方式对自费老人区域实行市场化运作的模式。"一院两制"在对公办养老机构实施部分民营的同时，保留了原有的公营部分，公办方（公营部分）与民营方（民营部分）在业务上既有竞争关系，又有合作关系，形成一种公私混合经营状态。所以，"一院两制"不仅是公共部门和私人部门在"所有权—经营权分离"层面的合作，还包含着公共部门和私人部门在业务层面的竞争与合作；"一院两制"不是完全的公建民营，也不是纯粹的 PPP，在一定意义上，它是对公建民营和 PPP 的一种创新。

第一层 PPP。养老服务安排意义上的 PPP，即公共部门将公办养老机构一定期限内的经营管理权部分转交给私人部门，私人部门负责公建民营单位参与公办养老机构的运营，从而在所有权和经营权分离层面形成公私合作伙伴关系，也就是"公建民营"。

第二层PPP。服务生产意义上的PPP，即"一院两制"中的公办养老机构和公建民营单位在各自独立经营的基础上，由于业务上的合作所形成的伙伴关系，也就是"业务合作"。虽然公办方和民营方在业务上也存在一定的竞争关系，但由于公办方与民营方的机构性质和业务重点不同，再加上公办方和民营方同属"一院"，协作机会多，利益相关性强，所以，相对于两者之间的竞争来说，合作带来的好处更多，关注度也更高。可以说，公办方与民营方在业务上是一种合作为主、竞争为辅的关系。

此外，第一层PPP与第二层PPP之间具有紧密的垂直附属关系（见图11—1）。政府对公建民营单位负有监督和指导责任，社会资本也会与公办养老机构进行沟通与协商，所以两层主体之间还存在着相互交叉关系。总之，在双层PPP中，每层主体之间的水平关系、层与层之间的垂直关系、两层主体之间的交叉关系相互交织，共同造就了"一院两制"的公私混合形态。

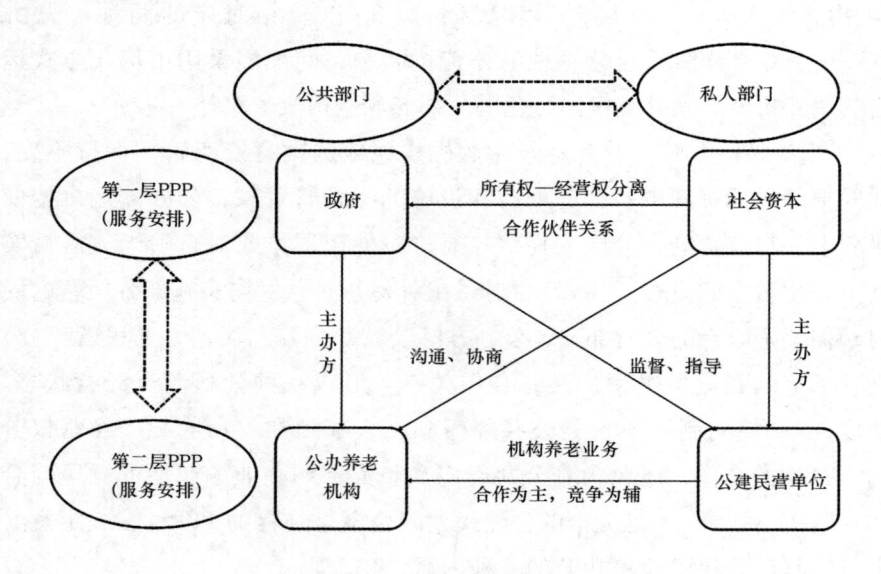

图 11—1　双层 PPP 结构

资料来源：笔者自制。

在"一院两制"的双层PPP结构中，第一层是公建民营层面的PPP，是正式关系、强关系性质，公共部门和私人部门是纯粹的合作伙伴，公共部门充当"裁判员"角色；第二层是业务合作层面的PPP，是非正式关系、弱关系性质，公共部门和私人部门既是合作伙伴，也是竞争对手，但以合作为主、竞争为辅，公共部门充当"运动员"角色；"一院两制"融双层PPP各主体之间的水平互动、垂直互动、交叉互动为一体，但在整体上，公共部门始终发挥着主导作用。在运行机制上，公共部门既是服务的提供者、安排者、监督者，也是服务的生产者，在合理分配项目风险的基础上，通过公办方的行政吸纳，将公共部门和私人部门的目标统一起来，实现了PPP横向民主机制和纵向权威机制的有机整合。最终，公共部门和私人部门在"银发社区"这一共同体意识的驱动下，相互学习、相互借鉴、优势互补、协同发展，在合作与竞争中共同提高。

（1）实现了公办养老机构的公益性

第一，保留了公办养老机构的原有功能。在"一院两制"中，公办养老机构供养城市"三无"、农村"五保"、经济困难的失能老人以及特殊优抚老人的功能得到保全，公办养老机构提供"托底性"服务的作用未受影响。第二，保证了公建民营单位的非营利性质。从服务层次来看，民办非营利性养老机构所提供的是普惠型养老服务，属于公共服务范畴。第三，在公建民营单位设立"托底性"床位。南京某社会福利院由政府投资兴建，首要任务是满足弱势困难老人的养老服务需求，在"一院两制"合同中明确规定，公建民营单位必须保留至少10%的床位接纳政府负责供养的经济困难的孤寡、失能、高龄老人和孤老优抚对象，这一硬性指标突出体现了公建民营单位与普通民办养老机构的差异，扩大了公办养老机构容纳弹性，缓解了公办养老机构安置床位不足的问题，是"一院两制"公益性的重要表现。

（2）"一院两制"推动了养老机构的市场化运行和管理

第一，共同打造"银发社区"品牌。在实施公建民营之前，南京某社会福利院作为政府直接经营管理的事业单位，主要承担政策性业务，与其他公办及民办养老机构基本不存在竞争关系，较少进行商业宣传和推广。在"一院两制"改革之后，南京某社会福利院与两家公建民营单位采取组团发展策略，着力打造"银发社区"服务品牌，联合举办大型现场咨询入住活动、大型媒体推介会、免费试住活动、养老服务进社区活动，综合运用多种宣传和营销手段，提高银发社区的知晓率和知名度，与其他养老机构开展充分的市场竞争，提升银发社区内各机构的入住率。第二，公办养老机构在与民办养老机构开展外部业务竞争和内部交流合作的过程中，可以学习民办方先进的服务技术和管理方法，促进自身服务质量和经营效率的提高。

因此，"一院两制"作为一种公办养老机构改革方式，兼顾了公共部门和私人部门的需求，实现了公益性与商业性的平衡，在社会机会和社会资源分配方面具有公正性、合理性和合法性，符合"善"的制度伦理，且在整体的社会服务产出上达到了"1+1>2"的结果。

（三）探索"一院两制"作为公办养老机构的改革模式

从公建民营改革的角度看，"一院两制"突破了传统公建民营将公办养老机构经营权完全交出的局限性，它不仅注重传统公建民营所蕴含的所有权—经营权分离层面的公私伙伴合作，还注重在养老业务开展上的公私伙伴合作，将 PPP 的适用环节从养老服务的安排延伸至养老服务的生产，既利用了公建民营的优势，又达到了单纯公建民营无法实现的效果。另外，"一院两制"开创了机构养老领域公私部门既竞争又合作的新型混合福利经济形态，具有现实意义。

1. 保证公办养老机构功能的发挥，凸显政府在机构养老服务中的主导作用

我国的社会服务社会化改革与所要建立的新型社会服务体系，包括政府、企业、第三部门、社区、家庭、个人多种主体，有政府行政、市场、社会多种机制，表现出"混合型福利制度"的特点。这是确立政府责任的前提下，充分利用市场机制和社会力量来提高社会服务水平，是"政府主导的混合型福利服务制度"。[①]

政府在社会养老服务中发挥主导作用：一是对困难老人的托底保障作用；二是对社会养老服务的引导作用。公办养老机构在市场化改

[①] 中国社会科学院社会政策研究中心课题组：《国家、社会与市场：中国社会福利服务体制的重构——沪港社会福利比较研究总报告》，载杨团《社会福利社会化：上海与香港社会福利体系比较》，华夏出版社 2001 年版，第 34—80 页。

革的过程中理应坚守公益本位。与其他改革路径相比,"一院两制"这种渐进式的改革方式可以在利用市场机制的同时,保证政府在机构养老中的主导作用:一方面,"一院两制"通过所有权和经营权的分离,在竞争性经营权市场中,运用委托—代理机制,提高了公办养老机构的服务效率;另一方面保留了原有的政府直营部分,充分保证了公办养老机构在养老服务体系中的兜底、示范、调节和辐射功能。另外,"一院两制"中公办方所发挥的行政吸纳功能再次扩大了政府的主导作用。

2. 破除公办养老机构双轨制,从而提高机构养老服务的整体质量和效率

当前,我国存在着公办养老机构"进不去",民办养老机构"住不起"的双轨制矛盾,这一矛盾的焦点是公办养老机构和民办养老机构对于社会自费老人的不公平竞争——公办养老机构在竞争中占据绝对优势。"一院两制"在公建民营和业务竞争两个层面对消除养老机构双轨制起着积极作用,成为破解供需错位难题的有效方式。第一,实施"一院两制",使公办养老机构向社会开放,促进服务资源的综合有效利用,可以在大幅降低民办养老机构投资成本的同时,明显提升公办养老机构的容纳能力。同时,政府职能发生了转变,政府在自费老人收养业务中逐渐淡出,民办养老机构成为向自费老人提供机构养老服务的主要力量。第二,出于养老服务的公平性、公办养老机构的持续发展、公办养老机构的改革需要等考虑,公办养老机构收养社会自费老人的业务尚不能完全转移给民办养老机构,在这种情况下,必须努力营造公办和民办养老机构公平竞争的市场环境。在"一院两制"中,公建民营单位享受来自公办方的多种优惠政策和扶持措施,弥补了民办养老机构的"先天不足",使其能够与公办养老机构在同一起点展开竞争。公办方和民营方比邻而立,且对于社会自费老人的服务价格保持在同一区间,社会自费老人可根据各养老机构的服务质量进行自主选择和自由流转,在保证养老服务公益性的同时利用市场竞争机制倒逼各养老机构改善服务质量和提升管理效率,增强对社会自费老人的吸引力。此外,公办方与民营方优势互补的协同发展也从整体上提高了养老服务的质量和效率。

3. "一院两制"与整体委托相比具有比较优势

整体委托管理是一种"政府卸负、民间接担"的模式，受托机构的自主性很大程度上被政府牵制，营利空间也极为有限，导致社会资本缺乏参与积极性，一旦参与之后，其结果很有可能是亏损运营，造成了制度的不公平。相反，"一院两制"下，社会资本采取市场化方式独立运营公建民营单位，自负盈亏，基本可以自主决定市场定位、营销策略和收费标准，虽然享受一定的来自政府的政策扶持，但其主要收入来源仍是使用者付费，收益情况取决于公建民营自身的经营结果。所以，"一院两制"是一种"政府优惠—民间回应—独立经营"的模式，社会资本享有高度的自主权，盈利空间大。同时，在整体委托管理模式中，政府仅仅是把公办养老机构的服务提供和日常管理外包出去，政府虽然不直接经营养老机构，却要负责财务、定价、扩建等多方面的业务，承担公办养老机构的大部分经营风险，更重要的是要对受托单位进行常态化、高强度的监管，甚至实现对受托单位的"控制"。整体委托管理中，政府的职能分离程度很低，在政府所担风险并无显著减少的情况下，不但没有减少、放松管制，反而进一步增加了管制，产生了新的行政成本和社会成本。相比之下，"一院两制"中，公办方和民办方分别独立经营养老机构，主要服务对象分别是"托底性"老人和社会自费老人，其职能分离程度高于整体委托管理，可以充分发挥公共部门和私人部门各自的专长，实现公共部门所担风险的有效转移。

总之，目前我国公办养老机构仍在不断改革发展，"一院两制"作为一种渐进改革路径还在探索之中。从长远来看，随着体制惯性的减弱以及民办养老机构的发展壮大，政府的主导作用也将逐渐减弱。"一院两制"也许不是公办养老机构改革的最终目标，但"一院两制"可以是一种最优的过渡形式。若最终目标是建立完全的公建民营，可以通过实施渐进式的"一院两制"，消除公办养老机构在职责权利、人事配置、经费拨付、收入分配等方面存在的体制机制性障碍，待条件成熟后再逐步向完全的公建民营发展。若最终目标是转企改制，也可以通过"一院两制"向公办养老机构提供学习、借鉴民办养老机构先进管理方法和运营经验的契机，使公办养老机构在提升自身服务水平和自我循环能力的基础上，逐步独立发展。

二 构建养老、孝老、敬老政策体系①

在中国历史上,"老老"之政自始至终都被历朝历代统治者视为仁爱养民的重要治理工具,面对"老有所养"社会问题,我国传统社会以"导民以孝,以孝侍亲"的孝文化作为解决养老问题的思想基础,"孝道与养老"二者之间存在内在关联,国家以弘扬孝道文化来鼓励家庭成为养老主体。在这个意义上,养老、敬老、孝老一直都被历朝历代统治者重视,通过各种养老、敬老、孝老措施加以实施。尽管各朝各代在养老、敬老、孝老措施的具体内容规定方面有所差异,但其方式都基本承袭下来。一是注重以礼仪仪式、荣誉恩赐来礼遇高年,教化民众敬老孝老;二是依靠刑律手段惩戒不孝行为,利用优惠政策减免老年人及其侍奉子孙的赋税徭役,以引导民众孝养老人;三是借助物质恩赐、机构收养等方式帮扶赡养老年群体,以保证老年人的基本生活需要得到满足。

(一) 典型国家老年友好型政策体系

1. 新加坡老年友好型政策体系

新加坡基于国情、民情的考量,为有效缓解人口加速老龄化危机,架构了家庭孝老、社会敬老和国家养老相结合的老年友好型社会政策体系。

为维持老年人的最基本生活水平,新加坡政府建立强制储蓄型中央公积金制度,该制度规定符合法定领取年龄的公积金会员可在退休账户达到最低存款额度的前提下提取部分积蓄。公积金缴费由雇员和雇主共同负担的制度规定,决定了新加坡政府并不直接承担公积金缴费责任,仅承担公积金保值增值和补偿贬值损失的责任。新加坡政府通过制订最低存款计划,强制要求其国民必须保证个人退休账户的最低存款额度,以保障国民年老时能够自我养老,减轻政府实施老年救助的财政负担。公积金保健储蓄账户能够用来支付会员的住院和医疗费用,雇主与雇员

---

① 参见林闽钢、康镇《构建中国养老、孝老、敬老社会政策体系》,《人口与社会》2018年第4期。

共同缴费原则也最大限度地减轻了政府保障老年人医疗健康权益的财政负担。因此，新加坡政府依靠中央公积金制度设计，成功引导其国民树立起自我养老的自我保障意识，将国家养老责任部分转嫁给个人和家庭。

新加坡以政府拨款的方式，实施公共救助计划、社区关怀中短期援助计划、经济援助计划等社会救助政策来向贫困老年群体提供现金救助、医疗救助，以帮助贫困老年人顺利渡过生活难关。新加坡"增长配套"政策作为政府提供的普遍性社会福利项目，向低收入老年人提供了相对于其他人群更高的"增长花红"和"就业奖励花红"；为了支持低龄老人顺利就业，新加坡政府制定实施老年就业保护政策，给予老年就业者及其雇主政策优惠，降低双方的公积金缴费率，从而有利于填补部分老年人公积金账户不足的问题。①

新加坡政府历来重视弘扬家庭孝老观念，强调"家庭为根、社会为本"，其历任总理通过倡导孝道伦理意识，来引导家庭主动承担孝老责任。在架构以家庭孝老为核心的老年社会政策体系方面，新加坡政府凭借立法强制、政策优惠等手段支持家庭履行孝老义务。其中，《赡养父母法》规定子女负有赡养父母的权利与义务，在父母所有收入和财产都不足以满足其基本需求时，子女有义务照顾"生活不能自理"的父母，父母有权起诉未履行赡养义务的家庭成员；②住房政策优惠面向那些赡养父母或与父母共同居住的家庭与个人，家庭在申请政府公共租屋时享有优先分配和价格优惠的权利；税收减免政策面向那些与年老父母共同居住或填补父母公积金账户的国民，其收入可以享受一定的免税额优惠。

新加坡习惯于将老人称为"乐龄人士"，许多老年人活动场所设施也大都以乐龄来命名，体现了社会尊老敬老的伦理道德。新加坡政府基于"就地养老"理念，依托社区开展养老服务，社区除承接医疗服务、保健服务、托养服务以外，还为乐龄人士提供参与社会活动的组织平台，如乐龄俱乐部经常举办卫生保健讲座、三代同堂舞蹈、集体晨运、生日派

---

① 周薇、黄道光：《解读新加坡老年社会福利：基于中央公积金制度之外的思考》，《东南亚研究》2015年第5期。

② 徐振华、胡苷用：《新加坡〈赡养父母法〉评介及其对我国的启示》，《江西社会科学》2012年第9期。

对、茶会、退休者座谈会等活动,① 以实现老年人老有所学、老有所乐。在尊敬年长就业者方面,新加坡政府鼓励年长就业者延迟退休,给予雇用年长就业者的企业雇主以政策优惠,企业雇主也很少鼓励年长就业者提前退休,从而有效地塑造了年长就业者的社会尊敬感。新加坡政府按照老人宜居的城市规划,对公共活动场所及设施进行无障碍化改造设计,并规定住宅大楼底层用作社区与老年人活动场所,以满足老年人的精神文化需求。

2. 日本老年友好型政策体系

日本为应对十分严峻的人口老龄化趋势,积极构建起国家养老、社会敬老和家庭孝老相互支持的老年友好型社会政策体系,以充分发挥国家、社会、家庭在帮扶老人方面的各自优势。

日本借助社会保险、社会救助、老年福利等手段主动承担起国家养老责任。日本公共年金制度基于"国民皆年金"的制度设计理念,能够保障全体国民老有所得,其中国民基础年金给付的主要来源是国库财政支出(负担比例占1/2),以确保全体国民在年老时维持最基本的收入水平。介护保险制度致力于解决日本国民的长期照护问题,是政府凭借立法手段间接承担主要筹资责任的社会养老服务筹资机制。尽管日本政府不再是社会养老服务直接资助者,② 但其所承担的主要筹资责任依然彰显着国家养老的服务理念。后期高龄者医疗保险制度定位于保障75周岁以上老年人、65周岁至75周岁特定残疾老人所需求的健康医疗卫生服务,其医疗保险费用由政府财政负担50%,以减轻高龄老人的医疗负担,提高其健康福祉水平。日本生活保护制度明确国家为社会救助的主要责任者,国家通过生活救助、医疗救助、护理救助、住宅救助等救助方式帮助贫困老年人家庭摆脱生活危机。在老年人福利方面,中央政府负责制订老年福利整体发展计划,地方政府则自行制订本地区的老年福利计划,中央政府和地方政府共担老年福利支出责任,以建设富有活力的老年友

---

① 沈鸿:《阅读新加坡——考察新加坡养老事业发展的启示》,2008年1月7日,民政部政策研究中心(http://www.mca.gov.cn/article/mxht/llyj/200801/20080100009502.shtml)。

② 林闽钢、梁誉:《准市场视角下社会养老服务多元化筹资研究》,《中国行政管理》2016年第7期。

好型社会。

在日本，社区作为老人的主要生活场域，承接了尊老敬老的扶助责任。为了满足老人的社区养老、居家养老需求，日本地方政府积极构建地域综合关怀体系，该体系通过整合社区内部护理设施和资源，发挥社区帮扶老人自立自助的功能，以保证老人能够有尊严地自立、体面地接受社区照顾和护理服务。面对与日俱增的认知症老年患者，社区机构和非营利组织通过普及认知症相关常识和应对办法，来宣传对老年人的尊重和权益保护，防止歧视和虐待老年人现象发生。① 在促进老年人再就业、社会参与方面，全国范围内的老年人才中心作为独立性社会组织，帮助老年人寻找再就业机会，并积极融入社会。在社会组织提供适老化福利设施和活动场所方面，老年福利设施工作坊、老人修养之家的设立，为老年人提供了参与社会活动和体验低费用保健疗养的场所；公共交通、公共厕所等公共场所内配置便于老人使用的公共设施，以充分尊重老年人的社会权益。

日本迫于家庭规模、家庭结构的变化，家庭孝老意识正逐步淡化，但是其新民法明确规定所有子女享有赡养父母的责任义务，诸多社会保障法律文本也强调以家庭赡养为前提条件或强制条件，这表明家庭孝老仍发挥着赡养老人的基础性功能。日本介护保险虽然将家庭照护功能部分剥离，交予专业的护理服务组织承接，但是介护保险在规定家人护理方面，提出根据一定条件对护理自家老人的人支付"慰劳金"，以鼓励家庭护理，实现了家庭护理与社会护理的结合。② 因此，日本的社会保障制度设计注重缓解家庭的养老负担，但并不意味着完全取代家庭的基础性作用和功能，家庭孝老依然在精神慰藉、日常照料、亲子关系维护等方面具备不可替代的优势。

（二）我国老年友好型政策体系

1. 家庭孝老是我国老年友好型社会政策体系的基础

我国传统"养老文明"孕育了破解养老问题的"中国路径"——以

---

① 胡澎：《日本人怎样为老年人营造温馨的社区》，《群言》2017 年第 12 期。
② 王伟：《日本家庭养老模式的转变》，《日本学刊》2004 年第 3 期。

孝养老。孝道以突出养老为本位,将养老作为家庭的主要职责之一,使老年人得以接受子女的奉养。家庭孝老是由家庭成员提供养老资源的养老方式和养老制度,形成循环往复的途径。在经济供养上,家庭养老是代际的经济转移,以家庭为载体,自然实现保障功能和保障过程。家庭养老促进代际交流,给予老年人精神归属感。家庭养老是中国传统道德强大内在力的必然结果,中国人提倡尊老爱幼,在全社会形成了养老尊老的风气。

第一,家庭孝老主张老年人不仅物质上需要帮助,而且精神上要得到慰藉,感情上要有所寄托,从而引导家庭养老实现物质赡养和精神赡养的统一。更重要的是,孝道不断地将敬老的观念赋予家庭养老,使得家庭养老从家庭行为转变为社会规范,短期行为变成世代相继。因此,在社会政策上,需要继承"孝亲敬老"的传统家庭美德和感恩思想,自觉将其升华为"尊老敬老"的社会公德并落实到职业道德和个人品德上,把关爱老人从道德层面提高到国家政策层面,并做出制度安排。

第二,我国传统社会以孝破解养老困局,国家以弘扬孝道文化来鼓励家庭成为养老主体。当下传统孝道的价值在市场经济作用之下已发生变化,社会政策与孝道观念不能相互照应,社会政策与孝道观念需要相互补充,以应对已出现和将会出现的各种难题。原为养老理论支柱的孝道文化,现在要从一种家庭伦理上升为一种社会伦理,为养老社会化提供文化支撑,促成家庭养老与社会养老协力解决养老困局,这是历史发展的必然。

第三,家庭是养老的第一居所,家庭养老服务是最重要的养老服务,特别是家庭的生活照料、精神慰藉、亲情关爱等是其他养老方式难以替代的。应当制定发展型家庭养老支持政策,通过政策的刚性促进,强化家庭的养老服务功能,这是积极应对人口老龄化和解决养老问题的重要途径。

2. 社会敬老是我国老年友好型社会政策体系的支柱

随着社会的发展和养老资源供应者的多样化,经济供养、精神慰藉与生活照顾三大养老需求全部由子女来提供的养老格局朝着多元化方向发展。如果说"家庭孝老"是家庭内部子女一代奉养父母一代以维系家庭的运转和延续,"社会敬老"则是年青一代共同供养上一代以推动社会发展，是"子女奉养"的社会化。社会养老金制度就是一种社会孝老模式，实现代际的更替赡养。在家庭孝老嬗变为社会敬老过程中，社会敬老已成为社会责任和社会公德的基本要求。社会敬老推动国家社会养老政策的转型。

第一，社会敬老在当下必须进行创造性改造转化，必须以时代精神对其固本与开新，才能释放"正能量"。在政策设计上，一是实现"义务对称"，体现平等性。二是合乎情理，体现自觉性。三是兼顾养心养身，体现情感性。四是互助互利共享，体现时代性。青年和老年两代人的机会和权利，只有不同时段的各自侧重，并无任何一方的独占或舍弃。

第二，要充分肯定社会照护服务的社会价值，把社会照顾服务作为社会政策体系发展的重点。一是生活不能自理需要长期照护的老年人，给所在家庭带来精神、经济双重负担，二是女性经济独立意识和社会参与的增多，对传统的家庭照护方式形成一定冲击。因此，悉心照护并维护老人的生命尊严是孝行的基本范畴，社会化的长期照护显得日益重要，建立与经济发展水平相适应的长期照护服务体系迫在眉睫。

3. 国家养老是我国老年友好型社会政策体系的主体

家庭小型化、家庭养老功能弱化是发展趋势，现代社会家庭规模变小，传统社会养老依赖的多子女家庭正在被核心家庭取代。相对于多子女家庭，独生子女家庭的人力资源匮乏，这也意味着养老资源的短缺。一定程度上，家庭孝老和社会敬老延缓了社会养老问题。但当前社会结构变化带来的养老问题仅靠家庭内部无力解决，养老由各自的家庭问题转变为需要全社会共同面对的问题。强化政府养老责任，发展社会化养老服务是大势所趋。目前，我国养老保险制度和养老服务体系正处在转型发展之中，进一步深化改革，发挥出国家养老的主导作用，仍是今后国家养老发展的核心目标和任务。

第一，建立面向全民的国民基础年金制度。① "国民待遇"原是指在民事权利方面一个国家给予在其国境内的外国公民和企业与其国内公民、企业同等待遇，而非政治方面的待遇。近年来，"国民待遇"又开始被运用于研究一国内部的社会领域，在同一个国家或地区范围内，其国民所

---

① 林闽钢：《中国社会保障制度优化路径的选择》，《中国行政管理》2014年第7期。

能够平等和共同享有的政治、经济、科技、文化、教育、医疗卫生等方面的权利和待遇。国民待遇体现了公平原则，即每个公民应该享有公平的国民权益和保障。

作为社会权利的重要内容和基本形式，社会保障的国民待遇是指国民所能够平等和共同享有的社会保障权利。因此，随着覆盖城乡居民的社会保障体系框架基本形成，保障主体国民待遇和保障内容国民待遇基本解决。目前社会保障国民待遇实现的关键是基础性国民待遇的实现。[①]

在我国社会养老保险制度中，由于针对不同群体的多种养老保险制度并存，不同养老保险制度之间相互独立，同一养老保险制度下不同地区之间相互割裂，使我国社会养老保险制度呈现出"碎片化"的状态。随着2014年新型农村社会养老保险制度和城镇居民社会养老保险制度的并轨，开始建立全国统一的城乡居民基本养老保险制度，出现机关事业单位退休养老制度、企业职工基本养老保险制度和城乡居民基本养老保险制度并存的现象，这些养老制度在筹资、标准和给付等方面的不同，造成了养老待遇水平差距较大。特别是机关事业单位的退休工资由国家财政负担，个人不用缴费，退休金水平以退休前工资为基础，以工龄长短为计发依据。而其他类型的养老保险制度中，如企业实施社会统筹与个人账户相结合，通过单位和个人缴费来筹资，基本养老金由基础养老金和个人账户养老金组成。从实施效果来看，社会养老保险制度在总体上不仅没有起到调节不同人群收入分配差距的正向调节作用，而且对不同人群收入分配差距的扩大起到了逆向调节作用。

社会养老保险"碎片化"是多年来我国社会养老保险改革实施"打补丁"方法的必然结果。现行养老保险制度按照"分类施保"的思路，针对不同的社会群体，设置相应的制度安排，这就导致了养老保险制度的多样性，加之各种制度之间的边界不清，而且又难以衔接，因此陷入了"碎片化"的困境。从发展来看，碎片化的养老保险很容易造成被分割人群的路径依赖，结果是既无效率也不公平，但是却能长期维持，长久下去会增加人们的挫折感，影响养老保险本身有效性和可持续性发展

---

① 林闽钢：《中国城乡社会保障制度一体化研究》，载郑功成《中国社会保障改革与发展战略》（总论卷），人民出版社2011年版，第73—74页。

能力，加剧社会不稳定。因此，全面推进我国社会养老保险制度改革，结束养老保险的碎片化格局，提高养老保险的公平性是制度优化的主要目标。

通过实施面向全民的国民年金制度，把构建普惠和公平的国民基础年金制度作为我国社会养老保险制度改革的"牛鼻子"。借鉴德国和日本等国家的经验，对机关事业单位退休养老制度、企业职工基本养老保险制度和城乡居民基本养老保险制度，进行国民年金的基础年金制度的改革，打通所有养老保险制度分设的局面，通过国家税收征缴，从而使国民年金覆盖全体国民，实现各类养老保险制度在国民基础年金制度上的统一和统筹，体现出普惠公平和政府有限责任。国民基础年金在设计上按"保基本"的原则，实行现收现付，基础养老金水平全国统一。

同时，确立社会养老保险制度的多层构造。针对几种不同的人群和职业推行各类职业年金制度，如面向公职人员的职业年金、面向企业员工的企业年金等。同时大力发展商业养老保险。在操作方法上，把现行养老保险中的个人账户与统筹账户彻底剥离，改企业缴费为企业缴税，将统筹账户发展为现收现付的国民基础年金，实行全国统筹。将目前基本养老保险个人账户纳入职业年金账户，推进职业年金制度的实行。

第二，建立面向全民的"社会服务国家"。发达国家和地区的经验表明，以社会保险为基本内容的社会保障主要关注的是国家与劳动力市场的关系，关注的是劳动力市场正规劳动者的收入补偿和经济福利。在福利国家发展的早期阶段，社会政策的重点是各类社会保险和各种收入维持项目。随着福利国家的发展，社会服务的内容日益增加，高水平和高质量的社会服务已成为当代福利国家一个最突出的特征，以收入保障为基本内容的经济福利和以社会需要为导向的社会服务是当代社会保障的两大基本内容。①

改革开放以来，为了配合市场经济体制的建立，我国重点发展了以社会保险为核心内容的社会保障。同时明确提出我国社会保障体系是"以社会保险、社会救助、社会福利为基础，以基本养老、基本医疗、最

---

① 岳经纶：《个人社会服务与福利国家：对我国社会保障制度的启示》，《学海》2010年第4期。

低生活保障制度为重点，以慈善事业、商业保险为补充"，由此，可以看到社会服务的基础性作用还没有得到足够的重视，社会服务缺乏、社会服务覆盖面小等问题，已不能适应我国社会保障多层次发展的需要。

近年来，在我国服务型政府的建设中，基本公共服务被放在重要的位置，提供基本公共服务已作为政府的主要职能之一，并提出"2020年基本公共服务均等化总体实现"。社会服务作为公共服务的一个组成部分，主要是面向全体国民提供形式多样的社会服务，如养老服务、医疗服务、救助服务等，所以，基本公共服务均等化可以推动社会服务成为我国社会保障体系的基础。[1]

以社会服务作为主线，改善社会保障的给付结构，不断增加社会服务项目，逐步提高社会服务质量，探索"社会服务 + 现金给付"的新型供给结构。以老年人需求为导向，建立城乡统一的社会服务制度，促进城乡基本社会服务的均等化。以有质量的养老服务为目标，提升养老服务供给能力和水平，形成中国特色的养老服务体系。

总之，在中国进入深度老龄化的发展过程中，构建中国老年友好型社会政策体系需要国家、社会、家庭责任的有机统一，就是充分发挥出国家养老、家庭孝老、社会敬老相互支持所形成的合力，为老年人营造支持性的社会环境，最大限度地发挥出老年生活能力和社会融入能力，让老年人都能实现"颐养天年"的梦想。

三　事业单位改革与社会服务体系重构[2]

自20世纪70年代以来，西方发达国家掀起了一场旨在降低政府成本、提高服务效率和质量的"新公共管理"运动，服务的供给由单中心走向多中心，政府的角色从"自行生产服务者"调整定位为"服务的购买者"，探索更具有弹性和效率的服务民间化机制。[3] 政府购买服务成为

---

[1] 林闽钢：《我国社会服务管理体制和机制研究》，《华中师范大学学报》（人文社会科学版）2013年第3期。

[2] 参见林闽钢、王刚《政府购买服务视角下事业单位改革的新思路》，《行政管理改革》2017年第12期。

[3] 陈振明：《公共服务导论》，北京大学出版社2011年版，第3页。

服务供给的主要方式和政府改革的主要工具。

与此同时，20世纪80年代，中国也开始了公共服务领域的重要改革——事业单位改革。从1985年起对科技、卫生、教育、文化等事业单位进行放权让利开始；到1993年实行政事分开，推进事业单位的市场化、社会化；2007年推进事业单位分类改革；再到2011年3月出台《关于分类推进事业单位改革的指导意见》，事业单位改革一直在探索中逐步推进。纵观30多年的事业单位改革，我国传统事业单位及其管理体制并没有从根本上得以转变。而与此相对的是，政府购买服务在服务领域迅猛发展，能否通过政府购买服务的手段，倒逼事业单位加快改革，将政府购买服务与事业单位改革相结合，实现由"养人"向"养事"转变，已成为事业单位改革可以探索的新思路。

（一）事业单位市场化、社会化和分类改革思路

1. 事业单位市场化改革思路

事业单位市场化改革最早始于1978年《人民日报》等首都八家报社联名向国家财政部报告，要求实行"事业单位企业化管理"。市场化改革最初的主要内容是国家对事业单位"放权让利"，转换事业单位经营机制，促使事业单位面向市场提供服务；同时国家鼓励部分事业单位自支自收、实行企业化管理，完全通过市场获取资源；通过改制使部分事业单位转制为企业，以及允许各种所有制经济组织进入原来属于政府福利政策领域的公共事业，以商业化运作方式生产经营事业产品与服务。①

事业单位市场化改革思路的主要内容：一是通过研究如何将市场机制引入事业单位运行体制中，使福利性、公益性的事业活动转为经营性的产业活动，来改变传统事业体制国家包办、以行政化方式提供事业服务的路径。二是运用经济激励、行政推动、企业化管理等手段促使事业单位进入市场成为市场主体，使事业单位走向社会，进入市场，实行政事分开，成为独立的市场主体。三是建立政事分开、责任明确、多元约束、管理科学的现代事业制度改变传统事业单位的体制机制，使其适应市场化和产业化的需要。

---

① 赵立波：《事业单位社会化与民间组织发展研究》，山东人民出版社2010年版，第3页。

2. 事业单位社会化改革思路

社会化、民间化、非营利组织化在20世纪90年代末期被作为事业单位改革的另一个重要思路。以成思危、赵立波、郑国安等为代表，主张参考国外普遍通行的非营利单位的体制及运行机制，提出我国事业单位社会化改革思路。①

事业单位社会化改革思路的主要内容：一是事业单位与政府一道，分别向社会提供公共服务，其能弥补政府职能的不足。二是整合政府资助、民间捐赠和受益者付费等各方面的资源，以弥补政府财政的不足，调动民间的积极性。三是事业单位按照非营利组织形式依法享受国家政策优惠。四是吸收和使用志愿者提供公益服务，并认为将来我国的事业单位也应具备志愿性特征。五是通过立法明确事业单位的法律地位，使之既不依附于政府又接受政府的指导、帮助和监管，成为自主决策、依法运营、具有独立法人地位的机构。六是建立科学的管理体制和机制，实行科学管理。② 事业单位实现社会化的主要标志就是社会力量成为举办公共事业的主体，非营利组织的收入主要来自社会，有大量的志愿人员在非营利组织中工作，非营利组织成为服务的主要创新源泉。

3. 事业单位分类改革思路

长期以来，事业单位存在类型众多、情况复杂的现实情况，及其在改革中遇到的机构分类、管理体制等共性、基础性等问题，事业单位分类改革面对以上问题具有针对性和可操作性，因而事业单位分类改革成为目前改革的主要思路。

事业单位按照融资和付费两个角度实施分类改革：一是主要由政府来承担付费的事业单位可以直接转化为公办非营利组织（基础性公共服务）；二是主要由政府和私人共同承担付费的事业单位可以直接转化为公办非营利组织（选择性公共服务）；三是付费主要由私人来承担或者由政府购买特定公共服务的事业单位可以直接转化为民办非营利组织。③ 按照

---

① 成思危：《事业单位改革：模式选择与分类引导》，民主与建设出版社2000年版，第11页。
② 郑国安、赵路：《非营利组织与中国事业单位体制改革》，机械工业出版社2002年版。
③ 李文钊、董克用：《中国事业单位改革：理念与政策建议》，《中国人民大学学报》2010年第5期。

社会功能将现有事业单位划分为承担行政职能（行政职能划归行政机构或转为行政机构）、从事生产经营活动（转为企业）和从事公益服务（保留在事业单位序列、强化其公益属性）三个类别。根据职责任务、服务对象和资源配置方式等情况，进一步将从事公益服务的事业单位细分为两类：承担义务教育、基础性科研、公共文化、公共卫生及基层的基本医疗服务等基本公益服务，不能或不宜由市场配置资源的，划入公益一类；承担高等教育、非营利医疗等公益服务，可部分由市场配置资源的，划入公益二类。①

从上述多种事业单位改革思路来看，事业单位市场化和社会化都存在着忽略国情和事业单位的特殊性，导致过度市场化、社会化的现象。而目前主导的事业单位分类改革思路，各种不同性质的单位都按照公益类别划分过于笼统，没有考虑各行业各单位之间的差异化，配套政策上无法进行落实。同时，长期以来事业单位也是一个"铁饭碗"，事业单位自身改革动力不足是主要原因。

近年来，为了突破我国事业单位改革困局，从政府购买服务视角来提出的事业单位改革思路开始获得关注。因此，在事业单位改革中，政府购买服务作为改革的新思路，是事业单位身份重构过程中治理能力提升的有效途径与载体。通过购买行为，引入竞争机制所形成的压力，就有可能成为事业单位自身改革的动力，倒逼事业单位走上改革道路。

（二）政府购买服务与事业单位改革的契合性

事业单位是计划经济体制的产物，按照事业单位功能定位，其性质是介于政府与市场之间的社会组织，但是与国外非营利组织却有着很大的不同，具有鲜明的中国特色。

从政府购买服务角度来看，事业单位改革面临三大问题：一是政事不分、管办合一。事业单位是按照"总体性社会"职能模式设计的，形成的是政府统包统揽管理模式，导致事业单位功能定位不清，政事不分、管办合一。二是由政府直接拨款生产，并提供公益服务。这种"以人定

---

① 国务院：《中共中央国务院关于分类推进事业单位改革的指导意见》，《新华每日电讯》2012年4月17日。

费"的直接拨款付费方式最大弊端在于缺乏有效的激励机制，容易造成事业单位服务的低效甚至偏离公众需求。三是对政府的隶属依附关系。政府集"管"和"办"于一身，不仅对公益事业单位进行编制、经费、发展规划等方面的宏观管理，而且直接对公益事业单位的微观经营活动发号施令，使得事业单位成为政府的附属机构。

政府购买服务作为一种新的政府治理工具，其本质是服务合同外包，即政府通过与企业或社会组织签订承包合同的形式来提供服务。政府购买服务通过将服务职能中的生产与提供分离，政府只负责服务的提供职能，而以合同的形式将生产职能交由其他符合资质的社会主体，并按照这些社会组织的服务生产绩效进行付费实现供给。其核心理念和内在要求就是：生产与提供职能分离、按合同绩效付费和合作伙伴关系。这与事业单位改革具有很强的契合性，即政府购买服务生产提供职能分离的内在要求、按照合同和绩效付费的供给方式以及服务供给主体之间合作伙伴关系与事业单位公共服务供给的生产提供职能合一、以人定费的直接付费方式、供给主体之间的隶属依附关系等问题是相契合的（见图11—2）。

第一，生产提供职能分离与政事不分、管办合一（生产提供职能合一）"相契合"。从政府购买服务的角度而言，服务供给的生产与提供职能分离是其内在要求和前提条件，只有实现生产与提供职能分离才能形成合同及其合作伙伴关系。而事业单位改革的最大问题就在于政府及其主管部门集公共服务的生产和提供于一身，导致服务供给缺乏效率。因此，在这一点上二者是"相契合"的。

第二，合同绩效付费方式与"以人定费"直接预算拨款"相契合"。政府购买服务核心是以合同绩效付费，通过与具有资质的公共服务生产机构签订相应的合同，按照合同的履行和公共服务生产的绩效付费，从而确保服务生产的效率和质量。而传统事业单位最大弊端就是按人头和机构的"以人定费"直接预算拨款付费。因此，政府购买服务这种核心理念和内在要求与事业单位改革面临的"以人定费"的问题是"相契合"的。

第三，合作伙伴关系的形成与隶属依附关系具有很强的"契合性"。一方面，政府购买服务主要通过合同的形式和竞争的方式形成政府与事业单位、政府与社会组织、事业单位与社会组织之间的伙伴关系。另一方面,现有的事业单位管理体制所形成的是一种事业单位、社会组织对政府及其主管部门的隶属依附关系。而通过政府购买服务可以变革这种隶属的依附关系。因此,在这一点上二者也具有契合性。

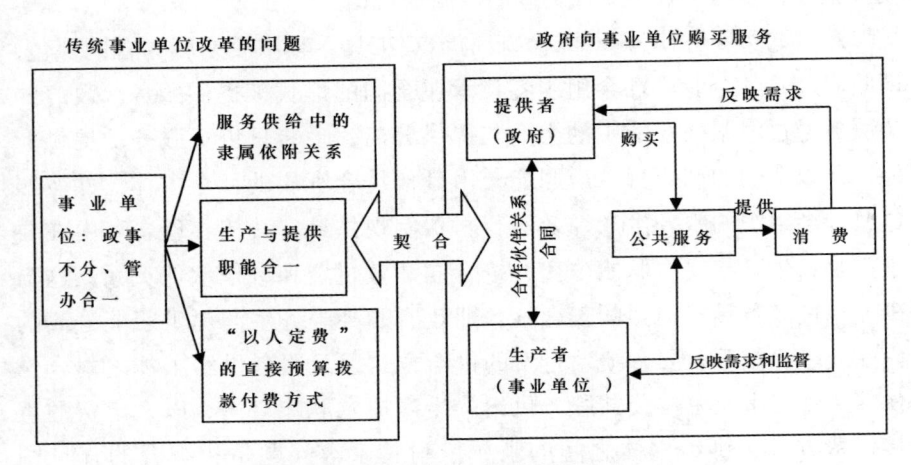

图11—2 事业单位改革与政府购买服务的契合性

基于这种内在"契合性",通过政府向事业单位购买服务使服务的生产与提供职能分离开来,事业单位管理体制的政事和管办职能分开,政府与事业单位之间的隶属依附关系得以改变,并通过购买的方式变革"以人定费"的直接拨款付费方式,形成以事业单位的服务效率和质量为标准,并在对其监管和绩效评价基础上的付费(供给)方式,从而使传统的事业单位管理体制、运行机制及关系特征得以变革和重塑。

(三)政府向事业单位购买服务的突破点

1. 重新定位:推动事业单位独立法人改革

从功能角度来讲,公立服务机构的法人化有利于借助法人的独立性和自主性来推进行政分权后的组织自治与绩效提升,克服官僚体制的种种弊端。从各国公立服务机构独立法人改革的经验来看,实现独立法人地位的关键在于以下几点。

一是通过立法理顺政事关系,进一步深化管办分离改革。依据国际通行的分类标准,从设立宗旨来讲,事业单位是以实现公益为目的;从其举办的主体来看,事业单位主要由政府机关设立和举办,其资产属于国有的;从设立依据而言,政府设立事业单位的法律依据应当属于公法的范畴。① 因此,应将我国的事业单位归属于第一部门(政府部门)、归属于公法人。在此基础上,深化事业单位管办分离改革,将政府对服务的管理职能(管)与举办事业单位形成的出资人职能(办)进行分离,即服务的提供职能和生产职能相分离。具体的"管办分离"方式和途径,可以结合各地改革实践进行多样化的探索创新。

二是持续推进和探索多样化的适合国情的事业单位法人治理结构。在承认事业单位、政事关系多样性的基础上,在法人型事业单位逐步建立以理事会为中心的、不同于公司企业的法人治理机制。事业单位设立理事会、管理层、专业委员会及职工大会,分别行使决策、管理执行、专业咨询、监督约束等职能,从而协调政府、事业单位、职工、社会等利益相关者在法人治理结构中的权责关系,实现事业单位的良好治理。

2. 转变方式:探索政府向事业单位购买服务的手段

当前,政府向事业单位购买服务面临的困境是:一方面要追求服务的高效率和高质量,另一方面又不得不考量公益事业单位与政府依赖关系的事实。由于历史的原因,公益事业单位与政府部门的依赖关系不可能在短期内祛除,即使是进行管办分离改革二者也存在诸多关联。基于这种现实,应在现有竞争性购买、委托性购买(非竞争性购买)和形式性购买模式基础上,以事业单位分类改革为前提,探索构建一种既能够保证服务成本效益和程序公开透明,又能合理地兼顾依赖关系的购买模式,即开放合作购买(依赖关系竞争性购买模式)。②

(1)政府向公益一类事业单位购买服务:依赖关系内部竞争性购买

针对公益一类事业单位不能推入外部市场完全由市场配置资源的特性,可以建立依赖关系内部竞争性购买模式,培育内部竞争市场进行内部竞争,以解决依赖关系所带来的服务供给低效和程序不透明问题。通

---

① 李昕:《法人概念的公法意义》,《浙江学刊》2008年第1期。
② 林闽钢、周正:《政府购买社会服务:何以可能与何以可为》,《江苏社会科学》2014年第3期。

过一定的程序和机制设计，即政府首先确定购买服务的项目，公开面向该服务领域内部所有符合资质的公益事业单位进行招标，让符合条件的公益事业单位在独立第三方的监督下竞标，然后由政府向中标者购买服务，签订购买合同，并对服务进行监督和绩效评估（见图11—3）。

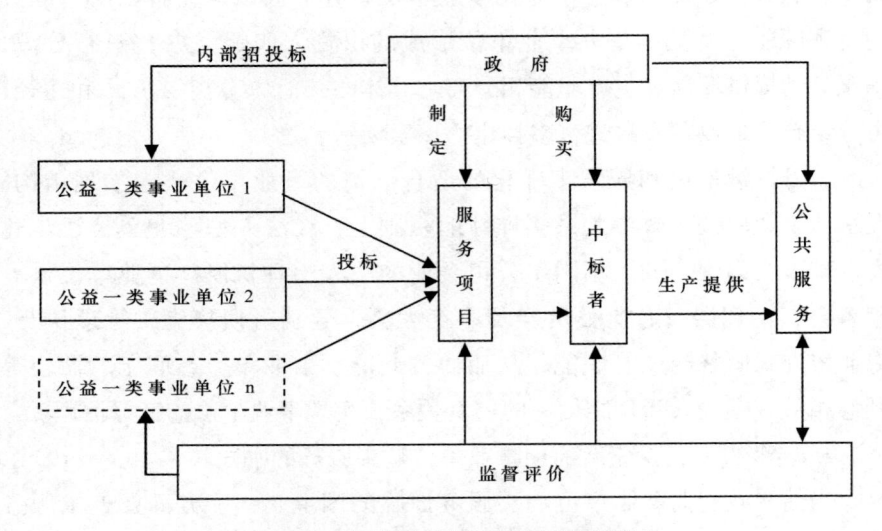

图11—3 依赖关系内部竞争性购买模式

推进公益一类内部竞争性购买的关键在于，培育和形成该服务领域的内部市场。建立和完善事业单位内部竞争市场的重点在于，改变传统的集中配置做法，在事业单位内部引入客户（服务对象）竞争机制，通过适当分权，缩减服务供给机构的规模，不断提升其专业化程度，使服务分散化、多样化，赋予民众以自由选择的权利和便利，迫使事业单位之间为赢得"客户"进行竞争，而不断提升服务的效率和质量。其主要的途径：一是以政府为主导，在事业单位之间引入政府购买。以合同的形式，促成事业单位之间为合同竞争，由优胜者进行服务生产和提供。二是建立事业单位内部准市场关系。如通过"医疗券""教育券"等方式赋予服务对象自由选择服务的权利，在全国教育、医疗卫生领域建立一个内部市场，服务对象可以"用脚投票"，促使服务部门之间展开竞争。三是事业单位间的合作生产。对于某些特定的服务应由不同事业单位进行合作生产和提供，以提高服务质量和降低服务成本。

（2）政府向公益二类事业单位购买服务：依赖关系外部竞争性购买

针对公益二类事业单位可以部分通过外部竞争市场进行资源配置的，应建构依赖关系外部竞争性购买模式，与其他服务主体（社会组织）之间展开竞争。与依赖关系内部竞争性购买模式不同，此模式形成的是外部竞争市场，通过公益事业单位与其他服务主体之间的竞争达到服务有效供给的目的。政府依据公众的服务需求，确定要购买的服务项目，并向包括事业单位和其他社会组织在内的所有符合资质的服务主体进行公开招标，各服务提供主体之间进行公开、公平的竞争，最后政府与中标者签订合同购买服务，并对服务进行监督与绩效评估（见图11—4）。

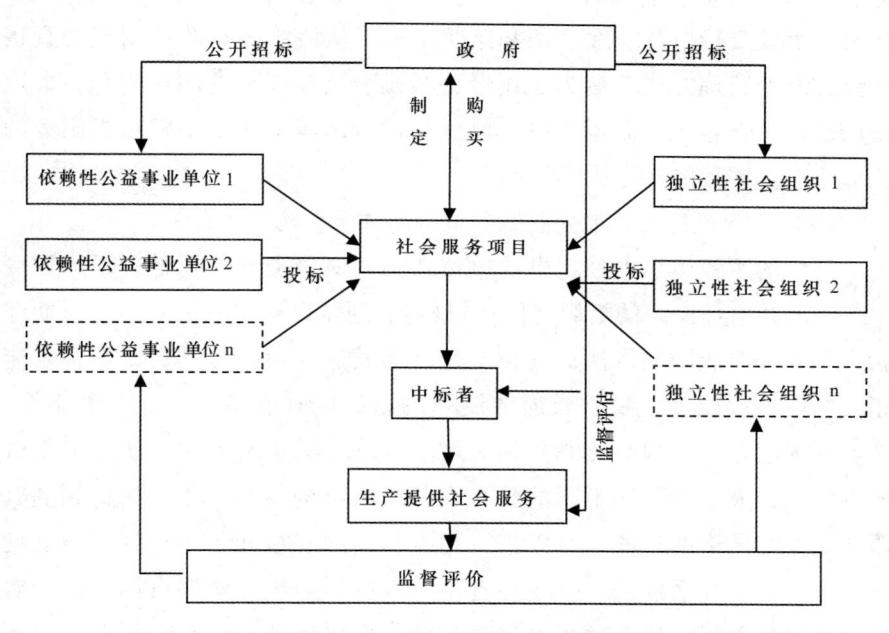

图11—4 依赖关系外部竞争性购买模式

该模式推行的关键：首先，政府要在依赖关系的公益事业单位与独立关系的社会组织的竞争中保持中立，即在政府举办或控制的事业单位与独立的社会组织共同竞争的场合，前者不能因为其政府所有或控制的性质而天然地在政府购买服务的竞争中享有优势，而扭曲平等的竞争机制。其次，建立服务购买政府竞争中立的审查机制。成立服务购买政府竞争中立的咨询和审查机构（委员会），对政府购买服务过程中的非公平竞争行为进行监管和审查。最后，放松或取消政府对服务供给的管制，引入民间力量，形成多种独立的竞争主体，在此基础上设立一些配套措施，使事业单位和社会组织得以在公平的服务市场环境中参与竞争。

3. 重构关系：构建事业单位与政府、其他服务机构的合作伙伴关系

（1）事业单位与政府间关系重塑：合作伙伴

对传统的事业单位与政府隶属依附关系进行变革，在政事分开、管办分离、法人治理结构的改革过程中，重构政府与事业单位之间的关系。以政府转变职能为基础，政府应逐渐从事业单位的微观事务（人事、财务、运营）管理中摆脱出来，转向更加宏观综合的服务政策制定、发展规划、财政支持以及绩效评估和监管上来，从传统的行政计划式的直接干预控制的管理方式转变为运用经济激励、法律规范的间接管理，形成政府部门负责服务的制度安排、提供和付费，而事业单位则承担服务的具体生产的服务的合作伙伴关系。

（2）事业单位与其他公共服务机构间关系重构：竞合关系

传统的服务体系中公益事业单位作为政府服务职能延伸，很大程度上是一种政府体制内的组织（附属机构），通常以"国家人"自居。而非营利组织和企业则是依法成立自行管理运营、自负盈亏的自组织，是非正式的服务提供者，属于政府体制外的组织，事业单位和非营利组织、企业形成的是体制内与体制外的关系。而政府购买服务的本质是采用合同的方式，鼓励和引导不同的公共服务提供机构参与竞争，来达到提升服务效率和质量的目的。可以进行相应的制度安排和程序设计，降低准入门槛，实行公平准入，引导和支持各类社会组织参与服务的供给。对社会力量举办服务事业的，在成立条件、资格确认、财政税收政策以及参与政府购买服务等方面，要与事业单位一视同仁，给予其参与提供服务的"国民待遇"，让其与事业单位公平竞争，形成服务供给的合力。同时，要树立事业单位、社会组织、企业等各自的服务供给的"主人翁"意识，为国家和社会发展的共同目标合作生产提供服务，进而发展成建设性的合作伙伴关系。

参考文献

一　中文文献

（一）著作

陈振明：《政府工具导论》，北京大学出版社 2009 年版。

陈振明：《公共服务导论》，北京大学出版社 2011 年版。

成思危：《事业单位改革：模式选择与分类引导》，民主与建设出版社 2000 年版。

崔乃夫：《当代中国的民政》，当代中国出版社 1994 年版。

邓国胜：《非营利组织评估》，社会科学文献出版社 2001 年版。

丰华琴：《从混合治理到公共治理：英国个人社会服务的起源与演变》，中国社会科学出版社 2010 年版。

冯云廷、陈静：《中国公共事业管理体制改革研究》，东北大学出版社 2003 年版。

冯惠玲、翟振武：《社会建设的理论、政策与实践》，社会科学文献出版社 2011 年版。

黄恒学：《我国事业单位管理体制改革研究》，黑龙江人民出版社 2000 年版。

黄黎若莲：《中国社会主义的社会福利：民政福利工作研究》，中国社会科学出版社 1995 年版。

李兵、张悟悌、何珊珊：《社会服务》，知识产权出版社 2011 年版。

李培林：《社会体制改革：理论与实践》，社会科学文献出版社 2013 年版。

李友梅：《新时期加强社会组织研究》，经济科学出版社 2017 年版。

林闽钢、李凤琴：《现代社会服务》，山东人民出版社2014年版。

林闽钢：《现代西方社会福利思想：流派与名家》，中国劳动社会保障出版社2012年版。

刘军民：《中国医改相关政策研究》，经济科学出版社2012年版。

卢洪友：《中国基本公共服务均等化进程报告》，人民出版社2012年版。

马庆钰：《治理时代的中国社会组织》，国家行政学院出版社2014年版。

孙晓莉：《中外公共服务体制比较》，国家行政学院出版社2007年版。

谭兵：《香港、澳门、内地社会援助比较研究》，北京大学出版社2009年版。

唐晋伟：《德国竞争法中的团体收缴利润诉讼制度研究》，法律出版社2012年版。

王名：《中国民间组织30年：走向公民社会》，社会科学文献出版社2008年版。

王浦劬、[美]莱斯特·M.萨拉蒙：《政府向社会组织购买公共服务研究：中国与全球经验分析》，北京大学出版社2010年版。

王治坤、林闽钢：《中国社会救助：制度运行与理论探索》，人民出版社2015年版。

吴玉韶、王莉莉等：《中国养老机构发展研究报告》，华龄出版社2015年版。

姚建平：《中美社会救助制度比较》，中国社会出版社2007年版。

岳经纶、刘洪、黄锦文：《社会服务：从经济保障到服务保障》，中国社会出版社2011年版。

杨团：《社区公共服务论析》，华夏出版社2000年版。

詹成付：《社区建设工作进展报告》，中国社会出版社2005年版。

张恺悌、罗晓晖：《新加坡养老》，中国社会出版社2010年版。

赵立波：《事业单位社会化与民间组织发展研究》，山东人民出版社2010年版。

郑功成：《中国社会保障改革30年》，人民出版社2008年版。

郑国安、赵路：《非营利组织与中国事业单位体制改革》，机械工业出版社2002年版。

周弘：《国外社会福利制度》，中国社会出版社2002年版。

左然:《中国现代事业制度构建纲要:事业单位改革的方向、目标模式及路径选择》,商务印书馆 2009 年版。

(二) 翻译文献

[美] E. S. 萨瓦斯:《民营化与公私部门的伙伴关系》,周志忍等译,中国人民大学出版社 2002 年版。

Mossialos, E. , Dixon, A. , Figueras, J. , Kutzin, J. :《医疗保障筹资:欧洲的选择》,张晓等译,中国劳动社会保障出版社 2009 年版。

[加] R. 米什拉:《资本主义社会的福利国家》,郑秉文译,法律出版社 2003 年版。

[美] 埃莉诺·奥斯特罗姆等:《制度激励与可持续发展》,毛寿龙译,上海三联书店 2000 年版。

[美] 戴安娜·迪尼托:《社会福利:政治与公共政策》,何敬、葛其伟译,杨伟民校,中国人民大学出版社 2007 年版。

[美] 戴维·奥斯本、特德·盖布勒:《改革政府:企业家精神如何改革着公共部门》,周敦仁等译,上海译文出版社 1996 年版。

[美] 道格拉斯·C. 诺思:《制度、制度变迁与经济绩效》,杭行译,上海人民出版社 2008 年版。

[美] 盖伊·彼得斯:《政府未来的治理模式》,吴爱明译,中国人民大学出版社 2001 年版。

[丹麦] 考斯塔·埃斯平—安德森:《福利资本主义的三个世界》,郑秉文译,法律出版社 2003 年版。

[法] 皮埃尔·拉罗克等:《21 世纪社会保障展望》,唐钧等译,华夏出版社 1989 年版。

[美] 盖伊·彼得斯:《官僚政治》,聂露等译,中国人民大学出版社 2006 年版。

[美] 理查德·马斯格雷夫:《比较财政分析》,董勤发译,上海人民出版社、上海三联书店 1996 年版。

[美] 迈克尔·麦金尼斯:《多中心体制与地方公共经济》,毛寿龙、李梅译,上海三联书店 2000 年版。

[美] 尼葛洛庞帝:《数字化生存》,胡泳、范海燕译,海南出版社 1996 年版。

［英］哈特利·迪安：《社会政策学十讲》，岳经纶等译，格致出版社、上海人民出版社2009年版。

［英］霍华德·格伦内斯特：《英国社会政策论文集》，商务印书馆2003年版。

［英］迈克尔·希尔：《理解社会政策》，刘华升译，商务印书馆2003年版。

联合国国际劳工组织主编：《社会保障基础》，王刚义、魏新武译，吉林大学出版社1989年版。

世界银行东亚和太平洋地区减贫与经济管理局：《中国：深化事业单位改革，改善公共服务提供》，中信出版社2005年版。

［美］斯科特·马斯滕：《交易成本经济学——经典名篇选读》，李自杰、蔡铭等译，人民出版社2008年版。

［英］苏珊·特斯特：《老年人社区照顾的跨国比较》，周向红等译，中国社会出版社2004年版。

［美］唐纳德·凯特尔：《权力共享：公共治理与私人市场》，孙迎春译，北京大学出版社2009年版。

［美］文森特·奥斯特罗姆、罗伯特·比什、埃莉诺·奥斯特罗姆：《美国地方政府》，井敏、陈幽泓译，北京大学出版社2004年版。

［美］约瑟夫·斯蒂格利茨：《政府为什么干预经济》，郑秉文译，中国物资出版社1998年版。

（三）论文

安体富：《中国转移支付制度：现状·问题·改革建议》，《财政研究》2007年第1期。

蔡昉、都阳：《转型中的中国城市发展：城市级层结构、融资能力与迁移政策》，《经济研究》2003年第6期。

陈硕：《分税制改革、地方财政自主权与公共品供给》，《经济学》2010年第4期。

陈振明：《走向一种"新公共管理"的实践模式——当代西方政府改革趋势透视》，《厦门大学学报》（哲学社会科学版）2000年第2期

程绍辉、林闽钢：《香港社会福利服务的政府资助方式研究》，《黑龙江社会科学》2014年第1期。

初青松、杨光:《略论美国社会服务经验与启示》,《人民论坛》2014 年第 29 期。

崔开云:《德国社会服务领域中的法团主义治理模式》,《社会科学家》2017 年第 3 期。

丁煜、李琴:《基于社区的城市贫困治理问题研究:以 XM 市 ZH 街道为分析个案》,《社会保障研究》2010 年第 1 期。

杜鹏、李兵、李海荣:《"整合照料"与中国老龄政策的完善》,《国家行政学院学报》2014 年第 3 期。

杜鹏等:《中国老年人的养老需求及家庭和社会养老资源现状——基于 2014 年中国老年社会追踪调查的分析》,《人口研究》2016 年第 6 期。

范炜烽、祁静、薛明蓉、郑庆、甘筱敏:《政府购买公民社会组织居家养老服务研究:以南京市鼓楼区为例》,《科学决策》2010 年第 4 期。

丰华琴:《普遍主义福利原则的实践:英国弱势群体个人社会服务体系的形成》,《南京晓庄学院学报》2011 年第 4 期。

冯晓英:《改革开放以来北京市流动人口管理制度变迁评述》,《北京社会科学》2008 年第 5 期。

伏玉林:《事业单位改革公共服务提供与生产的民营化》,《学术月刊》2007 年第 1 期。

傅勇:《财政分权、政府治理与非经济性公共物品供给》,《经济研究》2010 年第 8 期。

高炳华:《政府失灵及其防范》,《华中师范大学学报》(人文社会科学版)2001 年第 1 期。

高娜、张欢:《社会服务概念与内涵辨析》,《行政科学论坛》2015 年第 1 期。

高铁男:《比较视域下社会服务的发展路径》,《经济研究导刊》2016 年第 21 期。

郭家宏:《19 世纪末期英国贫困观念的变化》,《学海》2013 年第 1 期。

郭秀云:《大城市外来流动人口管理模式探析:以上海为例》,《人口学刊》2009 年第 5 期。

郭志刚:《中国低生育进程的主要特征——2015 年 1% 人口抽样调查结果的启示》,《中国人口科学》2017 年第 4 期。

黄匡时、陆杰华：《中国老年人平均预期照料时间研究——基于生命表的考察》，《中国人口科学》2014年第4期。

贾西津：《公共治理中的伙伴关系：英国COMPACT的实例》，《社团管理研究》2007年第1期。

贾西津：《国外非营利组织管理体制及其对中国的启示》，《社会科学》2004年第4期。

贾智莲、卢洪友：《财政分权与教育及民生类公共品供给的有效性——基于中国省级面板数据的实证分析》，《数量经济技术经济研究》2010年第6期。

揭爱花：《单位：一种特殊的社会生活空间》，《浙江大学学报》（人文社会科学版）2000年第10期。

句华、杨腾原：《养老服务领域公私伙伴关系研究综述：兼及事业单位改革与政府购买公共服务的衔接机制》，《甘肃行政学院学报》2015年第3期。

句华：《英国NHS内部市场的实践及其启示》，《中共福建省委党校学报》2005年第7期。

匡莉：《我国医疗服务竞争机制的优化策略：建立纵向整合的医疗服务体系》，《中国卫生政策研究》2010年第9期。

李兵：《"整合的社会服务"：理论阐释和战略抉择》，《社科纵横》2014年第4期。

李兵：《国外社会服务发展历程及其启示》，《中国民政》2011年第3期。

李兵：《社会服务政策属性及构建的探索分析》，《社会发展研究》2016年第2期。

李春：《城市社区公共服务多元协作组织研究》，《理论月刊》2012年第3期。

李风琴、林闽钢：《中国城市社区公共服务模式的转变》，《河海大学学报》2011年第2期。

李海荣：《社会服务：香港经验及启示》，《甘肃行政学院学报》2013年第5期。

李培林：《社会治理与社会体制改革》，《国家行政学院学报》2014年第4期。

李文钊、董克用:《中国事业单位改革:理念与政策建议》,《中国人民大学学报》2010年第5期。

李文钊:《事业单位分类改革的公共服务与制度逻辑》,《改革》2012年第6期。

李友梅:《中国社会管理新格局下遭遇的问题:一种基于中观机制分析的视角》,《学术月刊》2012年第7期。

梁誉、林闽钢:《论老年照护服务供给的整合模式》,《中共福建省委党校学报》2017第7期。

林莞娟、王辉、邹振鹏:《中国老年护理的选择:非正式护理抑或正式护理——基于CLHLS和CHARLS数据的实证分析》,《上海财经大学学报》2014年第3期。

林闽钢、丁群晏:《我国流动人口居住地的社会服务管理》,《东岳论丛》2013年第7期。

林闽钢、李缘:《福利国家积极劳动力市场政策的类型化及其改革取向》,《劳动经济研究》2016年第4期。

林闽钢、梁誉、刘璐婵:《中国贫困家庭类型、需求和服务支持研究:基于"中国城乡困难家庭社会政策支持系统建设"项目的调查》,《天津行政学院学报》2014年第3期。

林闽钢、梁誉:《论中国社会服务的转型发展》,《行政论坛》2018年第1期。

林闽钢、梁誉:《社会服务国家:何以可能何以可为》,《公共行政评论》2016年第5期。

林闽钢、梁誉:《准市场视角下社会养老服务多元化筹资研究》,《中国行政管理》2016年第7期。

林闽钢、王刚:《政府购买服务视角下事业单位改革的新思路》,《行政管理改革》2017年第12期。

林闽钢、杨钰:《公共服务质量评价:国外经验与中国改革取向》,《宏观质量研究》2016年第2期。

林闽钢、尹航:《走向共治共享的中国社区建设:基于社区治理类型的分析》,《社会科学研究》2017年第2期。

林闽钢、张瑞利:《医疗服务体系的纵向整合模式及其选择》,《苏州大学学报》2014 年第 4 期。

林闽钢、周正：《政府购买社会服务：何以可能与何以可为》，《江苏社会科学》2014 年第 3 期。

林闽钢：《超越"行政有效，治理无效"的困境：兼论创新社会治理体系的突破点》，《中共浙江省委党校学报》2014 年第 5 期。

林闽钢：《底层公众现实利益的制度化保障：新型社会救助体系的目标和发展路径》，《人民论坛·学术前沿》2013 年第 11 期。

林闽钢：《福利多元主义的兴起及其政策实践》，《社会》2002 年第 7 期。

林闽钢：《关于政府购买社会救助服务的思考》，《行政管理改革》2015 年第 8 期。

林闽钢：《缓解城市贫困家庭代际传递的政策体系研究》，《苏州大学学报》2013 年第 3 期。

林闽钢：《积极社会政策与中国发展的选择》，《社会政策研究》2016 年第 1 期。

林闽钢：《论"养老服务事业"和"养老服务产业"的共同发展》，《福利中国》2015 年第 2 期。

林闽钢：《论我国社会养老服务的公益性及实现途径》，《人口与社会》2014 年第 1 期。

林闽钢：《社会保障如何能成为国家治理之"重器"：基于国家治理能力现代化视角的研究》，《社会保障评论》2017 年第 1 期（创刊号）。

林闽钢：《我国社会服务管理体制和机制研究》，《华中师范大学学报》（人文社会科学版）2013 年第 3 期。

林闽钢：《中国社会保障制度优化路径的选择》，《中国行政管理》2014 年第 7 期。

林闽钢：《中国社会福利发展战略：从消极走向积极》，《国家行政学院学报》2015 年第 2 期。

林闽钢《"社会服务国家"发展论纲》，《南国学术》（澳门）2020 年第 2 期。

刘德浩：《长期照护制度中的家庭团结与国家责任——基于欧洲部分国家的比较分析》，《人口学刊》2016 年第 4 期。

刘海燕：《中国社会服务管理体制的变迁与非营利组织的发展》，《吉林建筑工程学院学报》2014 年第 1 期。

刘继同：《中国现代社会服务体系构建论纲》，《社会建设》2016 年第 1 期。

刘西国、刘晓惠：《基于家庭禀赋的失能老人老人照护模式偏好研究》，《人口与经济》2018 年第 3 期。

刘一伟：《互补还是替代："社会养老"与"家庭养老"——基于城乡差异的分析视角》，《公共管理学报》2016 年第 4 期。

陆家欢：《美国社会服务供给的基本模式与若干新趋势》，《经济体制改革》2016 年第 6 期。

路风：《单位：一种特殊的社会组织形式》，《中国社会科学》1989 年第 1 期。

吕筠、李立明：《现代公共卫生体系的基本职能及其内涵》，《中国公共卫生》2007 年第 9 期。

马庆钰、贾西津：《中国社会组织的发展方向与未来趋势》，《国家行政学院学报》2015 年第 4 期。

民政部政策研究中心课题组：《关于社会服务发展演进与概念定义的探析》，《中国民政》2011 年第 6 期。

尼古拉斯·迪金：《政府、民间团体和企业在英国社会福利中的协作伙伴关系》，《行政管理改革》2010 年第 7 期。

倪明胜：《社会服务概念辨识与路径优化》，《江西社会科学》2012 年第 2 期。

潘昌健、李兵：《我国社会服务财金制度建设的困境和改革思路》，《中共福建省委党校学报》2016 年第 3 期。

潘屹：《国际社会服务理论与实践》，《国际社会科学杂志》（中文版）2014 年第 1 期。

潘屹：《社会福利制度的效益与可持续：欧盟社会投资政策的解读与借鉴》，《社会科学》2013 年第 12 期。

彭希哲、赵德余、郭秀云：《户籍制度改革的政治经济学思考》，《复旦学报》2009 年第 3 期。

平力群、田庆立：《日本构建"地域综合照护体系"政策理念的提出及其制度化》，《社会保障研究》2016 年第 5 期。

史蒂芬·格罗斯：《德国的社会公共服务体制及改革》，《中国机构改革与管理》2014年Z1期。

事业单位体制改革研究课题组：《事业单位体制改革中需研究解决的几个原则性问题》，《管理世界》2003年第1期。

宋雄伟：《话语构建与路径依赖：英国大社会公共服务及对中国的启示》，《中国行政管理》2016年第3期。

孙燕：《创建以需求为导向，以项目为载体的公共服务供给模式》，《学会》2010年第8期。

唐钧：《政府购买服务：购买的究竟是什么》，《中国社会保障》2012年第3期。

唐文玉：《行政吸纳服务：中国大陆国家与社会关系的一种新诠释》，《公共管理学报》2010年第1期。

王川兰：《社会服务的价值意涵和制度模型构建：基于平等机会与多样性的研究路径》，《社会科学》2014年第9期。

王刚、姜维：《比较视角下的中国社会服务模式重构》，《学术界》2014年第7期。

王沪宁：《从单位到社会：社会调控体系的再造》，《公共行政与人力资源》1995年第1期。

王来华、瑟夫·施耐德约：《论老年人家庭照顾的类型和照顾中的家庭关系——一项对老年人家庭照顾的实地调查》，《社会学研究》2000年第4期。

王名、乐园：《中国民间组织参与公共服务购买的模式分析》，《中共浙江省委党校学报》2008年第4期。

王名、李勇：《关于社会服务改革发展的思考：兼论社会服务机构的性质与功能》，《社会政策研究》2016年第1期。

王名：《对社会服务改革发展的思考》，《中国机构改革与管理》2016年第9期。

王思斌：《社会服务的结构与社会工作的责任》，《东岳论丛》2014年第1期。

王宗凡：《基本医疗保险个人账户的成效、问题与出路》，《中国卫生经济》2005年第3期。

夏挺松、卢祖洵、彭绩：《国外医疗卫生体系模式对我国的启示》，《中国卫生事业管理》2011 年第 7 期。

谢庆奎：《机构改革背景下的社会服务》，《中国民政》2010 年第 6 期。

熊跃根：《中国城市家庭的代际关系与老人照顾》，《中国人口科学》1998 年第 6 期。

徐家良、薛美琴：《政府购买服务中事业单位身份重构与治理绩效》，《中国行政管理》2015 年第 7 期。

徐家良、赵挺：《政府购买公共服务的现实困境与路径创新：上海的实践》，《中国行政管理》2013 年第 8 期。

徐延辉、黄云凌：《社会服务体系：欧洲模式与中国方向》，《人民论坛·学术前沿》，2012 年第 17 期（下）。

徐永祥：《政社分工与合作：社区建设体制改革与创新研究》，《东南学术》2006 年第 6 期。

许小玲：《政府购买服务：现状、问题与前景：基于内地社会组织的实证研究》，《思想战线》2012 年第 2 期。

许芸：《从政府包办到政府购买：中国社会福利供给的新路径》，《南京社会科学》2009 年第 7 期。

杨君、徐永祥：《新社会服务体系：经验反思与路径建构：基于沪深两地政府购买服务的比较研究》，《学习与实践》2013 年第 8 期。

杨团：《中国长期照护的政策选择》，《中国社会科学》2016 年第 11 期。

岳经纶、方萍：《照顾研究的发展及其主题：一项文献综述》，《社会政策研究》2017 年第 4 期。

岳经纶、温卓毅：《新公共管理与社会服务：香港的案例》，《公共行政评论》2012 年第 3 期。

岳经纶、颜学勇：《工作—生活平衡：欧洲探索与中国观照》，《公共行政评论》2013 年第 3 期。

岳经纶：《个人社会服务与福利国家：对我国社会保障制度的启示》，《学海》2010 年第 4 期。

岳世平：《西方国家公共服务市场化改革及其启示》，《党政论坛》2007 年第 12 期。

张洪武：《社区公共服务中的多中心秩序》，《学理论》2008 年第 12 期。

张瑞利、林闽钢:《中国失能老人非正式照顾和正式照顾关系研究——基于 CLHLS 数据的分析》,《社会保障研究》2018 年第 6 期。

张网成、黄浩明:《德国非营利组织:现状、特点与发展趋势》,《德国研究》2012 年第 2 期。

张笑会:《福利多元主义视角下的社会服务供给主体探析》,《理论月刊》2013 年第 5 期。

张序:《与"公共服务"相关概念的辨析》,《管理学刊》2010 年第 2 期。

张雅林:《关于事业单位机构改革的思考》,《天津行政学院学报》2001 年第 4 期。

张翼:《社会服务与政府部门的职责》,《中国民政》2011 年第 5 期。

赵怀娟:《试析以非正式照顾促进老年人健康老化的功能和路径》,《社会科学论坛》2008 年第 3 期。

赵立波:《关于政事关系若干理论与实践问题的思考》,《中国行政管理》2009 年第 12 期。

赵立波:《政事关系的理论阐释和现实治理》,《中国行政管理》2007 年第 1 期。

郑杭生:《从社会学视角看社会服务》,《中国民政》2011 年第 5 期。

二 英文文献

Abel, Emily K., "Middle–Class Culture for the Urban Poor: The Educational Thought of Samuel Barnett", *Social Service Review*, Vol. 52, No. 4, 1978.

Alber, J., "A Framework for the Comparative Study of Social Services", *Journal of European Social Policy*, Vol. 5, No. 2, 1995.

Alfred, Kahn J., *Social Policy and Social Service*, New York: Random House, 1997.

Anttonen, A. Sipilä, J., "European Social Care Services: Is It Possible to Identity Models?" *Journal of European Social Policy*, Vol. 6, No. 2, 1996.

Anttonnen, Anneli, Sipil and Jorma, "European Social Care Services: Is it Possible to Identify Models?" *Journal of European Social Policy*, Vol. 6, June 1996.

Ashton, T., "Implementing Integrated Models of Care: The Importance of the

Macro – Level Context", *International Journal of Integrated Care*, Vol. 15, No. 6, 2015.

Bambra, C., "Cash Versus Services: Worlds of Welfare and the Decommodification of Cash Benefits and Health Care", *Journal of Social Policy*, Vol. 34, No. 2, 2005.

Blom, B., "The Personal Social Services in a Swedish Quasi – Market Context", *Policy & Politics*, Vol. 29, No. 1, 2000.

Bridge, C. "Citizen Centric Service in the Australian Department of Human Services: The Department's Experience in Engaging the Community in Co – design of Government Service Delivery and Developments in E – Government Services", *Australian Journal of Public Administration*, Vol. 71, No. 2, 2017.

Brown, K. and Keast, R., "Social Services Policy and Delivery in Australia: Centre – Periphery Mixes", *Policy and Politics*, Vol. 33, No. 3, 2005.

Brundage A., *The Making of the New Poor Law: The Politics of Inquiry, Enactment and Implementation*, 1832 – 39, New Brunswick, N. J. : Rutgers University Press, 1978.

Committee on Local Authority and Allied Personal Social Services, *The Report of the Committee on Local Authority and Allied Personal Social Services* (The Seebohm Report), London. HMSO, 1968.

Cook, C. D., *Human Services and Community Life in Rural New York State: An Action Strategy*, Albany: New York State Legislative Commission on Rural Resources, 1986.

Daly, M. and Lewis, J., "The Concept of Social Care and the Analysis of Contemporary Welfare States", *British Journal of Sociology*, Vol. 51, No. 2, 2000.

DeHoog, R. H., "Competition, Negotiation, or Cooperation: Three Models for Service Contracting", *Administration and Society*, Vol. 22, 1990.

Dunleavy P., Margetts H., Bastow S., Tinkler J., *Digital Era Governance: It Corporations, the State, and E – Government*, Oxford: Oxford University Press, 2006.

Edwards, R. L., Cooke, P. W. and Reid, P. N., "Social Work Management in an Era of Diminishing Federal Responsibility", *Social Work*, Vol. 41, No. 5, 1996.

Elton, G. R., *Reform and Reformation: England 1509 – 1558*, London: Hodder Armold, 1977.

Eng, C., Pedulla. J., Eleazer, P. G. et al. "Program of All – inclusive Care for the Elderly (PACE): An Innovative Model of Integrated Geriatric Care and Financing", *Journal of the American Geriatrics Society*, Vol. 45, No. 2, 1997.

Esping – Andersen G. and Gallie D., Hemerijck A. and Myles J., *Why We Need a New Welfare State*, New York: Oxford University Press, 2002.

Eurich, J. and Langer, A., "Innovations in European Social Services: Context, Conceptual Approach, and Findings of the INNOSERV Project", *Innovation The European Journal of Social Science Research*, Vol. 28, No. 1, 2015.

European Commission, *Services of General Interest Including Social Services of General Interest: A New European Commitment*, Brussels, 1995.

Fultz E. and Tracy M., *Good Practices in Social Services Delivery in South Eastern Europe*, Budapest: International Labour Office, 2005.

Goossen, C. and Austin, M. J., "Service User Involvement in UK Social Service Agencies and Social Work Education", *Journal of Social Work Education*, Vol. 53, No. 1, 2017.

Gornick, J. C., Meyers, M. K. and Ross, K. E., "Supporting the Employment of Mothers: Policy Variation Across Fourteen Welfare States", *Journal of European Social Policy*, Vol. 7, No. 1, 1995.

Hacker, J. S., *The Divided Welfare State: The Battle Over Public and Private Social Benefits in the United States*, Cambridge: Cambridge University Press, 1995.

Hallett, C., *The Personal Social Services in Local Government*, London: George & Allen Unwin, 1995.

Harris, J., "State Social Work: Constructing the Present from Moments in the

Past", *British Journal of Social Work*, Vol. 38, No. 4, 2008.

Helmut K. Anheier and Sarabajaya Kumar. *Social Services in Europe: An Annotated Bibliography*, Updated and Extended Edition, Germany: Observatory for the Development of Social Services in Europe, 1995.

Hemerijck A., *Changing Welfare States*, Oxford: Oxford University Press, 2013.

Jensen, C., "Worlds of Welfare Services and Transfers", *Journal of European Social Policy*, Vol. 185, No. 2, 2008.

Julian Le Grand, "Quasi – Market Versus State Provision of Public Services: Some Ethical Considerations", *Public Reason*, Vol. 3, No. 2, 2011.

Julian Le Grand. "Quasi – Markets and Social Policy", *The Economic Journal*, Vol. 101, No. 408, 1991.

Kamerman, Sheila B. and Alfred, Kahn J., *Social services in the United States: policies and programs*, Philadelphia: Temple University Press, 1976.

Kodner, D. L. and Kyriacou, C. K., "Fully Integrated Care for Frail Elderly: Two American Models", *International Journal of Integrated Care*, Vol. 1, No. 1, 2000.

Kodner, D. L. and Spreeuwenberg, C., "Integrated Care: Meaning, Logic, Applications, and Implications: A Discussion Paper", *International Journal of Integrated Care*, Vol. 2, No. 14, 2002.

Kramer Ralph M., *Voluntary agencies and the personal social services*, New Haven: Yale University Press, 1987.

Leichsenring, K., "Developing integrated health and social care services for older persons in Europe", *International Journal of Integrated Care*, Vol. 4, No. 3, 2004.

Leutz, W. N., "Five laws for integrating medical and social services: Lesson from the United States and the United Kingdom", *The Milbank Quarterly*, Vol. 77, No. 1, 1999.

Lowe, R., *The Welfare State in Britain since* 1945, London: Macmillan Press Ltd., 1999.

Marshall, Thomas H., *Social Policy*, London: Hutchinson University

Press, 1965.

Montana, S. M., *Social Capital in Human Service/Child Welfare Organizations: Implications for Work Motivation, Job Satisfaction, Innovation, and Quality*, Doctoral dissertation, University of Texas, Austin, 2006.

Mur – Veeman I., Raak A. and Paulus A., "Comparing integrated care policy in Europe: Does policy matter?" *Health Policy*, Vol. 85, No. 2, 1995.

OECD, *Caring for Frail Elderly People Policies in Evolution*, Paris: OECD, 1996.

OECD, *Extending Opportunities: How Active Social Policy Can Benefit Us All*, Paris: OECD Publishing, 2005.

Orloff, A. S., "Gender and the Social Rights of Citizenship: The Comparative Analysis of Gender Relations and Welfare States", *American Sociological Review*, Vol. 58, No. 3, 1993.

Owen Arthur David Kemp, *The British Social Services*, New York, London, Toronto: Longmans, Green & Co., 1940.

Peter, B., "Service Users' Knowledges and Social Work Theory: Conflict or Collaboration?", *The British Journal of Social Work*, Vol. 30, No. 4, 2000.

Propper, C., Bartlett, W. and Wilson, D., "Introduction", in Bartlett. W., Propper, C., Wilson, D., et al., *Quasi – markets in the Welfare State*, Bristol: SAUS Publications, 1994.

Reid, P. N., "Reforming the Social Services Monopoly", *Social Work*, Vol. 17, No. 6, 1972.

Richard G. Frank et al., *Housing with Services: Models, Populations and Incentives*, Integrated Services and Housing Consultation, 2012.

Richard M. Titmuss, *Commitment to Welfare*, London: George Allen & Unwin, 1968.

Richard M. Titmuss, *Essays on the Welfare State*, Boston: Beach Press, 1963.

Richard M. Titmuss, *Essays on the Welfare State*, London: George Allen & Unwin, 1951.

Richard M. Titmuss, *Essays on the Welfare State*, London: George Allen & Unwin, 1958.

Rosanvallon P. , *The New Social Question*: *Rethinking the Welfare State*, Princeton: Princeton University Press, 2000.

Sainsbury, E. , *The Personal Social Services*, London: Pit – man Publishing Limited, 1977.

Schmid, H. , "The Role of Nonprofit Human Service Organizations in Providing Social Services", *Administration in Social Work*, Vol. 28, No. 3 – 4, 2004.

Smith, D. , "Communications and Change in the Social Services", *Social Work*, Vol. 24, No. 2, 1967.

Travers, P. , "Quasi – market for the Social Services", *Australian Journal of Public Administration*, Vol. 54, No. 3, 1995.

Wilson, D. and Game, C. , *Local Government in the United Kingdom*, London: Macmillan Press Ltd. , 1998.

World Bank, *World Development Report 1993*: *Investing in Health*, New York: Oxford University Press, 1993.

后 记

"社会服务国家"的研究具有学术前沿性。构建"社会服务国家",超越"福利国家"俾斯麦模式和贝弗里奇模式的弊端,是一个世界性难题。毋容置疑,中国人民在追求"美好生活"、实现"美好社会"过程中,必须要面对和解决这个世纪难题。

2011年5月,在南京大学举办的社会保障学术会议上,香港城市大学黄黎若莲(Linda Wong)教授有关香港地区的研究报告,引起了我特别的关注。她揭示了香港地区在没有健全的社会保险制度情况下,发达的社会服务起到了一种意想不到的"替代效果"。这启发我开始思考"社会服务国家"的理论问题,分析西方发达国家"社会服务社会化"发展趋向。

由我担任首席专家的课题组,于2012年7月经过全套的招投标程序和激烈的现场答辩,被选中承担国家社会科学基金重大项目"社会服务管理体制改革与社会管理创新"(12&ZD063)。五年来,全课题组研究人员恪尽职守、通力合作,公开发表了一系列研究成果,向政府相关部门提交了一批研究报告和决策咨询报告,向国家社会科学基金规划办提交了最终结项报告,现已通过结项鉴定,从而圆满完成了重大项目的研究任务。特别是2018年3月23日,我与学界有共识的同仁,在南京倡导发起成立了"中国社会服务30人论坛",得到唐钧(中国社会科学院)、关信平(南开大学)、岳经纶(中山大学)、刘继同(北京大学)、顾东辉(复旦大学)、林卡(浙江大学)、赵德余(复旦大学)、李兵(北京行政学院)、范斌(华东理工大学),以及刘涛(德国杜伊斯堡—埃森大学)等研究者的积极响应,共商、共谋、共促中国"社会服务国家"的建设。

后　记

呈现在读者面前的是以专著形式体现的重大项目研究最终成果，是在 2017 年底重大结项报告的基础上，我用一年半的时间修改而来，凡是采用课题组其他成员研究成果的地方都通过页下注的形式予以标明。该成果由我领衔，集中了全课题组人员的智慧，在这里我要特别提及几位课题组研究人员：梁誉（南京财经大学）、李凤琴（云南民族大学）、王刚（中共广西区委党校）、张瑞利（南京中医药大学）、季璐（南京农业大学）、刘璐婵（南京邮电大学）、霍萱（南京大学）等，还包括康镇、李缘、程绍辉、周正、丁群晏、马燕艳、陈自满、勾兆强、高洁、胡姝娟、尹航、李昱呈、张娟、杨爽、金昱希等参与者，取得了以重大项目带动人才培养和研究团队建设的积极成果。

在书稿定稿之际，恰逢遇到第十四次全国民政会议在北京召开，习近平总书记对民政工作做出重要指示中，提出各级民政部门要"三聚焦"，即聚焦脱贫攻坚，聚焦特殊群体，聚焦群众关切。更好履行"三基本"，即基本民生保障、基层社会治理、基本社会服务等职责。基本社会服务作为民政部的职能定位更加明确，社会服务获得前所未有的重视。

由于 2020 年新冠肺炎疫情的暴发，本书的出版受到了影响，这也让我有更多的时间对排版好的清样进行修改和完善。在研究成果即将付梓之际，我深感一切过往，皆为序章，社会服务理论研究仅是起步，"社会服务国家"建设更是任重道远。

林闽钢
2020 年 10 月 18 日于南京大学